厦门大学
哲学社会科学繁荣计划
2011—2021

国家社科基金重大项目"东亚珍藏明清汉语文献发掘与研究"成果之一 [项目编号：12&ZD178]

厦门大学人文社会科学繁荣计划项目基金（2015）资助

青岛市社科基金项目"中外视阈互动与复杂系统层次构建：《中原音韵》以来的胶东方言史研究"成果之一 [项目编号QDSKL1701016]

中国海洋大学基本科研业务费校青年教师科研专项基金项目"赵荫棠珍藏明清官话等韵文献研究"成果之一 [项目编号201613007]

东亚 汉语史书系

李无未 主编

赵荫棠珍藏明清官话等韵文献十种通考

刘一梦 著

厦门大学出版社 国家一级出版社
XIAMEN UNIVERSITY PRESS 全国百佳图书出版单位

图书在版编目(CIP)数据

赵荫棠珍藏明清官话等韵文献十种通考/刘一梦著.—厦门:厦门大学出版社,
2017.8

(东亚汉语史书系 / 李无未主编)

ISBN 978-7-5615-6653-4

Ⅰ.①赵…　Ⅱ.①刘…　Ⅲ.①官话-等韵学-研究-明清时代　Ⅳ.①H172

中国版本图书馆 CIP 数据核字(2017)第 214492 号

出版发行　厦门大学出版社

社　　　址　厦门市软件园二期望海路 39 号
邮政编码　361008
总 编 办　0592-2182177　0592-2181406(传真)
营销中心　0592-2184458　0592-2181365
网　　　址　http://www.xmupress.com
邮　　　箱　xmup@xmupress.com
印　　　刷　厦门市万美兴印刷设计有限公司

开本　720mm×1000mm　1/16
印张　28
插页　2
字数　493 千字
版次　2017 年 8 月第 1 版
印次　2017 年 8 月第 1 次印刷
定价　90.00 元

本书如有印装质量问题请直接寄承印厂调换

厦门大学出版社
微信二维码

厦门大学出版社
微博二维码

東亞語言學視閾的漢語史研究(代序)

李無未

一、東亞語言學視閾與漢語史研究

"東亞語言學視閾",指的是中國、朝鮮、韓國、日本、越南語言學研究最優"整體性"視野,這超越了"國別"範疇和"語系"範疇,着眼於歷史上形成的"漢字文化圈"內"跨文化"互動的東亞文明的語言學學術觀照理念。

在東亞文明的語言學學術視閾內,漢語史所呈現的形態如何,其運動的形式、其學術走向及相互關係如何,這是我們關注的焦點。東亞文明學術中心的動態移動及多樣化,帶來了漢語史研究的理論與方法的全面變革,它的影響是深遠的,也是迄今我們還沒有理清的頭緒,因此,需要我們深入研究,最終獲得與此前完全不同的收效。這是我們過去僅僅是中國學者自己看自己的漢語史研究,以及單純的日本學者看自己的漢語史研究、朝鮮韓國學者看自己的漢語史研究、越南學者看自己的漢語史研究所不能替代的。有的學者講:"從周邊看中國"(2009),從文明互動看中國,收獲大不一樣。而"相互觀照","借鏡觀形"(《劉子新論•貴言》"人目短於自見,故借鏡以觀形"),以及"鏡像折射"(mirroring)則更爲客觀。東亞文明的創造產生於相互運動、相互浸透、相互作用的生成系統之中(布羅代爾語,見沃勒斯坦《現代世界體系》第 1 卷第 3 頁,1998),東亞語言學視閾漢語史也不例外。

東亞語言學視閾漢語史研究,以東亞各國語言學深厚的學術積澱爲基礎,形成固定的漢語史研究理論系統範式,肯定是具有十分廣闊的學術前景的。

比如研究漢語語音史,文雄《磨光韻鏡》(1744)"漢音、吳音、華音"三音理論,就是典型的"中古近代漢字音史"觀念,與漢語語音在各個歷史階段傳入日本直接相關,從某種意義上講,是漢語語音發展史在日本漢字音上的"鏡像折射",可惜我們中國學者注意不夠。還有朝鮮朝漢語官話語音的"質正"制度,在《李朝實錄》中記載得非常詳細。透過這個制度,可以看到朝鮮朝不斷地按照漢語語音變化實際情況來修訂自己的漢語官話語音標準,比如《老乞大》諺文注音、《洪武正韻譯訓》語音等(李無未等,2013),這就給中國漢語官話語音發展,以及歷史上的漢語語音規範研究提供了第一手資料,這也是中國學者所忽視的。中國、日本、朝鮮、韓國語音資料相互印證,漢語官話語音的面貌就逐漸清晰了,就不是過去僅僅是憑借一方資料得出結論所能替代的。

透過中國、日本、朝鮮、韓國、越南語音資料,我們還看到了什麼?這背后的文化之間互動,蘊含着十分豐富的知識背景,政治的、經濟的、教育的、文化的交流,各種因素綜合在一起,促成了漢語官話語音在東亞各國的"環流",在東亞各國的"環流"過程中,形成了各自的語言學傳統,這當然包含了各自豐富的語言學理論內涵。在這樣的視野觀照下,漢語官話語音研究就一定會變得十分"鮮活"起來了。

二、東亞語言學視閾漢語史研究目標及內容

(一)東亞語言學視閾漢語史研究目標

東亞語言學視閾漢語史研究力求實現三個方面的目標:1.東亞語言學視閾漢語史研究學術理論預期目標。(1)對東亞語言學視閾範圍內漢語史文獻進行總的清理、調查、整理、研究,在漢語史研究觀念上是一次新的轉變,在信息化的時代,信息獲取通道變得如此便捷,這在過去是不可想象的。東亞語言學視閾漢語史文獻挖掘"海內外互動",充分尊重個性思維,尋求共性思維,突破了地域與國別的"思維"局限,實現了"思維方式"上的新跨越。(2)真正地確立了科學而完整的東亞語言學視閾漢語文獻挖掘與研究程序,彌補了過去"國別"個體視野研究的種種弊端和缺憾,東亞語言學視閾漢語史研究變得真實可信。(3)東亞語言學視閾漢語史傳統與現代理論的結合,孕育着研究思維模式和研究方式的新變革。比如傳統文獻整理方法(作者、成書、版本、文獻源流、校勘、輯佚、語言年代等)和現代數據庫手段的結合,爲進一步描寫與解釋夯實了基礎。(4)東亞語言學視閾多語種漢語文獻同步挖掘,帶來了人們對"協同"處理知識的信息系統的新認識,挑戰與機遇并存,如此,對現代學者的素質要求也是前所未有的,與之相應的是,這會直接促進東亞語言學視閾漢語文獻語言理論與實際文獻形態研究的進步,縱而生成新的東亞語言學視閾漢語語言理論範疇。(5)東亞語言學視閾漢語史文獻的挖掘,集中了世界各國東亞語言學視閾漢語史研究理論與實際智慧,無論是語音,還是語法、詞彙等領域,都是一次理論與方法的大檢閱,對理清東亞各國東亞語言學視閾漢語史研究理論

與方法之間的源流關係,形成新的東亞語言學視閾漢語史發展理論和漢語學史理論會起到至關重要的作用。(6)東亞語言學視閾漢語史文獻的挖掘,不單單是漢語史學科的獨立行爲,而是多學科"協同"的產物。在多學科參與的背景下,海內外東亞語言學視閾漢語史文獻的挖掘,具有了學科複合特性,自不待言。但同時,也爲相關學科研究提供了新的出路和借鑒。可以直接促進相關學科的繁榮與進步。

2. 東亞語言學視閾漢語史學科建設發展預期目標。(1)通過研究,把國內外相關領域學者匯集起來,互通信息,共同研究,就會成就一支跨越國界的學術團隊。這種"學術共同體",是東亞語言學視閾漢語史研究學者協作方式的一種必然,更是促進國際間合作研究東亞語言學視閾漢語史的有效方式。(2)國內高校相關領域學者聯合攻關,并與國際學術界密切溝通,大大開闊了學術新視野,更是提升了國內相關學者在國際學術舞臺上的競爭能力,對整合國內各高校相同或相近學科漢語史文獻研究學術力量具有十分重要的推動作用。(3)國內外相關學者,發揮各自特長,集中攻關,不但衍生出對世界範圍內東亞語言學視閾漢語史文獻進行研究的創造力,還鍛煉了隊伍,凝練了方向,更是形成了鮮明的學科研究特色,還牢牢地占據了國內外同類研究的前沿地位。(4)通過研究,會在很短時間內,積聚起東亞語言學視閾漢語史研究優勢,促進相關學科的發展,從而整體性帶動東亞漢語言文字學學科進步,建立國家重點研究基地、信息集散中心,承擔更多的國家和國際重大課題,并作爲人才培養搖籃,在已經成爲重點學科的基礎上,發展成爲國際一流重點研究中心。(5)對世界範圍內東亞語言學視閾漢語史文獻進行研究,所建立起的研究理論與模式,會產生積極的"蝴蝶效應",一定會直接促進相關學科的研究。比如漢語海外傳播歷史的研究,帶動了相關學科的進步。由此,便會崛起與海外漢語研究相關的學科群體。學科交叉,又會引發新的"範式"興起,這是它所引發的學術轟動效應的結果。

3. 東亞語言學視閾漢語史文獻發現利用等方面的預期目標。(1)由於有了東亞語言學視閾漢語史文獻的新發掘,會發現許多未知或重視不夠的文獻,當然會引發我們對相關文獻的新認識。比如日藏佚名韻書《五音通韻》,就與我國臺灣所藏不同,韻圖與韻書合刊,形成互補關係。(2)東亞語言學視閾漢語史文獻,有的就是東亞學者所刊印,這自然帶來了東亞學者傳播與研究漢語史的熱潮。東亞流傳漢語所帶來的思維方式的轉變,"域外之眼"十分獨特,啟發我們轉換新的視角加以解讀。比如文雄《磨光韻鏡》"韻學唐音",與日本江戶時代學者認識明清語音有關,這就突破了我們《韻鏡》爲"本體"而《切韻》係

"今音"的研究視野範疇。(3)重視應用,而與東亞語言學視閾學術思潮相適應,對東亞語言學視閾漢語史文獻的實際價值評判就有了不同於此前的意識。比如歐美學者對漢語口語語法的研究,其漢語口語語法理論意識遠早於我們,他們的"敏感",源於漢語口語學習的需要,這也影響到了日本,而我們還在爭論官話的語言基礎如何,說明我們的學術視野比較狹窄。與東亞語言學視閾漢語口語語法文獻相對照,就會發現他們的理論分析與實際文獻的吻合度是相當高的。(4)東亞語言學視閾漢語史研究海內外文獻發掘"互動",無疑會使文獻整理質量得以保證。比如《回回館譯語》,劉迎勝在本田實信所取德國杜賓根大學圖書館所藏明抄本、日本東洋文庫所藏明抄本、法國巴黎國民圖書館所藏清抄本、巴黎亞洲協會所藏康熙年抄本、英國不列顛博物館所藏明刊本、日本內閣文庫所藏清抄本互校基礎上,又取中國北京圖書館藏本、德國柏林國立圖書館本等爲底本,進行校勘和考證,力圖恢復"乙種本"(永樂本)原貌,爲下一步研究波斯語與漢語明代語音之間對譯關係奠定了基礎。(5)"東亞語言學視閾漢語文獻信息系統平臺"建設,使得文獻資料利用數據化,也就帶來研究東亞漢語史的科學化,這和從前手工操作效果不可同日而語。由於有了東亞語言學視閾漢語史文獻信息數據庫,可以利用它進行國內外珍藏漢語文獻校勘等文獻學研究,縱而開辟整理與研究漢語珍藏文獻新途徑。(6)利用東亞語言學視閾漢語史文獻信息數據庫研究漢語,無論是描寫,還是解釋,都是建立新的東亞語言學視閾漢語文獻研究模型的必備條件。它的文獻應用前景也是十分廣闊的,爲本學科及相關學科發展,樹立了一個可資借鑒的樣板。

(二)東亞語言學視閾漢語史研究總體框架及主要內容

1. 東亞語言學視閾漢語史總體思路。通過對東亞語言學視閾漢語史文獻的調查、整理與挖掘,并通過東亞語言學視閾漢語史文獻研究漢語,實現漢語研究的新突破。這里包含着課題的基本範疇:(1)東亞語言學視閾漢語文獻調查。東亞各國有關東亞語言學視閾漢語史文獻所藏地點、目錄、版本基本情況都要摸清楚。(2)東亞語言學視閾漢語史文獻整理與挖掘。文獻整理就是把這些文獻分門別類編排,并加以文獻學的整理,比如版本源流、校勘、著錄、輯佚等工作。所謂挖掘,就是將文獻可利用信息按照現代信息手段加以處理,建立"東亞語言學視閾漢語文獻信息系統平臺",爲下一步的科學化研究奠定基礎。(3)利用東亞語言學視閾漢語文獻研究漢語史。在對東亞語言學視閾漢語文獻進行信息處理后,利用數據庫漢語文獻信息,并結合已有海內外漢語文獻信息進行專題研究,縱而實現"漢語史研究"的新跨越。(4)編撰東亞語言學視閾漢語史文獻研究論著總目，以便於提供本研究的基本信息。（5）建立東亞語言學視閾漢語史理論和漢語學史理論"範式"，縱而能够更好地認識東亞漢語文獻的學術價值。

2. 東亞語言學視閾漢語史研究總課題與子課題之間的内在邏輯關係是：根據珍藏區域及語言文字關係，比如是否屬於"漢字文化圈"，把東亞語言學視閾漢語史文獻分成兩大部分，分别去收集整理、建立數據庫和研究，然后再合成一個整體，使之成爲一個完整的研究系列。這樣安排的好處在於，充分體現東亞語言學視閾明清漢語史文獻的各自文化内涵及思維方式、特點，有利於建立各自的描寫與解釋模型，既考慮到了共同點，也考慮到了個性特徵。

當然也有交叉，比如東亞語言學視閾"漢字文化圈"内語言學視閾漢語文獻，除了"漢字文化圈"漢語及相關語言文獻之外，也有與歐美語言相關的東亞語言學視閾漢語、日語、朝鮮語、越南語等語言對比的文獻，比如日本學者所編《英和中國語學自在》（1885）、《日漢英語言合璧》（1888），就是如此。遇到這類情况，還是以主要對象所屬爲主，協調處理。

在東亞語言學視閾漢語史研究中，東亞各國如日本、韓國等國家和地區東亞語言學視閾漢語文獻與歐美等洲國家漢語文獻肯定有不少重複的，也要協調歸屬，進行統一研究，這樣就避免了重複研究問題。還有，東亞語言學視閾漢語史文獻與國内漢語史文獻結合，以及東亞語言學視閾漢語史文獻研究論著總目編寫問題，都要進行科學統籌安排與協調。

三、東亞語言學視閾漢語史研究前提與方法、手段

（一）東亞語言學視閾漢語史研究前提

1. 東亞語言學視閾漢語史研究，最爲重要的基礎是具有基本的文獻史料，否則，研究就會變成無源之水、無本之木。以各國東亞語言學視閾漢語文獻爲依據，并結合海内東亞語言學視閾漢語文獻研究漢語史，是本課題研究進行的基本保證。所以，縱文獻入手，是最爲可行的。

2. 使用東亞語言學視閾漢語史文獻之前，還要注意對它們有一個文獻鑒别與文獻整理的過程，這是保證文獻使用科學的一個必不可少的"去僞存真"程序。作者、成書、版本源流、輯佚、校勘、著録、内容確定、價值判斷，是研究漢語，并得出科學結論的前提。所以，文獻整理是必須做的工作。

3. 將東亞語言學視閾漢語史文獻處理爲可利用數據信息，是科學運用東

亞語言學視閾漢語史文獻研究漢語史的當代化學術趨勢。馮志偉説：計算機數據庫輔助研究漢語，是"有限手段的無限應用"。計算機處理語言具有人工處理語言的無可替代性，優越性十分明顯。

4. 學者們對東亞語言學視閾漢語史事實的挖掘，實際上已經貫穿了非常明顯的"協同發展"理論意識，總體來看，以東亞語言學視閾漢語史研究動態變化理論爲基本宗旨，逐漸形成了兩大類理論模型體系範疇，即所謂描寫性模型範疇和解釋性模型範疇。但孤立地推崇和使用這兩種當中的任何一種理論，都存在着明顯的局限性。此外，應該認識到，描寫和解釋既是相對有界的，也是相對無界的，不能絕對化。我們在進行漢語史研究時，要注意漢語史研究描寫、解釋理論和方法運用的有界和無界關係，不能僵化地理解漢語史研究描寫、解釋理論問題。靈活地創造性地突破原有描寫、解釋框架，轉換範式，才是漢語史研究描寫、解釋理論"保鮮"的保證。

5. 在長期的東亞語言學視閾漢語史研究過程中，許多學者成功地運用了一些科學性很強的研究模式，比如東亞語言學視閾漢語史、漢語官話史的"雙線""多線"模式、漢語方言史層次分析模式、漢語史斷代史模式、漢語史比較史模式、漢語史詞彙擴散模式、漢語史"循環"模式、漢語史"演化尺度"模式等，我們不可避免地將有選擇使用。

6. 利用東亞語言學視閾漢語史文獻研究漢語史，許多學者已經取得了科學性很強的成果，我們是在他們的基礎上，進一步加以完善化、科學化的，由此，它存在着無可置疑的可行性。

(二)東亞語言學視閾漢語史研究方法

1. 東亞語言學視閾漢語史文獻收集整理方法。比如目録查詢。像日本所藏中文古籍數據庫，可以將日本全國所藏中文古籍版本、收藏地點等信息一概收入其中，對查詢者來講，十分便利。嚴紹璗《日藏善本書録》(中華書局，2007)"經部"小學類也收録不少明清小學文獻。"哈佛大學哈佛燕京圖書館藏善本資源庫"收藏有《字彙》等。再如校勘方法，清末葉德輝《藏書十約》第七"校勘"，曾提出校勘之法有二：一曰死校，一曰活校。陳垣有校勘四種方法：對校、本校、他校、理校。其他，還有版本、考證、辨僞、輯佚等方式方法。

2. 東亞語言學視閾漢語史文獻語料計算機輸入。涉及漢字、假名、諺文、羅馬字、英文、俄文、法文等具體種類文字輸入方法，十分複雜，就目前來說，需要解決的問題非常多。也有詞彙、語法、語音等具體研究專業領域的個性輸入方法。文字的識別方法運用與科學性很強的數據庫建設關係十分密切。

3. 東亞語言學視閾漢語史文獻描寫方法。運用描寫方法研究東亞珍藏漢語史文獻,根據具體學科的不同,分爲語音、詞彙、語法等描寫方法。比如語音,有反切繫聯法、音系表解法等。而詞彙的研究,有構詞結構描寫、常用詞演變描寫等。又比如語法,就有封閉性定量分析和静態描寫等。還有的學者將描寫方法分爲共時描寫和歷時描寫兩類。具體的如,句子成分分析、層次分析等。

4. 東亞語言學視閾漢語史文獻解釋方法。語音研究,歷史比較法是基本方法,其他,如反切繫聯法、反切比較法、譯音對勘法、内部分析法、時間層次研究法,以及詞彙擴散、語言接觸、音系構造、實驗音系分析等。而詞彙的研究,則包括詞語的考證、構詞法解釋、常用詞演變解釋等。語法研究,有的學者分爲共時解釋和歷時變化解釋兩類。具體的如,語義特徵分析、語法化、變換分析、認知、移位、類型學分析等。

(三)東亞語言學視閾漢語史文獻具體研究手段

1. 東亞語言學視閾漢語史文獻傳統研究手段的應用。比如文獻學研究手段的應用,像版本源流關係調查,就是進行版本的形制等時代標記確認;文獻錯訛校勘,從字形、字音、語句錯簡等方面糾正;文獻輯佚,對散逸文本進行整合和補苴,盡力恢復原貌;文獻著錄,主要是明確各本著作的成書過程、年代等相關問題等。語言學手段的應用,像詞語考證、反切繫聯、韻腳字絲聯繩引等。

2. 東亞語言學視閾漢語史文獻現代研究手段的應用。涉及東亞珍藏漢語史文獻信息處理技術的具體應用和資源整合方式,以及如何實現東亞語言學視閾漢語史文獻資源語料庫的開發和共享,還有相關電子辭典編制、各類軟件開發利用的具體問題。

3. 東亞語言學視閾漢語史文獻綜合研究手段的應用。這裏包括實地調查、語音實驗、數學模型、文獻識別、語言、技術、抽樣提取等各類自然科學和社會科學研究手段的綜合運用。

4. 東亞語言學視閾漢語史研究手段的可操作性。比如技術路線的適用性和可操作性。文字識別可應用於東亞語言學視閾漢語史文獻閱讀、翻譯、資料檢索、編輯、校對、統計表格數據匯總與分析、編碼的識別等。現在使用中的一些系統雖然比人讀得快,但仍不能像人那樣正確地讀出各種各樣的字符,與人的識別能力相比還有很大差別,遠不能滿足上述各個方面對文字識別應用所提出的要求,還有待於進一步研究。

　　具體研究方法適用性和可操作性。像目録查詢,將傳統目録查詢和現代目録查詢結合,相互印證,可以得到事半功倍的效果,是目前最爲通行的研究方法。比如研究東亞語言學視閾明清語音文獻,還是要應用所謂"歷史比較法"。"歷史比較法",就是用漢語方言和外語借詞作參考比較,"先縱本國的材料得了結果,然后再拿對音當作一種試金石來對一對"。這種歷史比較法,給中國音韻研究帶來了嶄新的氣象,將之引向一個廣闊的領域。高本漢利用方言與外語借詞對重建中古音系發揮了很重要的作用。例如:依據二等肴韻在廣州方言中的獨立,確立了它在音系中的地位;依據越南借詞中讀音的分立,分開了喻三和喻四。同樣,許多學者研究漢語近代語音也取得了很大的成績。還有譯音對勘法,比如日本漢字音"唐音"研究,具體如《唐話纂要》日語假名語音轉寫,就要考慮到假名標記與漢語明清官話語音的對應關係問題。有坂秀世、馬淵和夫、高松政雄、沼本克明、湯澤質幸等學者在這方面取得了很大的成績,證明了它的適用性,以及在操作上的可行性。

　　本研究希望能爲國內外漢語史研究者提供一個非常翔實而科學的東亞語言學視閾漢語史範式,對促進世界範圍內語言學視閾漢語史研究和發展發揮積極作用,并直接推動東亞語言學視閾漢語史學科的科學化、現代化;以此爲契機,帶動相關學科的學術進步和交叉,衍生出更爲廣泛的學術領域,由此帶來新的學術效應。以本研究爲基礎,強化東亞語言學視閾漢語史學科教學理論與内容的創新,可以使語言學等領域研究者的視野更加開闊;同時,本研究的開展適應了國家文化戰略向縱深發展的需要,也有力地支撐着我國人文社會科學,尤其是中文學科,搭建創新平臺,拓展更爲廣闊的學術空間,更爲外國學者了解中國漢語史價值和意義提供直接幫助。

參考文獻

[1][日]小倉進平《增訂朝鮮語學史》,刀江書院,1963 年。

[2]李得春《中韓語言文字關係史研究》,延邊教育出版社,2006 年。

[3]金基石《朝鮮韻書與明清音系》,黑龍江朝鮮民族出版社,2003 年。

[4][日]文雄《磨光韻鏡》(1744),勉誠社,1981 年。

[5]李無未《日本漢語音韻學史》,商務印書館,2011 年。

[6]李無未《日本明治北京官話課本語言研究》,國家社科基金一般項目成果,2012 年。

[7]李無未《日本明治漢語教科書匯刊》(30 册),中華書局,2013 年。

[8]李無未、張輝《朝鮮朝漢語官話"質正"制度》,《古漢語研究》2013 年第 3 期。

[9]嚴紹璗《日藏善本書録》,中華書局,2007 年。

［10］復旦大學文史研究院《縱周邊看中國》，中華書局，2009 年。

［11］［美］伊曼紐爾·沃勒斯坦《現代世界體系》，高等教育出版社，1998 年。

［12］劉迎勝《〈回回館雜字〉與〈回回館譯語〉研究》，中國人民大學出版社，2008 年。

［13］［日］沼本克明《日本漢字音の歴史的研究：體系と表記をめぐって》，汲古書院，1997 年。

［14］［日］文雄《磨光韻鏡余論》，勉誠社，1981(1744)年。

［15］［日］有坂秀世《國語音韻史の研究》，汲古書院，1957(1938)年。

［16］［日］本居宣長《漢字三音考》，勉誠社，1978(1785)年。

［17］［日］大矢透《韻図考、隋唐音図》，勉誠社，1978(1915)年。

摘　要

　　我們窮盡式查找東亞國家和地區珍藏的明清等韻古籍，並深入研究收集等韻古籍數量多版本价值高的臺灣師範大學所藏趙蔭棠明清等韻書。這批書有相當一部分是趙蔭棠沒來得及研究，就流落到臺灣的，我們研究所用的《萬籟中聲》《切韻樞紐》《五音通韻》《萬韻新書》《諧音摘要字母》《音韻畫一》均是如此，這些書趙蔭棠的《等韻源流》只列過書目。趙蔭棠之後，明清韻書韻圖研究日益興盛，然而至今臺師大所藏的這批書還有研究者沒提到過的古籍或新的古籍版本，如《諧音摘要字母》《音韻畫一》《等音新集》《萬籟中聲》《切韻樞紐》《萬韻新書》《同音字辨》。對於學界沒有深入研究過音系的韻書《諧音摘要字母》《音韻畫一》，我們考察音系，發現其具有方音史價值，進一步結合之後的方言調查記錄，研究歷時語音演化，發現二書都存在韻書時代分尖團到 20 世紀尖團合流，果攝字從清末至今開合口無別的現象。對於已深入研究過音系的韻書，我們發掘其版本特點和價值。如《五音通韻》以往研究者用臺灣藏本、日本藏本中的一個版本做研究，我們今對照研究日本、臺灣藏本，發現日藏本先出，臺藏本爲隨後抄錄日本藏本韻圖部分。同一作者同一年編纂的《萬籟中聲》《切韻樞紐》表達的音節數差一百多個，我們分析其原因爲作者吳元滿有意爲之與無意識的語音流露。

　　我們系統整理明清官話韻書研究成果，綜述包括臺灣、日韓在內的所有研究過這批等韻書的論文和論著。並在書後附明清官話研究書目，以期對等韻學研究有所助益。

關鍵詞：趙蔭棠　音系演變　海外明清等韻文獻　版本校勘

Abstract

We have an exhaustive collection of ancient rhyme books around Ming and Qing Dynasties over East Asian countries and regions. And we find that the books in Taiwan Normal University that belong to Zhao Yintang during the past time hold a great version value. Zhao Yintang doesn't have enough chance to study these books, such as *Wanlaizhongsheng*, *Qieyunshuniu*, *Wuyintongyun*, *Wanyunxinshu*, *Xieyinzhaiyaozimu*, *Yinyunhuayi*, thus, these books only have a list on Zhao Yintang's research book *Dengyunyuanliu*. Although, the study of rhyme tables during Ming and Qing Dynasties increase prosperously, there are still versions of rhyme books that haven't been mentioned, such as *Xieyinzhaiyaozimu*, *Yinyunhuayi*, *Dengyinxinji*, *Wanlaizhongsheng*, *Qieyunshuniu*, *Tongyinzibian*. We have a phonology research on the books which have not had an been discussed, such as the book *Xieyinzhaiyaozimu*, *Yinyunhuayi*. We study the version of the books which have been studied, for example, we compare the version of the rhyme book *Yinyunhuayi* both in Japan and Taiwan, and find the book in Japan now is the first one, the book in Taiwan is a subsequent copy. Although *Wanlaizhongsheng* and *Qieyunshuniu* are written by the same person in the same year, the number of syllables of the expression is more than one hundred, and we analyze the reasons for the author Wu Yuanman's intention and unconscious reveal in phonology.

We systematically collect the research results of rhyme books about Mandarin during Ming and Qing Dynasties, and review the research including Taiwan, South Korea, and Japan. And we put the bibliography of mandarin rhyme books in Ming and Qing Dynasties at the end of this study.

Keywords：Zhao Yintang; the Evolution of Phonology; the Overseas Rhyme Books of Ming and Qing Dynasties; Versions and Collations

目 录

表目录

1

第一章　緒　論

第一節　明清等韻文獻研究綜述

　　近代等韻學在明朝處於發軔時期，沒來得及成爲被研究的對象；在清代，厚古薄今的風氣彌漫學術界，士大夫階層重視的是所謂"正宗"的宋元等韻圖，而對明清新産生的眾多等韻著作持輕蔑、壓抑的態度，從《四庫全書總目》經部小學類存目對很多著作的貶斥之辭，就能觀察出這一狀況，清代音韻學雖然發達，却罕有人認真地對近代等韻學進行系統的總結研究。①

　　20 世紀初，西方現代語言學理論被引進中國，開創了漢語音韻學的新紀元。現代學者運用新理論、新方法，從語言發展史的角度改造傳統音韻學。在開始的階段，人們的注意力仍放在中古音和上古音領域。國內學界對近代等韻學的研究起步稍晚，20 世紀 30 年代到 40 年代，陸續才有一批學者對這片領地進行開發，寫出系列文章和著作。但此後將近 30 年的時間裏，原來已經興起的研究勢頭冷落下來，僅在 1957 年出版了趙蔭棠的舊作《等韻源流》。直到 1979 年以後，近代等韻學才重新受到關注，研究文章和著作漸多。王力先生在 1982 年的中國音韻學會第二届年會上，强調了研究等韻學的重要性。等韻學的研究逐步有了長足進展。②

　　目前的明清等韻學研究可以分爲兩大方式：一種是以韻書韻圖爲研究單位，這在國內外是明清等韻學的研究主流，或者研究多部韻書韻圖或者以單部韻書爲主體進行研究，采用這一方式的不僅有國內學者也有國外學者，且研究的對象也由大陸現存的傳統中國韻書擴展到域外的韻書，包括域外珍藏韻書及外國人按照中國韻書形式倣寫的韻書；另一方式是從語音現象出發、串聯

---

① 耿振生.明清等韻學通論[M].北京：語文出版社，1992：5～6.
② 耿振生.明清等韻學通論[M].北京：語文出版社，1992：6.

多部韻書研究成果的研究方式,是對語音歷時演進的深入探索,是對舊有研究模式的推進。

一、以韻書爲主體的中國傳統等韻書的研究

(一)明清等韻文獻總體研究情況

目前,大陸、臺灣、日韓的學者都對明清等韻學從整體上進行過研究。從專書方面來説,大陸地區依照出版時間順序依次有趙蔭棠的《等韻源流》、李新魁的《漢語等韻學》、耿振生的《明清等韻學通論》、李新魁與麥耘的《韻學古籍述要》、葉寶奎的《明清官話音系》、張鴻魁的《明清山東韻書研究》和寧忌浮的《漢語韻書史·明代卷》。

由於歷史文化等原因,我國臺灣地區一直保持音韻研究的傳統,20世紀六七十年代臺灣地區有博士學位論文綜論明清時期的等韻學,即林平和的《明代等韻學之研究》與應裕康的《清代韻圖之研究》;近年有王松木的博士學位論文《明代等韻之類型及其開展》。日本永島榮一郎與趙蔭棠關係甚密,受趙的影響,永島著有專文《近世支那語特に北方語系統に於ける音韻史研究資料に就いて》。韓國也有一定數量研究明清等韻學的論文,全面研究明清等韻的是趙紀貞的論文《明清等韻圖研究》。大陸、臺灣、日韓還有一批研究某一韻書或韻圖的單篇論文。

1.我國大陸地區從總體上研究明清等韻文獻情況述論

20世紀初,我國的傳統語言學吸收西方歷史比較語言學的一些理論和方法,加強"史"的觀念,開始重視近代漢語語音史的研究①。

(1)趙蔭棠《等韻源流》

趙蔭棠《等韻源流》開啟全面考察明清等韻文獻的大幕。《等韻源流》一書分四編,第一編曰"等韻之醞釀",叙述反切學的由來以及等韻成立前的種種因素;第二編曰"等韻之成立",以宋元重要韻圖爲對象,考證其產生時地以及當時語音變化;第三編曰"等韻之改革",分部叙述明清南北各派韻圖;第四編曰"等韻之批評及研究",叙述清代古韻學家對於等韻的肯定與否定態度、民國學者於等韻學研究的貢獻與成果。其書第三編"等韻之改革",把韻書按照明清等韻之存濁系統、明清等韻之北音系統分類,北音系統提及的等韻書有蘭茂

---

① 金基石.朝鮮韻書與明清音系[M].牡丹江:黑龍江朝鮮民族出版社,2005:4.

《韻略易通》、李登《書文音義便考私編》、徐孝《重訂司馬温公等韻圖經》、喬中和《元韻譜》、蕭雲從《韻通》、方以智《切韻聲原》、桑紹良《文韻考衷六聲會編》、樊騰鳳《五方元音》、趙紹箕《拙菴韻悟》、馬自援《等音》、林本裕《聲位》、阿摩利諦《三教經書文字根本》、都四德《黃鐘通韻》、龍爲霖《本韻一得》、李汝珍《李氏音鑒》、許桂林《説音》、徐鑑《音泭》、周贇《山門新語》、胡垣《古今中外音韻通例》、華長忠《韻籟》20 部。趙書寫作，歷時十載，全文凡 30 萬言。應裕康認爲趙書"等韻之改革"一編，叙述清代各種韻圖，所録雖較《四庫》書目，《小學考》爲多，然每圖少則五六百字，多則一二千字，亦類似提要之作。按：舊來記載聲韻學史料之書，素推《四庫全書總目提要》、謝啟昆《小學考》、莫友芝《韻學源流》等，然以時代之局限，採摭之材料，既不及趙書，而持論發明，自亦不能與趙書並論。①

（2）李新魁《漢語等韻學》與李新魁、麥耘《韻學古籍述要》

李新魁《漢語等韻學》上編爲總論，下編是分論，具體分为"表現中古韻書音系""研討上古語音""表現明清時代讀書音""表現明清口語標準音""表現方音""具有綜合性質"六部分。李新魁介紹了 100 多種韻圖，但李認爲這不是蒐集無遺。② 李新魁、麥耘的《韻學古籍述要》是在李新魁 1964 年開始陸續到全國各地圖書館翻查有關韻學著作，寫下約 300 種"提要"的基礎上完成的。③《韻學古籍述要》内容按古韻、今韻、等韻、近代音、字音、對音、論著、綜合八類加以叙述。對各韻學古籍的叙述，注重對作者、撰作年代、序跋、版本、體例、主要内容及語音特點等方面作介紹和分析。等韻類下有明清時音韻圖——《聲韻會通》《書文音義便考私編》《交泰韻》《韻表》《重訂司馬温公等韻圖經》《元韻譜》《韻法直圖》《韻法橫圖》《皇極圖韻》《切韻聲原》《聲音文字通》《佐同録》《韻通》《等音》《聲位》《三教經書文字根本》《大藏字母九音等韻》《字母切韻要法》《等韻便讀》《韻宗正派》《韻譜》《徐氏等韻捷法》《切韻正音經緯圖》《聲韻圖譜》《詩韻析》《韻學經緯》《黃鐘通韻》《四聲括韻》《等音新集》《切字圖訣》《五聲反切正韻》《軒切韻宜有圖》《等韻法》《切法辨疑》《聲音發原圖解》《翻切指掌》《等韻簡明指掌圖》《翻切簡可編》《韻統圖説》《中華拼音等韻易簡》《射聲小譜》《音韻逢源》《橫切五聲圖》《韻法傳真五美圖》《韻學發原》《等韻學》《切音捷訣》《音韻指掌》《幼學切音便讀》《空谷傳聲》《等韻切音指南》《天籟新韻》《韻籟》《張氏音括》《劉氏切韻指掌》《反切直音》。李新魁、麥耘認爲從宋元至明清，時代前

---

① 應裕康.清代韻圖之研究［D］.臺北：臺灣師範大學博士學位論文,1972:12～13.
② 李新魁.漢語等韻學［M］.北京：中華書局,1983:2.
③ 李新魁,麥耘.韻學古籍述要［M］.西安：陝西人民出版社,1993:1.

進了,語音也發展變化了。傳統對"等""呼"的分析方法已與現實的語音狀況不合。因此,明清時期的韻圖,除了一些仍然爲了表現"今韻"——《廣韻》音系而作的韻圖,多已改變宋元時期韻圖製作的體例和等、呼的觀念,而以新的形式來表現新的語音體系。這些韻圖一般不再分爲四等,而是分兩等或乾脆不分等,有的甚至以呼爲等,即變等爲呼。明清時期的韻圖已與宋元韻圖大不相同。宋元韻圖和少數明清復古性質的韻圖,以表現"今韻"爲主;明清時期大多數韻圖,則以表現"時音"爲主。

在近代音類部分,李新魁、麥耘說從宋元以後,出現許多描述或研究近代共同語語音的音韻著作,它們從内容到形式,均與宋元時期表現《廣韻》音系的著作有所不同。韻書方面,有《中原音韻》及《洪武正韻》等著名韻書,反映了元、明時代口語或書面語標準音,形成了《中原音韻》和《洪武正韻》兩大系統的韻書。此外,一些"便俗"的韻書,如《韻略易通》《韻略匯通》《五方元音》等,反映的主要是口語的語音系統。這些韻書對我們研究近代漢語共同語的語音,具有十分重要的價值。還有一些編纂體例略異於韻書而被李新魁稱爲"韻書別體"的著作,它們在一定程度上反映了近代漢語北方音的音系,所以也有相當重要的參考價值。這些書有表現共同語語音爲主的著作,也間及方音的成分。近代音類中通語韻書有《中原音韻》《中州樂府音韻類篇》《洪武正韻》《洪武正韻玉鍵》《瓊林雅韻》《中原雅音》《韻學集成》《詞林韻釋》《重編廣韻》《韻學大成》《韻經》《中州音韻》《中州全韻》《增訂中州全韻》《音韻輯要》《韻略易通》《韻略匯通》《音韻須知》《五方元音》《五音正韻萬韻圖》《本韻一得》《笠翁詞韻》《榕園詞韻》《學宋齋詞韻》《詞林正韻》《詞韻略》《詞韻》《曲韻驪珠》;韻書別體有《韻要粗釋》《同文鐸》《音韻正訛》《韻切指歸》《聲韻數解》《今擬四聲表》《音韻貫珠》《正音撮要》《正音咀華》《韻字鑒》《字學呼名能書》《正音切韻指掌》《正音通俗表》《同聲韻學便覽》《增篆十五音》《韻史》;方言韻書有《戚林八音》《彙音妙悟》《擊掌知音》《拍掌知音》《雅俗通十五音》《潮聲十五音》《鄉音集要沱韻》《同音字彙》《拼音字譜》《音字貫通》《訓詁諧音》。

《韻學古籍述要》的收集面廣,宗旨是讓一般讀者和音韻學研究者對我國音韻學有一個概略性瞭解。

(3)耿振生《明清等韻學通論》

耿振生的《明清等韻學通論》是在他的博士學位論文《近代漢語等韻學研究》的基礎上增訂而成的。《明清等韻學通論》除"緒論"外,又分五章。第一章至第三章,在回顧傳統等韻學史的基礎上,介紹了明清等韻學家群和等韻著作概況,探討了等韻圖的編製原理和研究方法,詮釋了有關等韻的紛繁複雜的名詞術語和基本知識。耿振生《明清等韻學通論》根據語音系統的性質,將明清等韻圖分爲反映時音的、反映古音的和混合型音系三大類,其下又各細分爲若干小類。

A.明清等韻時段分期。

等韻學的發展是漸進的,在時間上沒有明確的分界點。但是爲了研究和統計方便,又需要劃分階段、定出分界,耿振生考察已知材料,認爲明清等韻學可以分爲三個大的階段,即前中後三期。

明朝初期到中期(隆慶末年,即 1572 年爲止)近 200 年時間爲明清等韻學的前期。這一階段的特點是著作較少,等韻學領域比較冷落。明洪武年間趙撝謙作《皇極聲音文字通》,勉强可以歸入等韻學內,其實它和宋代邵雍的《聲音唱和圖》一樣是附會數術的著作。其後正統年間有蘭茂《韻略易通》(1442年),天順年間有章黼《韻學集成》(1460 年),嘉靖年間有王應電《聲韻會通》(1560 年)。書雖不多,但它們已告別了宋元等韻的舊傳統,展現出明清等韻學的新風采,開闢了審時派等韻學的基本流向。四種書對韻類的分析都放棄了開合四等的舊模式,轉向了四呼體系;聲母系統放棄了三十六字母,除《韻學集成》外,都最大限度地貼近現實語言。

中期自明萬曆初年(1573 年)到清康熙末年(1722 年)。這是明清等韻學最具活力、最具光彩的階段,審時派等韻學在本期內大獲豐收,著作多、水平高、成就大。其間又有兩個高峰。第一個高峰是明萬曆年間(1573—1620),這時的等韻學驟然崛起,一反前期的冷落狀態,湧出了大量等韻學家和等韻著作,表現出强烈的革新意識和創造精神。此期重要的作品有桑紹良《青郊雜著》(1581 年)、李登《書文音義便考私編》(1587 年)、徐孝《重訂司馬溫公等韻圖經》(1602 年)、無名氏《韻法直圖》(1612 年前)、吕坤《交泰韻》(1613 年)等。第二個高峰是清康熙中後期(從 1670 年算起到 1722 年止),著作也很多,重要的有趙紹箕《拙菴韻悟》、馬自援《等音》(1681 年前)、阿摩利諦《大藏字母切韻要法》(即《康熙字典》卷首的《字母切韻要法》)(約 1699—1701 年之間)、潘耒《類音》(1708 年前)、林本裕《聲位》(1708 年前後)。兩個高峰期的風格和重點有些不同,第一高峰期作者們注重的是考察現實語音以推翻舊等韻的條律,對舊等韻多所批判;第二高峰期間作者們更注重從方言共性特徵和系統性角度研究語音,在普通語音學範疇內致力尤多。兩個高峰的中間是一個低谷,出現的著作較少,但也有《西儒耳目資》《五方元音》這樣影響頗大的作品。中期等韻學是審時派的天下。

從雍正初年(1723 年)到清亡(1911 年)爲後期,本期有兩個顯著特色。第一,近 200 年間等韻學長盛不衰,自始至終新的著作層出不窮,數量超過中期,而且時間分布比較均勻,沒有明顯的低潮期。第二,考古派等韻學蓬勃興起,研究上古音的,研究《廣韻》音系的,研究《切韻指南》音系的,研究平水音系的,都編出了相當數量的韻圖,與審時派平分秋色。此期有審時派的重要著作如李汝珍《李氏音鑒》(1805 年)、華長忠《韻籟》(1858 年前)、胡垣《古今中外音韻通例》(1886 年)、勞乃宣《等韻一得》(1883 年);考古派的重要著作如江永《四聲切韻表》(1762 年前)、戴震《聲類表》(1776 年)、江有誥《入聲表》(1834 年前)、龐大坤《等韻輯略》(1840 年)、陳澧《切韻考》(1842 年)等。

前期、中期的等韻學内"作"者多而"述"者少,後期的等韻學内"述"者多而"作"者少,也是一種區別。後期考古派等韻學家研究古音是"述"。審時派中很大一部分人也不再"面向時音",不研究現實的活語言,而是模倣中期等韻圖,改頭換面,敷衍成章,也是一種"述而不作"的態度。[①]

B.明清等韻古籍的特點。

a.研究對象的轉移。宋元時期的主要等韻圖是"面向韻書"的,它們的音系不是從口語中歸納出來,而是取材於現有的某種韻書。如《韻鏡》《七音略》音系取自《廣韻》系韻書,《切韻指南》音系參照《五音集韻》。南宋的《四聲等子》《切韻指掌圖》參考了當時的實際語音,歸併了韻部,但因襲成分仍然很重,只改良了舊有韻圖而談不上改革。明清等韻學的重大改革之一就是從"面向韻書"轉向"面向現實",尤其是前期和中期,多數等韻圖取材於口語,把不同的方言音系作爲表現對象,適應現實語音的特點,此種韻圖的作者研究等韻的方法也不斷出新,他們是等韻改革的中堅分子。

聲母方面,傳統三十六字母被放棄,出現了多種與口語一致的聲母體系,如產生於官話區的二十一母、二十母、十九母。韻母方面,中古的分韻被重新組合,以合併、簡化爲主要趨勢。官話區韻圖大多爲十二三個韻部、三四十個韻母。介音系統的重大變化是由中古開合四等變成了開齊合撮四呼。

b.韻圖形式的多樣化。韻圖體制多樣化,並非僅僅是形式上的花樣翻新,也有一定的實質性意義,體現了作者在審音時對綱、目、主、次的不同看法。等韻學家把漢語的音節分解爲聲母、介音、韻基、聲調四種成分,可以説是一種"四維體系",在編排韻圖時,其中任何一種成分都可以放到第一層,作爲第一步分析的標準。作者把哪一類成分放到第一層上,這成分往往就是作者要突出的重點。

---

① 耿振生.明清等韻學通論[M].北京:語文出版社,1992:15~17.

c.術語的創造和使用。明清等韻學家一方面大量沿用古代等韻學術語的概念,另一方面也不斷創造出新的術語。新的術語名詞有的完全代表新出現的概念,在從前的等韻學裏沒有與之相對應的詞語,如開齊合撮四呼即屬此類;有的只是爲舊有的等韻概念換一個新名稱,與過去原有某個名詞代表相同的概念。①

(4)葉寶奎《明清官話音系》

葉寶奎認爲明清語音分爲官話音(共同語標準音)和各地方音。《明清官話音系》分段描寫、縱向比較明清官話音,説明其歷史沿革,通過對各個階段官話音與基礎方言代表點口語音的橫向共時比較,揭示二者的聯繫與區別,使我們對明清官話音有較爲全面系統的認識。

《明清官話音系》一書按階段論述官話音系。明代前期官話音以《洪武正韻》音系和《韻略易通》音系爲代表,基礎方言口語音以《中原音韻》音系爲代表,並以明代朝鮮對音韻書所記之正音、俗音、今俗音爲參照。明代後期官話音以《西儒耳目資》和《韻略匯通》爲代表,通過《西儒耳目資》音系與《等韻圖經》音系的對比,揭示官話音與基礎方言口語音的區別與聯繫;通過縱向歷時比較,考察從明初至明代後期漢語讀書音的主要變化,並考察《書文音義便考私編》《韻法橫圖》以爲補充。清代前期官話以《五方元音》《音韻闡微》音系爲代表來描寫清代前期官話音。以《諧聲韻學》爲代表,考察清代前期北音,並介紹《圓音正考》所反映的尖團音的問題。通過《音韻闡微》與《諧聲韻學》音系的比較,考察清代前期官話音與北京音的聯繫與區別。選取《正音咀華》《正音通俗表》《羅馬字官話新約全書》爲考察描寫清代後期官話音的材料,並以日本《官話課本》爲補充佐證。同時介紹李汝珍《李氏音鑒》之北京音,胡垣《古今中外音韻通例》之南京音,通過《官話新約全書》音系與《李氏音鑒》之北京音、《古今中外音韻通例》之南京音的橫向共時比較,揭示清代後期官話音與基礎方言代表點口語音的區別與聯繫。

《明清官話音系》的剖析表明,明清兩代漢民族共同語標準音(官話音)是以傳統讀書音爲基礎的,具有十分明顯的歷史傳承性;官話音與基礎方言口語音長期並存,這種並存的局面一直維持到 20 世紀 30 年代;官話音與方言口語音既有區別又有聯繫,特別是官話音與基礎方言代表點口語音的勢力與影響不斷擴大,官話音出現了較爲明顯的變俗傾向,逐漸向口語音靠攏,隨着基礎方言口語音的變化而變化,從語音演變的角度來看,官話音許多方面的變化都

---

① 耿振生.明清等韻學通論[M].北京:語文出版社,1992:30～32.

比基礎方言口語音緩慢一些。①

儘管葉寶奎的研究重心已經由韻書的發掘轉到音系考證上,但是葉寶奎仍然利用了新發現的收藏在臺灣、日本的韻書,如《正音通俗表》《諧聲韻學》,擴充了明清等韻材料。

(5)張鴻魁《明清山東韻書研究》

《明清山東韻書研究》雖然把地點限制在山東,但是在系統發掘利用新韻書上有新的推進,新發現韻書《韻助略集》《韻略新抄》《等韻便讀》《增補十五音》。張鴻魁對每一本韻書從作者版本、編纂宗旨體例、繼承與改革、音系結構和擬音諸角度進行分析,注意理清韻書的傳承脈絡,也注重從俗詞俗語等非語音史的角度開發利用韻書的價值。同時張鴻魁做了"明清山東韻書留存情況"的附錄,記載了四類"韻書"——按韻編排的字典、等韻圖表、對具體文獻的音韻研究著作、對某些字音的研究著作,共計 81 本。②

(6)寧忌浮《漢語韻書史·明代卷》

寧忌浮《漢語韻書史·明代卷》卷帙宏富,研究深入。整本書分"韻書介紹與研究"和"韻書討論"兩編。"韻書介紹與研究"分爲"《洪武正韻》系韻書""'詩韻'韻書""反映時音的韻書(上)""反映時音的韻書(下)""曲韻韻書""律韻韻書"。其中,"反映時音的韻書(上)"討論的是爲官話區韻書,這部分介紹了佚名《中原雅音》、蘭茂《韻略易通》、本悟《韻略易通》、桑紹良《文韻考衷》、呂坤《交泰韻》、莫銓《音韻集成》、畢拱辰《韻略匯通》、徐孝及張元善《合併字學集韻》、喬中和《元韻譜》、李登《書文音義便考私編》、郝敬《讀書通》。

《漢語韻書史·明代卷》主要觀點是:

A.與唐、宋、金、元相比,明代韻書的突出特色是創新。明代韻書,群星璀璨。無論內容,也無論形式,都展現出前所未有的新氣象。白壽彝先生說:"明代有許多東西是以前所沒有的,這表明了它在歷史上的進步。"方言韻書,反映方言現象的韻書,就是以前沒有的。如《讀書通》《音韻正譌》《戚參軍八音便覽》以及《韻要粗釋》《類聚音韻》、本悟《韻略易通》等。"古今韻"韻書,也是以前所沒有的。

至於韻書的編纂體例、編纂方法,更是不拘一格,百花齊放。從韻部觀察,宋人韻書爲 206 部。金人有 160 部和 106 部兩種。元人有 5 種:15、19、106、107、206。明人有 24 種:18、19、20、21、22、28、30、33、42、45、54、65、75、76、77、

---

① 葉寶奎.明清官話音系[M].廈門:廈門大學出版社,2001.

② 張鴻魁.明清山東韻書研究[M].濟南:齊魯書社,2005.

80、88、100、105、106、107、116、142、160。

《廣韻》小韻排列無序。金人用三十六字母及開合等第布置小韻。明人繼承並發揚光大了金人的科學方法,蘭茂創《早梅詩》標注 20 個聲母,新穎別致,富於情趣。《早梅詩》傳唱數百年,並帶動出"聖世詩""二十八聲""十五音"等,各展風采。舊韻韻目字,一東二冬三鍾四江,陳陳相因。孫耀竟大膽改用老百姓日常用字:天、地、鬼、蛇、一、兩、林、草……通俗易懂,便於記誦。韻字的注釋,出現了"俗字俗解",一掃舊韻書的經卷氣。如"民"字,《廣韻》注:"《説文》曰眾萌也。"《音韻正譌》注:"百姓也。"

B.明代韻書有繼承金元兩代韻書的一面。韻書是代代相傳的。金元兩代的韻書對明代韻書有直接影響,其中以《五音集韻》的影響最爲深遠。楊時喬的《古今字韻全書集韻》、徐孝等的《合併字學集韻》、喬中和的《元韻譜》,都是以《五音集韻》爲藍本。

章黼編韻書《併音連聲韻學集成》,又編字書《直音篇》;徐孝、張元善作字書《合併字學集篇》,又作韻書《合併字學集韻》;王應電編字書《同文備考》,又編韻書《韻要粗釋》;李登作韻書《書文音義便考私編》,又作字書《重刊詳校篇海》。這些人都是效法韓道昭。韓道昭將他父親的《五音篇》改編成《改併五音類聚四聲篇》,又編纂韻書《改併五音集韻》。

金元人的"篇、韻、圖三位一體",也是明代文字音韻學家效法的典範。徐孝、張元善有字書、韻書,更有韻圖《等韻圖經》,"篇、韻、圖三位一體"。王應電有字書、韻書,又有《聲韻會通》,"篇、韻、圖三位一體"。陳藎謨早在作韻書、字書之前,已有《皇極圖韻》一卷,也是"篇、韻、圖三位一體"。喬中和韻書與韻圖相配,《字彙》附《韻法橫圖》《韻法直圖》,都是金元人的遺風。

C.明代韻書比較全面地反映出 14—17 世紀漢語的語音面貌。《顏氏家訓·音辭篇》:"夫九州之人,言語不同。生民以來,固常然矣。"韻書是反映語音的,從理論上講,各個歷史時期都應當有能夠反映它所處時代的一些主要方言概貌的韻書。《切韻序》云:"吳楚則時傷輕淺,燕趙則多涉重濁,秦隴則去聲爲入,梁益則平聲似去。"只是舉例,點出 6、7 世紀幾處方言的點滴特徵而已。從《切韻》一部韻書不可能查看到當時漢語方言的概貌。時代不同,不能苛求古人。唐宋傳下來的韻書都已成爲經典,如果從反映語音的角度去審視,它們與《切韻》無大出入。金、元韻書,有了新的、鮮活的語音内容。

明代韻書:吳儂軟語、燕趙悲歌、中原雅音、南蠻鴂舌,好像一部漢語方言交響樂。現代漢語方言七大方言區,只缺湘、粵、客家。北方大方言區中,已能區分出北京方言、中原方言、江淮方言和西南方言。現代漢語方言區劃在明代韻書中已經能看出輪廓了。反映北京方言的韻書已將《中原音韻》和今北京話連接成一條直綫。

D.“中原雅音”是大明帝國的標準音。明代韻書中未發現“官話”一詞,却有揭示官話標準音的記載。

《洪武正韻》雖然没有準確、全面地反映出中原雅音的語音系統,但雅音、時音在書中已佔主導地位。

E.明代通俗韻書走向繁榮。明代社會的進步,經濟的繁榮,文化教育的發展,帶動了韻書的繁榮。韻書,特别是普及的帶有啟蒙性質的韻書,又反過來促進文化教育事業的發展。蘭茂《韻略易通》的“俗字俗解”“早梅詩”,影響深遠。在它的帶動下,一批帶有通俗性、普及性的韻書紛紛問世,如《韻要粗釋》、《音韻集成》、《韻略匯通》、本悟《韻略易通》、《音韻正譌》、《八音便覽》,以及《聲律發蒙》、《詩對押韻》、《正音捃言》、《律諧》等。清代的《五方元音》《韻助略集》與之一脈相承。通俗性韻書在明清兩代爲普及文化、普及教育做出了貢獻。①

大陸地區對明清韻書的總體研究可以説是由全面鋪開到日益精細深入。李新魁、耿振生時期更注重窮盡式搜集資料,而到了 2000 年之後,葉寶奎、張鴻魁、寧忌浮會在擴充資料的同時注意標明資料來源,音系本身的描寫更系統全面,文獻的考察日益深入。

2.我國臺灣地區的明清等韻學綜合研究情況

(1)林平和《明代等韻學之研究》

林平和認爲研究明代等韻者,民國以降,雖有陸志韋之《記蘭茂〈韻略易通〉》《記徐孝〈重訂司馬温公等韻圖經〉》《記畢拱辰〈韻略匯通〉》《金尼閣〈西儒耳目資〉所記的音》,趙蔭棠之《讀葉秉敬〈韻表〉札記》《〈字學元元〉述評》《明清等韻之北音系》《等韻源流》,劉德智之《〈韻略易通〉中入聲字與〈廣韻〉入聲字的比較研究》,莊慧芬之《〈韻略匯通〉與〈廣韻〉入聲字的比較研究》,詹秀慧之《〈韻略易通〉研究》等,然或囿於入聲字的探討,或是單篇論文,或與清代並論,雜糅寡要,又有疏漏,而獨明代等韻學之總合研究,尚缺。又中國之語音,至有明丕變,官話通行,韻少聲簡,是今日“國音”的遠祖。今爲闡述明代時音,探究中國語音的演變,追溯“國音”的源頭,以補等韻學體系研究之闕,則明代等韻學的總合研究,實刻不容緩。

有明一代,自太祖建元(1368 年),迄崇禎殉國(1644 年),凡二百七十七年。其間等韻著作,依其體例,可别爲二類:凡用圖表方式説明反切者,謂之

---

① 寧忌浮.漢語韻書史:明代卷[M].上海:上海人民出版社,2009:519.

"等韻圖"；若單以文字分析字音，論述聲母、韻攝與門法等，而未列圖式者，謂之"等韻書"。明代等韻圖，依其内容、形式而分，約略可別爲三系：凡體例、内容與宋元等韻圖相似，而仍存全濁聲母者，稱爲"聲母存濁系統韻圖"；若僅據當時之北音，分母別韻，亦譜成圖表，而全濁聲母演變爲清音者，稱爲"聲母化濁入清系統韻圖"；至於外籍傳教士，採用羅馬字母之拼音法，藉以分析漢音，而又列圖表説明者，則謂之"外籍人士拼音韻圖"。

有明二百七十七年間，等韻學之著作，綜訪所得，凡二十有七，此時之等韻學作者，或不滿宋元等韻學之圖式束縛，門法之煩瑣，以及反切之弊端，故提倡等韻之革命，廢除門法，變等爲呼，改良反切，採用拼音，並特重時音，歸併韻攝，削減字母，此種推陳革新之精神，殆非前代所能及者也。

A.然明代等韻學家，或憑臆創設術語代字，或比附陰陽五行、五音、五臟、五常、乾卦四德、四季，或音韻、治曆、律吕並論，凡此諸類，徒滋迷離，宜當袪除。試舉二例端評述之：

a.術語之分歧。明代等韻學家，或標新立異自創術語代字，造成混淆紊亂，同名異實，異名同實，如音所從發之"聲"，章黻《韻學集成》稱作"母"，王應電《聲韻會通》稱作"字母"，葉秉敬《韻表》稱作"聲母"，吳繼仕《音聲紀元》稱作"聲"，金尼閣《西儒耳目資》稱作"字父"。再如發音時氣流直上不觸使聲帶顫動之"不帶音"(清音、幽音)與顫動聲帶之"帶音"(濁音、響音)，章黻的《韻學集成》分作"清音""次清""次清次""濁音""次濁""次濁次"，袁子讓《字學元元》分作"獨清""分清""分濁""獨濁"，吕坤《交泰韻》與葉秉敬《韻表》分作"陰""陽"，吳繼仕《音聲紀元》分作"全清""次清""清濁半""全濁""次濁"，葛中選《泰律》分作"疾""遲"，吕維祺《音韻日月燈》分作"純清""次清""半濁""全濁"，而吕維祺之"全濁"，乃吳繼仕之"次濁"及"不帶音"，而蕭雲從《韻通》則指聲調之"上平聲"與"下平聲"。術語名詞之分歧，從上述可見一斑，諸如此類，徒滋學者之迷離與困惑，若不謹詳研治，正名細辨，即至皓首窮年，竟不得其解也。

b.附會之謬妄。明代等韻學家之附會陰陽五行、五臟、五音、五常、五方、四時、八風、十二律、六十四卦，或音韻與治曆、製樂並論者，不乏其人。如邵光祖《切韻指掌圖檢例・辨字母次第》曰："以三十六字母演三百八十四聲，取子母相生之義，是故一氣之出，清濁有次，輕重有倫，合之以五音，運之若四時。故始牙音，春之象也，其音角，其行木；次曰齒音，秋之象也，其音商，其行金；次曰喉音，冬之象也，其音羽，其行水。所謂五音之出，猶四時之運者，此也。"又如王應電《聲韻會通》二十八聲母之仰合四氣，各得七聲與二十八宿，四十五韻部分作大韻三十六、小韻九之附會四氣，各得九韻、三十六宫、四時之閏與洛書之數；吳繼仕《音聲紀元》之音韻、治曆、制樂並論，又以其六十六聲配隸五音十二律，二十四韻部或十二韻部妄比二十四氣節與十二律；葛中選《泰律》音韻、音樂並論，又附會氣數六十四卦。凡此，均屬牽強拼合。故勞乃宣《等韻一得·外篇·雜論》曾謂：“宋以來言等韻者，多以五音四聲等分配宮商角徵羽，而言人人殊，其實皆牽合也。蓋音律與音韻本判然兩事：音律之音，以洪纖高下爲殊；音韻之音，以母韻等聲爲別；必欲强爲比附，猶談曆數者推原於律呂大衍，論地理者牽引乎九野兩戒，徒爲門面語耳，於本義無當也。今一切屏除，不爲影響附會之談，如憑實測以驗天行，據山川以徵疆域，實事求是，省却無數葛藤。”羅常培《漢語音韻學導論》亦力闢曰：“以五行五臟牽合，依河圖洛書配列字母，是曰附會；凡此之訛失，並宜祛除。”

B.總體看，明代等韻著作是清代等韻學之先驅。清代等韻學家之分韻立母、等韻理論、術語代稱，頗多本於明代等韻學，如：

a.明代聲母化濁入清之北音系諸韻圖，其聲母乃創自蘭茂《韻略易通》《早梅詩》二十字母，韻部亦多分合刪補蘭氏之二十韻部；而清代北音系諸韻圖之分韻立母，亦多本於明代北音系，如清人樊騰鳳《五方元音》之二十字母與十二韻部，即近祖於蘭茂《韻略易通》與喬中和《元韻譜》二書。

b.清代等韻學家之聲調代稱，或有本於明代者，如林本裕《聲位》之《五聲圖》，其口開聲一，蓋祖於方以智《切韻聲原》。

c.明方以智《切韻聲原》釐定聲母發音方法爲“初發聲”“送氣聲”“忍收聲”三類，而清代等韻學家之分析聲母發音方法，或本方氏之説，或據方氏再加細分。如錢大昕《十駕齋養新録》分作“出聲”“送氣”“收聲”三類；江永《音學辨微》、江有誥《等韻叢説》、陳澧《切韻考》分爲“發聲”“送氣”“收聲”三類；大抵與方氏相同。

d.清代等韻學家之等呼觀念與名稱，乃祖述於明代，如潘耒《類音》之開口呼、齊齒呼、合口呼、撮口呼，《字母切韻要法》之“開口正韻”“開口副韻”“合口正韻”“合口副韻”等，均祖於《字説》。①

最後，林平和進一步總結認爲明代韻書亦是民國時“國音”之祖源。

(2)應裕康《清代韻圖之研究》

應裕康《清代韻圖之研究》依内容、形式分清代韻圖爲三類。形式、内容均與宋元韻圖無異，而作之旨又在於補前代韻圖之闕失者，稱爲“襲古系統之韻圖”。體例、内容與前代韻圖不盡相符，而於字母之分，仍保留全濁聲母者，

---

① 林平和.明代等韻學之研究[M].臺北：文史哲出版社，1975.

稱爲"存濁系統之韻圖"。至於以當時之北音爲準,分母別類,而列之爲韻圖者,則皆歸爲"北音系統之韻圖"。北音系統之韻圖列有樊騰鳳《五方元音》、無名氏之《五音通韻》、都四德《黃鐘通韻》、徐鑑《音泲》、張燮承《翻切簡可圖》、周贇《山門新語》、趙紹箕《拙菴韻悟》、林本裕《聲位》、龍爲霖《本韻一得》、吳烺《杉亭集》、馬自援《等音》、賈存仁《等音精要》諸書。應裕康研究認爲,清代韻圖之特質是廢除門法、注重時音、變等爲呼、改良反切、韻書韻圖互爲表裏,正由於以上五端,清代等韻之著作,在等韻學中佔一重要地位。

《清代韵圖之研究》先爲緒論,叙述韻圖源流及本博士論文寫作旨趣。然後爲本論,即以三十種韻圖,依年代爲次,分章討論,每圖首考其作者生平。之後考每圖之聲母、韻母、聲調,並予擬訂音值,從而觀其源流及演變,庶幾得有清一代語音遞轉移變之迹。

應裕康研究認爲,清代等韻圖之特質爲:

A.廢除門法——門法之起,初甚簡單,其後音隨時變,乃至門法愈演愈繁,今存《四聲等子》,有門法十一,《切韻指掌圖》則有門法九,《經史正音切韻指南》有門法十三,明僧真空之《直指玉鑰匙》,則有門法二十矣,門法煩瑣,即通人亦有所不解,物極必反,明代乃有廢除門法之言論,呂坤之《交泰韻》可爲代表,至於清代各圖,遂大多主張廢除煩瑣之門法,而代之以直接之拼音。

B.注重時音——前賢治等韻之學,每喜主時音而不悖舊法,其實今古有別,"主時音而不悖舊法"之一語,本不合邏輯,門法之生,亦有由古今之音不能分辨者,清儒於其餘諸圖,皆以"時音"爲標準,故足爲考證當時語音之一助。

C.變等爲呼——宋元韻圖,於四等之外,但言開合,或言"開口呼""合口呼",其後音隨時變,後賢頗有不知"等"之所指者。至於明代,乃捨等而益呼,以求易解,如《韻法直圖》與《韻法橫圖》,增立"開口""合口""撮口""齊齒""啟脣""齊齒捲舌""齊捲而閉"以及"混呼""舌向上呼"諸名攝,觀點不一,得失參半,厥後清馬自援《等音》、林本裕《聲位》,及《字母切韻要法》,均據呼定音,異乎前軌,雖與今習用之稱不合,而已有四呼之實,迨潘耒氏著《類音》,定"開口""齊齒""合口""撮口"四呼之名,先音後字,遷就定型,遂爲清代等韻學家所宗,而爲清代韻圖之一大特色。

D.改良反切——清代等韻學家既主張廢除門法,而代以直接拼音,故主張改良反切,不遺餘力,試以李光地等奉敕纂修之《音韻闡微》爲例,即改用合聲切法,並精簡反切用字,其他各家,亦莫不孜孜於此,是以所爲新切,皆較舊切爲精。

E.韻書韻圖,互爲表裏——《韻鏡》《七音略》等韻圖,係根據《切韻》系韻書,而歸納字音,故學者均以爲等韻圖係正韻書之失以及補韻書不足之絕好資料,唯以此之故,等韻圖亦不能超越韻書之藩籬。至於清代等韻學家爲求解脫此一拘束,往往集韻書、韻圖於一手,如熊士伯之《等切元聲》,其主要骨幹即爲《元聲全韻》及《元聲韻譜》兩部分,《元聲全韻》爲韻書,《元聲韻譜》爲韻圖,而所謂元聲者,即指千古與萬國咸同之元聲也。此外,如敕撰《音韻闡微》、龍爲霖《本韻一得》等,莫不收韻書、韻圖於一編,卷首並益以等韻理論,韻書爲其根本,韻圖爲其綱目,是以不唯讀者一編在手,綱舉目張,一覽無餘,而作者更能藉韻書、韻圖之互爲體用,描述當時之語音狀況,以及表達等韻學之原理與方法。

由於以上五端,清代等韻之著作,於等韻學中佔一重要地位,似非偶然。①

(3)王松木《明代等韻之類型及其開展》

王松木《明代等韻之類型及其開展》分析漢語聲韻學的發展過程,主要參酌符號學的原理,從韻圖、作者、音系三方面着眼,並特別側重作者的文化背景、哲學思想、社會環境等因素對韻圖形制所産生的影響、對音韻分析所造成的制約;在研究方法上,特別強調將等韻圖置回初始的文化語境,唯有如此方能真切瞭解韻圖的編撰動機,以及韻圖形制、音韻術語的内在理據。就好比面對一個未知的字,我們可以拆卸它的部件,藉以觀察字形的結構方式,亦可以辨析其音素,瞭解音節的音段組合,但若欲精確解讀該字的確切意義,則必得從宏觀的角度入手,將該字置入語句、篇章中,配合上下文義,方能得知其恰切的意涵。

此外,《明代等韻之類型及其開展》將韻圖重新定位爲:等韻學家分析音韻結構的主觀詮釋系統,而非僅是客觀描寫語音的形式框架。在韻圖類型的區分上,並不沿循過往以音系爲基準的分類方式,而改以作者之編撰目的爲分類依據,將明代韻圖總成"拼讀反切、辨明音值的音表""雜糅象數,闡釋音理的圖式""假借音韻,證成玄理的論著"三大類型。明代等韻學的歷時發展,則是根據韻圖的社會功能與文化屬性,梳理出四大支系:"僧徒轉唱佛經的對音字圖""士子科舉賦詩的正音字表""哲人證成玄理的象數圖式""西儒學習漢語的資助工具"。如此,分別從類型學(橫向)、發生學角度(縱向)觀察,當可對明代韻圖有更深一層的認識。

王松木倡導改換視角,重新確認韻圖的人文屬性,將韻圖重新回歸至當時的文化語境中,思索韻圖的社會功能、文化屬性等根本性的問題,進一步發展

---

① 應裕康.清代韻圖之研究[M].臺北:弘道文化事業有限公司,1972:3.

出屬於漢語音韻學獨特的研究模式。

3.日本明清等韻學綜合研究情況

趙蔭棠在《等韻源流》舊講義的後記中曾提到這樣一件事,趙氏在 20 世紀 30 年代搜訪古韻書時,有一位叫永島榮一郎的日本學者當時正在中國北平訪學,專攻漢語音韻學,與趙氏相識後亦同時搜訪韻學書籍,幾年來收穫頗豐,買到了許多重要的珍貴音韻學古籍。該後記說:"日人永島君來中國專修韻學,相見之後,努力購買韻書,兩三年之中,所獲實在不少。我很想將他藏的書過一書目,苦無時間。以上所列,有兩三種是在他那裏看見的。"永島氏收藏的這批韻學書顯然值得我們重視。因這件事不但與趙氏 30 年代的訪書一事有關,而且同漢語音韻學和音韻學史研究也有密切關係。

永島氏搜集到的這批韻學書籍,到底有多少,都是些什麼書,除了趙先生外,長期以來似乎並不爲中國的音韻學者所瞭解和重視,趙氏當時本想作一書目,但因故未果。永島氏回國後,於 1941 年在日本發表了題爲《近世支那語特に北方語系統に於ける音韻史研究資料に就いて》[①]的長篇論文(載《言語研究》第 7、8 號,147~161 頁;第 9 號,17~79 頁),論述了 41 種韻學書,其中等韻書共 40 種。此中除了極少幾種是他從趙蔭棠處借閱的,其餘均是他的藏書。這些是不是永島氏當時在中國所購韻學書的全部,不得而知。永島氏文中提及的諸等韻書,雖然在數量上略少於趙氏的《等韻源流》,但也有若干種是趙氏所未見而在內容上是很重要的[②]。

馮蒸文章只是說永島大約在 20 世紀 70 年代故去,可見永島生平不爲國人所熟知,我們摘錄《永島榮一郎先生略歷》中對永島的介紹:

> 永島榮一郎 1909 年生於東京府,1936 年畢業於東京帝國大學文學部言語學科。同年 6 月,受外務省文化事業部補給到北京留學;1939 年,任國立北京大學文學院副教授(中國文學系言語學);1944 年 10 月起,先後在慶應義塾外國語學校、東洋大學、東京都立大學任教;1978 年 4 月去世,享年 69 歲。

金文京、高橋智《慶應義塾大學言語文化研究所所藏永島榮一郎氏旧藏中国語言学(小学)資料について——解説と目録》一文介紹現由斯道文庫所保

---

① 題目係日文原文,意思是"關於近代漢語北方話語音系統的音韻史資料研究"。
② 李無未.日本漢語音韻學史[M].北京:商務印書館,2012.

管的永島榮一郎舊藏小學類書籍。

金文京、高橋智的論文指出永島榮一郎在學術方面的代表作《近世支那語特に北方語系統に於ける音韻史研究資料に就いて》所列的 40 部書中《重訂司馬温公等韻圖經》《西儒耳目資》《韻通》《拙菴韻悟》《三教經書文字根本》《字學備要》《空谷傳聲》是利用趙氏的藏書,而《韻略匯通》是通過趙氏介紹看的錢玄同的藏書,《五音通韻》是通過趙氏介紹購買的。永島文庫藏《五方元音》卷末有趙蔭棠墨書的題記。内容爲:"此近原刻之《五方元音》也。現今流行者多爲年希堯之增修本,與本來面目不大相符。又有剔弊本,其文支離更甚。惟此本尚存初刻本規模,然不大易得。某月日與森鹿三及永島君兩先生談及此,後兩日即得此本,因以贈永島先生。裝潢後,求余題字作念。余覺其中若有神助也,故樂書數語。時在民國二十八年六月十七日。韻略堂主人趙蔭棠題於永島之宅。"(民國二十八年即 1939 年,森鹿三是京都帝大文學部史學科中國史學出身的學者,京都大學教授。)

文中附現在存於日本圖書館的永島氏書籍目録:《韻略易通》《本韻一得》《大樂元音》《等音》《等韻精要》《黃鐘通韻》《切韻考》《書文音義便考私編》《同音字辨》《五方元音》《五音通韻》《音韻逢源》《淵若韻辨》這十三種存於慶應義塾大學;《重訂空谷傳聲》《李氏音鑒》《五方元音》現爲東京都立大學圖書館所藏,其他的書籍現在下落不明。

日本現代學者永島榮一郎《近世支那語特に北方語系統に於ける音韻史研究資料に就いて》(1941 年)一文本身集中體現了永島的研究成果,永島把韻書韻圖的研究與漢語北方官話的研究緊密結合起來,文獻考訂和韻圖結構分析結合進行,帶有明顯的現代學者的學術功力,内證與外證互爲補充,比如《韻籟》與許惠的《等韻學》聯繫起來考慮,認定它們非常相似。就明清等韻學研究的情況來看,永島榮一郎應該代表日本 1945 年以前學者研究明清等韻學的最高學術水準[1]。

4.韓國系統性研究明清等韻學的情況

韓國趙紀貞(1991 年)《明清等韻圖研究》認爲明清所製韻圖不僅數量前代無法相比,韻圖的内容和形式也截然不同。造成這一現象的根本原因是明代學者開始對韻圖進行大規模理論研究。同時,時代變化也促使韻書大規模變化,由此而帶來語音和反切形式内容的多樣化。趙紀貞研究過明代《元韻譜》《韻通》《切韻聲原》,清代《五方元音》《黃鐘通韻》《本韻一得》《等音》《聲位》

---

[1]　李無未.日本漢語音韻學史[M].北京:商務印書館,2011:251.

《山門新語》《韻籟》等韻書,考證明清時期的等韻圖特徵爲:前代的韻圖很難反映變化的語音,韻圖形式大幅改變,新的韻圖模式尚未形成,各樣的人製作出新的不同韻圖;聲母數顯著減少(19～22 類),減少的内容包括全濁聲母清化,原來的舌上音、正齒音合爲齒上音捲舌音化,零聲母化,個别韻圖,如《韻籟》見系、精系中一些音口蓋化,派生出[tɕ]、[tɕʻ]、[ɕ];呼取代四等,全面否定了四等之别,但呼的名稱、數量、概念不定,這是四等廢止、四呼確立之前的過渡時期情況的反映;聲調上,過去的平聲一分爲二,入聲還保持一個調類,入聲的名稱下是一個喉塞的音值而不是[-p]、[-t]、[-k],《中原音韻》之後入聲的消滅問題是繼續研究的必要組成部分。明代以後,入聲在北方已經消失,但韻圖的守舊性讓等韻圖仍表明存在入聲。①

(二)單部明清等韻古籍研究情況概述

除了針對整個明清時期的研究論著,我們後文列出了明清時期尤其是反映明清官話等韻文獻的海内外著作約 300 篇。這其中,研究明清漢語韻書韻圖的主力在我國大陸與臺灣地區。

學位論文是兩岸近些年研究明清單部韻書的主體。研究方法以單一的材料爲主,多選擇大體上能反映當時實際語音的著作,通常對等韻書的音韻理論、音韻符號進行描述,對語音系統進行分析。相比明代,對清代語料的研究最爲興盛。所發表的論著超過其他各期。

衆多論文形成了較同一的研究範式,如研究《拙菴韻悟》的有臺灣淡江大學李静惠 1994 年的碩士學位論文《〈拙菴韻悟〉之音系研究》,臺灣逢甲大學楊慧娥 1995 年學位論文《〈拙菴韻悟〉研究》,大陸有廈門大學張金帥 2005 年碩士學位論文《〈拙菴韻悟〉音系研究》、吉林大學劉薇 2005 年碩士學位論文《〈拙菴韻悟〉研究》。而期刊發表的單篇論文多爲作者的學位論文的一部分,或是深入探討韻書聲母韻母情況,以及與其他韻書對比研究,探討音系問題的文章,如李静惠另外發表過單篇論文《〈拙菴韻悟〉音韻"顎化"商榷》《試探〈拙菴韻悟〉之圓形音類符號》,劉薇有期刊論文《〈拙菴韻悟〉音理釋義》《〈拙菴韻悟〉韻圖的編纂特點》。

---

① 趙紀貞(조기정).明清等韻圖研究(명·청등운도 연구)[J].中國人文科學,1991,10.

二、利用韻書成果以語音現象爲出發點的研究

以語音現象爲出發點,充分利用單部韻書研究成果的文章首推竺家寧《12世紀至19世紀漢語聲母的演化規律與方向》,該文認爲近代音研究已奠定了良好的基礎,大部分的研究成果注重個別材料的音系研究,以現象爲主軸的研究比較少見,縱貫800年,探索歷時演化規律的,更爲稀少。因此,在前人基礎上,需要更進一步,釐清這800年聲母變遷的趨勢。

近代音有十分豐富的材料,提供了中古音到現代音演化的訊息。透過這些語料的分析,我們知道現代漢語音韻成分的來源和形成的脈絡。因此,它和我們所處的"現代"的密切性超過《切韻》音系和先秦古音。現代方言的研究,特別是北方方言或官話方言的研究,更不能沒有近代音的知識爲基礎。

竺家寧對聲母演化的五種類型——輕脣化的發展、知照系字與捲舌音的問題、零聲母的擴大、濁音清化、見系和精系的顎化,從材料出發,總結所有研究者對近代韻書——7部元代文獻、22部明代文獻、28部清代文獻的考察成果,客觀觀察材料所反映的語音演變。他發現濁音清化大約在明代初葉前就已經完成;捲舌化則是在明代漸漸演變,直到明末清初才完成;顎化則更是到了清乾隆時期才被韻書記錄。以往學者推測這些語音變化的時代,都較竺家寧的資料早,可能是韻書對於現象變化呈現時間較以往推測的要遲,韻書的記載不及口語變化的速度快。

三、以往研究可開拓之處

(一)韻書的取材

由於歷史的局限,李新魁、耿振生搜集的明清等韻學古籍儘管沒有一一全部寫出藏地,但實際都藏在大陸地區;而寫清書名藏地的《文字音韻訓詁知見書目》,儘管是21世紀之後的論著,也僅爲大陸地區所藏的古籍目錄。由命名看,作者也沒有意識到這是大陸所藏小學類書籍,書目有待擴充。同樣,臺灣林平和、應裕康都感歎"'避難'海島,訪書實難",可以說,古籍的獲得更多限制在眼前易得的範圍內。自20世紀90年代起,《續修四庫全書》《四庫全書存目叢書》這一系列存有明清等韻著作的"四庫"系書籍編纂出版,成爲眾家研究的底本,從版本看,實質是大陸的善本印出來爲海內外所共享。

　　漢籍除了在大陸地區保存，還有大批流落在外。現有域外漢學文獻的存目，實質涉及的明清韻書很有限，特別是反映明清官話的韻書，專業性强，往往未被收録，比如嚴紹璗《日本漢籍善本書録》，收録的明代韻書是詩韻書，而且，凡例説不收清代古籍。非音韻專業學者的漢籍收集對我們的專業研究實質幫助較小。

　　擅長研究近代音的學者竺家寧曾經分別搜尋臺灣幾個主要圖書館的善本書與綫裝書①，但他是對照《等韻源流》《韻學古籍述要》《明清等韻學通論》已列出的書籍，觀察所述等韻書臺灣是否也存有，不是窮盡式搜尋臺灣地區所藏韻書。竺家寧開列過臺灣師範大學圖書館所藏音韻著作，但是《等音新集》《五音通韻》《萬籟中聲》《切韻樞紐》《音韻畫一》《諧音摘要字母》這些在臺師大均有館藏的等韻書却遺漏了。

　　再如，邱克威《〈等音新集〉研究》一文依據清華大學圖書館目録卡上標注，認爲《等音新集》清華藏本爲"全國孤本"，但是我們在臺灣師範大學圖書館發現："《等音新集》二編二冊，[清]璩明甫輯，清乾隆二十五年述聖齋主人刊本，清乾隆二十五（1760）年刊本，述聖齋主人稿，書中有趙蔭棠藏書印，金鑲玉裝。"這無疑打破邱克威清華所藏《等音新集》爲孤本的觀點。

　　又如，臺灣政治大學陳欣儀（2004 年）碩士學位論文《〈切韻樞紐〉研究》存在"今日所見之臺北‘國家圖書館’所收海内孤本"的説法②，陳欣儀並不知道同在臺北的臺灣師範大學圖書館即有《萬籟中聲》與《切韻樞紐》。

　　可以説，隨着我們全面系統地挖掘，認識不斷深化，新的等韻書、版本被發現，舊有的觀念被打破。

　　大陸自葉寶奎開始，學者研究所用材料打破《明清等韻學通論》和《韻學古籍述要》都只從我國大陸地區查找資料的原有模式，開始藉助東亞國家和地區的收藏的中國韻書及受我國影響而產生的東亞韻書來思考明清官話音系，《明清官話音系》用到《洪武正韻譯訓》《四聲通解》及今藏臺北故宮博物院的《諧聲韻學》十八冊等境外材料。然而，整個境外所存等韻文獻的情況如何？目前並沒有進行過窮盡式搜索。在域外漢籍研究熱潮日益興起的今天，需要我們重新審視，放眼域外，考察境外所存等韻學文獻的現狀。

（二）研究性文獻的利用

　　趙蔭棠的學術論著出版後，學者多有引用。從域内域外看，域外學者善於

---

①　竺家寧.五十年來的中國語言學研究[M].臺北:臺灣學生書局,2006:46～47.
②　陳欣儀.《切韻樞紐》研究[D].臺北:政治大學碩士學位論文,2004:111.

吸收借鑒大陸的研究成果,而大陸學者却鮮見吸收利用域外的成果。比如李新魁、耿振生 20 世紀 90 年代的論著在時間上晚出於永島、林平和、應裕康、趙紀貞,論著中却没有提及這些學者的研究成果。葉寶奎《明清等韻學通論》開始利用到域外成果。而永島 1941 年的研究成果,直到李無未《現代日本漢語音韻學研究的特點》(2009 年)論述後,才逐漸爲大陸學者所知。韓國學者趙紀貞的論文《明清等韻圖研究(명·청등운도연구)》,至今没有被大陸學者提及。而且,對域外成果存在部分借鑒的情況,比如,2012 年鄭智穎碩士學位論文《〈重訂司馬温公等韻圖經〉與〈音泲〉之比較:兼論西元 17－21 世紀北京音系的演變軌迹》,提及 2007 年金恩希(韓)《〈音泲〉音韻體系研究》,却没有提及 2008 年金恩希的單篇論文《〈等韻圖經〉·〈音泲〉普通話音韻體系比較》。如何全面整理利用大陸之外的研究成果,更好地在前人基礎上研究音韻學,是擺在我們面前的任務。

(三)研究的總體思路

研究等韻文獻的論文,在思路方法上有很高的同質性。絕大部分是以一部專書資料爲主,進行音系研究。韻書韻圖多是一本本進行研究,新的材料又尚未開發,造成多次研究、重複勞動,比如《等韻精要》,兩岸有臺灣成功大學 1994 年碩士學位論文、吉林大學 2007 年碩士學位論文、廈門大學 2007 年碩士學位論文、山西大學 2010 年博士學位論文,共計 4 篇學位論文對其進行研究,專題研究《五方元音》《等韻一得》的學位論文已分別有 3 篇。發掘新的韻書、韻書研究前的版本校勘等前期工作、具有時音特點韻書與現代語音間的演化關係,這些研究還相對薄弱。

第二節　研究緣起、目標與意義

一、研究緣起

理論上看,對聲母韻母的分析、構擬,由研究音類到研究音值是對西方語言學的吸收利用,貼切地化洋派爲我所用,打破了顧炎武以來 300 年中國音韻學研究的固有模式。長期以來,語言學界受西方的影響與衝擊,分析西方的理論是否適合漢語? 能否爲我所用及如何爲我所用? 我們的研究倚重西方的同時也不能輕視漢字文化圈內的建樹。漢字文化圈內有共同的大文化背景,共享着同類的漢語文化典籍,漢字文化圈內的研究成果遠比西洋的容易消化。我們在共同的基礎上也要認識到東亞不同國家和地區因歷史發展軌迹、學術底蘊及學術視野的差異而產生有自身特點的研究範式,形成獨具特色的漢語音韻研究歷史。東亞文化圈已經積累了不少研究成果,如果加以利用,反觀我們過去的研究,就可以"借鏡自照",有利於推動漢語語音史研究的前進。

利用東亞資料有兩個層面,一個是舊存漢籍等韻文獻的利用,一個是研究成果的利用。

方式方法上,音系需要研究,但是在研究音系之前的文獻版本考證及文獻校勘工作是我們深入研究音系的基礎。我們正確梳理文獻,去僞存真,對漢籍文本中的訛、脫、異文等進行校勘,爲繼之進行的深入研究提供一份可靠的、便於利用的基礎資料,後續研究才能順利開展,在此基礎上的音系研究也更爲真實可信。中國的《廣韻》《集韻》《韻鏡》這些重要的韻書韻圖莫不是經過歷代人盡心竭力的整理,"書非校不能讀也",近代音研究也應該重視文獻整理這一環節。

二、研究目標

(一)文獻資料發現利用目標

東亞珍藏明清漢語文獻新發掘,會發現許多未知或重視不夠的文獻,引發我們對相關文獻的新認識。比如日藏《五音通韻》,就與我國臺灣所藏不同,臺灣是韻圖本,日藏本韻圖與韻書合刊。我們可以把臺灣地區及日本的《五音通韻》進行比較分析。而且《五音通韻》的發現打破了張鴻魁《明清山東韻書研究》中《萬韻書》是第一部明確記載十九聲母的韻書的説法,《五音通韻》成爲至今發現最早的十九母韻書。再如,境外存有的《萬籟中聲》,《販書偶記續編》曾記載過,而今我國大陸地區已經不見該藏本。又如,我們發現了兩種大陸沒有提及的《萬韻新書》的版本,這樣,域內域外珍藏明清漢語文獻發掘"互動",無疑會使文獻整理提升到一個新的層次。

(二)學術思想理論預期目標

清理、調查、整理和研究世界範圍內珍藏的明清官話韻書韻圖,是一次前所未有的漢語史研究觀念上的新轉變。東亞明清漢語文獻挖掘"海內外互動",充分尊重個性思維,尋找共性思維,突破了地域與國別的"思維"局限,實現"思維方式"的新跨越。我們要真正確立科學而完整的東亞明清漢語文獻挖掘與研究程序,彌補過去"國別"個體視野研究的種種弊端和缺憾,讓明清漢語史研究更加真實可信。傳統與現代漢語史理論相結合,孕育出研究思維模式和研究方式的新變革。比如傳統文獻整理方法(作者、成書、版本、文獻源流、校勘、輯佚等)和現代數據庫手段的結合,爲進一步描寫與解釋夯實了基礎。東亞明清漢語文獻的挖掘,集中了各國明清漢語史研究理論與實際的智慧,是一次理論與方法的大檢閱,對理清各國明清漢語史研究理論與方法之間的源流關係,形成新的明清漢語史理論和明清漢語學史會起到至關重要的作用。東亞珍藏明清漢語文獻的挖掘,不單單是漢語史學科的獨立行爲,而且是多學科"跨領域"協作的產物。在多學科參與的背景下,海内外珍藏明清漢語文獻的挖掘,具有了複合學科特性,同時也爲相關學科研究提供了新的出路和借鑒,可以直接促進相關學科的繁榮與進步。

三、研究意義

　　我們的選題相對於已有研究具有獨到的學術價值、應用價值和社會意義。
　　從東亞珍藏明清漢語文獻角度全面研究,視野廣闊,跨越了地域國別範疇。對東亞珍藏反映明清官話的韻書韻圖收集和整理,並進行漢語研究,這本身就是一個新的學術思路,突破了許多人只研究大陸珍藏漢語文獻的"狹隘"視野,具有十分突出的世界性眼光,打開了通往珍藏漢語文獻研究的一扇大門。
　　以往大陸地區學者由於某種原因很難研究東亞珍藏明清漢語文獻,而此次研究以域外漢學的意識看待,則會轉換視角,内外互動,大大拓展了研究空間,帶來了明清漢語比較研究的獨特理解,帶來對明清漢語韻書韻圖更爲全面、系統的新認識。如此,就會取得域内珍藏明清漢語文獻所不可比擬的收穫。
　　收集和整理(版本、流傳、校勘、輯佚、著錄)東亞珍藏明清韻書韻圖可以更準確定位明清漢語文獻對研究漢語史的重要價值,並爲全方位研究"海内外珍藏明清漢語文獻"奠定基礎。我們突破傳統音系研究的框架,針對文獻本身,做版本著錄校勘與輯佚工作,文獻研究法是古老而富有生命力的科學研究方法。以這一基礎的研究範式整理域外珍藏文獻,有利於更深入地理解文獻本身。
　　我們做域外材料研究的同時,也研究相關域外語音史,考察"漢字文化圈"内文獻研究的共性與差異。有比較才有借鑒,才能推動漢語史向更高層次發展。日本、朝鮮雖然都屬於"漢字文化圈",但其在中國明清漢語文獻話語譜系形成和建構上,也與中國不同,明顯具有自身特點。以中國學者所關心的明清漢語文獻問題爲出發點,吸取日本、韓國學者有關多重比較的"國別"和區域類型理論。這對利用海內外珍藏漢語文獻研究明清漢語史是一個很大的學術推進。

　　海內外珍藏明清漢語文獻的"互動",爲我國漢語史文獻研究樹立了典範,也是建構漢籍跨文化傳播研究的理論體系和學科框架,是把握東亞廣大區域內存在的深層次文化聯繫,重構東亞古典文明的一種新的嘗試。中國正在建設文化軟實力大國,而"東亞珍藏明清漢語文獻"研究則是"國別漢語"及"中華文化"推廣戰略的一個重要組成部分。它所具有的社會意義是不可估量的。

第三節　研究内容與研究方法

一、研究内容

　　我們做了東亞珍藏明清漢語等韻文獻的調查報告。我們充分運用網絡查詢、書籍總目彙編、研究論文所含藏書記載等信息,考察東亞國家(或地區)的各類圖書館的文獻版本,並比照我國的藏書目録(實記載我國大陸地區的圖書收藏情況),觀察域外所存等韻文獻中罕見的古籍與珍稀的版本。我們把研究結果附於書後。研究表明,東亞地區的確散布着有價值的古書,而且臺灣師範大學有一批趙蔭棠收藏過的等韻書籍,其可謂東亞國家和地區具有較高版本價值的等韻書的匯聚地。

　　趙蔭棠《等韻源流》提到的諸多明清等韻書是根據他自己的藏書寫的。趙蔭棠先生說:"我在做《〈中原音韻〉研究》的同時,就注意訪問搜集各種韻書。"但是多年來搜集的書趙蔭棠没來得及研究就"整批流落遠方"了,1957年版的《等韻源流》的序言(《等韻源流新序》)中只存書目列表。(趙蔭棠最初是在自己舊講義的後記中列出書目的,後在上述序中復録了該書目,由於該序隨《等韻源流》多次印刷出版,便於讀者查對,所以本書直接表述爲引自《等韻源流新序》。)後來,應裕康說:"趙氏所説的遠方,就是指臺灣,這批書後來收藏在臺灣師範大學。"我們也在臺灣師範大學查詢到了有趙蔭棠印章的書籍,如:《八矢注字圖説》《五先堂字學元元》《韻略匯通》《等音新集》。臺灣師大是目前少有的明清等韻書籍的匯集地。這批書籍對音韻文獻材料的挖掘具有重要意義。

我們擬集中精力對趙蔭棠的藏書進行系統研究,完成趙先生之宿願。

我們列出臺灣師範大學所藏的價值高的明清等韻書版本:

《等音新集》二編二冊 清 璩明甫 輯 乾隆二十五年述聖齋主人刊本

《五方元音》二卷二冊 清 樊騰鳳 撰 寶旭齋刊本

《五音通韻》一冊 童稚 撰 鈔本

《萬韻新書》不分卷一冊 光緒三十四年

《增補萬韻新書》四冊 清光緒十二年文裕成刊本

《萬韻書例》不分卷一冊 清 劉殿臣 撰 乾隆四十三年劉謙光刊本

《聲律發蒙》清 蘭茂 乾隆六年刊

《音泑》清 徐鑑 撰 清嘉慶二十二年刊本

《等韻精要》賈存仁 撰 清

《等韻圖經》明 張元善 校刊 鈔本

《杉亭集》清 吳烺 撰 清乾隆昭陽協洽(癸未年,1763年)程名世序刊本 書中有徐乃昌藏書印

《八矢注字圖說》清 顧陳垿 撰 手鈔本,書中有趙蔭棠先生藏書印

《元聲韻學大成》明 濮陽淶 撰 明萬曆戊寅六年(1578年)序刊本

《音韻畫一》楊志體稿,郭裕德書 民國三十四年(1945年)味菜堂刊本

《音韻清濁鑒》清 王祚禎 撰 抄本二冊

《諧音摘要字母》清?①向惠門 輯 刻本二冊

《太古元音》是奎 編 鈔本 二冊

《翻切簡可篇》清 張燮承 撰 清同治十二年撰者刊本

随着時間的推移,由於書籍的輾轉留存,圖書館的書籍保管也難免有疏漏,昔日提到的書已難以全部展現,不僅永島氏藏書有"其他書籍下落不明"的情況,臺灣師大存的《空谷傳聲》在管理人員交接時就不存了②。對這些書,我們只能暫時作罷。

我們對搜集的每一種文獻,都進行必要的文獻考訂工作。考察作者、成書、版本源流、輯佚、校勘、著錄等信息。文獻的版本調查、校勘,是音系研究工作的前提。

---

① 臺師大圖書館檢索系統即加"?",表示對年代存疑。

② 我們查閱書籍時,管理人員翻閱交接書單,發現該書在人員交接時已不存在。

　　對於已經研究過的等韻古籍,我們將海內外珍藏研究明清漢語等韻文獻的論文論著編目,提供完整的專題學術信息。我們對每一部韻書或韻圖的海內外研究情況作一介紹,從文獻、音系兩方面進行歸納陳述,囊括域外語音史的研究特點,總結域外研究價值。對於未被研究,較少提及的韻書,我們進行系統研究,總結其語音特點,突出其語音史價值。

　　總之,要充分意識到知識全球化條件下的當代學術語境。自覺涉獵和借鑒海外學界的研究成果,改變忽略國際學術閉門造車式的研究狀況,創造出既有本土特點又能融會貫通的成果,是我們研究應有的路綫。

二、研究方法

　　随着學術的日益發展,研究方法日趨多元,我們既要多層面靈活運用已有的研究方法,又要結合我們的實際,歸納出適合自己的新的研究方法。

(一)文獻研究的方法

1.文獻徵引法

　　我們調查文獻材料,徵引方志資料,進一步認識等韻書籍作者的生平、交遊情況,爲等韻著作的文獻和語音研究提供可靠的材料支持。如我們窮盡式收集材料,推斷《萬籟中聲》《切韻樞紐》作者吳元滿的生卒年,生年爲 1536—1544 年之間,卒年爲 1607—1613 年之間。再比如聯繫吳烺的遊歷情況——其年少時就在安徽全椒、南京、吳語區的幾個城市居住往來,我們更容易理解吳烺所著《五聲反切正均》在官話之外所透露的南京話、吳方言的部分特徵。至少,吳烺熟悉這些地方的語音,在官話之外有透露這些地方語音的潛在可能性。而且事實上也可以爲該書體現的語音特徵做合理的解釋,不會因爲吳烺是全椒人,就預設其透露的方音爲全椒話。

2.比勘互證法

　　校勘是古文獻整理工作必不可少的一個環節,書非校不能讀也。我們搜集整理文獻,比較不同時代、不同版本的同一韻書,相互參證,考訂其注音釋義。同一版本,我們可以用體例參照,音理推斷,進行校勘。如我們結合韻書本身體例校勘《五聲反切正均》,把第七頁的"五聲反切在均"正爲與其他頁一致的"五聲反切正均"。

(二)語音研究的方法

　　語音研究,歷史比較法是基本方法。其他如內部分析法、時間層次分析法、詞彙擴散、語言接觸，我們會根據遇到的材料的特點綜合運用各種方法。考察近代的漢音及其演化過程，既要對韻書本身進行個案研究，又要做歷時演化的比較研究。因此，我們要在普通語言學理論的指導下，根據不同研究對象和目的，靈活運用描寫語言學、歷史語言學、比較語言學及音位研究的方法。比如，對於沒有系統描寫過音系的《諧音摘要字母》《音韻畫一》，我們利用韻書韻圖及理論部分的語音描述，結合現代語音學知識，分析明清韻書韻圖的語音現象，歸納聲韻調系統，總結音系特點，構擬音值。我們系統分析韻書音系，對反映方音的韻書，我們研究其與之後歷史時期的文獻、現代方言調查報告之間的語音關係，觀察歷時縱向進程中的漸進性與系統性音變。我們研究《音韻畫一》時，充分利用韻書、20 世紀上半葉的《四川方言調查報告》及近年的方言調查報告，觀察自 1884 年開始的四川射洪地區每隔 60 年的語音演化情況。《諧音摘要字母》也根據其特點使用類似的研究模式。我們發現音系存在系統性的歷時演化，如四川射洪方言在清末《音韻畫一》時期分尖團，近年來演變爲尖團合流；也有某種語音現象漸進性的演變，比如《諧音摘要字母》二等喉牙音的顎化，從 19 世紀上半葉至今顎化數量逐漸增多，顎化處於演變的過程中。對於《諧音摘要字母》存在的文白異讀現象，我們分層列出。語音演化過程還體現了詞彙擴散現象，如見系顎化現象中已經顎化和未顎化的情況是以詞彙擴散形式表現的。還有根據材料特點從語言接觸角度考量的情況，比如移民雜居百年後形成的捲舌音和平舌音難以從中古來源上歸類，我們單獨進行討論。

（三）文獻與音系協同關係法

文獻與音系協同關係法是把文獻的研究結論與音系的研究結論相結合，觀察韻書內的文獻部分及作者的背景材料，考論這些文獻與韻書所體現的音系性質之間的關係。比如，引用前人古書多、論述過自身的師承關係的韻書韻圖，往往音系體現官話的成分重。而韻書的理論部分獨創性強，作者勇於突破藩籬的，音系地方方音色彩就濃厚。我們可以把音系性質存古、官話、方音聯貫成一條漸變綫，與作者在韻書理論部分的論述、作者自身的史籍記載相聯繫，觀察其相關性，有助於我們認識、理解韻書的性質，更好地利用韻書。而不會把韻書預設成單一的方音字表或者因爲存古而不能很好地利用韻書。

（四）與計算機手段相結合的方法

在大數據時代，等韻學古籍尤其是明清官話的大部分韻書並沒有進入檢索平臺，或者説其內容還沒有製成數據庫，我們研究音系的同時注意數據庫的輸入,用 ACCESS、EXCEL 輸出或統計出所需資料。

第四節　趙蔭棠藏書及書籍流傳

　　趙蔭棠,生於河南鞏縣,幼時在塾裏偶然遇見一位隱居的革命文人,和他學習過守溫三十六字母(按:今日知道守溫實則三十字母),由"幫、滂、並、明"起,到當時王照等所提倡的拼音字母爲止。在北京,趙先生曾跟錢玄同先生學習聲韻、文字多年。他對於"小學"的眼光,應着社會革命的潮流,放到"疑古而求新"方面去。① 更加詳盡的趙蔭棠先生事蹟,我們做趙蔭棠先生年譜,附於文末,以紀念先生對音韻學的卓越貢獻。

一、趙蔭棠的搜書活動

　　趙蔭棠引領並開拓了明清漢語等韻學研究,等韻古籍散落於圖書館、書店,爲了研究,趙蔭棠先生四處搜羅,書籍有買有抄。

(一)趙蔭棠論文所述搜書經歷

1.《字學元元述評》

　　《字學元元》也是一部現在罕見的書。在兩三年前,讀陳澧《切韻考》及勞乃宣《等韻一得》的時候,見他們提及它,我就想看看它的面目。無奈廣詢通人,遍訪書肆,毫不能得着它的消息。後來與張少元先生談,方知道故宮圖書館藏有是書;急託館中李錦書先生雇人抄錄,經過三四個月的時間,費去洋四五十元,才能置諸韻略堂中之案頭。此正值國難方興,學校停薪不發之時也。②

2.《元明清韻書考證之七》

　　此種材料埋没這樣的久,一旦被我發現,也是很痛快的一件事。若有

---

① 　芝田稔.趙蔭棠先生[J].華文國際,1948(8).
② 　趙蔭棠.字學元元述評[J].中法大學月刊,1932(4).

文化機關願印行是書者,則我也甘願盡一份子整理的責任;惜乎中國終日鬧窮,無人顧及此不能暢銷之書也![1]

(二)趙蔭棠散文所述搜書經歷

最驚魂動魄的,是有關於我的本行的幾種:《西儒耳目資》,我費了許多精神,生了許多氣,才能買到。明板白綿[2]紙《古今韻會舉要》,是我所最愛的,裏邊夾着一張當死的當票,是買它的紀念品。[3]

(三)趙蔭棠藏書所載搜書經歷

1.今臺灣師範大學藏《音韻清濁鑒》的扉頁有:

是書清華大學藏有刻本,擬抄未果,今忽從順治門[4]小市得此抄本,頗自欣幸,第恐非全璧耳。民國二十年十一月十八日識。

其後印章被臺灣師範大學圖書館印章覆蓋,字迹不辨。

2.今臺灣師範大學藏《元韻譜》的扉頁有:

是書在韻書後期是很重要的書,屢欲得之而未能,現從馬幼漁先生處借來請人抄其第一本,蓋馬先生係借研究所者,未能遲久不還也。民十九年十一月志。

其後是朱文印"趙蔭棠章"。

(四)趙蔭棠贈書所載搜書過程

慶應義塾大學永島榮一郎文庫藏書中有許多是珍藏版,比如影舊鈔《五方元音》初刻本,在底頁有趙蔭棠的"手跋",轉錄如下:

---

[1] 趙蔭棠.諧聲韻學跋[J].中法大學月刊,1932(3).

[2] 原文作"綿".

[3] 趙蔭棠.賣書記[J].文藝世紀,1944(2).

[4] 原書作"順治間門小市","間"字右側有兩點,當表示"間"爲錯字,隨後補出正確的"門","順治門小市"爲當時北京比較大的小市.

此近原刻之《五方元音》也。現今流行者多爲年希堯之增修本,與本來面目不大相符。又有剔弊本,其文支離更甚,惟此本尚存初刻本規模,然不大易得,某月日與森鹿三及永島君兩先生談及此,後兩日即得此本,因以贈永島先生。裝潢後,求余題字作念。余覺其中若有神助也,故樂書數語。時在民國三十八年六月十七日。韻略堂主人趙蔭棠題於永島之宅。

(五)師友對趙蔭棠購書的評價

沈兼士先生嘗向人説:"他(趙蔭棠)買書是不問價錢高低的。"①

我們可以從不同角度體會出趙蔭棠遍訪等韻書籍,求書心切,訪求不易,得書欣喜的尋書抄書購書的複雜心情。趙蔭棠曾自述:"韻書與我發生關係最久,所以夢得在深廟古寺裏發現古板韻圖竟有數十次之多。韻略堂所存韻書,在未賣之前,説是甲於全國,也非臭誇。"②趙蔭棠並非全面的藏書家,而是有針對性地收集研究所用資料,其良好的知識背景,有眼光的版本收集工作,可以説,形成了等韻學領域最全面的購書活動。

二、趙蔭棠的售書經歷

(一)趙蔭棠學生芝田稔《趙蔭棠先生》所述趙氏售書經歷

失掉跑到重慶去的機會的人,在戰爭中也很多。他們的苦悶,使我不能不同情。趙蔭棠先生,也是這樣的一個人。

那是一年春天的黄昏。"咳! 真是吃人的物價。但望早日和平。你們留學生,更不容易過罷。"趙先生給我斟酒,又接着説:"'孔夫子入天壇,五百當一元',現在一千當五分,你不要客氣,今兒我有酒,竟等着來人喝哪。"

"先生,現在寫什麽? 又要了稿費了?"想起前半個月,是刮大風的星期日那天,我跟先生到西城拜訪 S 先生(當時他是新民印書館編輯部主任),替趙先生翻譯《父與子》並向 S 先生交涉要稿費的記憶來,便這樣問。

"上次添你麻煩了,那稿費早就花光了……房東又要漲房錢。有人讓

---

① 趙蔭棠.賣書記[J].文藝世紀,1944(2).
② 趙蔭棠.賣書記[J].文藝世紀,1944(2).

我到他東西八條來,給我白住房。可的一搬家……一時消費總比住一年的房錢多。無可奈何,我還是在這裏住……你看哪些書?今兒全歸人家了。"

我知道他對學生常說:"我要整理書,同學們假設要用書,趁早拿去看看",但不知怎變這麼快地已歸到人家的手裏去,那些書,也許一部分變爲房租的抵押,一部分變爲他的棒子麵,但的確有一部分是變了這"特別好"的花彫。

"可是你放心罷。恰好你所用的,我還留着呢。"

所留下的,只就是關於聲韻、文字學一類的東西。因爲是他奮鬥的歷史,是他過去的生命。

(二)趙蔭棠《賣書記》陳述的賣書經歷

那時只想着怕人家偷,根本沒有想着賣。實話說吧,"賣"字對於我是一種恥辱,我不用的東西,送人或扔了均可,至於賣,我是期期以爲不可的。東西尚不可賣,而況書乎?

……

是在三十一年的春夏之交,隱忍了七年的事情必須解決了。解決這事情,是得用一筆款。幾個朋友替我計劃這事情,起初說是借款,以書作抵壓品。不料所要解決的問題很順利的解決了,而款却未借到手。箭在弦上,不得不發。到底該怎麼辦呢?一個朋友便提到賣書的事情,我聽這話,渾身打顫。我要肯出這一着,我早就那樣的解決了。我要肯出這一著,我早就離開北京了。周圍的朋友自然是說,不要緊的書存着也是存着;但哪是不要緊的呢?設若不要緊,我根本就不買,我可不是藏書家。凡我所買的,都是我的靈魂所繫;我要賣去一部分書,就是賣去我的靈魂的一部分。那個朋友很聰明,他跑到我已無人管的家裏,把書挑出十分之二,笑着說:"這樣是於元氣無大傷損的。"我忍痛的笑一笑。說着不傷元氣,哪有不傷元氣的?我想建設的三傳系統被打破了,《說文解字詁林》也隨着去了。西文的論文和文學史之類,也被挑出幾種。最驚魂動魄的,是有關於我的本行的幾種:《西儒耳目資》,我費了許多精神,生了許多氣,才能買到。明板白綿紙《古今韻會舉要》,是我所最愛的,裏邊夾着一張當死的當票,是買它的紀念品。被挑出來的書,堆在屋地上一大堆,我不敢正視它們,爽性跑出去,兩夜沒有回家。怎樣拉走的,我也未曾管。那個朋友不惟聰明,而且慷慨,竟然把他自己所存的書,貼賠裏邊許多,以足所需要之款。我聽到這内情之後,我對於我的自私,非常的慚愧。

一過暑假,物價一一天漲一天。新管家雖然很會過,却管不住入不敷出,於是又零零碎碎的賣起書來了。賣一部,心裏便起了兩天的慘痛。好在棒子麵兒僅漲到一元左右,大盒馬克利煙僅漲到五六角,賣一部書尚可維持十來天。而且書之賣給師友者,他們還要藉端多送錢。所以在此期間,靈魂雖有傷損,尚無大傷損也。

不料到了去年夏天,物價又比前年加幾倍,於是老同文《廿四史》便換了棒子麵兒。牠的周圍,也零零碎碎走了許多。今年春天,棒子麵兒漲到四元多了,於是實行打倒英美主義,把先年所存的文學理論及藝術美學之類的二百多種西文書全數賣出去了。這些書是我從民八到民二十精神所寄托的東西。買時,也真費了許多心血。儉衣省食,又加之以借貸,什麼苦都受了。在買時,還有兩位先生替我幫忙,一位是孫孟剛先生,我的中學英文教員,他辦個公司,能直接去英美買書;一位是張鳳舉先生,我的大學教授,他與北京飯店西書部老板相識。這兩位先生,據說都在上海;這次到上海,我想總可以見着他們,不料,一方面地生,一方面事忙,終於未達到目的。離合之數,想在天也。

小說之類,木板的,石印的,全以字紙價錢讓出去。暑假之間,請謝剛主同來董閣掌櫃到家吃便飯,又賣去舊書之一大部分。其中之最使我心神不安的,是《音韻日月燈》與《洪武正韻》。《音韻日月燈》極完整,在北京現已難見;《正韻》板極佳,讀之目爽心適。

在南行之前,因沒有安家費,約市場五洲的老板到家,他買上癮了,我也賣上癮了,把甲骨金文的書賣給他之外,更把明板《五音集韻》也搭進去了。

到現在,我的韻略堂之書,也真夠"略"了。春時,我的朋友讓我作兩篇文章,一是《韻略堂小記》,一是《讀騷小記》。題目出得雖好,我却沒有作。而今呢,竟作這篇《賣書記》了。噢,寫至此,回頭一看書架,大有空空如也之勢。《楚辭》百餘種,留着讀吧。無謂的淚滿可灑在這頂上。韻書,是留着供學生參考的。不能賣,也沒人懂啊!

爵青先生說滿鐵要買書,我在一個座談會裏寫一紙條回答他說:"提起賣書,我心痛的很。在我不需要錢時,我一本也不想賣;一旦需要錢,便隨便讓書估拿去。此時,我真不願提此事也。"

……

說不想賣,恐怕是還得賣吧?昨日借了三百元,除了車錢,繳了房租,尚餘聯幣四元。距發薪尚有十四日,版稅又一時拿不到手,我哈哈大笑了!

回想過去,真如夢寐。始而想研究文學批評,終而想研究音韻與文字,其間又要研究小說史,研究三傳,研究《詩經》及《楚辭》。在每一段的過程裏,我對於搜集參考書籍,都會發一陣迷。韻書與我發生關係最久,現在只餘十分之七了。待這十分之七悉數賣完時,我是什麼樣子,不敢想。姑作曠達語,只有是這樣說:自我聚之,自我散之,也是一件快事!①

三十三年十二月十三日於韻略堂

趙先生生活所迫,友人攛掇他賣書,可是,書是趙先生靈魂所繫,怎捨得出售,真賣的時候,最後一直想保留的是韻書的資料,儘管這樣,韻書《西儒耳目資》《古今韻會舉要》《音韻日月燈》《洪武正韻》《五音集韻》還是在趙蔭棠寫《賣書記》的時候已經賣出去了,韻略堂的韻書剩下十分之七。

(三)趙蔭棠《等韻源流》所述售書經歷

趙蔭棠在《等韻源流新序》中,把書架所存而講義未採納及後見的韻書,列過一個書目,並復錄了書名。書目後,趙蔭棠說,同道們知道本書要正式出版,就提議說應該把上列各書加以說明,這意見是非常值得重視的,但是現在辦不到,因爲這批書都流落在遠方了。趙蔭棠 1946 年離開北平往別處工作時,除了隨身帶一本《等韻源流講義》外,所有一切書籍都拋棄在北平。家屬之在北平者,把它們一齊賣於某小書舖。1949 年回北平之後,聞知聲韻系統的書整批流落到遠方。現在對於同道們所提出的意見,暫時還不能履行。②

趙蔭棠先生之後輾轉到西北師大多年,1971 年在河南老家病逝,趙先生"暫時"不能履行的事,變成了趙先生永遠不能完成的任務。

目前,還没有針對趙先生收集過的這批珍本系統研究的著作。

三、後來學者訪趙蔭棠藏書的活動

(一)馮蒸見聞

馮蒸《趙蔭棠音韻學藏書臺北目睹記——兼論現存的等韻學古籍》(1996)、《論趙蔭棠音韻學藏書的文獻學價值和音韻學價值——尤其是在北京

---

① 趙蔭棠.賣書記[J].文藝世紀,1944(2).
② 趙蔭棠.等韻源流[M].上海:商務印書館,1957:11~13.

話語音史研究中的價值》(2013)，兩篇單篇論文，均羅列了臺灣師範大學今藏的等韻學書籍。1996 年，馮蒸先生給出了趙蔭棠所述"流落到遠方"，這個遠方是臺灣的理由：

> 大約在 1984 年的某一天，我(馮蒸)到琉璃廠海王村的中國書店買書，無意中向該書店的古籍專家雷夢水先生打聽趙先生當年買書的情況和其書的下落……雷先生當時親自對口說，趙先生的這批音韻學書在 1946 年左右售給當時在舊鼓樓大街附近的一個名叫"德律風根"的小書店。……1992 年……在高雄師範大學訪問時，蒙該校的著名音韻學家林慶勳教授告訴我，趙蔭棠先生的這批音韻學書並未失散，而是完整地保存在臺北的臺灣師範大學圖書館。①

馮蒸先生的介紹爲點明趙氏藏書的去向打開一扇大門，但是其證據爲後人的介紹，並沒有點出直接的內部證據。這可能是馮先生"只有不到兩個小時的時間，觀覽十分匆促，未能一本一本細閱"造成的吧。

(二)我們所查新的內部證據

1.臺師大所藏等韻古籍爲趙蔭棠先生舊藏內部證據之一——趙蔭棠印

我們發現臺灣這批等韻學書籍內留有趙蔭棠先生藏書印章——"趙蔭棠印""憩之趙蔭棠章""蔭棠夫婦趙氏藏書印""河南鞏縣趙蔭棠憩之氏韻略堂藏書印"。古書具體對應的趙氏藏書印章爲《大藏字母陀羅尼經》第 2 頁"蔭棠夫婦趙氏藏書印"，《大藏字母陀羅尼經》第 3 頁有印章"趙憩之"；《八矢注字圖說》第 2 頁"趙蔭棠印"；《等韻精要》第 2 頁"河南鞏縣趙蔭棠憩之氏藏書印"；《古今韻撮》第 3 頁"河南鞏縣趙蔭棠憩之氏藏書印"；《古今中外音韻通例》第 4 頁"蔭棠夫婦趙氏藏書印"；《類音》第 4 頁"蔭棠夫婦趙氏藏書印"；《李氏音鑒》第 4 頁"憩之趙蔭棠章"；《字學元元》第 2 頁"趙憩之""蔭棠夫婦趙氏藏書印"；《新刊韻籟》第 2 頁"趙蔭棠印"；《音泔》第 4 頁"蔭棠夫婦趙氏藏書印"；《韻略匯通》"河南鞏縣趙蔭棠憩之氏藏書印"；《元韻譜》第 2 頁、第 3 頁具有"趙蔭棠印"。這些印章是今臺灣師範大學圖書館及"國文所"藏書爲趙先生舊藏的鐵證。

2.臺師大所藏等韻古籍爲趙蔭棠先生舊藏內部證據之二——趙蔭棠題跋

---

① 馮蒸.趙蔭棠音韻學藏書臺北目睹記——兼論現存的等韻學古籍[J].漢字文化，1996(4).

《音韻清濁鑒》趙蔭棠題跋、《元韻譜》趙蔭棠第一個題跋已經在搜書經歷裏列出,《元韻譜》趙蔭棠有兩處題跋,後一處我們摘録於下:

近見西郭草堂合刊内含《元音譜》(即《元韻譜》①)一卷,《圖書衍》五卷,《古大學》一卷,《范語旁意》一卷,《說疇》一卷,《說易》十二卷,《大易通變》六卷,《大九數》一卷,附《陰符語注》,又附《從祀録餘稿括抄》四卷,前有光緒己卯十月田尔硯序,中云係喬氏之八世孫忠貞合刊。

書前小記係喬氏之子鉢崇禎十年九月作,中云:"家君之未筮仕也。著《元韻》,以十二佸盡聲,以五聲定韻。簡易明(白),自然通曉,以是閨閣兒女無不知韻。累言數萬,遊晉,止得刻其譜目。"由是方知,全書未刻前,譜目先行於世。民國二十七年二月廿七日,蔭棠志。

趙先生《等韻源流》問世之後,海内外音韻學取得了長足發展,但時至今日,如前文所列,趙先生的書仍然是有價值的版本,值得我們關注,我們取有價值的版本,按照官話地域分布,對趙蔭棠舊藏韻書擇要論述。

---

① 括號爲原書所加,在行的右側,筆迹比正文細。

第二章　江淮官話等韻書

　　葉寶奎曾述明清時期漢民族共同語稱爲官話。"官話"一詞産生於明代，一直沿用到 20 世紀 40 年代，民國時亦稱"國語"。官話一詞後來亦用作北方話的統稱，凡屬於基礎方言的次方言，甚至地點方言者均可稱爲"某某官話"，如"西南官話""蘭銀官話""下江官話""桂林官話"等。這是"官話"的引申用法，與其本義已有區別。① 我們這裏用"官話"的引申意義，把收集來的韻書分類，從大的範圍上分爲江淮官話、北方官話、西南官話等韻書，分類的方式是結合韻書所描寫的音系，參考作者籍貫。正如前賢所述，明清韻書體例花樣繁多，作者音系觀念有別，有的韻書的音系存在一定存古成分，有的具有讀書音的性質，有的透露了部分方言，有的更貼近本地當時的方言，我們仍舊從大局着眼，進行了分類，這種分類是在異質基礎上的整合。

　　而寧忌浮先生談論過明代韻書：吳儂軟語、燕趙悲歌、中原雅音、南蠻鴃舌，好像一部漢語方言交響樂。現代漢語方言七大方言區，只缺湘、粵、客家。在北方大方言區中，已能區分出北京方言、中原方言、江淮方言和西南方言。現代漢語方言區劃在明代韻書中已經能看出輪廓了。②

　　可以説，按照方言分區劃分明清官話等韻書已經具備一定的條件。我們把趙蔭棠藏書裏的《萬籟中聲》《切韻樞紐》《五聲反切正均》《諧音摘要字母》歸爲江淮官話韻書一章，集中討論。

第一節　《萬籟中聲》與《切韻樞紐》

　　《明清等韻學通論》《韻學古籍述要》《明清官話音系》《漢語韻書史・明代卷》這些我國大陸地區研究明清音韻文獻的著作並未提到《萬籟中聲》與《切韻

---

① 　葉寶奎.明清官話音系[M].廈門：廈門大學出版社,2001:4.

② 　寧忌浮.漢語韻書史：明代卷[M].上海：上海人民出版社,2009:521.

樞紐》。今"四庫"系各叢書亦未收吳元滿的《萬籟中聲》及《切韻樞紐》。今在臺灣"國家圖書館"及臺灣師範大學圖書館所見二書合訂本,《萬籟中聲》是韻書,《切韻樞紐》爲與之相配的韻圖。故我們把兩書結合起來研究。

一、《萬籟中聲》《切韻樞紐》作者

《萬籟中聲》與《切韻樞紐》的作者皆爲吳元滿。吳元滿,字敬甫①,明萬曆中布衣。吳元滿的生卒年,史籍尚未見記載。我國臺灣地區陳欣儀的碩士學位論文《〈切韻樞紐〉研究》有所涉獵,認爲吳元滿生卒年雖不可考,然若觀察其著作的寫作時間,或可推知吳氏約略的活動年代,經過考證,認爲吳元滿爲明隆慶、萬曆年間人士。②

(一)吳元滿生卒年考證

在陳欣儀的基礎上,我們對吳元滿生卒年做更具體的考證。

吳元滿萬曆丙戌(1586年)所作《六書溯源序》云:"滿自弱冠讀許氏《説文》。迄今二十餘年,歷寒暑而不輟,始得其要領。"③這是説他從20歲開始就讀《説文》,到1586年時已經20多年了。我們把"迄今二十餘年"定爲21~29年,則吳元滿在1537—1545年之間出生。

又明代徐㤵曰:"萬曆乙巳歲(1605年)十月,客遊新安,訪吳敬甫於溪南書閣,因談六書之學,敬甫自言揣摩四十餘年……"④我們若仍按吳元滿從弱冠開始鑽研,"四十餘年"按41~49年計算,推斷吳氏生於1536—1544年之間。

再有,萬曆乙巳(1605年)仲秋吉旦《六書正義自叙》:"元滿潛心字學,既踰三紀,歷寒暑而不輟,經歲月以鑽研,思而未得則達旦不寐,豁然貫通則舞蹈忘疲。"我們按上文提到的吳元滿自弱冠開始潛心字學,到1605年,他説自己研究已超過了"三紀",一紀爲12年,"三紀"即36年。吳元滿的生年估計在1549年之前。

結合上述文獻記載,吳元滿的生年,當在1537—1544年之間。

---

① 許承堯纂,石國柱修.安徽省歙縣志[M]//中國方志叢書:第5冊.臺北:成文出版社有限公司,1975:1556.

② 陳欣儀.《切韻樞紐》研究[D].臺北:政治大學碩士學位論文,2004:6.

③ 四庫全書存目叢書:194冊[M].濟南:齊魯書社,1997:593.

④ (明)徐㤵.紅雨樓題跋:六書正義綱領[M]//續修四庫全書:923冊.上海:上海古籍出版社,1995:9.

《安徽省歙縣志》又提到："吳元滿……力探六書意義,點畫音韻,矻矻幾五十年,學始成。……元滿方欲加究,暴病歿。"①吳元滿自弱冠研究,近50年,後來暴病而亡,我們把"幾五十年"算爲46、47、48、49年,則他活了66～69歲,吳元滿應該是在1603—1613年間逝世的。

但《隸書正訛叙》落款爲"萬曆甲辰(1604年)中秋歙人吳元滿識"。《六書正義自叙》爲吳元滿萬曆乙巳(1605年)仲秋吉旦所作,而且朱謀埠在萬曆丙午(1606年)冬的《六書正義叙》中説："歙人吳敬甫來遊南州,載所著《六書正義》《諧聲指南》《隸書正訛》《切韻樞紐》訪余。"由此,我們可以把寬泛的估計範圍縮小,吳元滿的去世時間也應該在1606年冬之後,爲1607—1613年之間。

(二)吳元滿的著作

吳元滿的著述主要有:《六書正義》《六書總要》《六書溯原》《諧聲指南》《切韻樞紐》②《隸書正訛》③。

(三)吳元滿生平及交友

《歙縣志》記載,吳元滿生而獨目,"常曰:吾以一目外觀,而以一目內照。覺內之所得者較多,因廣貯書,力探六書意義,點畫音韻,矻矻幾五十年,學始成。東走吳,證於趙凡夫;西走楚,證於朱宗良。二人並許之。惟云音聲一部,少有未協,則以方言不同之故。元滿方欲加究,暴病歿"④。

除了《歙縣志》,我們亦發現了吳元滿的友人與其交往及友人對吳氏學識、爲人論述的文獻,這可以稱之爲"吳元滿交友考"。

朱謀垔筆下之吳元滿。"吳元滿,一目眇⑤,貌寢⑥。經史百家,無不精熟,偶舉一策試之,不失一字,真異人也。少好六書,晚亦不倦,自三代及秦漢鼎彝

---

① 許承堯纂,石國柱修.安徽省歙縣志[M]//中國方志叢書:第5冊.臺北:成文出版社有限公司,1975:1556～1557.
② 許承堯纂,石國柱修.安徽省歙縣志[M]//中國方志叢書:第5冊.臺北:成文出版社有限公司,1975:1557.
③ 續修四庫全書:203冊[M].上海:上海古籍出版社,2002:467～504.
④ 許承堯纂,石國柱修.安徽省歙縣志[M]//中國方志叢書:第5冊.臺北:成文出版社有限公司,1975:1556～1557.
⑤ 一只眼失明。
⑥ 狀貌醜陋短小。或以爲謂狀貌不揚。

碑銘,皆淹貫①於中。"②

焦竑與吳元滿之交往。"新安吳敬甫,名元滿,博雅士也,精意字學。一日,余與論古人名有傳訛者,即其字可是正之,如焦隱君名,書傳一爲先,一爲光,即字孝然,知其爲光;范冉,一作丹,即字史雲,知其爲冉無疑,敬甫深然之。因略舉數人,如蔡雍,少爲顧雍所愛,顧以其名與之,《詩》:'雍雍喈喈',因字伯喈。今作邕者,非。謝朓,字元暉,知從月不從目,其兄名朏,可以類推。王簡棲,作頭陀寺碑者,楊用脩辨其名爲'中',音徹,不爲巾,亦非也。《説文》竹從兩'个',个,竹枝也,一作'箇'。據'字簡棲',知其爲个耳,巾與个篆相似,誤。"③

帥機與吳元滿之情誼。《別吳敬甫並謝其伯仲餞送之懃》:"春霧朝朝回旭日,乘舟捲暖漸芳新。雲開淑氣催青柳,水暇光風轉綠蘋。垂老更爲河外客,揮毫將擬鄴中倫。風流季子紛棠蕚,追餞那堪別玉人。"④

徐𤊹與吳元滿之相識相交。"萬曆乙巳歲(1605年)十月,客遊新安,訪吳敬甫於溪南書閣,因談六書之學。敬甫自言揣摩四十餘年,始窺其妙,其所指點不佞者,諄諄不倦,鑿鑿可聽,不佞願爲下拜焉。敬甫亦以不佞可與語,遂出《六書總要》《楷隸正訛》《萬籟中聲》《諧聲指南》數種見餉⑤。而此本曰《六書正義》者,特綱領耳。刻初脱稿,並以相遺所著《正義》,方在殺青未竟,更許明年以全書爲寄。敬甫之視不佞,可謂相知之深者矣。溪南吳氏以錢刀相尚,視詩書若冰炭;敬甫留心覽古,自是不朽人物,同鄉惟謝少連知之,他皆目爲迂爲癡也。鄭翰卿流寓溪南,極尊敬甫,不佞之所以識敬甫者,翰卿爲之介也。徐惟起識。"⑥

《過吳敬甫書樓》:"千秋元有著書才,白首何妨困草萊。鳥迹已聞山鬼哭,鵝群還許道人來。推窗任放青峰入,散帙全依碧樹開。相對總如遊武庫,淹留終日未能回。"⑦

---

① 深通廣曉。

② (明)朱謀垔.續書史會要[M]//文淵閣四庫全書:814冊.臺灣:臺灣商務印書館,1986:843.

③ (明)焦竑.焦氏筆乘:古名字[M]//續修四庫全書:1129冊.上海:上海古籍出版社,1995:665.

④ (明)帥機.陽秋館集:別吳敬甫並謝其伯仲踐送之懃[M]//四庫禁毀書叢刊:139冊.北京:北京出版社,1998:354.

⑤ "見"字爲代詞性助詞,代稱"我",故"見餉"即"餉我"。

⑥ (明)徐𤊹.紅雨樓題跋:六書正義綱領[M]//續修四庫全書:923冊.上海:上海古籍出版社,1995:9.

⑦ (明)徐𤊹.鼇峰集:卷十六[M].揚州:廣陵書社,2012:468.

　　吳元滿訪朱謀㙔。"萬曆丙午(1606 年)冬,歙人吳敬甫來遊南州,載所著《六書正義》《諧聲指南》《隸書正訛》《切韻樞紐》訪余枳園中,因得與交而縱觀焉。曠若絕赤水,越重巒,造鴻鷺,躋崑陵,奇珍怪寶,駭心驚骨者,莫不具在,余亦遂出曩所著撰,互相較勘,其間或同或異,有不能盡合。要之,吾兩人者,千載而一遇之也。敬甫博學,多通《三墳》《五典》,以至稗官小説、古今詞賦,略皆上口,顧不樂爲文章,獨以其學治六書,白首佔㗭,晝夜不廢,研味鑽求,樂以忘老,如《説文》《書故》《書統》諸編,不啻韋編三絕之矣。用志不分,乃凝於神,敬甫之謂乎? 夫《爾雅》,一家訓詁之學也,附麗名物,無關道業,通人既已,躋諸六經,敬甫六書該括深廣,根據醇謹,精者入秋毫,巨者包造化,豈宜訓詁而已哉。精令其説不必本諸古人,古人復起,又豈必疑於敬甫? 嗟乎,使史籀李斯之世而得敬甫,則大小篆安得若是乎逕庭? 使揚雄許慎之世而得敬甫,則《訓纂》《説文》又安得若是乎戁軌? 今敬甫六書行矣,厥例詳覈,厥文博奧,一聲一義,無不綜古人之心畫。敬甫今人乎? 讀其書,考其世,雖古人敬甫可也。國家二百三四十年,休明醖釀,乃生若人,發蒙啟明,功烈非小。"[①]

　　從以上記述,我們可以體會到,吳元滿外表醜陋,身材短小,一目失明,同鄉人會誤以吳元滿之行爲"爲迂爲癡"。但是,吳氏精熟經史百家,精於字學,與當時名流交往,並深受人們尊敬。這些文人雅士既有上文直接撰文提到的焦竑(1540—1620)、帥機(1537—1595,明代臨川前四大才子之一)、徐㷸(1570—1642)、朱謀㙔、田藝蘅,亦有引述時間接提到的謝少連、鄭翰卿。這些有一定地位的文人們,有的與吳敬甫有思想上的共鳴——"相知之深者矣""吾兩人者,千載而一遇之也";有的對其學識十分仰慕——"願爲下拜焉",有人給予吳元滿"留心覽古,自是不朽人物""國家二百三四十年,休明醖釀,乃生若人"這樣的極高讚譽。

二、《萬籟中聲》《切韻樞紐》著録及版本

(一)書目著録

　　《千頃堂書目》載:"《萬籟中聲》二十卷。"[②]《販書偶記續編》載:"《萬籟中

---

　　①　(明)朱謀㙔.《六書正義》序[M]//四庫全書存目叢書:第 194 册.濟南:齊魯書社,1997:58~59.

　　②　(清)黃虞稷.千頃堂書:卷三[M]//文淵閣四庫全書.臺北:臺灣商務印書館,1986:92.

聲》一卷,《切韻樞紐》一卷,《四聲韻母》一卷,《韻學釋疑》一卷①。明歙西吳元滿撰,萬曆壬午刊。"②《文字音韻訓詁知見書目》:"《萬籟中聲》一卷,《切韻樞紐》一卷,《四聲韻母》一卷,《韻學釋疑》一卷,明吳元滿撰,明萬曆十年刻本。"未書今之存地,僅在其後書"《販書偶記續編》著録"③。

(二)古文獻引用

方中履《古今釋疑》云:"吳敬甫則減母用三十一字……《切韻樞紐》止減知徹澄娘敷,而以微附喻下,故用三十一。"④嵇璜《續通志》云:"吳敬甫《切韻樞紐》,減知徹澄娘敷,而以微附喻下,用三十一母。"⑤

(三)《萬籟中聲》《切韻樞紐》今藏地

趙蔭棠《等韻源流新序》⑥説,他把書架所存而講義所未採納,以及後見的韻書,列一書目。書單第一部就是《萬籟中聲》,第二部是《切韻樞紐》。可見,《萬籟中聲》《切韻樞紐》係趙蔭棠舊藏。

馮蒸《趙蔭棠音韻學藏書臺北目睹記——兼論現存的等韻學古籍》一文引用了《臺灣師範大學普通本綫裝書目》,該目録裏没有吳元滿的音韻著作,但是我們在臺灣師範大學圖書館依舊看到了《萬籟中聲》及《切韻樞紐》。

而當代海内外研究凡開列《萬籟中聲》及《切韻樞紐》藏地的,只列過臺北"國家圖書館"一處,甚至有"今日所見之臺北'國家圖書館'所收海内孤本"的説法⑦,可見,研究者並不知道同在臺北的臺灣師範大學圖書館即有《萬籟中聲》與《切韻樞紐》。

《萬籟中聲》及《切韻樞紐》臺灣"國家圖書館"之索書號爲 110.31 01158,臺灣師範大學圖書館之索書號爲 A940130.3 V.1 和 A940130.3 V.2。

---

① 《四聲韻母》《韻學釋疑》乃是對吳元滿音韻思想的進一步闡釋。吳元滿在《切韻樞紐叙》中説"竊恐覽者疑惑,以樞紐横韻變而爲縱類,分平上去入,故下卷名曰《四聲韻母》"。《萬籟中聲》凡例有"舊韻分次失倫不可倫舉,詳見《韻學釋疑》"。

② 孫殿起録.販書偶記續編[M].上海:上海古籍出版社,1980:35.

③ 陽海清,褚佩瑜,蘭秀英.文字音韻訓詁知見書目[M].武漢:湖北人民出版社,2002:353.

④ (清)方中履.古今釋疑:卷十七[M].楊霖刻本.1679(康熙十八年):319~320.

⑤ (清)嵇璜.續通志:卷九十六七[M]//文淵閣四庫全書.臺北:臺灣商務印書館,1986:1110.

⑥ 趙蔭棠.等韻源流[M].上海:商務印書館,1957:11.

⑦ 陳欣儀.《〈切韻樞紐〉研究》[D].臺北:政治大學碩士學位論文,2004:111.

(四)今存吳元滿《萬籟中聲》《切韻樞紐》藏本比較

臺灣"國家圖書館"藏本與臺灣師範大學藏本相較,二者皆按《萬籟中聲》《切韻樞紐》《四聲韻母》《韻學釋疑》順序排吳元滿的音韻著作,且諸書刊刻年代一致,每頁列數亦同。

二處藏書的差異爲臺灣"國家圖書館"藏本加了一頁題"韻府"的封面,"韻府"下書"二十九年搜藏"。此藏本爲綫裝一册,而臺灣師大本分兩卷,第一卷載《萬籟中聲》,第二卷載《切韻樞紐》《四聲韻母》《韻學釋疑》。

臺灣"國家圖書館"藏本明顯留有後人閱讀收藏的痕迹,比臺師大藏本多了印章、批注與文字圈點。

臺灣"國家圖書館"藏本有藏書印:"一灣亭"白文橢圓印、"映/波"白文方印、"'國立中央'圖/書館收藏"朱文長方印、"石馬/里人"朱白文方印、"碧梧/翠竹/草堂"白文方印、"丹山月水"朱文長方印。

臺灣師範大學藏本有"臺灣師範大學藏書"朱文橢圓印,"□□圖書室、□□委員會"[1]藍文橢圓印,《萬籟中聲》畢"處臺灣師範大學本有橢圓形"臺灣師範大學"印。

"國家圖書館"藏本之墨筆批校:

第6頁《萬籟中聲》目録上聲後,"去聲"二字下的空白處批"砧字不落鑑韻何也"。

第7頁,《萬籟中聲》目録入聲列結束跟"三十一字母反切式"之間有一空白列,加手書:"見溪羣疑牙音,端透定泥舌頭,非敷奉微輕脣,精清從心邪齒頭,知徹澄孃舌上,幫滂並明重脣,照穿牀書禪正齒,影曉喻恒是唯音,來日半舌半齒。"

第7頁,"《萬籟中聲》上平"列後空白處抄字:"見下八字角,知下四字徵,幫下八字羽,精下六字商,穿下八字宫,來半徵,日半宫。"

"國家圖書館"藏本多了對文字的圈點,圓圈與吳元滿原書印刷之圈有明顯區别,新增之圈更加粗大濃黑,且圈不夠渾圓,爲後來讀者手書。圈均加在右側,我們列舉加圈字如下:

---

① 　印章上其他字因與原書文字相蓋,不易辨識。

表 2-1　《萬籟中聲》"國圖"本加圈字

聲調	韻母	聲母	圈字
平聲	第七元	精母	鑴
平聲	第八真	透母	綎
平聲	廿三灰	見母	窒
平聲	三十哈	定母	駘
上聲	第六銑	精母	戩
去聲	廿一祭	禪母	舐
去聲	廿二志	來母	餌
去聲	廿三惠	幫母	嘒
去聲	廿三惠	滂母	斾
去聲	三十害	疑母	閡
入聲	第三藥	群母	醵
入聲	第六屑	見母	鍥
入聲	第八質	邪母	隰

三、吳元滿《萬籟中聲》及《切韻樞紐》之體例

　　《萬籟中聲》依次列錢塘田藝蘅萬曆壬午芒種日所作之《萬籟中聲叙》,《萬籟中聲》十七條凡例,《萬籟中聲》目錄,《萬籟中聲》上平聲、下平聲、上聲、去聲、入聲。鑒於《萬籟中聲》在大陸地區尚未見存地,亦未被印刷收錄,且吳元滿作爲明代文字學家所書篆文等字體今人不易查找閱讀,兹列序於下:

　　萬歔①不齊,氣本由於元極;一中攸感,音自出於元聲。蓋元者,氣之母;氣者,聲之母。天有五氣,人有五音。惟氣有陰易柔剛之不同,斯音有清濁重輕之不一。是故氣別之而爲音,音諧之而爲韻,初非心力之强造,實爲天道之自然也。自夫元極鑿而真氣喪,真氣喪而元聲毀。既不能辯諸律呂而竝宣,將何以播諸管弦而合調? 此大樂之所以不和,而天地之吹

---

①　同"吹"。

亦皆乖戾,而寥寥乎其弗應矣。然則音韻之學,君子其可少乎?歙卤①吴子敬甫,壯季隱居,博古嗜學,既善於八體,尤精於四聲,考訂字書,釐正韻譜,神遊玄竅,妙契旋宫,因著此集,命之曰《萬籟中聲》云。非徒有取於莊生,抑且有匡於君實也。每過余,評量奥旨,使人傾聽忘罷②。誠若聆逸響於彈絲,而漏嘈鳴於擊缶者矣。嗚呼,八音襄奉於凡器,尚可劦之而成章;七音同出於靈臺,又豈不能審之而叶律?是集也,橐鑰既啟,樞紐遂分,裁隱佚之舛訛,補司馬之缺失。反切之規一定,冀越之譯咸通。苟能由此而充之,將見四聲順而八風宣,八風互而萬靈暢,蛙蟬息杲③,皇鳳可儀。韻之時義大矣哉!聲音之通於治道,必此其極也,又豈特便指掌之圖,資童稚之習而已者哉。萬曆壬午(1582年)芒種日錢塘田藝蘅叙。

序之作者田藝蘅,字子藝,錢塘人。以歲貢生官休寧縣學訓導④。晚歲以貢爲新安博士⑤。序提及《萬籟中聲》命名之由來——"萬歙不齊,氣本由於元極;一中攸感,音自出於元聲",吴元滿的生平、學問情况——"壯季隱居,博古嗜學,既善於八體,尤精於四聲,考訂字書,釐正韻譜",吴元滿與田藝蘅的交往情况——"每過余,評量奥旨,使人傾聽忘罷。誠若聆逸響於彈絲,而漏嘈鳴於擊缶者矣"。田藝蘅認爲吴元滿的《萬籟中聲》使"冀越之譯咸通",並高度評價爲"聲音之通於治道,必此其極也"。

《萬籟中聲》從凡例開始到正文每半頁書十一列。版框上下單邊,左右雙邊。單魚尾、白口。《萬籟中聲叙》的版心列字爲"中聲叙"及頁碼。《萬籟中聲》凡例處的版心列字爲"凡例"及頁碼。自《萬籟中聲》目錄起,版心列字爲"萬籟中聲"及頁碼。

《萬籟中聲》先分以四聲,又平聲字多,再分爲上下系以調統韻。"平""上""去"三聲各爲三十一韻,"入"聲爲十五韻,以韻統紐,以紐統同音字。《萬籟中聲》韻共一百零八:

第一東 第二容 第三陽 第四岡 第五光 第六先 第七元 第八真 第九

---

① "卤"同"西"。
② "罷"通"疲"。
③ "杲"今作"噪"。
④ (清)永瑢.四庫全書總目:卷四十三[M].武英殿刻本.1789(乾隆五十四年):734~735.
⑤ (清)嵇曾筠.(雍正)浙江通志:卷一百七十八[M]//文淵閣四庫全書.臺北:臺灣商務印書館,1986:4316-4317.

淳 第十庚 第十一萌 第十二文 第十三桓 第十四寒 第十五咸 第十六侯 第十七尤 第十八宵 第十九豪 第二十遮 第二十一齊 第二十二之 第二十三灰 第二十四瓜 第二十五麻 第二十六孤 第二十七魚 第二十八歌 第二十九乖 第三十哈 第三十一皆

第一董 第二甬 第三養 第四講 第五廣 第六銑 第七阮 第八軫 第九盾 第十梗 第十一猛 第十二吻 第十三緩 第十四罕 第十五喊 第十六吼 第十七有 第十八小 第十九好 第二十者 第二十一薺 第二十二止 第二十三賄 第二十四寡 第二十五馬 第二十六古 第二十七語 第二十八果 第二十九央 第三十海 第三十一解

第一凍 第二用 第三漾 第四杠 第五� 第六線 第七願 第八震 第九順 第十艮 第十一孟 第十二問 第十三換 第十四翰 第十五陷 第十六候 第十七宥 第十八笑 第十九號 第二十蔗 第二十一祭 第二十二志 第二十三惠 第二十四卦 第二十五禡 第二十六固 第二十七禦 第二十八箇 第二十九怪 第三十害 第三十一戒

第一篤 第二浴 第三藥 第四各 第五郭 第六屑 第七月 第八質 第九術 第十革 第十一末 第十二勿 第十三豁 第十四曷 第十五狎

吳元滿在《萬籟中聲》凡例中對傳統韻目的更改作了如下解釋："首平上去入,舊作東董送屋,今作東董凍篤,便於撿閱。舊江韻今換作岡,絳韻換作杠,以釋前惑。模姥暮三字,與摩麼磨易相混殽,今作孤古固三韻以便反切。簫虞霰霽等韻,今作宵魚線祭等字,以從點畫簡便。舊韻或分或合,無所定見,今以平上去三聲各定為三十一韻,以合三十一字母之數,惟入聲直而促,故定為十五韻,通前三聲,共一百八韻。"

《萬籟中聲》每韻據字母之清濁分為二類:清聲母在前,濁聲母置後,清濁二字分置圈內;各類首標字母領字,並加黑框其外;清聲母以見、端、幫、精、照、影、非、溪、透、滂、清、心、穿、審、曉為次,濁聲母以疑、泥、明、微、來、日、喻、群、定、並、從、邪、床、禪、匣、奉為次;作者新增字母衄諾漠輠撰附於清聲母之後,凡聲母屬下無字者,則不贅書,而依次接續。吳元滿這樣做的思路在凡例中論述為:"今所錄如舊制,刪去有音無字者,勢不能接續,做周德清分陰陽之義定為清濁二音。凡一韻三十六音,惟徵音及附韻不足其數。舊制三十六字為音母,其中字有重複,今刪去知徹澄娘敷五字,新增衄諾漠輠撰五字,補足其數。"

《萬籟中聲》凡例述韻書用字特點為:"許氏《說文》所收者九千三百五十

字,今所收者一萬餘字,復許氏《説文》舊制,間或增一二通用字,補叶音韻,其删除《廣韻》字十之九,出於筆削,非偶遺失。偏旁點畫,以八分隸楷爲則,而古文籀篆重複偏旁、假借俗字,皆分注本字之下。"我們統計,《萬籟中聲》記載正字 9 806 個,吳元滿所書"古文籀篆、重複偏旁、假借俗字"這些列於正字下的小字共計 4 900 個,總計文字 14 706。編排時"以易識者冠於首"。韻書無釋義。

《切韻樞紐》一書每頁十二行,四周雙邊,版心有單魚尾,並刻有書名"切韻樞紐"諸字,卷首有吳氏萬曆壬午(1582 年)孟夏自叙,内容如下:

> 夫文字所以章名物,凡一言以爲名,悉具於文字;人稟天地之氣以生,生即有聲。聲,氣之鳴也;文字者,聲之象也。文字出而五音具焉。故聲傳於字,而字諧其聲,於是乎有韻焉,而天下之音始定。江左制韻之初,但知縱有四聲,而不知衡有五音,故經緯不交而失立韻之原,往往拘礙不相爲用,故常論曰天下有無字之聲,未有無聲之字。今所集者,以聲音爲定制,以文字實於聲音之位,其有音無字者則以圈代之,以三十一音爲一韻,字多者爲大韻,字少者爲小韻,小韻附於大韻之後,調平仄順者爲正紐,拗者爲旁紐,旁紐附於正紐之下,雖全韻無字亦能辨别其音,經緯交錯成章,有自然之妙,譬若招摇指於四方,而北極爲鎮;如車輪轉運無窮,而樞軸爲主;因名曰《切韻樞紐》。竊恐覽者疑惑,以樞紐橫韻變而爲縱類,分平上去入,故下卷名曰《四聲韻母》,乃得音韻源流,爲《萬籟中聲》張本耳。萬曆壬午孟夏肖峰山人吳元滿識。

《切韻樞紐》序提及韻圖命名緣由——"經緯交錯成章,有自然之妙,譬若招摇指於四方,而北極爲鎮;如車輪轉運無窮,而樞軸爲主",並介紹了韻圖的編纂原則。

序後爲六條凡例,其次爲目録與十五圖表。韻部三十有一,其中平上去三聲各三十一韻,入聲十五韻,共一百零八韻。採用"數韻同入"法,將三十一韻部譜成十五圖表,即以兩個陰聲韻部配一具有入聲韻之陽聲韻部的方式,將"東董凍篤"等 16 個陽聲韻部和"侯吼候"等 15 個陰聲韻部配合成十五張韻圖,每一韻圖縱列的字母,從右至左爲見溪群疑、端透定泥、幫滂並明、精清從心邪、照穿床審禪、曉匣、影喻、非奉、來日,微母附於諭母之下。

凡有音無字,則以圈代之;如一聯皆無音,則虚其位,不復贅圈;又全濁上聲借去聲誦讀,則以重圈别之。《切韻樞紐》韻部名稱用陰文,聲母"微"及所附之字亦用陰文,其餘字用陽文。此爲圖式之體例。

《萬籟中聲》《切韻樞紐》皆附有刻工姓名,《萬籟中聲》"第一東"頁有"黃鉞寫刊",《切韻樞紐》目錄頁有"黃守信",下一頁有"守信"。吳元滿系列韻學著作中總計刻工留下的名姓有"黃鉞(或簡寫作'鉞')、黃守言(或簡寫作'守言、言')、黃錦(或簡寫作'錦')"。這些刻工,均爲徽州黃氏家族刻工。①

寧忌浮《漢語韻書史·明代卷》介紹了明代諸韻書作者在編纂體例、方法上的特點,當時寧忌浮並沒有看到吳元滿的韻書,故我們把吳元滿的音韻著作與寧忌浮所述整個明代韻書相較,觀察其特點。

吳元滿分 108 個韻,寧忌浮統計過明代韻書 24 種,韻目數目還沒有 108 個的,《萬籟中聲》無疑爲"韻部數花樣繁多"的明代韻書韻部數目增添了一種新的"花樣"。

《廣韻》小韻無序。《集韻》按字母發音部位類聚小韻。明代,韻書小韻安排更井然有序,《萬籟中聲》首按聲母發音方法、次按發音部位排序,且創造了新的字母,無疑是一大特徵。

從韻字與注釋看,所收韻字屬於實用型。注釋方面寧忌浮以《書文音義便考私編》爲例,說明韻書的注釋簡明,常用字不注,認爲這標志着韻字注釋方法的回歸,由簡而繁,再由繁而簡,這就是韻書注釋的歷程。韻書主音,字書主義,本該如此。而吳元滿的《萬籟中聲》更甚一步,所有韻字下不加注釋。我們觀察,《書文音義便考私編》序文成於萬曆丙戌(1586 年),刻於萬曆丁亥(1587 年),而吳元滿的《萬籟中聲》序言爲萬曆壬午(1582 年)所作,注釋簡化更徹底,時間略早。

而我們觀察到,成書於萬曆三十一年(1603 年)的《交泰韻》,每個韻部分陰陽兩類,古全清、次清聲母字爲陰類,古全濁、次濁聲母字爲陽類。小韻無注釋。這一特點,是《交泰韻》新於之前韻書之處,但吳元滿之《萬籟中聲》已經如此。

---

① 《古籍刻工名錄》,(張振鐸編,上海書店出版社 1996 年 10 月出版),涉及上文提到的黃姓刻工情況有:黃鉞刻了《籌海圖編》十三卷,該書爲明鄭若曾撰,嘉靖四十一年(1562 年)刊本。(頁 154)黃鉞參與刻了《徽州府志》二十二卷,該書爲明何東序,汪尚寧纂修,嘉靖四十五年(1566 年)刊本,黃鉞系徽州地區名匠。(頁 156)黃守言參與刻《剪燈新話》四卷,該書爲明代瞿祐撰,明黃正位刊本,黃守言乃歙縣名匠。(頁 170)新安黃守言(唯一的刻工)刻了《文昌化書》三卷,附錄一卷,該書不著撰人,明萬曆二十九年辛丑(1601 年)新安王季通刊本。(頁 173)黃錦參與刻《漢魏叢書》三十八種,明程榮校,萬曆二十年壬辰(1592 年)刊本。(頁 171)

《萬籟中聲》及《切韻樞紐》最鮮明的特點是全濁上聲的處理,全濁上聲字《萬籟中聲》用雙行小字列出,《切韻樞紐》以重圈別之,充分體現了當時的音系特點,而不是重傳承。

吳元滿整部韻學著作不涉陰陽五行,能夠旗幟鮮明地表明自己的韻學思想,正是寧忌浮所認爲的明代韻書作家創新精神的體現。

四、《萬籟中聲》及《切韻樞紐》研究綜述

對《萬籟中聲》及《切韻樞紐》進行研究的有:日本永島榮一郎(1941 年)《近世支那語特に北方語系統に於ける音韻史研究資料に就いて》中《萬籟中聲》部分,我國臺灣地區林平和的博士學位論文《明代等韻學之研究》(1975年)的相關部分(介紹了《萬籟中聲》與《切韻樞紐》)、王松木《明代等韻之類型及其開展》(2000 年)的相關章節(研究了《切韻樞紐》)、陳欣儀碩士學位論文《〈切韻樞紐〉研究》(2004 年)、王世中《從〈萬籟中聲〉之編纂體例論吳元滿之聲韻觀》(2004 年),我國大陸地區周賽華的《讀〈萬籟中聲〉剳記》(2013 年)。

永島榮一郎《近世支那語特に北方語系統に於ける音韻史研究資料に就いて》的《萬籟中聲》部分開啓《萬籟中聲》研究之先河,雖然篇幅精短,但韻書與韻圖結合研究。永島指出《萬籟中聲》聲類方面的特點爲全濁的聲母上聲是用小字記載的,進而,全濁上聲在全濁去聲中再次正式出現。在平聲方面,則清濁伴有聲調上的區別。再有,在去聲、入聲方面,尚不能肯定其清濁,尤其全濁聲母是在方言中確實存在,還是依從於傳統? 如果全濁聲母沒有獨立的必要,那麼對應 31 個韻目同樣也應該使用 31 個字母。如果在平聲方面,全濁聲母與次清聲母變成同音,在去聲方面,全濁聲母主要與全清聲母變成同音,那麼 10 個全濁聲母就沒有必要,31 個聲母就變成了 21 個。進而考察《切韻樞紐》的韻圖,可以發現微母和諭母(喻母)混用的現象,其結果是 21 聲類變成20 聲類。這種觀點或許被認爲是一種過於超常的推測,不過,當我們把音韻史自身的研究當作目的的時候,其作爲資料的價值是很寶貴的,雖說不能完全迷信資料,但永島覺得不妨適當地作出解釋。因此基於此想法使微母獨立。

一般認爲:在表示這 21 個聲母的 31 個字母中,群定並從淋 5 個字母在平聲方面變成次清聲母,在上、去、入聲方面變成全清聲母。

永島介紹了《萬籟中聲》的韻類。從韻目和《切韻樞細》各韻圖的排列,可看到其大致特色:首先,[-m]尾消失,其相應的字被收到先、真、寒、咸諸韻中。其次,《韻略易通》的端桓韻[uœn]消失,與寒山韻的合口[uan]合併爲一韻,在

《萬籟中聲》裏成爲桓韻。又,《萬籟中聲》[o]和[uo]沒有區別,在韻圖中增添了[ia]。然而在《萬籟中聲》中先韻[iɛn]、咸韻[ian]仍然分立,同時萌韻[uən]也是獨立的。進而從内容來看,其特色爲[-n]尾與[-ŋ]尾相混,並且在真韻、淳韻、庚韻中更是完全混亂,該現象在吳元滿的《六書總要》中也能看到,因爲吳元滿依據方言製作韻圖。另外在仔細研究本書的過程中,發現許多非常有趣的問題。比如:在韻圖中,發現一些"而、爾、二"等日母字歸屬於來母等現象,這在音韻史研究上是很值得參考的。接下來是聲調的問題。根據上述理由分析,如果認爲平、上、去、入四聲中的平聲是所謂的清與濁的區別,那麽,事實上,這意味着聲調之別。即:清稱爲清平,相當於陰平;濁被稱爲濁平,相當於陽平。入聲從其他聲調中完全獨立出來,因此共有五種聲調,入聲塞音[-m]對應[-p]、[-n]對應[-t]、[-ŋ]對應[-k]的關係不受約束,以音爲中心創製了15個韻,通常認爲除去上述十五圖中上段的陽聲鼻音韻之外,該音與此部分有關。總之,該書在很多方面頗具特異性,是音韻史研究上一份很重要的資料。

然而這份有價值的資料,直到1975年才再次被提及。而且,之後中國人對《萬籟中聲》及《切韻樞紐》的研究皆沒有在參考文獻上列出永島的成果,21世紀之前,國人的研究限於概述體例特點,其音系研究實際並未超出永島。林平和的博士學位論文《明代等韻學之研究》(1975年)第二章"等韻圖之研究"第一節"聲母存濁系統韻圖"第五目爲"吳元滿《切韻樞紐》",第三章"等韻書之研究"第四節爲"《萬籟中聲》",均按照概述、作者、内容與體例的方式,進行了簡述。

王松木《明代等韻之類型及其開展》(2000年)把《切韻樞紐》列入"拼讀反切、辨明音值"一類中,又依韻圖所反映的音系性質和編撰體例,細分到"革新舊韻的等韻圖"一類,認爲《切韻樞紐》是明代中期以後的韻圖,"已不再全然依傍《洪武正韻》等傳統韻書,而能直接表現當時的讀書音,且分韻列字受傳統韻書的限制較少,列圖格式也頗多創新,開創出韻母單獨分部的形式"。

臺灣政治大學陳欣儀碩士學位論文《〈切韻樞紐〉(2004年)研究》説明了《切韻樞紐》的音韻特色。陳欣儀認爲雖然《切韻樞紐》在體例上維持了全濁聲母的存在,但在實際韻圖歸字上不乏全濁聲母清化的現象。《切韻樞紐》的見曉系二等出現了[i]介音,吳氏也將這些帶有[i]介音的見曉系二等另外歸於一部,而且有混入三等的例子。在照系字和日母方面,由於其還能和[i]介音相配,故尚未變成捲舌音,仍爲舌面音。

《切韻樞紐》內韻部數目同於聲母的現象,爲吳氏刻意安排的結果。《切韻樞紐》仍維持《切韻》系韻書入聲配陽聲的傳統體例,共計陽聲韻 15 個韻部,陰聲韻 16 個韻部。吳氏雖然以介音、主要元音和韻尾爲分韻條件,但中古鼻音韻尾[-m]、[-n]、[-ŋ]在《切韻樞紐》中有混併的情形,連帶使得入聲塞音韻尾[-p]、[-t]、[-k]也發生混淆現象。以至於在"之止志"韻部中也出現了舌尖韻母[ɿ]。

《切韻樞紐》內照系字和日母字還維持舌面音,尚未有轉變爲捲舌鼻音的情形。《切韻樞紐》內則有疑母的存在及其與中古泥、娘母合流的零星字例、微母的文白異讀、輕唇音讀如重唇音,以及從邪不分等現象。

周賽華《讀〈萬籟中聲〉札記》(2013 年)認爲《萬籟中聲》是目前所知道的閉口韻尾完全消失的最早一部韻書,因此在音韻學史上具有重要的價值。另外,《萬籟中聲》記載的深攝細音與曾梗臻攝細音的合流是目前所知道的最早有關這種徽語方音的材料。其提出《萬籟中聲》7 個聲調,但整本書我們找不到 7 個聲調的體例依據。周指出,《萬籟中聲》透露出來的徽語語音特點,如 7 個聲調、閉口韻的消失、山攝一等字跟臻攝一等字部分合流,在目前所知的徽語語音史上是最早的。

王世中 2004 年在《中國文化大學中文學報》上發表《從〈萬籟中聲〉之編纂體例論吳元滿之聲韻觀》。論文從《萬籟中聲》之編纂體例論吳元滿之聲韻觀。述吳元滿之生平及後世對其聲韻學之論述,繼而從《萬籟中聲》之凡例、聲母拼讀法、韻目安排原則、標音符號及韻字"清""濁"界定等編纂體例進行分析,再以《萬籟中聲》與《切韻樞紐》《四聲韻母》相互比勘,闡明三書之關係,揭示吳元滿之聲韻觀。

永島榮一郎研究《萬籟中聲》,也結合《切韻樞紐》,永島的理念是建立在同一作者有語音共性基礎上的,進而爲歸納音系特點提供支持。其後的研究,由於藏地在臺灣,研究者多以我國臺灣地區的學者爲主,林平和對吳元滿的韻書韻圖分別進行了解題,王松木單獨介紹《切韻樞紐》,陳欣儀的碩士學位論文也只研究《切韻樞紐》,我國大陸地區的周賽華,單獨研究《萬籟中聲》。可見,論文往往以韻圖或者韻書單獨作爲研究對象,缺乏結合,吳元滿韻書韻圖的關係如何? 王世中的論文中提到了《萬籟中聲》與《切韻樞紐》對比研究的相關結論,但是沒有深入涉及音系層面。

我們分別計算了《萬籟中聲》與《切韻樞紐》的音節數,分別爲 1 607、1 479 個,存在一定差異,同一作者的同年出版的韻書韻圖,爲何存在着這麼大的區別? 我們對韻書與韻圖之間的關係進行了探討,相同之處茲不贅述,側重於二者之差異。

五、《萬籟中聲》與《切韻樞紐》語音關係

我們統計了《萬籟中聲》與《切韻樞紐》的音節數,分別爲1 905、1 777個,《切韻樞紐》音節代表字採用了韻書首字的音節數是1 543個,《切韻樞紐》採用了韻書首字下小字的音節數爲42個,即《切韻樞紐》共有1 585個音節代表字爲韻書首字及其俗字,占《切韻樞紐》音節總數的89.2%。《切韻樞紐》音節代表字取《萬籟中聲》同音節其他代表字的情況爲146例,《切韻樞紐》的音節代表字全部來自《萬籟中聲》同音節下的字共1 731個,佔《切韻樞紐》音節總數的97.4%。這説明二書有共同的語音基礎,我們可以從前人對二書分別進行的專題研究中總結出共同的語音特點主要爲:[-m]尾消失、[-n]尾與[-ŋ]尾相混、全濁上聲變去聲等。

但是同一作者同年出版的韻書韻圖,音節數量尚有差異,其具體差異何在? 爲何存在差異,我們對此進行探討。

《萬籟中聲》是等韻化的韻書,我們按作者表達音節的意圖,每個韻目下開列一個字母則有一個音節計算,得到韻書音節數,但所得《萬籟中聲》音節數含有全濁上聲音節106個,而吳元滿《切韻樞紐》全濁上聲皆畫雙圈,未填字,我們除去《萬籟中聲》裏作雙行小字的全濁上聲音節,則《萬籟中聲》計1 799個音節。按《切韻樞紐》每個聲韻交叉點表示一個音節計算,《萬籟中聲》尚比《切韻樞紐》多出22個音節。

《萬籟中聲》與《切韻樞紐》之音系差別我們按韻書有韻圖無、韻圖有韻書無,以及韻書韻圖音節代表字錯位三方面情況描述。

(一)韻書有韻圖無的音節

1.字母數量不一而致《萬籟中聲》音節數增加。

(1)《萬籟中聲》新增"齟諾漠轙揆"五字母而致新增音節。吳元滿在《萬籟中聲》中新增5個字母,並且在凡例中解釋説:"舊制三十六字爲音母,其中字有重複,今刪去知徹澄娘敷五字,新增齟諾漠轙揆五字,補足其數。"這5個爲"補足其數"而出現的字母,只出現在《萬籟中聲》中,《切韻樞紐》未列。《萬籟中聲》的體例特點是同一韻下先列清濁再分字母排列,這一排列格式,清濁數量相當,更容易呈現對偶性,如果作者只刪去"知徹澄娘敷"而不增,形式上顯得缺失。這種分析是基於承認韻書韻圖作者是積極主動的創造者,會把自己

的意識添加到韻書裏。如果認爲該韻書作者是對語音客觀描寫,韻書是當時的方言調查報告,那麼就要結合現在的作者本地方言考慮。我們發現,有過具體調查的歙縣下邊的三陽、和溪、深渡聲母數量爲 18～22,現代聲母裏難以找到新增五字母所對應的國際音標。如果把聲母清濁跟聲調陰陽結合分析,我們發現"捫、猫、摩、穆、莫、抹、搜、撩、廿、熬、昵"等全部出現在五字母下的字都來自《萬籟中聲》的平聲跟入聲,而吳元滿家鄉附近地區今聲調分陰陽的情況只存在於平聲、去聲,二者矛盾,而且如果有與聲調相關的清濁之別,也不可能僅僅出現在這幾個字母裏。可以説五字母難以找到客觀的語音基礎,確是"補足其數"的主觀增添。

　　既然韻書裏有這 5 個字母,而韻圖沒有,那麼吳元滿在韻圖中是如何處理韻書 5 個字母下的音節代表字的呢?我們窮盡式搜索作者新增五字母而産生的音節,從中發現,吳元滿的這些新增字母中的代表字,實際多在韻書同韻目其他位置已經出現過,具體分析每個字母的情況如下:

表 2-2　《萬籟中聲》衂母列字情況表

韻目	《萬籟中聲》衂母列字	衂母字在《萬籟中聲》相關位置及《切韻樞紐》的出現情況
第八真	唫	《萬籟中聲》真韻疑母下再現衂母"唫"。
第十九豪	熬	《萬籟中聲》豪韻疑母裏再現了衂母"熬"。
第二十一齊	狋	《萬籟中聲》齊韻疑母裏再現了衂母"狋"。
第二十三灰	鸃	《萬籟中聲》灰韻疑母裏再現了衂母"鸃"。
第三十咍	皚	《萬籟中聲》咍韻疑母裏再現了衂母"皚"。
第一篤	㤨、衂	《萬籟中聲》篤韻疑母再現了衂母下的"㤨、衂",且"衂"爲《萬籟中聲》疑母的小韻首字,《切韻樞紐》東董凍篤疑母位置皆空缺沒有列音節,韻圖泥母裏出現了衂母下的"衂",但《萬籟中聲》篤韻沒有泥母音節。
第六屑	"臬"等 14 個大字,4 個小字	《萬籟中聲》屑韻衂母下有"臬"等 14 個正字,4 個小字,與疑母下"業"等 7 個正字,7 個小字不重複出現。衂母下的"臬"出現在《切韻樞紐》疑母下,與《萬籟中聲》疑母下第三個大字"嶭"共同放在韻圖疑母音節位置。
第八質	"圪"等 7 個正字,2 個小字	《萬籟中聲》質韻衂母下有"圪"等 7 個正字,2 個小字,這些字沒有在《萬籟中聲》同韻其他字母中重現。"圪"在《切韻樞紐》質韻疑母位置上作"圪"且與《萬籟中聲》疑母字"逆"合放於《切韻樞紐》疑母音節中。
第十革	餐	《萬籟中聲》革韻疑母再現衂母字"餐"。

續表

韻目	《萬籟中聲》𱁆母列字	𱁆母字在《萬籟中聲》相關位置及《切韻樞紐》的出現情況
第十二勿	舧	《萬籟中聲》勿韻疑母再現𱁆母字"舧"。
第十四曷	"嶭"等4個正字	《萬籟中聲》曷韻疑母再現𱁆母下的"嶭"等4個字,且𱁆母首字"嶭"同時爲《萬籟中聲》曷韻疑母小韻首字,"嶭"在《切韻樞紐》疑母位置再現。

我們把𱁆母列字情況歸納爲:

𱁆母字在《萬籟中聲》同韻目下的疑母重出,不見於《切韻樞紐》。

平聲真、豪、齊、灰、咍韻及入聲革、勿韻裏,《萬籟中聲》相應韻目疑母下非小韻首字位置重現𱁆母字,《萬籟中聲》重現過的𱁆母字沒有出現在《切韻樞紐》中。

𱁆母字在《萬籟中聲》同韻疑母出現,亦在《切韻樞紐》疑母裏出現。

入聲第十四曷,《萬籟中聲》曷韻疑母下出現𱁆母下"嶭"等4字,且𱁆母首字"嶭"同時爲疑母小韻首字,《切韻樞紐》在韻圖疑母位置出現"嶭"。

𱁆母字未在《萬籟中聲》同韻目下出現,於《切韻樞紐》中出現。

入聲第六屑、第八質裏《萬籟中聲》𱁆母下的字數量相對較多,沒有在同韻目其他聲母下再現𱁆母字,《切韻樞紐》雖未設𱁆母,却在疑母對應音節裏出現了《萬籟中聲》𱁆母音節下的首字,與《萬籟中聲》疑母字共佔1個音節。

𱁆母字在《萬籟中聲》同韻目疑母下出現,在《切韻樞紐》泥母中出現。

《萬籟中聲》入聲第一篤韻疑母裏出現了𱁆母下的"惡、𱁆",且"𱁆"爲《萬籟中聲》疑母的小韻首字,按前述的出現規律在《切韻樞紐》疑母下應出現"𱁆",但是《切韻樞紐》"東董凍篤"疑母群母位置整列空白,沒有列音節,《切韻樞紐》在泥母裏出現了𱁆母的"𱁆"。而《萬籟中聲》篤韻中並沒有泥母音節。蓋爲韻圖求系統齊整,而不列疑母下的"𱁆",吳元滿意識中泥母、疑母鼻音乃同一音位的不同音位變體,"𱁆"放到《切韻樞紐》泥母裏合乎吳氏的語音觀。

表 2-3　《萬籟中聲》諸母列字情況表

韻目	《萬籟中聲》諸母列字	諸母字在《萬籟中聲》相關位置及《切韻樞紐》的出現情況
第六先	撚	先韻諸母字"撚"沒有在《萬籟中聲》同韻其他字母下再現,"撚"與《萬籟中聲》先韻疑母"妍"二字合放在《切韻樞紐》先韻疑母音節裏。
第十九豪	呶	《萬籟中聲》豪韻泥母重現諸母字"呶"。

續表

韻目	《萬籟中聲》諸母列字	諸母字在《萬籟中聲》相關位置及《切韻樞紐》的出現情況
第四各	搦	《萬籟中聲》各韻其他字母裏没有再現"搦"，"搦"與《萬籟中聲》各韻泥母首字"搦"二字共同出現在《切韻樞紐》各韻泥母音節裏。
第八質	昵	《萬籟中聲》質韻泥母首字爲"昵"，與諾母下的字同。《切韻樞紐》質韻泥母爲"匿"，"匿"乃《萬籟中聲》質韻疑母下的最後一個字。

我們把諾母列字情況歸類爲：

諾母字在《萬籟中聲》同韻泥母下出現，《切韻樞紐》未現。

平聲第十九豪韻下諾母字"峱"，於豪韻非泥母小韻首字位置重現，《切韻樞紐》中未現。入聲第八質韻諾母字"昵"於泥母小韻首字出現，但是《切韻樞紐》採用《萬籟中聲》質韻疑母下的字作爲音節代表字，"昵"不見於《切韻樞紐》。

諾母字在《萬籟中聲》同韻其他字母裏未現，亦在《切韻樞紐》出現。

平聲第六先、入聲第四各韻諾母下的字都没有在《萬籟中聲》同小韻的其他字母下出現，而在《切韻樞紐》中出現。只是先韻諾母與《萬籟中聲》疑母下的字共現於一個音節，各韻諾母與泥母字共現於一個音節。

表 2-4　《萬籟中聲》漠母列字情況表

韻目	《萬籟中聲》漠母列字	漠母字在《萬籟中聲》相關位置及《切韻樞紐》的出現情況
第一東	濛、瞢	漠母下的兩個字"濛、瞢"全都在《萬籟中聲》東韻明母裏再現。
第十庚	掆	漠母字"掆"在《萬籟中聲》庚韻明母裏再現。
第十二文	**㒼**	漠母字"**㒼**"在《萬籟中聲》文韻明母裏再現。
第十四寒	鞔	漠母字"鞔"在《萬籟中聲》寒韻明母裏再現。
第十八宵	貓	漠母字"貓"在《萬籟中聲》宵韻明母裏再現。
第十九豪	貓	漠母字"貓"在《萬籟中聲》豪韻明母的小字中再現。
第二十五麻	媽	漠母字"媽"没有在《萬籟中聲》裏再現，《切韻樞紐》亦未現。
第二十六孤	嫫	漠母字"嫫"在《萬籟中聲》孤韻明母裏再現。
第二十八歌	摩	《萬籟中聲》明母裏再現了漠母字"摩"，且在小韻首字位置上，《切韻樞紐》歌韻明母下是"摩"。
第一篤	穆	漠母字"穆"在《萬籟中聲》篤韻明母裏再現。

續表

韻目	《萬籟中聲》漠母列字	漠母字在《萬籟中聲》相關位置及《切韻樞紐》的出現情況
第四各	"漠"等10個大字,7個小字。	漠母字"漠"未在《萬籟中聲》裏重現,"漠"與《萬籟中聲》各韻明母小韻首字"莫"兩個字共同放在《切韻樞紐》各韻明母音節裏。
第十一末	抹、捈	《萬籟中聲》末韻明母再現漠母首字"抹",但是末韻漠母第二個字"捈"沒有再現。"捈"在《切韻樞紐》末韻曉母裏出現。
第十四曷	帓	《萬籟中聲》曷韻明母再現漠母字"帓"。

我們把《萬籟中聲》漠母列字歸類爲:

漠母字在《萬籟中聲》相應韻目明母裏出現,《切韻樞紐》未現。

平聲第一東、第十庚、第十二文、第十四寒、第十八宵、第十九豪、第二十六孤,入聲第一篤、第十四曷韻中的《萬籟中聲》漠母字均在相應韻目下的明母裏出現,且出現在明母下的非小韻首字位置,亦在《切韻樞紐》未出現這些漠母字。

漠母字在《萬籟中聲》相應韻目明母裏出現,《切韻樞紐》明母裏出現。

平聲第二十八歌韻漠母下邊的"摩"在明母裏出現,且在第一個字位置上,《切韻樞紐》明母下是"摩"。

漠母部分字在《萬籟中聲》相應韻目明母裏出現,《切韻樞紐》於曉母字中出現。

入聲第十一末韻漠母字首字"抹"在末韻明母非小韻首字位置出現,但是漠母第二個字"捈"沒有出現,也沒有在《切韻樞紐》明母裏出現。《切韻樞紐》把"捈"放在末韻曉母裏。捈,《廣韻》呼麥切,《切韻樞紐》放入曉母,是也。《萬籟中聲》漠母前一字爲曉母,蓋誤放"捈"於漠母。

漠母字在《萬籟中聲》同韻其他字母下未現,《切韻樞紐》未現。

平聲第二十五麻韻漠母下的"嫲"沒有在《萬籟中聲》及《切韻樞紐》中出現,另立一類。

表 2-5 《萬籟中聲》轆母列字情況表

韻目	《萬籟中聲》轆母列字	轆母字在《萬籟中聲》相關位置及《切韻樞紐》裏的出現情況
第一東	艣	轆母字"艣"在《萬籟中聲》東韻來母再現。
第四岡	宸	轆母字"宸"在《萬籟中聲》岡韻來母再現。
第八真	獜	轆母字"獜"在《萬籟中聲》真韻來母再現。
第十六侯	搜	轆母字"搜"在《萬籟中聲》侯韻來母再現。

續表

韻目	《萬籟中聲》轆母列字	轆母字在《萬籟中聲》相關位置及《切韻樞紐》裏的出現情況
第十七尤	瀏	轆母字"瀏"在《萬籟中聲》尤韻下沒有再現。
第十九豪	撩	轆母字"撩"在《萬籟中聲》豪韻來母裏再現。
第一篤	轆	《萬籟中聲》篤韻來母下並沒有重現"轆",《切韻樞紐》來母下兩個字,一個是《萬籟中聲》篤韻轆母的"轆",另一個是《萬籟中聲》篤韻來母中的"淥"。

我們把《萬籟中聲》轆母列字歸類爲:

轆母字在《萬籟中聲》相應韻目來母下出現,《切韻樞紐》中未現。

平聲第一東、第四岡、第八眞、第十六侯、第十九豪韻轆母字,《萬籟中聲》在相應韻目來母下出現,且非來母下的小韻首字,沒有在《切韻樞紐》的相應韻目中出現。

轆母字在《萬籟中聲》同韻其他字母下未出現,在《切韻樞紐》中出現。

入聲第一篤韻轆母下"轆"在篤韻其他字母中沒有重現,在《切韻樞紐》篤韻來母位置下出現"轆"及《萬籟中聲》篤韻來母下的字"淥",兩個字合占一個音節位置。

轆母字在《萬籟中聲》同韻其他字母下未出現,《切韻樞紐》中未現。

平聲第十七尤韻轆母下"瀏"沒有在同韻的其他字母下出現,來母下只有以"劉"爲聲旁的其他字,"瀏"也沒有在《切韻樞紐》中出現。

表 2-6 《萬籟中聲》撰母列字情況表

韻目	《萬籟中聲》撰母列字	撰母字在《萬籟中聲》相關位置及《切韻樞紐》出現情況
第七元	撰	"撰"在《萬籟中聲》元韻日母下重現。
第九淳	瞤	"瞤"在《萬籟中聲》淳韻日母下重現。
第六屑	取	取在日母下重現。右邊換成"攴",實際字一樣。《切韻樞紐》屑韻中沒有出現。
第八質	廿	"廿"在《萬籟中聲》質韻日母下重現。

我們把《萬籟中聲》撰母列字歸類爲一類:

撰母字在《萬籟中聲》相應韻目日母字裏重現,《切韻樞紐》未現。

平聲第七元、第九淳,入聲第六屑、第八質韻撰母下的字在《萬籟中聲》相應韻目下的日母裏重現,並且非日母小韻首字,在《切韻樞紐》裏沒有出現這些字。

總之,衄母字的9個音節、諾母字的2個音節、漠母字的10個音節、轆母字的5個音節、擨母字的4個音節分別在《萬籟中聲》相應韻目下的疑母、泥母、明母、來母、日母位置重現,共計30個音節。另外,未在《萬籟中聲》重現的五字母的音節代表字,在《切韻樞紐》相關位置以二字合放一個音節的形式存在的有5處,分別是衄母2個音節、諾母2個音節、轆母1個音節在韻圖相應的疑母、泥母、來母中出現。衄母中尚有1個音節出現在《切韻樞紐》泥母位置,而作者吳元滿的音系中,前後鼻音相混,爲同一音位,也可以算作對應出現。這樣,衄諾漠轆擨五字母在韻書韻圖中對應出現的有35個音節。凡例中說"新增衄諾漠轆擨五字,補足其數",吳元滿設置的目的即"補足其數",爲湊夠36之數而設。《切韻樞紐》沒有設立這五字母。《萬籟中聲》只有平聲、入聲字中有這5個字母的音節,字母若只與平聲、入聲拼,則不合乎自然拼合關係。上述分析表明五字母大多在韻書或韻圖相應的次濁聲母中重現,是人工所加,不是當時音節的實際反映。而且我們對照吳元滿之《四聲韻母》,發現《萬籟中聲》五字母位置上的字處理情況與《切韻樞紐》一致,則諸字並非《切韻樞紐》偶然放置,亦能夠支持我們的判斷。這樣,諸方面材料都表明這五字母確屬作者人爲所增。蓋因吳元滿所設體例,韻書每韻下先分清濁,如果有這五字母則清濁數量相當,對偶美觀。而韻圖依照聲母發音部位排列音節,五字母就不再有存在的必要。

(2)喻母、微母之分併。《切韻樞紐》凡例云"微字乃吳音,附於諭母之下"。《切韻樞紐》字母"微"黑底白字附於"諭"下,即《切韻樞紐》喻母、微母字合佔一個音節位置。而《萬籟中聲》喻母、微母分別爲不同字母。《切韻樞紐》在同一韻下的喻母、微母皆有字,二字母下的字共同置於《切韻樞紐》同一音節下的情況有2例,《萬籟中聲》亦因此比《切韻樞紐》在音節數上多出2個。

2.除了字母整體設置不同外,《切韻樞紐》在某一系韻中缺相應的字母、有該字母但是音節填字處空白、有相應字母但是音節拼合處劃單圈三種類型亦造成了《萬籟中聲》音節數多於《切韻樞紐》。

(1)《萬籟中聲》有字音節在《切韻樞紐》中聲母空缺的情況有1例,爲平聲第二容韻泥母"釀"。

(2)韻書有字,而韻圖對應音節處爲空白,共計3例:

表 2-7　《萬籟中聲》音節有字、《切韻樞紐》相應音節處爲空白一覽表

韻目	字母	代表字
遮韻	端母	爹
遮韻	群母	茄
馬韻	心母	撒

(3)韻書有字,而韻圖對應音節處畫圈,共計 5 例:

表 2-8　《萬籟中聲》音節有字、《切韻樞紐》相應音節處畫圈一覽表

韻目	字母	代表字
軫韻	泥母	濘
笛韻	端母	癉
廣韻	溪母	壙
各韻	諭母	樂
陷韻	溪母	嵌

原因之一:韻圖排列追求齊整、系統,個別字與整組的拼合關係向背,則被省略。

容韻泥母《萬籟中聲》有兩正字一俗字,首字爲"醲",《切韻樞紐》容韻没有端透定泥一組,而且容甬用浴四聲相承之韻系皆無端組字,這樣,《萬籟中聲》裏唯一的端組有字音節也省略了。

上聲第二十五馬韻心母《萬籟中聲》有"撒"字,《切韻樞紐》空,韻圖整個精組聲母對應的麻馬禡韻下皆爲空白。麻馬禡韻整體不與精組相拼,個別相拼的字亦省略不書。

去聲十三換韻清母《萬籟中聲》有一正字一俗字,首字"篡",但是《切韻樞紐》桓緩換豁諸韻系下整個精清從心邪一組聲母缺失。韻圖爲維護系統性,並没單獨列出換韻清母字。

《切韻樞紐》遮者蔗韻見組、端組下一律空缺,《萬籟中聲》遮韻端母字"爹"、遮韻群母字"茄伽",均未在《切韻樞紐》中出現。

原因之二:韻圖減少重出。韻圖列字,韻目四聲相承排列,一字有上去聲等現象不再重列。

《萬籟中聲》上聲第二甬韻精母有一字"縱",去聲用韻亦爲"縱",且"縱"下附了小字。《切韻樞紐》上聲精母畫圈,去聲列"縱"。

《萬籟中聲》上聲第八軫韻泥母裏有"濘",去聲震韻泥母有與"濘"實爲一

字的"澀"。《切韻樞紐》真軫震質韻下端透定泥母音節較全,而軫韻泥母《萬籟中聲》作單圈,蓋"濘"只取了去聲一音。

《萬籟中聲》上聲第五廣韻溪母下列 4 個字"壙曠纊廫",皆爲小字。《萬籟中聲》去聲第五誑韻溪母下含有"壙曠纊廫"這 4 個字,且均爲大字。《切韻樞紐》上聲第五廣韻溪母畫圈,去聲誑韻溪母作"曠"。

尚有三例原因不明:

去聲廿八箇韻端母下《萬籟中聲》有一個字"瘏",瘏,《廣韻》,丁佐切,果開一去端箇韻,置於《萬籟中聲》箇韻端母下合理,《切韻樞紐》該韻同發音部位的透、定、泥母皆有字,唯有端母畫單圈,存疑。

去聲十五陷韻溪母《萬籟中聲》有"嵌"等大字 2 個、小字 2 個,而《切韻樞紐》整個平上去入見、溪均有字,唯陷韻溪母《切韻樞紐》畫單圈。

入聲第四各韻喻母《萬籟中聲》有"樂"等大字 5 個、小字 5 個,《切韻樞紐》各韻喻母位置畫圈。

容韻泥母、換韻清母、馬韻心母、廣韻溪母、陷韻溪母、箇韻端母諸音節字《四聲韻母》亦無,遮韻之"爹""茄",在《四聲韻母》裏作爲附字,陰文出現,而"爹""茄"在《萬籟中聲》中並不是附字,從《四聲韻母》同樣的缺失與附字分析,《切韻樞紐》並非偶然遺失某字,而爲作者思考後之安排。《四聲韻母》中軫韻泥母、各韻諭母音節處同《萬籟中聲》,皆有字,軫韻泥母蓋因《四聲韻母》之韻目排列方式,爲同調韻排一起,同《萬籟中聲》,鄰近位置自然不涉及去聲震韻字,不存在臨位重出之弊端。各韻諭母音節字暫且存疑。

可見,《萬籟中聲》相對《切韻樞紐》增加的音節主要原因涉及全濁上聲音節的設置、衄諾漠轆攈 5 個字母下的音節、喻母微母的分併,以及同一個發音部位只出現一個有字音節時,韻圖往往忽略,隨本發音部位的體例,作圈或保持空白。

(二)韻圖有韻書無的音節

雖然《萬籟中聲》在總數上音節多,但是反過來,也有韻圖《切韻樞紐》存在,韻書《萬籟中聲》不存在的音節。

1.《切韻樞紐》重出音節

《切韻樞紐》存在未作陰文而重出的音節代表字,是作者爲配合每個縱聯三組聲調相承韻系的系統對應而設置的。《切韻樞紐》凡例:"加假駕五聯自成一韻,因其字少,故合於麻馬禡三韻之內,今兩處並出,恐觀者有疑,附入聲以別之。又非匪沸三聯本屬灰賄惠等韻叶於齊薺祭韻內,亦加入聲以別之。"在韻圖裏,我們也觀察到了重出的情況,麻馬禡附入聲音節 4 個,這 4 個音節代表字"甲瞎匣鴨",實與狎韻 4 個入聲音節代表字同。麻馬禡自身音節重出計 13 個。非匪沸三聯附入聲字 3 個——"勿弗怫",乃《切韻樞紐》入聲勿韻之入聲音節代表字。吳元滿共計爲配合韻圖體例而重出 20 個音節。

2.由於審音差別而導致的《萬籟中聲》音節缺失

對於這類音節我們總結如下:

表 2-9　《切韻樞紐》存在而《萬籟中聲》缺失音節一覽表

	滂	清	穿	審	曉	從
第十二吻	伴					
第一凍					澒	
第四杠		䄺				
第七願				篹		
第十二問						贈
第二十蔗			赿			

對上表情況分析如下:

(1)上聲第十二吻韻滂母《切韻樞紐》"伴",《萬籟中聲》無吻韻滂母音節。《萬籟中聲》吻韻並母列小字"伴",去聲問韻並母列大字"伴"。伴,《廣韻》蒲旱切,音韻地位爲山合一上緩並。《萬籟中聲》凡例:"上聲有清無濁,舊與去聲相混,今取去聲濁字分注於後,以便押韻。"《切韻樞紐》凡例:"全濁字本無上聲,但借去聲誦讀,《切韻指南》以去聲字實於上聲之位,故上去混淆,今以重圈別之。"吳元滿在《萬籟中聲》及《切韻樞紐》中都注意到了全濁上聲與去聲之間的關係,也許吳元滿的解釋跟今日不同,但無疑,他觀察到了濁上變去的現象。"伴"在《萬籟中聲》的安排合乎作者體例,爲何《切韻樞紐》濁上聲"伴"却放到了相應的次清上聲字中?

我們發現"伴"在今天的歙縣及鄰縣休寧皆讀上聲。在歙縣東部地區幾個方言點爲不送氣清聲母,而歙縣西鄰的休寧縣有方言點讀爲上聲送氣音,而且上聲送氣音"伴"是該音節唯一個代表字。吳元滿乃歙西人,由今日之讀音推斷,很可能當時"伴"確讀爲滂母上聲。

《萬籟中聲》遵循官話演變之大勢,"伴"字按照濁上歸去處理。韻圖如果在滂母上聲吻韻填上音節,則整個"文吻問勿"韻幫組音節俱全。作者正常情況下不會有意去反映方音,但是吻韻滂母音節於作者的音系中存在,填上去之後韻圖更顯整齊系統,故《切韻樞紐》增加了該音節。

（2）去聲第一凍韻曉母"湏"，《萬籟中聲》去聲凍韻匣母第一個字爲"鬨"，歸入《切韻樞紐》凍韻匣母，第二個字爲"湏"。"鬨、湏"中古來源不同。鬨，《廣韻》胡貢切，音韻地位爲通合一去送匣；湏，《廣韻》胡孔切，通合一上董匣。吳元滿在《切韻樞紐》裏把濁上聲匣母字"湏"放入去聲曉母。《切韻樞紐》存在匣母放入曉母之字例，如"哄""沆""緩""酣""蟹"等。蓋"湏"亦同。這樣，作者面對音節表裏的空缺，就會填入自身系統裏確有的音節。

（3）去聲第四杠韻清母"搶"，《萬籟中聲》杠韻清母音節空缺，也未在《萬籟中聲》其他位置查到"搶"。搶，《廣韻》不載，《玉篇》《集韻》七浪切，《切韻樞紐》之杠韻清母音節乃承《玉篇》《集韻》而來。《切韻樞紐》杠韻清母填入有字音節之後，則岡講杠各韻與精清從心相拼合之圖音節俱全。

（4）去聲第七願韻審母"簒"，《萬籟中聲》第七願心母下第二個字爲"簒"，《萬籟中聲》願韻審母音節無字。"簒"，《廣韻》所眷切，《集韻》數眷切，《切韻樞紐》依《廣韻》《集韻》排列，亦填充了該偶然性音節空缺。

（5）去聲第十二問韻從母"贈"，《萬籟中聲》第十艮韻從母第一個字爲"贈"，第十二問韻從母音節無字。《切韻樞紐》艮韻從母音節代表字用《萬籟中聲》艮韻從母下的第三個字"栫"。贈，《廣韻》昨亙切，音韻地位爲曾開一去嶝從。陳欣儀《〈切韻樞紐〉研究》認爲"文吻問勿"韻部內有來自中古登韻字，且登韻字主要分布在端、精系和來母之下。"庚梗根革"韻部內包括了《廣韻》的登韻開口字。吳元滿設置的小韻之間的界限模糊，登韻系字存在置於"文吻問勿"韻部或"庚梗根革"韻部的可能性，《切韻樞紐》中把"贈"安排在問韻從母下，使韻圖精清從心與"文吻問勿"韻及"庚梗根革"韻相拼合的所有音節都有字，拼合關係完整、韻圖齊整。

（6）去聲二十蔗韻穿母"赿"，"赿"乃《萬籟中聲》上聲者韻穿母下第二個正字。赿，《集韻》齒者切，可以看作《萬籟中聲》"赿"的讀音來源。赿，《廣韻》充夜切，假開三去禡昌，《萬籟中聲》去聲蔗韻穿母音節雖然沒有列字，但"赿"蔗韻存在去聲的讀音，填入《切韻樞紐》後，遮者蔗韻裏照穿聲母下的音節代表字俱全。

《切韻樞紐》作者設計之重出音節《四聲韻母》不載，《四聲韻母》之編排體例亦不必設計這些重出音節。《四聲韻母》亦有吻韻滂母、凍韻曉母、杠韻清母、願韻審母、問韻從母、蔗韻穿母音節字，同《切韻樞紐》。

《切韻樞紐》專門增加的音節能和諧地填入韻圖中，使得韻圖原先成系統呈現的有字音節更爲完整，填補了符合拼合關係的偶然性音節空缺。而當聲母某個發音部位與某韻沒有系列拼合音節時，不增添新的音節字，即作者不破壞原有的必然性音節空缺。

(三)《萬籟中聲》與《切韻樞紐》的音節字錯位排放

《萬籟中聲》與《切韻樞紐》音系差別還體現在 A 音節字換用爲 B 音節字的錯位情形。《萬籟中聲》與《切韻樞紐》列字的音韻地位不一致,這是吳元滿自身審音的矛盾,其原因是當時聲韻的混同或語音演變,亦爲作者音學思想的體現,這種差異我們不便用正誤描述。結合前代韻書與近代音演變大勢,按照韻書韻圖存疑之處分別開列。

1.《萬籟中聲》

(1)前後鼻音矛盾之處

平聲第十庚韻並母《萬籟中聲》盆,《切韻樞紐》彭。彭,《廣韻》薄庚切,庚韻;盆,《廣韻》蒲奔切,魂韻。"盆"爲前鼻音韻母字,《萬籟中聲》置於庚韻。

入聲第一篤韻疑母《萬籟中聲》衄,《切韻樞紐》篤韻泥母下有"衄"。衄,《廣韻》女六切,泥母字。若據《廣韻》,則《萬籟中聲》不合。

入聲第八質韻泥母《萬籟中聲》暱,《切韻樞紐》匿。"匿"是《萬籟中聲》質韻疑母最後一個字。匿,《廣韻》女力切。《切韻樞紐》放泥母,是也,《萬籟中聲》把"匿"放疑母位置,與《廣韻》及《切韻樞紐》矛盾。

陳欣儀《〈切韻樞紐〉研究》介紹了[-m]消失,[-m][-n][-ŋ]三韻尾混併的情況,永島榮一郎也認爲"[-n]尾與[-ŋ]尾相混,並且在真韻、淳韻、庚韻中更是完全混亂",《萬籟中聲》在庚韻裏放入前鼻音"盆"就不難理解。今天,吳元滿生活過的江淮附近官話區、徽語區,鼻音韻尾也仍存在着前後鼻音混淆現象。

(2)從邪互換

去聲第十七宥韻《切韻樞紐》從母列"就",邪母列"岫",而《萬籟中聲》從母列"岫",邪母列"就",韻書與韻圖放置顛倒。就,《廣韻》疾就切,從母字。岫,《廣韻》似右切,邪母字。《切韻樞紐》合乎《廣韻》,而《萬籟中聲》從母下列"岫"等字,邪母下列"就"等字,不合。《切韻樞紐》及《萬籟中聲》去聲第一涷韻從母"訟"乃中古邪母字,是吳元滿在韻書韻圖中體現一致的從邪混用例。我們在今天吳元滿家鄉附近方言點的同音字彙中沒有找到"岫",但同音字彙中收錄了"袖","袖、岫"中古音韻地位一致,《廣韻》似祐切,流開三去宥邪。在歙縣有詳細同音字彙記錄的三陽、和溪、深渡三地"就""袖"同音,皆在送氣塞擦音陽去的位置上。不僅在今天歙縣劃爲徽語區的地方"就""袖"同音,邪母字讀送氣塞擦音也是今江淮官話地區的一大特點,江淮官話中古邪母字"詞祠辭囚"跟普通話一樣,讀送氣塞擦音,除此,還有若干邪母字如"祥詳隨斜"等字在江淮官話的很多方言裏面也讀送氣塞擦音聲母。中古從邪母字"就、岫"同音，在今天的歙縣乃至周邊地區是普遍現象。

（3）送氣與否

上聲第三養韻溪母《萬籟中聲》繈，《切韻樞紐》強。"繈"，《廣韻》居兩切，見母字。《廣韻》《韻鏡》養韻溪母下都沒有字。《萬籟中聲》填"繈"字，即不送氣聲母在《萬籟中聲》裏放入送氣音，這一現象在《切韻樞紐》及《萬籟中聲》都出現過，二書上聲第一董韻"傯"皆把中古精母字放在送氣清聲母字下，見母字"繈"放入溪母中，恐怕也是個別的不送氣音放入送氣音的情況。

2.《切韻樞紐》

（1）照組聲母之混併

平聲第八真韻床母《萬籟中聲》呈，《切韻樞紐》成。成，《廣韻》是征切，禪母字，且《萬籟中聲》"成"也放在禪母中。《切韻樞紐》床母真韻放"成"，乃濁聲母床、禪混。

平聲第七元韻"船"、入聲第八質韻"實"、去聲第九順韻"順"、入聲第九述韻"述"、平聲第十四寒韻"潺"、去聲二十蔗韻"射"，均爲中古床母字，《萬籟中聲》及《切韻樞紐》在皆歸入禪母下。

今歙縣和溪、深渡、三陽三方言同音字彙"呈、成"同音，均在送氣塞擦音聲母下。雖然中古禪母字"成"《萬籟中聲》放禪母，《切韻樞紐》放床母下，出現了韻書韻圖的矛盾，但吳元滿韻書韻圖都有床母字歸入禪母之例證，且今日歙縣幾個方言點有"呈、成"同音的情況，這樣，雖然"成"在《萬籟中聲》及《切韻樞紐》放的位置不同，但是合乎吳元滿音系的音理。

上聲廿一薺韻審母《萬籟中聲》弛，《切韻樞紐》是。弛，《廣韻》施是切，止開三上紙書。是，《廣韻》承紙切，止開三上紙禪。《萬籟中聲》審母薺韻下邊沒有"是"，《切韻樞紐》"審薺"下放全濁聲母"是"，存疑。歙縣其他方言點"是"仍讀上聲或白讀爲上聲文讀爲去聲，濁上變去是整體的規律，吳元滿韻書中有個別濁上不變去的字，韻書中大部分字保留全濁，也有部分全濁清化現象，這樣，審母禪母相混也有了可能。今方言調查之同音字彙未收錄"弛"，但是收錄了與"弛"中古音韻地位相同的"豕"，歙縣深渡方言"豕""是"同音，皆讀上聲，亦爲"是"放入上聲審母位置提供了一定支持。

（2）全濁聲母改放送氣清音位置

上聲第十梗韻透母《萬籟中聲》殄，《切韻樞紐》庛。殄，《廣韻》他袞切。庛，《廣韻》徒損切，定母字。《萬籟中聲》"庛"出現在定母，《切韻樞紐》全濁聲母"庛"放到送氣音透母中。

上聲第三養韻溪母《萬籟中聲》繦,《切韻樞紐》强。按:《萬籟中聲》溪母養韻無"强"。强,《廣韻》其兩切,群母字。《萬籟中聲》另在群母下列"强","强"《切韻樞紐》列入溪母下,與《廣韻》《萬籟中聲》皆不合。

平聲第十八宵韻透母《萬籟中聲》無字,《切韻樞紐》迢。迢,《廣韻》徒聊切,定母字,《萬籟中聲》放在宵韻定母下,《切韻樞紐》放送氣音"挑"下。

《切韻樞紐》及《萬籟中聲》在體例上保留全濁聲母,在實際韻圖歸字上,濁音清化現象數見不鮮,這樣,也有個別《萬籟中聲》放全濁聲母,《切韻樞紐》歸入清聲母字的現象,《切韻樞紐》及《萬籟中聲》中古全濁聲母字清化規律大部分是平聲送氣、仄聲不送氣,也有仄聲送氣現象,《切韻樞紐》及《萬籟中聲》中古全濁聲母放入送氣清聲母的如"給",我們列的三例雖然韻書韻圖不一致,但是韻圖的變化也是吳元滿音系中已經體現的變化規律。古全濁聲母字今無論平仄,大多送氣也是今日徽語、客贛方言及部分江淮官話的特點,歙縣今部分劃歸爲江淮官話區,部分爲徽語區,永島把《萬籟中聲》劃入官話韻書,而2000年後的研究傾向從作者地域出發,看韻書中的方言特點,認爲全濁聲母仄聲送氣現象是徽語的遺留,實際上,全濁聲母送氣現象是與鄰近地區方言分界無關的整片地域的普遍特徵。

(3)送氣清音變讀不送氣音

《切韻樞紐》端母各韻下作"拓"。拓,《廣韻》他各切,《萬籟中聲》列入透母字。透母字"拓"放在端母位置,送氣音變讀不送氣音,存疑。清聲母字送氣與否相混的個別字,前文已經舉例,不再贅述。

以上所列語音現象,看似是二書矛盾之處,但實則類似的語音現象在其他韻書韻圖中已有體現,其中能在今日方言中存有的常用的字,我們也進行了比照,今吳元滿家鄉附近的方言點可以呈現吳氏韻學著作的一些語音特點。韻書與韻圖的差異是其長期存在的語音現象之自然流露。

(四)《萬籟中聲》及《切韻樞紐》的音系關係結論

我們從音節入手,分析《萬籟中聲》及《切韻樞紐》的音系關係,窮盡式列出吳元滿韻書與韻圖的語音差異。觀察出韻書比韻圖增加的音節、減少的音節,以及音節數量無差別,但韻書A音節字列入韻圖B音節位置這種錯位現象。

可見,即便是同一作者同一時期的韻書韻圖,也沒有呈現完全一致的音系。究其原因,爲作者吳元滿有意爲之與無意識流露。有意爲之者乃人爲增減之字母、附字,及韻圖作爲音節表,要講求表格的系統齊整的心理;而無意識的語音流露,是作者審音時當時語音與繼承傳統韻書之間的矛盾的反映,想把已經混同的音硬是分開,自然有難度,甚至會出現模棱兩可之現象——吳元滿難以定奪的音位,會出現韻書韻圖分別放在不同音節下的錯位現象,或者因此增加新的音節的情況。

第二節 《五聲反切正均》

一、《五聲反切正均》作者

《五聲反切正均》作者吳烺,爲吳敬梓長子。史志載:

> 吳烺,字荀叔,全椒人。性敏捷,工詞賦。乾隆辛未(1751年),上南巡,迎鑾召試,伸紙疾書,頃刻賦成,衆皆訝其速而工也。上呈睿覽,賜舉人,授內閣中書。後官甯武府,同知署府掾,以疾歸。所著有《杉亭集》《五音反切圖説》《句股算法》行於世。①
>
> 吳烺,字荀叔,號杉亭……與梁同書、陳鴻賓、褚寅亮相友善,習天算學,師劉湘湘,益深造。《湘湘集》內《答曆算十問書》一卷,爲烺言之也。後官甯武府同知,署府掾,以疾歸。著有《周髀算經圖》,注以西法,補證古經,尤有神實用,乾隆戊子刊成,松江沈大成曾爲序……其《杉亭詩文集》姚鼐爲之序,詞爲王昶刻入《琴畫樓詞鈔》中。②

吳烺,字荀叔,號杉亭,安徽全椒人。吳烺是文學家、數學家、音韻學家。吳烺的著作上述所列有《杉亭集》《琴畫樓詞鈔》《五音反切圖説》《句股算法》《周髀算經圖》《答曆算十問書》,此外,吳烺尚有《學宋齋詞韻》③《百萼紅詞》④

---

① (清)吳坤修.(光緒)重修安徽通志:卷二百二十九[M].刻本.1878(光緒四年):9493.

② 張其濬.(民國)全椒縣志:卷十[M].木活字本.1920(民國九年):613.本段與上段引文有重出處省略。

③ 張其濬.(民國)全椒縣志:卷十五[M].刻本.1920(民國九年):1058.

④ 張其濬.(民國)全椒縣志:卷十五[M].刻本.1920(民國九年):1077.

及爲張秉《南垞詩鈔》所作的《南垞詩鈔·前序》①。

章學誠《學稼堂存稿目録》天學部第一裹有《答全椒吳荀叔曆算十問書》一卷②,是爲學術上友人間的探討回應。

吕賢平博士學位論文《明清時期全椒吳氏科舉家族及其文學研究》(2011年)利用地方志及吳烺詩文,整理出吳烺年譜。我們從中可以集録出吳烺生平大事及居住地轉移的信息:吳烺 1719 年生於全椒。1729 年,吳烺 11 歲時,母親陶氏病逝。陶氏爲全椒人,陶欽李之女。1733 年,吳烺 15 歲,隨父移居南京。1735 年,吳烺有滁州、真州、揚州之行。1734—1736 年,吳烺從梅文鼎學習算數。吳烺大約於 1742 年成家,夫人出自寒門。1751 年,吳烺中舉人,官內閣中書,赴京上任。1752 年秋,請假歸,到南京與父親妻子團聚。1753 年,妻亡。帶小女從揚州進京,仍官內閣中書。1754 年,吳敬梓在揚州去世。1770 年,吳烺官山西寧武府同知。民國《全椒縣志》載"官寧武同知署府掾,以疾歸"。吳烺卒年不詳。

從吳烺足迹看,吳烺幼時住全椒,11 歲住南京後,曾回全椒探親拜祭。年輕時也多處遊歷,遊歷地點涉及今丹陽市、無錫市、吳淞口、鎮江、蕪湖、高郵等地。在北京担任內閣中書後,歸家途中曾逗留於汶上、任城、淮安、通州、武清、天津、滄州、沛縣等地。

吳烺生年爲 1719 年,前賢未考證出吳烺的卒年。我們發現廣西《藤縣志》載:

> 胡氏,四十一都③,白沙村,吳烺妻。十八歲歸烺,生一子,二十九歲夫故,守節教子,斯培成名,氏現年七十五歲,孫盛釿,郡增廣生。
> 黄氏,白沙庄④庠生吳煐妻,壽八十五歲。

吳烺、吳煐均爲吳敬梓的兒子。兄弟二人名字同時出現在廣西藤縣四十一都白沙村,而《安徽通志》又載,"吳烺妻胡氏"。妻子的姓與廣西《藤縣志》所載吳烺妻子姓氏一致。這三方面使純粹同名概率大大降低,廣西《藤縣志》裹的吳烺即爲全椒籍貫的吳敬梓之子。

---

① (清)王檢心.(道光)重修儀徵縣志:卷四十五[M].刻本.1890(光緒十六年):2741.
② (清)章學誠.(嘉慶)湖北通志檢存稿:三[M].劉氏嘉業堂刻章氏遺書本.民國:336.
③ "都"爲當地的行政區劃。一都、二都……這樣排列。
④ 全書有時作"村",有時作"庄"。

《滕縣志》序作於"嘉慶歲次丙子仲夏",即 1816 年。"胡氏現年七十五歲",當爲 1816 年時胡氏 75 歲。"十八歲歸烺,二十九歲夫故",可知胡氏 1759 年出嫁到吳家,1770 年吳烺去世。吳烺首任妻子 1753 年去世,1759 年吳烺再娶在時間上合理,蓋因當時只有女兒,故首任妻子的姓氏不載於方志。可以説史籍所載吳烺"以疾歸"的同年吳烺去世。從方志記載看,吳烺有兒子吳斯坮、孫子吳盛鋹,而"吳斯坮、吳盛鋹"分别爲吳敬梓的長房長孫、重孫。

爲何全椒人會出現在廣西《藤縣志》?

吳烺曾有詩句"廚空永晝賒胡餅,薦冷殘冬債布裙",體現出他生活窘迫。而《中國移民史》①論述藤縣所屬梧州府清代的人口情況:梧州府四周爲客家移民區所環繞,不可能没有客家移民涉足其中。《中國移民史》還舉出梧州下轄容縣的例子:"閩、楚、江、浙人多有遷寄此者,且與粵東接壤,東入經商更重,而土著實稀。"依周邊地區客家移民的分布狀況,梧州府人口中有 10% 的客家移民是不成問題的。嘉慶二十五年(1820 年),梧州府有人口共 69 萬,其中客家人大約有 7 萬。回溯至乾隆四十一年(1776 年),客家移民及其後裔大約只有 5 萬左右。

又《藤縣志》記載藤縣人口:

> 順治年間,人丁七千一百六十丁零二分;
>
> 康熙二十年至五十年,審增人丁一百零九丁一分;
>
> 康熙五十五年、六十年,雍正元年、九年,乾隆元年至三十一年,節次審增人丁九千四百五十五丁。
>
> 嘉慶年間,審增户口二萬九千六百零八户,遞年增減不一,大小人丁一十八萬六千三百五十二名口。

藤縣在嘉慶間人口突增,人口遷移而造成的户口迅速增長的可能性極大。吳氏家族的後人很可能由於家境日下,隨大流南下,到達藤縣。

二、《五聲反切正均》版本與記載著録

吳烺所著《五聲反切正均》今藏臺灣師範大學圖書館,索書號 A940 130.2.

---

① 曹樹基著,葛劍雄主編.中國移民史[M].福州:福建人民出版社,1997:407.

《續修四庫全書》第 258 册收録《五聲反切正均》,版記爲"據華東師範大學藏,民國二十　·年《安徽叢書》編印處影印,南陵徐氏藏《杉亭集》原刊本影印",即《續修四庫全書》的《五聲反切正均》依《安徽叢書》第一期影印。今天我們看到的《續修四庫全書》與臺灣師範大學藏《五聲反切正均》皆爲清乾隆昭陽協洽(1763 年)程名世作序,版本一致,但《安徽叢書》裏的《五聲反切正均》没有藏書印的痕迹,臺師大本有朱色印章,更體現出收藏價值。

　　《文字音韻訓詁知見書目》[①]07768:"《五聲反切正均》不分卷,清吴烺撰,清乾隆刻《杉亭集》本。"07769:"《五聲反切正均》不分卷,清吴烺撰,民國二十一年(1932 年)影印《安徽叢書》本,據《杉亭集》本影印。"

　　李漢秋《吴烺〈杉亭集〉及其價值》論及今藏清抄本《杉亭集》兩部(分别在中國社會科學院文學研究所和安徽省博物館),但是李漢秋介紹的《杉亭集》内容只有詩、詞,説"1770 年(吴烺)訂所著曰《杉亭集》,這是他一生詩詞的結晶"。孟醒仁《吴敬梓家世、生平補正——讀吴烺手抄本〈杉亭集〉補正》:"吴烺晚年在京,自編詩詞爲《杉亭集》,計詩十一卷,詞五卷。"而音韻學者永島榮一郎(1941 年)説《杉亭集》也稱《五聲反切正均》,應裕康(1972 年)則直接把吴烺的這部音韻著作稱作《杉亭集》,在"《杉亭集》之體例及内容部分"稱"是書一名《五聲反切正均》"[②]。實際上,書的版心大題小題,都能透露出《五聲反切正均》爲《杉亭集》的一卷。《五聲反切正均》在流傳中已經獨立,不再與《杉亭集》放在一起,故而會造成後人介紹是書時的分歧。

三、《五聲反切正均》體例及校勘

　　《五聲反切正均》由"五聲反切正均目""辨五聲第一""論字母第二""審縱音第三""定正韻第四""詳反切第五""立切脚第六"諸部分構成。其中"辨五聲第一""論字母第二""審縱音第三""詳反切第五""立切脚第六"爲音韻理論部分,"定正韻第四"主要是韻圖,共有 32 張圖。韻圖縱行五欄表示聲調,横列六排表示聲系,前五排各含 3 個字位,第六排含 5 個字位,第 18 個字位從未出現過字位代表字,除去之後共有 19 個。32 張韻圖有 32 個舒聲韻母,14 個促聲調韻母,表現出音位系統。

　　我們共發現《五聲反切正均》需要校勘之處爲:

---

①　陽海清,褚佩瑜,蘭秀英編.文字音韻訓詁知見書目[M].武漢:湖北人民出版社,2002:361.

②　應裕康.清代韻圖之研究[D].臺北:政治大學博士學位論文,1972:483.

(1)第七頁版心"五聲反切在均",與其他頁"五聲反切正均"迥異,不合封面題目,當正爲"正均"。

(2)《五聲反切正均》第九圖存在誤字"戌","戌"中古是傷遇切(遇合三去),當作"戍",中古辛聿切(術合三入)。①

四、《五聲反切正均》研究綜述

(一)對《五聲反切正均》的扼要論述階段

趙蔭棠《等韻源流》(1957年)、竺家寧《聲韻學》(1991年)未列《五聲反切正均》。永島榮一郎、應裕康、李新魁、耿振生均單獨列出一節,論述《五聲反切正均》。這些論述,時間較早,篇幅短,研究環境相對封閉,日本、大陸、臺灣的研究成果沒有因爲某一方完成時間早,而爲後續研究者提供參考,均爲相對獨立完成,研究承繼性弱,我們合在一起論述。

1.《五聲反切正均》早期文獻研究

(1)《五聲反切正均》版本。永島認爲《五聲反切正均》到他撰寫《近世支那語特に北方語系統に於ける音韻史研究資料に就いて》一文時,尚未被學術界所瞭解,亦無這方面的研究,永島説他所收藏的本子,是收入《安徽叢書》第一集的南陵徐乃昌藏本的影印本。不過,數月前,發現了有徐乃昌藏書印的原刊本。目前,這個版本也被我(指永島)所收藏。但是,我們今天發掘的有徐乃昌紅色藏書章的《五聲反切正均》藏於臺灣師範大學圖書館。其他研究著作未直接論及版本藏地,但是應裕康《清代韻圖之研究》緒論有"得清代各種韻圖,凡三十種,皆所目見,乃逐圖加以探討……然'避難'海島,訪書實難……未嘗寓目,不敢收入本文"②,可以分析出,應裕康所用《五聲反切正均》應當是臺灣藏本。

(2)《五聲反切正均》作者及體例。這部分内容,應裕康的論述相對詳盡,作者簡介也只有200多字篇幅,均出自地方志,我們上文論述已涵蓋,不再重複。

2.《五聲反切正均》早期聲韻調研究

(1)聲類方面,《五聲反切正均》"論字母第二"列舉並指出"按上三十六字

---

① 本條出自陳貴麟.《杉亭集・五聲反切正均》音系與江淮官話洪巢片之關聯[J].中國文學研究,1995(9).

② 應裕康.清代韻圖之研究[M].臺灣:弘道文化事業有限公司,1972:14.

母細分之,只用十九母足矣"。即全部列舉三十六字母,不過,每一行用一個聲母表示,結果共有 19 個聲類。雖然韻圖可以看到 20 個聲類,但事實上存在空字占位,其聲類按照以下 19 個聲母順序排列,即:

見 k 溪羣 kʰ 疑影喻微 o 端定 t 透 tʰ 泥孃 n 幫並 p 滂 pʰ 明 m 精 tʂ 清從 tʂʰ 心邪 s 知照 tʂ 徹澄穿牀禪 tʂʰ 審 ʂ 曉匣 x 非敷奉 f 來 l 日 ʐ

應裕康認爲,據吳氏所論,喉音實際爲見[k]([tɕ])溪[kʰ]([tɕʰ])曉[x]([ɕ]),擬音比永島多出舌面音聲母。李新魁《漢語等韻學》擬音同永島,没有舌面音。耿振生《明清等韻學通論》只説聲母 19 個,未給出擬音。

(2)韻類方面,"定正韻第四"列出韻類,共有 32 個韻目,表的上半部"提要"有 32 個韻字,永島説這些韻字大體上是依照《韻略匯通》的韻目來排列的①:

公　窩　岡　姜　光　兹　基　歸　居
[uŋ] [yŋ] [aŋ][iaŋ][uaŋ][ɿ·ʅ] [i] [uei] [y]

孤　皆　該　乖　根　斤　昆　君　干
[u] [iai] [ai] [uai] [əŋ][iəŋ][uəŋ][yəŋ][an]

關　堅　捐　交　高　歌　鍋　瓜　家
[uan][iæn][yæn][iau][au] [o] [uo] [ua] [ia]

他　耶　嗟　鳩　鉤
[a] [iɛ] [yɛ] [iou] [ou]

	(1)	(2)	(3)	(4)	(5)	(6)	(7)	(8)	(9)	(10)	(11)	(12)	(13)
(開)	[aŋ]	[əŋ]	[an]	[ɿ·ʅ]			[ai]	[au]	[o]	[a]			[ou]
(齊)	[iaŋ]	[iəŋ]	[iæn]	[i]			[iai]	[iau]		[ia]	[iɛ]		[iou]
(合)	[uŋ]	[uaŋ]	[uəŋ]	[uan]		[uei]	[u]	[uai]		[uo]	[ua]		
(撮)	[yŋ]		[yəŋ]	[yæn]		[y]						[yɛ]	

後來學者擬音與永島的差異爲:

A.根、斤、昆、君

應氏擬音爲根[-ən]、斤[-in]、昆[-uən]、君[-yn],認爲此四韻之韻尾,實可[-n]可[-ŋ],換言之,[-n]、[-ŋ]二音,爲同一音位之二無定分音,今姑以[-n]

---

① 永島荣一郎.近世支那语特に北方语系统に于1+る音韻史研究資料に就いて(续)[J].言语研究,1941,9.

表之。即應裕康認爲前後鼻音韻尾爲同一音位的自由變體。應裕康又論：[-in]不作[-iən]和[-yn]、不作[-yən]者，四韻既各別爲一圖，故不必求其一致也，取其自然而已。"根、斤、昆、君"李新魁、耿振生皆擬音作根[-ən]、斤[-in]、昆[-un]、君[-yn]，未附説明。

B.堅、捐

應氏擬音堅[-ian]、捐[-yan]，其主要元音與永島[-æ]不同。應氏只説今以干、堅、關、捐爲一組，擬其主要元音爲[-a]。堅、捐，李新魁擬作[-iɛn]、捐[-yan]，耿振生擬作堅[-iɛn]、捐[-yɛn]，無説明，但可以看出是介音對主要元音的影響理解不同。

C.歌

歌[-ɤ]，應氏解釋："歌圖不擬作[-o]者，以歌圖舒聲八字：歌、苛、呵、訛、和（陽平）、可、个、和（去聲），今'國語'全作[-ɤ]，且歌鍋二韻，既不同圖，故不必力求整齊而作[-o]也。"李新魁、耿振生皆擬歌爲[-o]。

D.耶、嗟

耶[-ie]嗟[-ye]，應氏擬音理由是考耶嗟二韻之界限，與《中原音韻》之車遮相當，因擬其音值如此。李新魁、耿振生擬音同應裕康。

E.皆、該、高、交、鳩、鈎

耿振生擬音"皆[-iɛ]該[-ɜ]高[-ɔ]交[-iɔ]鳩[-mɯ]鈎[-ɯ]"，不同於其他三家，"該[-ɜ]高[-ɔ]鈎[-ɯ]"由雙元音變單元音，耿振生説他參考現代全椒方言擬音。

除了擬音，李新魁結合《五聲反切正均》吳烺音韻理論"開口、閉口、齊齒、撮口諸注，亦甚誕妄"，論證吳氏反對把韻母分爲四呼，所以韻圖上不標明四呼。

（3）《五聲反切正均》的聲調分爲陰、陽、上、去、入五聲。入聲只配陰聲韻。應裕康、李新魁、耿振生對聲調没有更多的論述。

3.《五聲反切正均》所含方音

永島指出必須特別注意的是"根、斤、君"三韻，有[-n]尾和[-ŋ]尾相混的現象，這很好地表現出方言特色，值得關注。應裕康未從方音角度評論《五聲反切正均》，只是引用吳烺圖下注釋："以上四圖，真文元庚青蒸侵韻，在昔庚青真文之韻，辯者如聚訟，以其有輕重清濁之分也。如北人以程、陳讀爲二，南人以爲一。江以南之生孫異，淮南則同。相去未百里，而讀字即迴別者，何也？一則父師授受，童而習之，以爲故常，一則爲方言所囿，雖學者亦習有不察也。"李新魁《漢語等韻學》根據張耕《切字肆考》"南方梗曾同深臻"及清人胡垣的觀念,認爲吳烺《五聲反切正均》表現金陵官話語音系統。耿振生則由古代梗、曾、深三攝字併入臻攝,爲江淮方言的普遍現象,進而把《五聲反切正均》列入江淮官話一類裏。

《五聲反切正均》第十九圖后載:"干關之間尚有撮口官音,江北人能分,而江南不能。在韻書總歸十四寒,故併入此圖,亦不另列",李新魁説吳氏據金陵音列圖,所以將官、關韻字列混了。李氏還列出知照組字有一些與 i 相拼的現象,認爲是反映不同地方的讀音,如堅韻的"占纏展"、耶韻的"遮者柘"等,歸入齊齒的[iɛn]和[ie],另一些則失去了齊齒。

同是基本介紹聲母,李新魁(1983 年、1993 年)還認爲十九母大概是當時金陵(南京)官話的聲母系統。

4.《五聲反切正均》與相關韻書

李新魁結合《五聲反切正均》的理論部分,説吳烺的《五聲反切正均》以方以智的學説爲宗,暢論有關音學問題。1993 年李氏對《五聲反切正均》的研究比 1983 年新增"吳烺也是汪鑾《空谷傳聲》所據'舊譜'的撰作人之一"①。《空谷傳聲》後出於《五聲反切正均》。論述《空谷傳聲》時,李新魁説:"據薛序,汪氏圖是據其鄉人吳杉亭、江雲樵的舊譜增損而成的。按吳杉亭名烺,著有《五聲反切正韻》,音系與《空谷傳聲》相近。"吳烺音韻理論提及前賢同輩,受前人啓發,其韻圖也對後世產生影響,可以體現出韻學理念的傳承。耿振生對比李登《書文音義便考私編》,指出《五聲反切正均》少影、微二母,是爲研究者對韻書的後續比對。

5.《五聲反切正均》價值論

李新魁認爲吳氏對語音的分析、處理,確有衝破傳統藩籬的革新精神。正當與吳烺差不多同時代的江永大談三十六字母"不可增減、不可移易"的時候,吳烺却主張必須刪併。吳、江兩人作書的志趣不同,江書在於存古,吳書的目的却是述今,李新魁論吳氏應該説是正確的。

耿振生認爲《五聲反切正均》古代曾梗深三攝字併入臻攝這一現象在明代韻書中還没發現,《五聲反切正均》是較早記錄這一特徵的著作。耿振生指出的特徵,亦爲後來的學者陳鼎麟所引。而明代安徽籍學者吳元滿的《切韻樞紐》《萬籟中聲》已存在曾梗深臻攝混併的現象,耿振生《明清等韻學通論》没有提及《切韻樞紐》《萬籟中聲》,是因爲耿振生當時没有條件接觸到臺灣師範大學館藏的《切韻樞紐》《萬籟中聲》,可以理解。

---

①　李新魁,麥耘.韻學古籍述要[M].西安:陝西人民出版社,1993:309.

前期研究,學者都對音系進行過描述,揭示出《五聲反切正均》的顯著特點,其中李新魁對《五聲反切正均》的觀察涉及點多,更爲深入細緻。

(二)細化研究《五聲反切正均》階段

臺灣學者陳貴麟、大陸學者孫華先都以單篇論文的形式細緻分析了《五聲反切正均》中出現的語音現象。其對象的分析都參考具體的基礎方言,可以説是對李新魁、耿振生思路的深入。我們檢出文章中值得關注之處,分別介紹如下:

1.對吳烺音學觀念的解讀

(1)陳貴麟認爲吳烺有音位跟同位音的概念。吳烺説:"如北人以程、陳讀爲二,南人以爲一。江以南之生孫異,淮南則同。"陳氏解讀爲北方方言"程、陳"二字韻尾分別爲[ŋ]、[n],是兩個音位。南方人却視爲一個音位。長江南岸生母跟心母是兩個音位,淮水南岸只有一個。此外,"其聲不同,而其位則不易"也體現了吳烺有音位概念①。

(2)孫華先指出吳烺《詳反切》"即開口、閉口、齊齒、撮口諸注,亦甚誕妄。天下有寒、山、歌、麻作閉口,侵、覃、鹽、咸作開口而可以定音韻乎?有識者自曉爾"②。可知,閉口開口與四呼無關,是指-m尾的有無,孫華先注釋指出,李新魁由此得出吳烺反對韻母有四呼的結論是錯誤的。

(3)孫華先引述《五聲反切正均》:"干關之間尚有撮口官音。江北人能分,而江南不能分。在韻書總歸十四寒,故併入此圖,亦不另列。"官音,就是列於"關韻"的"官韻",他同意李新魁的觀點,而反對陳貴麟把"官音"理解爲"官話音"。③

2.《五聲反切正均》音系

(1)見系產生顎化的舌面音。吳烺按語:"見母於東韻不能切宮,欲切宮字,於三十六母中竟無母可用。又如溪、群二母於東韻只切得穹、窮二字,欲切空字,即無母可用。可見其掛漏處正多也。"陳貴麟説所謂"見"不能切"宮",是因爲見母是舌面塞擦音而宮仍爲舌根塞音。依多向聚合關係來核檢,"溪、群"已顎化成舌面音,跟"穹、窮"二字有雙聲關係;"空"是舌根塞音,不具雙聲關係,就無法拼切了。吳烺批評"於三十六母中竟無母可用",表示中古見系細音至吳烺口音已完成顎化過程。孫華先的研究亦如是。而在前期只有應裕康指出見系顎化現象。至於精系是否有顎化的新音位,陳貴麟説吳烺並没有特別

---

① 陳貴麟.《杉亭集·五聲反切正均》音系探賾[J].語言研究,1994(增刊).
② 孫華先.吳烺《五聲反切正均》的韻母系統[J].淮陰師範學院學報,2000(6).
③ 孫華先.吳烺《五聲反切正均》的韻母系統[J].淮陰師範學院學報,2000(6).

說明,無法推斷。①

（2）中古入聲尾爲喉塞尾。陳貴麟說《五聲反切正均》1 213 個位字當中,入聲字位共出現 150 個位字。入聲字位不出現舒聲位字,-p、-t、-k 尾相互混淆的現象均有出現,只能用喉塞尾解釋。②

（3）入聲調值爲高調。陳貴麟還首次對調值進行了分析。"今使北方讀屋必讀爲烏,而不讀爲翁;讀質必讀爲支,而不讀爲真",陳貴麟把"北方"對應爲現代的北京官話,得出:入聲是高調,而入聲高調爲江淮官話,特別是江淮官話洪巢片的特徵。（頁 75～76）

（4）雖然沒有單列所有韻母擬音,但由陳貴麟、孫華先所舉的例子可以觀察到,擬音出現鼻化韻母,如干[ã]岡[ã]關[uã]姜[iã]。

3.對《五聲反切正均》非南京話的語音異質成分的理解

（1）俞敏曾述古楚國原有現在的湖北湖南,後來往東擴展到安徽。現在的湖北、湖南、安徽,特別是皖南,也有 n、l 混亂的。明太祖興兵,鳳陽人隨之遷到南京。現在的南京人也不會分 n、l。③《五聲反切正均》泥來不混,陳貴麟認爲這是選擇基礎音系時舉棋不定的體現,因而降低了文獻可用價值。④ 孫華先（頁 38）說在吳烺的正韻圖中,聲母爲來母的音節,其代表字全部是來母字。聲母爲泥母的音節,其代表字有兩個來自來母。一個是第二十圖的"輦",《廣韻》是力展切——今北京音聲母也是 n 而不是 l,另一個是"繆",孫華先說該字在南京讀"力救切",由此思考,吳烺口中存在 n、l 相混的情況。⑤

（2）對第十八虛位的分析。孫華先根據吳烺對虛位的說明"口音最難出聲,鼻與齶相合也",估計是舌根鼻音[ŋ]。⑥

（3）異質韻母的分析。陳貴麟分析:《五聲反切正均》基[i]居[y]之別是受到北京話影響而形成的。閣[ɤʔ]郭[oʔ]二字在南京話中無區別,北京話則二字誤爲喉塞入聲尾且彼此主元音不同。吳烺兼取南京話的喉塞尾跟北京話的主元音,分別立圖。干[ã]岡[ã]之別是受到揚州話的影響。⑦

---

① 陳貴麟.《杉亭集·五聲反切正均》音系探賾[J].語言研究,1994(增刊).

② 陳貴麟.《杉亭集·五聲反切正均》音系與江淮官話洪巢片之關聯[J].中國文學研究,1995(9).

③ 俞敏.方言區際横向聯繫[J].中國語文,1989(6).

④ 陳貴麟.《杉亭集·五聲反切正均》音系探賾,語言研究,1994(增刊).

⑤ 孫華先.吳烺《五聲反切正均》的二十縱音[J].揚州教育學院學報,2000(4).

⑥ 孫華先.吳烺《五聲反切正均》的二十縱音[J].揚州教育學院學報,2000(4).

⑦ 陳貴麟.《杉亭集·五聲反切正均》音系探賾[J].語言研究,1994(增刊).

陳貴麟說吳烺能夠完全擺脫讖緯韻圖的陰影,直接以韻尾或主要元音爲單位,一韻爲一圖,這已接近現代方言調查後的記錄方式,是一部難得的官話方言韻圖。《五聲反切正均》的基礎方言爲江淮官話,特別是跟洪巢片有所關聯,跟泰如片、黃孝片關係較遠;其主體方言是全椒話,核心方言爲南京話,用《五聲反切正均》跟方言作歷史串聯時,只說出綜合南北方音的明瞭概念還不夠,應該將其清晰地劃歸到江淮官話的洪巢片中。①

孫華先認爲《五聲反切正均》以紀實爲求,雖然受到了異時異地音系的影響,但很多方面忠實記錄了南京方言音系,吳烺的描寫可以使我們對 18 世紀的南京方言有進一步瞭解。

(三)王松木對以往音系性質定位的反思

王松木以剖析音系最細緻的陳貴麟文章爲例,闡述陳貴麟的論證推理模式:

現象 1:吳烺的母語是安徽全椒話(主體音系)。

現象 2:全濁聲母清化,平聲送氣,仄聲讀不送氣。

現象 3:韻圖分"陰平、陽平、上、去、入"五聲。

現象 4:入聲雖仍獨立,但-p、-t、-k 已弱化爲喉塞音。

推論 1:韻圖的基礎音系爲江淮官話洪巢片。

現象 5:韻圖以"正均"爲名,其目的在確立"標準音"。

現象 6:南京與全椒相距不遠,且南京話爲南方之强勢方言。

推論 2:韻圖的核心音系爲南京音。

王松木質疑:

1.作者的母語與韻圖基礎音系無必然關係

音韻學者通常想當然地認定:"吳烺既是安徽全椒人,從小所習得的母語必是全椒話,而他所編輯的韻圖必然也會在有意無意之間透顯出全椒話的語音特色。"在這樣的預設前提下,常不自覺地將"應然條件"偷換成"必然關係",從而認爲《五聲反切正均》以江淮官話爲基礎。然而,若是廣泛地觀察明清時期各式韻圖,會發現,韻圖編纂者的籍貫與韻圖的基礎音系並非絕對相關,有籍貫相同而韻圖音系迥異者,如:吕維祺與桑紹良同爲河南人,但《音韻日月燈》的入聲却不分陰陽二類。反之,若編撰者間有着共同的概念結構,即使是相隔千里仍可建構出類似的韻圖形制,如:袁子讓(湖南郴州人)與陳藎謨(浙

---

① 陳貴麟.《杉亭集·五聲反切正均》音系與江淮官話洪巢片之關聯[J].中國文學研究,1995(9).

江嘉興人)雖籍貫不同,但《字學元元》與《皇極圖韻》却不約而同地以三十六字母來統攝諸字。從這些實際例子可知,作者籍貫爲何無法作爲斷定音系基礎的有力證據。因此,基於吳烺是安徽全椒人(現象 1),便推斷他所編輯的韻圖反映江淮官話特色(推論 1),如此推論是有疑問的。

在這,吳烺母語或許是安徽全椒話,但吳烺曾離鄉北上出任內閣中書、山西寧武同知等職,吳烺勢必通曉當時上層社會通行的官話,是否《五聲反切正均》更有可能反映的正是當時廣泛通行的共同語或讀書音呢?

2.入聲存在與否無法證明韻圖反映江淮官話

除去晉語之外,現代官話方言分區,唯獨江淮官話方言中仍普遍存有入聲。音韻學者往往以現代漢語方言分區爲量尺,作爲衡度古代韻圖音系的基準,忽略了時間變數的干擾可能造成的誤差,此種輝格黨式的史觀,不免有以今律古之嫌。

若換從韻圖角度看,明清韻圖中同時具備"全濁聲母清化,平聲讀送氣音,仄聲讀不送氣音"(現象 2)、"聲調分陰平、陽平、上、去、入五類"(現象 3)、"入聲韻尾弱化爲喉塞音"(現象 4)的韻圖,是否就是反映江淮官話音系呢? 答案也是否定的。樊騰鳳(1601—1664)爲河北堯山人,其所編撰的《五方元音》亦同時兼具上述三項音韻特徵,但却不見有學者認爲《五方元音》反映江淮官話音系,原因在於純從現象 2、現象 3、現象 4 並無足夠理據可以必然地推導出"韻圖反映江淮官話"的結論。

據王松木觀察,明清韻圖將聲調分成"陰平、陽平、上、去、入"五類,乃是反映共同語讀書音的特點,同時統攝南北官話聲調(南方官話存有入聲,北方官話入聲消失)。此種"折中南北"的音韻類型一直延續至 1921 年教育部公布《校改國音字典》的"老國音",今人豈可因"老國音"仍存有入聲,便遽然認定"老國音"是以江淮官話爲基礎? 若如此理解,那將難以合理解釋爲何"老國音"存有[v-]、[ŋ-]、[ȵ-]三個南京話所欠缺的濁音聲母了。

3."正均"不能等同於"標準音"

等韻學家常將不同概念範疇疊置、整合,藉以創造出能展現心目中理想音系的形式框架,並冠上"元音""正音""正均"等名目,用以標志韻圖音系乃是超越各地方音之上,足以成爲舉世奉行之最高標準,但並不一定直接與某個現實方言音系對應;而今日所言之"標準音",則是以人爲規約方式選定某個强勢方言作爲社會大衆共通的語音標準,藉以彌合方言差異所造成的溝通障礙。從相對主義的觀點看,若吳烺所爲的"正均"是個理想化的音系,則其與今日學者所言之"標準音"將是兩個不可共量的概念。

　　就《五聲反切正均》的詮釋而言,前人站在韻圖反映南京方言的預設基礎上,參照南京方音構擬韻圖音系,但對於韻圖中某些與南京音不合之編排却不再深究。如此忽略詮釋對象自主性,容易産生强人就我的弊病,反而無法重現古代音系的真實面貌。

　　王松木研究認爲,魚、虞韻顎音字的音值,既反映出吳語方言魚虞相混的文讀音層,又反映出江淮官話特點。撮口官音——桓、删分立,"官"韻受限於韻圖既定的格位已經填滿,無法將長江北岸方言的特點兼採入韻圖之中,僅以附注方式説明江南與江北的方音差異。

　　王松木的結論是作者的母語與韻圖基礎音系無必然關係。吳烺《五聲反切正均》具有異質性,蓋就韻圖形制而言,韻圖融合了方以智《切韻聲原》的音學觀點與梅膺祚《韻法直圖》的形式框架;就其所承載的音韻系統而言,韻圖同時兼容南北官話的音系特點,並摻雜吳語方言的部分特徵,並非單純記録南京一地的語音。

　　總之,對《五聲反切正均》的研究,由概括到細緻,長期集中在音系,而音系研究又集中於韻圖。日本學者的音系成果公布最早,後來的研究者却長期没有提到,音系及方言特徵存在一定重複研究現象。李新魁、耿振生開始把《五聲反切正均》與南京音聯繫起來,這是研究思路上的跨越。之後,陳貴麟、孫華先都從方音角度細緻分析。聲母韻母擬音的變化也可以體現出現代方言的影響越來越大。陳貴麟詳細列出《五聲反切正均》所反映的語音現象,孫華先重新審視對作者語音現象的闡釋是否合乎原意。可以説由細緻研究進入到細節反思階段。而王松木以《五聲反切正均》爲例,力圖從整體思路上糾正用方言調查字表的觀念理解韻書的定式。

　　吳烺的語言環境,我們認爲,可以分多個層面分析。通過對作者自身生活經歷的考察,可以瞭解其自幼自然接觸的語言環境。吳烺年少時在南京、全椒住過,並多次遊歷吳語區,吳烺有在韻圖中流露這些方言的可能。而吳烺自幼學習的是經書之言,吳烺在乾隆南巡時,頃刻賦成,授内閣中書。吳烺在韻書的理論部分亦談到對前賢韻學觀念的吸收借鑒,再以書面語形式排列韻圖,韻圖就不僅僅是某個方言點讀音的反映。

第三節　《諧音摘要字母》

一、《諧音摘要字母》總論

　　我國系統性著録明清韻書的《明清等韻學通論》《韻學古籍述要》《明清官話音系》《文字音韻訓詁知見書目》，還有日本《近世支那語特に北方語系統に於ける音韻史研究資料に就いて》（永島榮一郎 1941）等著作，以及《續修四庫全書》《四庫全書存目叢書》等系列叢書，均未提到《諧音摘要字母》。最近，我們在臺灣師範大學新發現了清代向惠門的等韻書《諧音摘要字母》。

(一)《諧音摘要字母》作者、時代、體例、字母凡例

　　《諧音摘要字母》是趙蔭棠先生舊藏，趙蔭棠在《等韻源流新序》裏把書架所存而講義未採納及後見的韻書列一書目，其中有"《諧音摘要字母》清（環川）向惠門"①，是書現存於臺灣師範大學圖書館總館 8 樓綫裝書室，索書號 A940119V.1、A940119V.2。迄今尚未見到其他地方館藏該書，可以認定臺灣師範大學藏本爲海內孤本。是書版心題"諧音摘要"，卷端題"字母諧音摘要便覽"。全書共六卷，分兩册裝訂，24 釐米。首頁下方有編號"55460"。

　　1.《諧音摘要字母》作者
　　《諧音摘要字母》作者爲清代向惠門。趙蔭棠《等韻源流新序》記録爲"清（環川）向惠門"。我們看到《諧音摘要字母》首頁"字母諧音凡例"及其後諸卷卷首的記載皆爲"澴川向惠門輯"，蓋趙書序誤把"澴"作"環"。在"字母摘音諧音便覽卷之一"頁，又有"楚北澴川惠門向元吉輯"諸字。楚北澴川是作者的家鄉，今湖北省孝感市人仍用"澴川"自稱。

　　地方志對向元吉的記載爲：

　　　　壬寅年(1842 年)……粤逆張遂媒撲涇西萬級嶺，周天受遣參將向元吉赴援，會同守將吳正擊之。②

---

①　趙蔭棠.等韻源流[M].上海:商務印書館,1957:12.
②　(清)吳坤修.(光緒)重修安徽通志:卷一百三[M].刻本.1878(光緒四年):3989.

同日勇丁死事者曰……向元吉……等並從祀忠義祠……右均死咸豐五年(1855年)十一月初十日瑞州之難。①

《孝感地方志》記載了當時的時代環境：

當咸同間，粵逆擾於初，撚匪躪於繼。生民塗炭，糜爛之狀，殆不忍言。向非聖天子廟謨默運，俾鄉民團練以抗賊，鋒立寨堡以保家室，加以師武……

現在關於向元吉的材料只能找到這些，皖南跟澴川的向元吉有多大關係不能確定，但咸豐年間，湖北到皖南、江西的迁徙频繁，二者可能有关系。我們推斷，向元吉生活的時代湖北省東北部的孝感遭受战乱，向元吉奔赴戰場，足迹到了臨近的省份离湖北較近的县，如安徽南部的涇縣、南陵縣及湖南省东北部湖南、湖北、江西交界處的平江縣。向元吉不幸於1855年死於战場。"元"用在名字里多爲排行，而清人自稱一般名在前，字在後，"元吉"前的"惠門"更可能是別號，這樣《諧音摘要字母》作者號"惠門"，名"元吉"。

2.《諧音摘要字母》成書時間

《諧音摘要字母》不著寫作年代。臺灣師範大學圖書館工作人員在時代"清"旁附注問號"？"，説明，對時代是否是"清代"還存在疑問。

《諧音摘要字母》凡例提到《康熙字典》(以下简称《字典》)、《字彙》、《五方元音》、《辨字摘要》、《同音字彙》諸書。《字典》成書於康熙五十五年(1716年)。《字彙》乃明代之書。《五方元音》，龍莊偉(1996年)推測成於順治十一年(1654年)與康熙三年(1664年)之間。年希堯增補《五方元音》的時間是康熙四十九年(1710年)②。《辨字摘要》成書於清乾隆二十二年(1757年)。凡例裏提到的《同音字彙》，是鄂省普安堂刊。我們查閲到的存世《同音字彙》刊地爲羊城，且體例與惠門凡例提及的不合。我們至今没有查到傳世文獻對普安堂《同音字彙》的記載，故暫且擱置。綜上可見，《諧音摘要字母》成書於上述書籍始刊的最早年份——1757年之後，才能徵引。

有人將向元吉列於1855年"勇丁死者"之列，結合常人能征戰的年齡及徵引論著的時限，我們寬泛估算，《諧音摘要字母》成書於清代1800—1855年間。

---

① (清)張培仁.(同治)平江縣志：卷四十五[M].刻本.1874(同治十三年)：1684.

② 董仲湘.年希堯增補《五方元音》不在雍正五年[J].承德民族師專學報,1988(2).

3.《諧音摘要字母》體例

《諧音摘要字母》體例安排依次是凡例、"大字母總目四十二字"、"傳響捷訣"、"六音摘句便覽"、"聲音辨似"、"六卷次字母"正文。

（1）凡例

《諧音摘要字母》開篇是"字母諧音凡例"。凡例極富特點，先總括其書之體例，而對聲母、韻母及聲調部分的具體論述又是在與其他韻書的對比中展現的。凡例層次清楚，完備介紹了《諧音摘要字母》的體例。同時，也透露出當時的文獻保存情況，作者目驗過《辨字摘要》《同音字彙》及《五方元音》。

我們根據凡例內容，依次分層介紹。

A."字母諧音凡例"論述了《諧音摘要字母》據音查字，極爲方便的特點：

　　凡查考《字典》《字彙》，必見其字之形象，方有所據以查考。若驟然要用某字，只有其聲，不知其形，何所據以查考？是書隨舉一字之聲，即隨手一揭，將不知形象者，變出形象。

　　此書特爲臨時應急之用，蓋臨用字之時，有本未知者；有向所知而臨寫失者；只有其聲，未解其形，不能查考，不及問人，並無可代。斯時也，不用比看自明。無論不長讀書者，可應臨時用字之急；即在讀書者，於臨文時，或筆劃，或字義，或平仄，偶有所疑，應乎可釋，省却翻閱他書許多工夫，未爲不美。慎勿存好高之見，而忽視也。

B."字母諧音凡例"論述了《諧音摘要字母》之編纂原則：

　　平仄聲音，有俗讀錯誤者，俱遵《字典》考證。

　　六音每一音，隔一圓圈。在未讀書，及不多識字者，只能學念六音，即照一二三四五六之次序，數其圈，便得其字。

　　一字母①之中，多者有一二百字。但内中能認一字，便能認一二百字。

　　有聲原有字者，自可隨手得字，若有聲未有其字者，其聲自在六音之中，不敢臆造其字。

　　字有平仄兩音者，平仄兩收。

　　字有俗音，相沿已久者，收入注明俗音。

　　字有土音異讀者，間或重爲收錄，以便土音習慣者尋查。注明本音。

---

① 這裏字母指音節。

收有俗字,《字典》所無者,注明俗字。

凡四百餘字母,或三字句、五字句、七字句,俱可讀。

傳響知心,標射得聲,他書之法,繁而難,此書之法,簡而易。

每字之義,只注常解,不常用之字,亦不收入,免致繁難,且其間筆劃微有未及辨正者,書名《摘要》,原非爲博雅設也。高明者無譏焉。

這説明《諧音摘要字母》按音節排字,不立反切,採用同音字互相認讀的方法確認讀音。收録原則遵循《字典》,亦收録俗音、土音、俗字。《諧音摘要字母》收常用字、常用注釋,不收繁難字。總之,向惠門透露出《諧音摘要字母》"求日常實用,非爲博雅而設"的宗旨。

C.作者對比其他韻書的體例,突出了《諧音摘要字母》之"十易":

字母之書,昔有瀟水①盧紹麒、楊占鼇編有《辨字摘要》。邇來鄂省普安堂刊有《同音字彙》,一片婆心。原欲有益於世,然其立法皆不若此書之更易,其所以易於彼者,非敢徒托諸空言也,另有十法詳列於左。

彼書雖用總字母七十有七,而字音尚未全,此書只用總字母四十有二,而字音却皆備,凡千萬字,聲音無不統貫於四十二字中,且成句可讀,次序可尋,字母之書,莫妙於此。一易也。

彼書雖用六音,只有十四字之六音爲總。字母之目,而尋字法,究非依六音之次序,此書所用六音是四百餘次字母②。每一字母之六音爲小字母③。且於各字母之六音,皆以六圈記隔。在不多識字者,照圈順數六音,即得其字。二易也。

彼書次字母。約近二千,且未成句尋字法,又只取聲音相似,若非全認此二千字極熟者,即將其書翻盡,仍不能得字。此書次字母只四百餘,又皆成句可讀,在爲讀書者,但能熟此四百餘字,即可隨手得千萬字,若已讀書,略識字者,只要念熟六音譜,四十二字譜,便能得法,此四百餘字,不讀亦可。三易也。

彼書只取聲音相似者爲字母,究未分別相似而微有不同者,此書於相似而不同者,分別清楚,各歸總字母,不至混淆。四易也。

彼書書邊未有字母標記,此書書邊將四十二總字母標記明白。五易也。

---

① 今湖南永州地區。

② 次字母:不計聲調的音節代表字。

③ 小字母:含有聲調的音節代表字。

彼書既取聲音相似者爲字母,就宜將相似者一順列載,不應不相似者夾入其中,致令尋者迷目,此書總字母、次字母、小字母皆有一順次序好不混亂。六易也。

彼書認一字母,至多者,不過認五六十字,此書認一字母,至多者可認一二百字。七易也。

彼書字母字目未有分辨。此書總字母、次字母、小字母,高下分三層①,最爲醒目。八易也。

彼書於字有數義者,只注一斛,此書注解較多。九易也。

此書於四十二總字母,下各標其所屬字母,一見了然。十易也。

作者之"十易",實則圍繞《諧音摘要字母》基本層次布局分析討論,通過對比,作者彰顯了《諧音摘要字母》的基本層次——總字母、次字母、小字母、字頭、釋義之優勢,其本質是"以音統字,依音節認讀"。

D.對比《五方元音》,闡述二書體例上的區別,進一步體現《諧音摘要字母》的優點:

康熙時,淩騰鳳、年允恭②兩先生定有《五方元音》一書,誠欲嘉惠彼後學,意良美矣。然其書之宜法亦是已讀書多識幾字者方能得字。若未讀書及曾讀書,而不多識字者,仍不能得字,何若此書,因聲求字,凡未讀書者,已讀書而不多識者,字之本未知者,臨寫失記者,皆可隨時應急乎。

其書以十二字爲繼,相等之音,尚多遺漏。此書以十五字③爲總,相等之音,始能全備。

其書於十二字,又各以二十字爲母,每一字母夾用兩譜。此書四十二字,各成一譜,庶不蒙混。

其書每字夾用兩譜,而風字、日字,只有一譜,共得三十八譜,内有三譜重複,實得三十五譜,共譜不全。此書四十二譜,凡千萬字,無不統貫四十二譜之外,不能多有一譜。

其書只有五音,陰去聲、陽去聲,兩音混作一音。

其書雖名《五方元音》,究於土音相近而誤者甚多,此書遵《字典》考核,其音較正。

---

① 這三層實際指的是聲介合母、不計聲調的音節、記聲調的音節。

② 《五方元音》,堯山淩虛樊騰鳳著,年希堯增補,年希堯允恭。

③ 這裏"字"指"韻"。《諧音摘要字母》十五字實指"15韻基"。

群書注有反切,字學者難辨,蓋某某反某某切,是一字爲標一字爲射,得此書標射法,自得共聲,雖未能一一脣合,而平上去入四聲,自能不錯。只要平上去入四聲不錯,而平與平,上與上,去與去,入與入,略不相符,固自無妨。其所以不符者,一則群書字母各不相同,一則所立標射二字之字音,學者未能念真故耳。

作者認爲,《諧音摘要字母》因聲求字,可供書寫應急之需,具有極高的實用價值;《諧音摘要字母》聲韻之安排,既能完整概括音節,又不至於混淆;字音審定依《字典》正音。

(2)"大字母總目四十二字"

凡例後列"大字母總目四十二字",實際是 42 組字,每一組字,都是音節的前半部分——聲介合母相同。每組的第一個字大寫。42 字組分別是:

四生三、十升仙、二、字爭闐、母捫、女、緣淵、等登丹、認、洪亨靬、寬坤寬、系欣軒、正貞占、傳春川、看坑堪、破烹潘、陰因煙、符分番、無温灣、秘兵鞭、術熏萱、古肱官、今經堅、妙、句君專、本奔班、成稱、聯、更根幹、憑篇、我恩安、換昏歡、新心先、奇輕牽、絕精尖、參村參、透吞貪、能掄、齊青千、天汀天、地丁顛、年拈。

(3)"傳響捷訣"

"傳響捷訣"列十五組字,這十五組字每組韻基相同。每組第一個字大寫,其餘字體略小。而具體的每一組字都是按照聲調——陰平、陽平、上聲、陽去、陰去、入聲排列,某一聲調代表字空缺時則用〇代替。"傳響捷訣"一頁列字如下:

先涎選線雪、鼾寒喊汗漢黑、聲辰審甚聖失、呵河火賀貨合、汪王往望奫、雍庸勇雍肉、巫無五務惡物、燒韶少兆少酌、西隨洗序細夕、鴉牙雅砑亞押、些邪寫謝卸學、猜才采蔡擦、憂由有又幼欲、支紙治至質、威爲委位畏膩。

(4)"六音摘句便覽"

"六音摘句便覽"承"傳響捷訣",把"傳響捷訣"每一組字列頁面最上端,其下再填兩組韻基相同、聲母不同的字,每組體例同"傳響捷訣"。茲不贅述。

(5)"聲音辨似"

"大字母總目四十二字"後列"聲音辨似"。"聲音辨似"分析相近字組,明辨字母。

四生三,牙音舌不動,牙正中出;十升山,舌音,舌微動,舌正中出。
女,舌不動,唇不合,亦不動,聲在唇内;緣淵,唇微合,微動,聲在唇端。
二,舌不動,聲在鼻中;認,開口捲舌,舌動,上下不沾。
四生三,咬牙出,聲清;字争閏,咬牙出,聲濁;參村參,咬牙出,聲略清。
系欣軒,牙旁出,聲略濁;新心先,牙中出,聲略清。
字争閏,咬牙出,舌不沾;正貞占,舌動,抵上齶,舌端出。
今經堅,牙略開,牙旁出,聲略清;絶精尖,牙略合,牙中出,聲略清。
奇輕牽,牙略開,牙旁出;齊青千,牙略合,牙正中出。
符分番,唇微合,唇端出;換昏歡,唇開,音在唇内。
聯,唇微動,抵上齶,聲極清;年拈,舌不動,不抵齶,聲次清。
天汀天,舌抵齶,略輕,聲略清;地丁顛,舌抵齶,略重,聲略濁。

(6)"六卷次字母"

作者分六頁,同時也是六卷,開列次字母,每一卷列7組。每一列(原書竪排,此處横排)作者用四十二字母裏的字組開頭,每列音節的聲介合母部分相同。

第一卷次字母:

四生三　摁搔抄搋搡　搜撒四生三
十升山　常收沙石設　稍十升山
二○○　窩　二○○
字争閏　祖字宰造作　臧雜字争閏
母摁○　茅蒙麻麥茂　芒末母摁○
女○○　女○○
緣○淵　虞芮惹　緣○淵

第二卷次字母:

等登舟　大當多道德　董督等登丹
認○○　饒讓庸柔　認○○
洪亨鼾　候航河海浩　赫哈洪亨鼾

寬坤寬　狂誇窺快苦　寬坤寬

系欣軒　梟雄降脅下　休系欣軒

正貞占　折衷知爥照　早①劄正貞占

傳春川　撞除吹端　傳春川

第三卷次字母：

可考看坑堪　看坑堪　夯夅揩控扣

旁破烹潘　破烹潘　排扒拋捧撲

捱摇押攖焉　陰因煙　抑揚有用

吩咐符分番　符分番　芳菲豐發否

無溫灣　歪窪偽妄　無溫灣

秘兵鞭　標　秘兵鞭

術熏萱　雙靴誰帥耍　術熏萱

第四卷次字母：

古肱官　珪珖夬卦　古肱宫

今經堅　既交加講究　今經堅

妙○○　昧謬滅　妙○○

句君專　追茁壯　句君專

本奔班　保邦碑布播　八拜迸奔班

成稱○　唱酬移超察　寵徹成稱○

聯○○　流利嘹亮　聯○○

第五卷次字母：

更根幹　高歌皆共覯　剛更根幹

憑○篇　漂秕　憑○篇

我恩安　撶摳挨抝啞　昂我恩安

---

①　正文相應位置作"章"不作"早"，而且"章"合乎次字母分組體例——每組聲介合母相同，故"早"當正爲"章"。

換昏歡　槐花黄忽會　換昏歡
新心先　些須鑲繡小　新心先
奇輕牽　强求窮怯　奇輕牽
絶精尖　酒漿咀嚼　絶精尖

第六卷次字母：

參村參　才藏愁造次　從錯參村參
透吞貪　陶唐同妥泰　揭透吞貪
能掄○　六龍來落浪　吶鬧能掄○
齊青千　俏道詳切　齊青千
天汀天　挑推　天汀天
地丁顛　丢掉揲　地丁顛
年○拈　孃娘忸怩　年○拈

　　次字母作爲《諧音摘要字母》的中間層次，實際列出了《諧音摘要字母》不計聲調的音節表。
　　(7)《諧音摘要字母》正文
　　正文分六卷，每卷先列本卷次字母一頁，再列韻書内容。
　　這裏以第一卷爲例説明韻書内容：縱列次字母"四生三、摁搔抄挧搔、搜撒四生三"，目的是提示後邊這組字的音節聲介合母部分與"四生三"諸字同。頁面列之最上端依次横排"摁搔抄挧搔、搜撒四生三"諸不算聲調的音節代表字。每一音節字下分列 6 個聲調的代表字，音節空缺時用圈代替，如"搜"下列"搜○叟○素夙"。再列每個音節下的具體字，並進行釋義。這樣，整部韻書的音節部分在列端突出顯示，音節結構清晰。

(二)《諧音摘要字母》語音性質

1.《諧音摘要字母》是等韻化的韻書
　　韻書按照排列層級爲總字母—次字母—小字母，其排列本質是按照聲介合母—不計聲調音節—記聲調音節分層。作者單獨列出每一層級，目的是突出體現音節本身。比如，"六卷次字母"爲向惠門在《諧音摘要字母》中順次列出的全部不計聲調的音節表，不計聲調共計音節 308 個。每一卷又列本卷次字母。韻書裏每個次字母下，先列與次字母聲母韻母拼合關係相同，只是聲調不同的代表字,共 6 個,無代表字時作"○"。然后是具體的字及釋義。6 個聲調的代表字放在列開頭的位置,這無疑醒目地表達了全部含聲調的音節,我們統計,《諧音摘要字母》含聲調的音節數爲 1 272 個。

　　與其他韻書相比,單列出的音節表,是《諧音摘要字母》突出的體例特點。這樣,《諧音摘要字母》的音節系統一目了然,韻書裏融入了韻圖音節結構的基本精神,《諧音摘要字母》也無需再配韻圖。作者向惠門把韻書與韻圖精神領會到了極致,並作了很好地結合,形成了一部典型的等韻化韻書——《諧音摘要字母》。

　　2.《諧音摘要字母》是表現方音的韻書

　　(1)從語音系統看,《諧音摘要字母》反映的是當地方音系統,音系的歸類與今孝感地區整體一致,我們在語音史價值部分通過擬音體現。

　　(2)從具體的字音觀察,《諧音摘要字母》收入俗音、土音。正如凡例所述,"字有俗音,相沿已久者,收入注明俗音。字有土音異讀者,間或重爲收錄,以便土音習慣者尋查。注明本音"。我們用表格的形式列出《諧音摘要字母》所注的俗讀音。例字注音我們遵循《諧音摘要字母》的認讀方法,列同音節下的字或用聲韻相同僅聲調有差異的字描述。

表 2-10　《諧音摘要字母》俗音

例字	注　　釋	注　　音
貓	貓子,俗音,本音苗。	"茅""毛"之陰平聲
怒	憤怒,俗音。	弄
拉	拉扯,俗音,本音納。	"拿"之陰平聲
蟇	蝦蟇也,俗音。	麻
徐	緩也,姓也,俗音隨。	"虛""許"之陽平聲
碩	大也,俗音灼。	食、濕、失
角	頭角,四角,本音脚。	各 郭
大	大小,大人,大夫,本音代。	"打、達"之陽去聲

　　(3)還有作者未標注俗讀,但實際存在白讀音,並且往往有與之相應的文讀音的情況。[1]

---

　　① "齦",我們在《諧音摘要字母》裏没有找到文讀音。

表 2-11　《諧音摘要字母》文讀與白讀音

文讀層			白讀層		
例字	注釋	讀音（同一音節下的其他字）	例字	注釋	讀音（同一音節下的其他字）
家	室家，國家，家庭。	加 佳	家	家家，第家。	貴 澤
凸	高起也。	禿 突	凸	高凹也。	磅
			凸	凸起也。	"棚、捧"之陰去聲
隊	行兵隊伍。	對 兑	隊	行兵隊伍。	墜 贅 惴
			齦	牙齦也。	跟 庚
蘸	蘸水也。	贊 禩	蘸	蘸筆，蘸墨，蘸動，又音贊。	忝、舔、殄、腆
鉤	彎鉤也。	勾 溝	鉤	鉤魚，鉤名。	吊
摳	手摳物也。	"口、扣"之陰平聲	摳	手摳也。	謳、歐
亡	亡失，不見，死亡，逃亡。	"王"或"汪、望"之陽平聲	亡	同"無"。	無 吳 蜈 毋

　　由觀察可知，文讀與白讀兩組字釋義基本一致，白讀包括了訓讀及認半邊字的情況。訓讀有："家"訓讀爲"宅"，牙"齦"訓讀爲牙"根"，"蘸"訓讀爲"揿"，"鉤"訓讀爲"釣"，而"凸"的白讀音，蓋爲同樣有突起之義的本地土語。隊伍的"隊"讀同"墜"，"摳"讀同"謳"爲認半邊字的情況。

（三）"字母諧音凡例"所見相關韻書——韻書史價值

　　李軍（2009 年）説："《辨字摘要》作者爲瀟水饒應召，編訂者爲瀟水盧紹麒、楊吉鼇。書本有饒應召自序與凡例，時間爲乾隆二十二年（1757 年）丁丑洪歲孟秋月……編排體例採用按韻排字的方法，按平上去入分四卷。韻目表按四聲順序平聲 37 韻，上聲 18 韻，去聲 19 韻，入聲 7 韻，共 81 韻。"[1]

　　李軍所述《辨字摘要》與向惠門所説之《辨字摘要》題目一致，編者一致，編者皆爲瀟水盧紹麒、楊吉鼇，爲同一部韻書。

　　又，我們離析出向惠門與《諧音摘要字母》對比的"彼書"的體例特徵：

　　　　總字母七十有七。

---

①　李軍.《辨字摘要》的音系特點及其歸屬[J].民俗典籍文字研究，2009，6.

用六音(音,指聲調),只有十四字之六音爲總。

次字母,約近二千,聲音相似。

字有數義者,只注一斛。

向惠門在“彼書”之前論述過《辨字摘要》《同音字彙》,而“彼書”的體例與《辨字摘要》不一,則“彼書”不能指《辨字摘要》,只能是《同音字彙》。而且,《同音字彙》也是上下文中最接近“彼書”位置的韻書。

《韻學古籍述要》對名爲《同音字彙》的韻書有説明:

《同音字彙》,不著撰人,封面署“狀元坊内太平新街以文堂板”,卷首署“書林梓行”。本書分韻部爲三十六——英、雄、太、茂、方、詩書、冀、舉、才、見善、新眷、幹船、顏、高、良、歌、棘、釣、流、路、生、目、學、加、富、客、法、傑、日月、曰曷、赦、爵、甘、謙廉、挾弇、合。

《韻學古籍述要》列出英部第一 英,英雄,英華;瑛,玉光……形,形體,形狀,行現……蠅,蒼蠅;贏,贏輸,餘也;嬴,地名,又姓。

平上去同在一部,入聲獨立分部(十部)。此書分韻有獨特之處,如“新春眷元”等字同處一部,“流求召姚”等字共收一韻,等等。可能是反映某種方言音系的。[①]

我們也查找到了其他題名爲《同音字彙》的書,有羊城天平街維京堂藏板同治三年(1864年)新鐫本《同音字彙》、粤東省城太平新街以文堂藏板光緒癸卯年(1903年)新校本《同音字彙》,二書與《韻學古籍述要》所述體例及具體韻部名稱、内容一致,是同一部韻書。

《韻學古籍述要》所述之《同音字彙》與向惠門之鄂省普安堂《同音字彙》體例並不相同,如,前者5個聲調,後者6個聲調。

今天湖北麻城市所轄黃岡市、湖北咸寧市均有普安堂,湖北麻城把普安堂列入名勝古迹。而在1936年用國際音標記音的《湖北方言調查報告》裏,不見“‘新春眷元’等字同處一部,‘流求召姚’等字共收一韻”的方言現象。而清代中後期的語音一般是能夠與現代語音系統對應的。

從文獻體例及方言特徵看,向惠門所述之普安堂《同音字彙》並非《韻學古籍述要》所述之《同音字彙》,未見今人研究和記載,是新發現之韻書。

---

① 李新魁,麥耘.韻學古籍述要[M].西安:陝西人民出版社,1993:406.

向惠門的凡例出現"昔有……《辨字摘要》,邇來鄂省普安堂《同音字彙》"的説法,則《同音字彙》的刊刻時間爲《辨字摘要》的 1757 年之後,《諧音摘要字母》之前,我們記爲 1758—1850 年之間。

(四)《諧音摘要字母》音系——語音史價值

我們結合《聲音辨似》分類與之後孝感方言調查報告,認爲《諧音摘要字母》42 字母表達的是聲介合母,具體擬音如下:

表 2-12　《諧音摘要字母》42 字母

四	十	二	字	母	女①	緣
s	ʂ	ɚ	ʦ	m	ŋ	ɥ
等	認	洪	寬	系	正	傳
t	ʐ	x	kʰu	ɕi	tʂ	tʂʰɥ
看	破	陰	符	無	秘	術
kʰ	pʰ	i	f	u	pi	ʂ
古	今	妙	句	本	成	聯
ku	tɕi	mi	tʂʅ	p	tʂ	ni
更	憑	我	換	新	奇	絶
k	pʰi	ŋ	xu	si	tɕʰi	ʦi
參	透	能	齊	天	地	年
tsʰ	tʰ	n	tʂʰi	tʰi	ti	ɳi

注:①按:《湖北方言調查報告》裏 1936 年吳宗濟記孝感地區的語音,"女"聲母爲 n,没有爲"女"單獨設聲母,從拼合關係上看,只有"女"一個字爲"nɥ",不成系統。而夏中華 2011 年碩士學位論文《麻城方言調查報告》"女"聲母爲 ŋ,並在 ŋ 外加括弧。《諧音摘要字母》分類時把"女"單獨列出,並説"女,只一端",《諧音摘要字母》韻書內容部分"女"下只列"愚、隅"二字,故我們按照韻書的分類意圖,爲"女"單獨構擬聲母。

上表我們依据作者的陳述分類,含有介音,從今通行的聲母觀念出發,《諧音摘要字母》聲母有 p、pʰ、m、f、t、tʰ、n、k、kʰ、x、ŋ、ʦ、ʦʰ、s、tʂ、tʂʰ、ʂ、ʐ、tɕ、tɕʰ、ɕ、ɳ、ŋ 及零聲母。

"傳響捷訣""六音摘句便覽"實際反映了《諧音摘要字母》的韻基部分。①

按照向惠門的分類並結合現代孝感方言,分析作者所列爲:

---

①　但是作者所列也並不是完全現代意義上的韻基,而是他認爲的拼合關係的後半部分,所以"先、威"都存在介音。

表 2-13 《諧音摘要字母》韻部歸類

先	奸	聲	呵	汪	雍	巫	燒	西	鴉	些	猜	憂	支	威
ian	an	en	o	aŋ	oŋ	u	au	i	a	e	ai	ou	ʅ/ɿ	uei

從現代韻母角度看,包括韻母:ian、an、en、o、aŋ、uaŋ、ioŋ、oŋ、u、au、i、a、ie、e、ai、iou、ou、ʅ/ɿ、uei。

聲調方面,《諧音摘要字母》反映了陰平、陽平、上聲、陰去、陽去、入聲,共6 個聲調。

《諧音摘要字母》記錄了一個半世紀以前的孝感附近地區的語音系統,爲語音史研究提供了寶貴的資料。

(五)《諧音摘要字母》俗詞俗字——語法及俗字史價值

《諧音摘要字母》富含口語性、地方性色彩的注釋,這些注釋屬於同時語料。我們挖掘這一語料,可以擴大漢語史研究的語料範圍,一般認爲口語語料來源爲用白話寫的文學作品、爲特定目的而作的口語實錄等。而對韻書中俗詞俗字的挖掘,這本身就擴大了研究材料的視域範圍,充足的語料是我們深入研究的基石。

《諧音摘要字母》爲 19 世紀上半葉的作品,時間範圍確定,對於研究近代漢語向現代漢語轉型期的語言是很有價值的。《諧音摘要字母》由於其時地確定,書籍的編寫也照顧到了"未讀書、識字不多者",收有大量當時的俗語。這些俗語未必僅限於孝感地區使用,卻反映了孝感附近地區清代語言使用的基本情況。《諧音摘要字母》有助於歷史方言研究的深入。

1.《諧音摘要字母》口語語法及詞彙

(1)作者標明是俗語的現象

> 没　死也,俗云没有。(同音節字爲"目""睦")
>
> 么　俗云老么。(同音節字爲"邀""腰")
>
> 㑚　任氣自用也,俗云㑚了他,又輕財也。

我們結合音義分析,"没"意爲"死也",意義同"歾",在當地"没有"一詞表示死。"么"即"么","老么"就是"老么"。"㑚"爲"拼"之本字,"㑚了他"類似俗語"今天老子跟他拼了"。

(2)《諧音摘要字母》中的方言、口語詞彙按構詞特徵分類

A."×們"

《諧音摘要字母》裏收録"我們""他們",這一書寫形式及用法合乎近代漢語末期特點,跟現代漢語普通話也是一致的。

B."子"尾詞

我們整理了《諧音摘要字母》裏無實際意義、起詞綴作用的"子"尾詞,見表2-14。而"支子、庶子"這類"子"有實際意義,我們不算入内。

表 2-14 《諧音摘要字母》"子"尾詞

例字	注釋	例字	注釋	例字	注釋	例字	注釋
蝱	蝱子	唔	行船者打唔子	冠	帽子也	矮	矮子,不長
韉	韉子	哈	癡呆,哈子	餃	面餃子也	襖	襖子也
墩	土墩子也	筷	吃飯筷子	皰	身上皰子	鱧	鱧子,魚也
衙	官衙子	箸	筷子也	鞭	鞭子也	鞍	馬鞍子也
麩	麥麩子也	褲	褲袴,褲子也	毽	踢毽子也	衕	京師以巷子爲衕衕
顝腮	口中顝/腮子	梔	梔子花也	腱	腱子肉也	瓠	瓠子也
蝨	蟻子,蝨子	洲	沙洲子也	刨	木匠鉋子	袖	衣裳袖子
梭	織布梭子	帚	掃灰帚子	橘	柑子橘子	蓆	蓆子、簟子
梳	梳子	杼	織布梭子	菌	香菌子	鏃	飯鏃子也
獅	獅子	卡	卡子	缽缽	缽子也	茄	茄子也
柿	柿子也	錁	金銀錁子	雹	冰雹,冷子	苴	麻子也
糝籸	籸子也	刨	鉋子	敗	……敗子	綃	絲綃子也
楼	楼子	柚	大橘子小柚子	稗	穀中稗子	托	托子
崽	崽子,小兒也,囝同	鞠	草鞠子也	板	板子,老板	兔	兔子也
鏨	鏨子	纓	帽纓子也	黎	黎子,水果	囤	囤子,聚物
鑽	錐子、鑽子	影	月影子、人影子	李	桃子、李子;出門行李	勒	……勒子
眸	眸子,瞳人	瓢	鍋瓢子	例	有個例子	纜	船上纜子
擔	擔擔子也,擔起來也	燕	燕子也	栗	……又栗子,果名	銚	燒水銚子
彈	打彈子也	醅	酒醅子也	柑	柑子,水果	碟	盤子碟子
擔	挑擔子也	緯	帽緯子也	貓	貓子,俗音,本音苗	底	底子、面子

續表

例字	注釋	例字	注釋	例字	注釋	例字	注釋
蓐	草蓐子也	桅	船桅子	扺	扺頭扺子也	笛	吹笛子也
褥	被褥子也	塆	鄉居塆子	瘤	身上瘤子	釘	鐵釘子也
猴	猴子也	婊	婊子,娼家	片	切成片子	碾	碾子也
盒	盒子、箱子	筐	梳子、筐子	齆	齆鼻子也		

　　近代漢語"子"綴的使用比現代漢語更爲寬泛。近代漢語許多可以帶"子"綴的名詞,現代漢語裏已經不帶了,如"酒子""舌子""哥子"之類。雙音節詞帶"子"的情況也有所減少,如"蝴蝶子""手帕子""耳朵子"之類已經不説。①

　　在《諧音摘要字母》裏,我們也看到當時存在大量的"子"尾詞。"托子""片子",今普通話已經不帶"子"尾。雙音節詞後加"子"尾現象,如"土墩子、官銜子、麥麩子、香菌子、飯鏟子、草鞡子",普通話爲"土墩、官銜、麥麩、香菌、飯鏟、草鞡"。這些"子"尾泛化現象印證了前賢關於"子"尾詞特點的研究成果,並且提供了更加充足的語料支持。

　　我們所舉的大量"子"尾詞,反映内容涉及飲食、稱謂、行業、日常生活用品,體現了當時的社會生活面貌,具有時代性、地域性特徵。

　　C.詞尾"頭"

　　《諧音摘要字母》裏也存在一定數量用詞尾"頭"作詞綴的詞:

　　　　埠,埠頭;輆,輆頭也;錕,錕頭;衲,和尚衲頭;舓,舌頭舓也;碼,街市碼頭,計數碼子;饅,饅頭也;拳,拳頭,猜拳;楦,楦頭;掘,鋤頭,挖掘。

　　"頭"綴的廣泛使用和發展成熟是在近代漢語階段,唐五代時"頭"綴已很盛行,用法也相當完備。宋代以後,"頭"綴繼續活躍,並不斷構成新詞。

　　《諧音摘要字母》的"頭"尾詞與近代漢語的整個"頭"尾詞一脈相承,在現代漢語普通話裏仍然使用。

　　D."兒"尾詞

　　《諧音摘要字母》裏"兒"尾詞不多,如"貓兒老鼠"。

　　"兒"綴是在近代漢語裏發展起來的,唐代確立了"兒"綴。元代以後,"兒"

---

　　① 蔣宗許.漢語詞綴研究[M].成都:巴蜀書社,2009:172～178.

的使用更加豐富。"兒化音"始於明代中期,成熟於明代後期。①

"兒"尾詞在《諧音摘要字母》裏很少出現。一方面,可能跟地域有關。孝感附近地區當時的"兒"尾詞並不像其他地區那麼普遍。另一方面,跟我們觀察的語料有關。在詩文詞曲裏,"兒"可以起到湊足音節的作用。在通俗小説裏,"兒"化作爲語流音變現象,容易在句子裏出現。即,近代漢語語法觀察的主體語料更容易體現"兒"尾現象。韻書的釋義往往取有限的詞彙,降低了"兒"出現的概率。

(3)按語法特徵分類

A."的"字結構

　　酸,酸的甜的;熟,生的熟的;是,是的不是的;深,深的淺的;遠,遠的近的;好,好的歹的;扁,圓的扁的;麄,零的麄的;尖,尖的禿的;辣,甜的辣的;釀,淡的釀的。

B.助詞"了"

　　失,失了得了;去,來了去了;輸,輸了贏了,輸服;免,蠲了免了;散,事情散了。

C."VP 不 VP"

　　可,可不可;肯,肯不肯;及,到也,及不及;敢,敢不敢;同,同不同。

近代漢語時期是選擇問句發展演變乃至最後完善定型的重要時期。"VPNegVP"式在宋元明清時期成爲佔有優勢的正反選擇問句形式,充當"VP"的成分趨於複雜。②

《諧音摘要字母》實例印證了近代漢語正反問句的特點。值得一提的是,正反問句還存在"可 VP"句式,這一句式在代表江淮方言的明清白話小説《西遊記》《儒林外史》及現代江淮官話、西南官話方言區裏使用。《諧音摘要字母》作者向惠門家鄉今歸於江淮官話區,臨近西南官話區。但"可 VP"式的正反問句形式在《諧音摘要字母》裏並沒有出現。

---

① 曹廣順.近代漢語助詞[M].北京:語文出版社,1995:137.
② 俞光中,植田均.近代漢語語法研究[M].上海:學林出版社,1999:110～120.

《諧音摘要字母》作者對當時口語資料的收錄,爲我們的後續研究提供了第一手材料。《諧音摘要字母》體現的詞法、句法現象,可以爲近代漢語向現代漢語轉型期這一相對薄弱的時期提供切實的證據,觀察到了這一階段語法的發展與繼承,讓我們對語言現象的認識在時段上趨於連續。從語言內容看,收錄的俗詞口語反映了19世紀上半葉孝感附近地區社會生活現實和風土人情,可以作爲歷史上的一個對比參照點。從學術史價值觀察,向惠門不是單單停留在對口語排斥的文言階段,其接受俗語、反映俗語的觀念具有前瞻性。

2.《諧音摘要字母》所收俗字

(1)《諧音摘要字母》作者説明了是俗字的情况

> 冇　冇冇,俗字
> 幇　……俗作帮
> 瓠　正寫壺,盧俗作葫蘆
> 諎　姓也,俗訛作諸

"冇",《漢語大字典》注釋:"方言,没有。《中國諺語資料•一般諺語》'一把刀冇兩面利'。"《漢語大字典》"冇"下缺古書例證,可以據《諧音摘要字母》補。

幇,《匯音寶鑒》有"幇"字,解釋爲:幇字之屬。《諧音摘要字母》與之類似。

瓠,《字彙》"瓠瓤亦作葫蘆",《諧音摘要字母》又收有"壺盧"的寫法。

諎,《萬姓統譜》"漢,諸施,吴郡人,洛陽令",《正字通》《萬姓統譜》,引論及諎訛作諸的現象。《諧音摘要字母》"諎,俗訛作諸",説明在清代諎仍有俗訛作諸的現象。

(2)作者未做俗字標識之俗寫

表 2-15　《諧音摘要字母》俗寫

例　字	注　釋	注　音
了	了頭①	鴉、呀
犽	小兒,小犽	芽、牙
下②鰕	魚也	"遐、霞"之陰平聲
夅	夅進一步	伽或"卡、掐"之陰平聲
巑	圓也	衮、滾
娿	娿奷,將男作女	饑、姬

注:①原文如此。
　　②"下"爲俗寫。

"丫"與"了"俗書形似而混。

《集韻》:"孖,吳人謂赤子曰㜷孖。"《正字通》:"孖,俗字,吳人謂赤子曰孖,今俗呼廝童通曰孖,亦作牙。"清胡文英《吳下方言考》:"孖,揚子《方言》:'吳人謂赤子曰㜷孖。'案:孖,小兒也。㜷,語助辭。吳中呼兒曰孖。"《諧音摘要字母》並非吳語區的韻書,收錄"孖",說明清中後期,"孖"的使用範圍不限於吳人。至少在孝感地區,"孖"作"小兒"之義是常見的。《漢語俗字從考》釋爲"吳越方言對兒童的稱呼",也可以據此作修訂。

"下"與"鰕"音近而借用筆劃少的"下"表示"鰕"。

夆,《漢語大字典》:"方言,跨。如,脚板飛快直是夆;拉着媽媽往外夆。"該條音義與《諧音摘要字母》一致,但《漢語大字典》没有古書例證,可以據《諧音摘要字母》補充"夆"字的書證材料。

賺,《字彙補》:"賺,圓也。"《諧音摘要字母》裏的"賺"與之同。《敦煌俗字典》不載。

明沈德符《萬曆野獲編補遺》:"閩人酷重男色……年過而立,尚寢處如伉儷,至有他淫而告奸者,名曰㚢奸。㚢字不見韻書,蓋閩人所自撰。"但是,清代的韻書《諧音摘要字母》收錄了"㚢",而且,没有把該詞的使用地域限制在閩。無疑爲"㚢"的發展使用情況提供了新的綫索。

向惠門在清代已經有了明確的收錄俗字意識,這一觀念具有學術史意義。《諧音摘要字母》收錄的俗字例證,可以爲我們今天的方言詞提供古書例證,也用實證擴大了我們傳統觀念上的某些俗字舊有的使用範圍。我們也發現,這些作者標明俗寫或者未加標記的俗寫,在綜合性字典裏可以找到不同程度的相關解釋,但在我們今天系統收錄俗字的典籍,如《漢語俗字叢考》裏較少出現,這也反映了不同時期,俗字收錄觀念的差異,爲俗字學史的研究提供了深入探討的空間。

迄今爲止,尚未見有學者研究向惠門《諧音摘要字母》,我們在臺灣師範大學圖書館發現該書,並認爲其蕴藏着漢語史價值。

《諧音摘要字母》著述時間爲 19 世紀上半葉。我們從《諧音摘要字母》凡例裏輯佚出不見今人研究記載的湖北韻書——普安堂《同音字彙》,認爲普安堂《同音字彙》比《諧音摘要字母》刊出時間略早,同時又晚於 1857 年。《諧音摘要字母》體例設置獨到,用總字母—次字母—小字母架構統領全書。這一架構實質突出了《諧音摘要字母》等韻化的特點,是書不配韻圖,但是把韻圖的音節結構精神貫徹在韻書裏,有不計聲調音節 308 個,記聲調音節 1 272 個,這些音節統領全書 5 810 個字。作者在凡例中稱,是書"非爲博雅設,高明者無議焉",爲《諧音摘要字母》奠定了兼收方俗的基調。《諧音摘要字母》是表現方音的韻書,反映了一個半世紀以前以孝感爲中心地區的語音系統。而且作者不僅收錄文讀音,還收録了白讀音,文白層的對比有助於語音史研究的深入進行。

收録的口語詞,符合官話區由近代漢語向現代漢語轉變的系統性特徵,方言詞也未必限於孝感一地使用,但是相對於我們傳統的語法詞彙語料獲得途徑——用白話寫的文學作品、爲特定目的而作的口語實録、散見於文言作品中的白話資料,《諧音摘要字母》拓寬了舊有的語料視野範圍。《諧音摘要字母》一書,時間、地點明晰,可以作爲坐標,爲其他語料的時代研究提供直接證據。比如,對《金瓶梅》是否爲麻城地區作品的討論,在論證時就可以不再局限於與現代層面的方言俗語比較,而是利用清代的地點臨近麻城的《諧音摘要字母》的方俗記載。俗字的收録,亦可以爲我們客觀反映當時當地的文字使用情況。其中史料記載較少的俗詞俗字,還可以爲工具書補充文獻證明。而且,向惠門的通俗語言意識明確,這本身就具有了值得研究的學術發展史的價值。

二、《諧音摘要字母》聲母系統

(一)《諧音摘要字母》聲母系統

孝感舊時隸屬德安府。德安府地處鄂北,曾是南宋、金兩國的分界綫,戰爭使這一區域人口消耗極大。元兵滅南宋,其主力自襄陽突破,鄂北化爲廢墟。元代末年,戰火蜂起,農田再次化爲戰場。據各地的地方志統計,元末明初時,德安府總人口有 80.5% 是移民,移民一大宗是麻城人,另一大宗是江西人。而麻城的所謂土著有一大批是宋代從江西遷來的老移民,他們的人口數比老土著還要多。①

孝感自明代開始,民眾由大批移民構成,之後的移民史,不再有該地移民的記載,説明大規模移民已經結束。我們對《諧音摘要字母》的研究,不僅是對有孝感方言特徵的清代韻書的研究,實質上也是對移民之後人民語言接觸、語言使用情況的研究。

---

① 曹樹基著,葛劍雄主編.中國移民史:第5卷 明時期[M].福州:福建人民出版社,1997:137～147.

　　我們在總論部分結合"聲音辨似"的分類、麻城方言調查,認爲《諧音摘要字母》42 字母表達的是聲介合母,《諧音摘要字母》的聲母有 p、pʰ、m、f、t、tʰ、n、k、kʰ、x、ŋ、ts、tsʰ、s、tʂ、tʂʰ、ʂ、z、tɕ、tɕʰ、ɕ、n、ŋ 及零聲母,共 24 個。

(二)《諧音摘要字母》的聲母系統特徵及其後的演化

　　我們分析《諧音摘要字母》的聲系特徵,並利用了《諧音摘要字母》之後的孝感地區的方言調查材料。這些材料,主要是目前最早的用國際音標記錄孝感語音的《湖北方言調查報告》(1936 年記音)、記錄時間晚近且内容詳盡的 2006 年郭丽的碩士學位論文《孝感(花園鎮)話音韻研究》。[①] 我們的對比研究是建立在不同階段方音調查、同音字彙描寫的基礎上的,我們利用的調查材料雖然屬於舊日湖北澴川,但是難以完全代替整個湖北澴川,而且這一調查目前也難以窮盡,只要有相關調查報告問世,我們就會加以利用。比如 2014 年的碩士學位論文《大悟方言語音研究》雖然沒有全面地謄錄孝感下轄大悟市的同音字彙,但是我們可以在音節表裏找到需要的相關文字。可以説,語言發展演變速率不同,我們以已有的系統性材料爲研究利用的主綫,同時兼顧相關地區的調查成果。個別存在困擾的現象會諮詢孝感人。

　　1.全濁塞音、塞擦音聲母清化後,平聲送氣,仄聲不送氣

　　中古全清聲母字主要表現爲不送氣清音,次清聲母爲送氣清音。濁音清化的演變規律,合乎官話區的總體趨勢。還有部分例外,與整體演變不一致。在整體規律之外,我們發現部分字存在全濁聲母平聲不送氣、全濁仄聲讀送氣音、全清聲母送氣、次清聲母不送氣的現象,如、扒、滯、罟、撞、倔、卜、拌、絆讀送氣清聲母,悵、嬪爲不送氣清聲母。由於不同時期的文獻載字有所差異,導致了許多字難以進行跨時段對比,我們以收字數量相對較少的《湖北方言調查報告》(678 個單字)記錄的孝感方言爲依據,對比演變過程中不合整體規律的送氣或不送氣的情況。

　　孝感方言 1936 年的記音,中古全濁聲母仄聲讀成送氣、全清聲母讀作送氣清音的情況如下:

表 2-16　《諧音摘要字母》及其後方言記錄裏中古全濁仄聲讀送氣、全清聲母讀送氣情況表

《湖北方言調查報告》	中古聲母	《諧音摘要字母》	《孝感(花園鎮)話音韻研究》
滯	澄	送氣	送氣
秩	澄	送氣	沒找到
鄙	幫	送氣	沒找到
弼	並	送氣	沒找到
闢	並	送氣	沒找到
悴	從	送氣	沒找到
諧	幫	送氣	送氣
勃	並	送氣	不送氣
卜	幫	送氣	不送氣
曝	並	沒找到	送氣
泊	並	不送氣	不送氣
迫	幫	送氣	沒找到
特	定	送氣	送氣
側	照	送氣	沒找到
族	從	送氣	不送氣
概	見	送氣	不送氣
會	見	沒找到	送氣
偏	幫	送氣	送氣
叛	並	送氣	送氣
撞	澄	有送氣、不送氣兩種情況	有送氣、不送氣兩讀

　　《湖北方言調查報告》調查的孝感不合規律的送氣音字有 20 個,在《諧音摘要字母》裏大多記載爲送氣,只有一例不送氣,一例存在送氣、不送氣兩讀。2006 年的記音,取字標準又有所不同(以《方言調查字表》爲基礎,補充孝感方言常用而該字表未列的字,删去方言不用的生僻字),這些字中有 7 個仍爲送氣,另有 7 個字没有找到,5 個字已經變爲不送氣,1 個字存在送氣、不送氣兩讀。可見,清後期的韻書《諧音摘要字母》與 1936 年《湖北方言調查報告》記音的"例外情况"基本一致,而到 2006 年出現了變化,"勃、卜、族、概"諸字由送氣演變爲不送氣。而"泊"在不同時期標記不同,屬於個例,可能是由於讀半邊造

成的,暫且擱置。

《湖北方言調查報告》記的孝感方言,存在中古次清聲母讀不送氣的情況,這些個例在《諧音摘要字母》《孝感(花園鎮)話音韻研究》裏的分布見表 2-17:

表 2-17　《諧音摘要字母》及其後方言記錄裏中古次清聲母讀不送氣情況表

《湖北方言調查報告》	中古聲母	《諧音摘要字母》	《孝感(花園鎮)話音韻研究》
缉	清	不送氣	沒找到
酷	溪	不送氣	送氣
玻	滂	不送氣	不送氣
侵	清	不送氣	送氣
偵	徹	不送氣	不送氣

這些不送氣音的特例皆來自全清聲母,從清後期的韻書到 1936 年,這些不送氣的字保持不變,而 2006 年,"酷、侵"新演變爲送氣音。

全濁聲母仄聲字存在讀送氣音的現象,正是江西移民在孝感定居後自身語言現象的部分保留,這也是我們所列舉現象裏數量最多的。而其他不規律讀音的具體原因我們不好推測,移民雜處應該是其中之一。這些變讀,在 19 世紀初到 20 世紀上半葉基本一致,而到了 21 世紀初,孝感話受強勢方言影響較大,強勢方言受普通話影響,出現了向標準語靠近的情況。

2.重唇音分化出輕唇音,非敷奉合流

《諧音摘要字母》第三卷次字母"朌、咐、符、分、番、符、分、番、芳、菲、豐、發、否"諸字來自中古非、敷、奉,表達同一字母。次字母下的小字母亦如是。可以說,《諧音摘要字母》重唇音分化出輕唇音,非敷奉合流。這一規律在接近 200 年的時間裏整體未發生變化,但是有個別字,如"縛",在《諧音摘要字母》《湖北方言調查報告》裏是唇音,但 21 世紀在《孝感(花園鎮)話音韻研究》裏變爲唇齒音。

3.曉匣母字拼介音-u-時與 f 聲母存在自由變體的關係

《諧音摘要字母》"聲音辨似"列"符分番、換昏歡"一組,"符分番"前標"唇",後書"唇微合,唇端出","換昏歡"前標"喉",後書"唇開音在唇內"。作者有意識要區分喉音與介音-u-拼時與 f 組的不同。但是我們在《諧音摘要字母》正文裏發現,"會、惠、蕙、慧、諱、誨、晦"與"吷"屬同一音節字,"换、患、宦"與"範、范"放同一音節下。事實上存在-u-作介音時,[f]、[x]混淆的情況。

在《湖北方言調查報告》的記音中,我們沒有見到孝感地區有[f]、[x]互換的情況。2006 年《孝感(花園鎮)話音韻研究》的聲母特點也沒有涉及[f]、[x]

混用。從調查記録看,在 20 世紀,孝感[f]、[x]分辨清晰。

　　臨近孝感的麻城地區的民國韻書,聲母特點之一爲"重唇音已經分化出輕唇音,且曉匣母合口字與輕唇音相混(通攝除外)"①。《諧音摘要字母》中的情況在近 100 年後麻城韻書中還有體現,這也從側面印證了《諧音摘要字母》時期確實存在介音[u]前,[f]、[x]不分的現象。那麼,爲什麼後世會消失呢?

　　我們觀察,《湖北方言調查報告》中,武昌能明確分辨[f]、[x]②,武昌附近的漢口、漢川記音裏沒有寫[f]、[x]混用的情況,但在聲韻調描寫裏進行了補充説明,漢口的記音説明裏有"f 在 u 韻中有時唇齒的接觸極鬆,聽起來有些像 x"③,漢川的記音説明爲"f 的齒唇現象不明顯,摩擦也不强"④。漢口發音人曾在武昌住過兩年,漢川發音人在武昌住過一年,而孝感主要發音人 20 歲,曾經在武昌住過 6 年。《湖北方言調查報告》説:"這次調查,爲要在短期間找到最多數地方的代表人,大半是從武昌中華高中的學生當中找來發音人。"(頁31)從《諧音摘要字母》[f]、[x]在[u]介音前的混用,到《湖北方言調查報告》的發音人可以清晰辨別[f]、[x],與武昌方言爲其附近地區的强勢方言,且發音人在武昌長期呆過,都有關係。

　　從《湖北方言調查報告》所附第一圖[f]、[x]分混圖觀察,孝感、雲夢、應城、安陸、漢川及其附近地區圖示均爲[f]、[x]不混⑤。但今天的大悟方言合口一二等曉匣母洪音字讀 f,如"花呼悔唤忽慌、劃胡淮慧滑或"⑥。曉匣母開口一等洪音字仍然讀[x],曉匣母細音字爲[ɕ]。孝感市花園鎮話曉匣母沒有讀[f]的情況。我們口頭諮詢過相關人士,瞭解到孝感下屬其他縣還是存在[f]、[x]相混的情況。可以説,今天的整個大區域下的孝感既存在能辨別[f]、[x]的情況,也存在[f]、[x]部分混淆的情況。

　　4.知莊章組二分

　　《諧音摘要字母》的知莊章組字,存在與精組洪音放在一起的一類,涉及莊組、知組的部分字,也存在章組、部分知莊組字及見系合口細音放在一起的一

①　王爲民.新發現民國抄本韻書《六音便覽》與湖北麻城方言[J].漢語學報,2013(3).
②　趙元任等.湖北方言調查報告[M].上海:商務印書館,1948:51.
③　趙元任等.湖北方言調查報告[M].上海:商務印書館,1948:73.
④　趙元任等.湖北方言調查報告[M].上海:商務印書館,1948:117.
⑤　趙元任等.湖北方言調查報告[M].上海:商務印書館,1948:1576.
⑥　趙元任等.湖北方言調查報告[M].上海:商務印書館,1948:26.

類。《諧音摘要字母》裏只有章組字是成組地讀爲翹舌音。[①] 莊組、知組字分類情況如下：

平舌音涉及莊組字：流開三、遇開三、蟹開二、曾開三、梗開二、效開二、江開二、止開三、咸開二、山開二、宕開三、遇合三、通開三、山合二、臻開三、深開三、山合三。

平舌音涉及知組字：梗開二、效開二、江開二、深開三。

翹舌音涉及莊組字：假開二、咸開二、蟹開二、效開三、效開二、山開二、江開二、宕開三、止合三、臻合三、山合三。

翹舌音涉及知組字：效開三、山開三、通開三、通合三、止開三、臻開三、深開三、曾開三、流開三、宕開三、假開二、咸開二、梗開三、咸開三、遇開三、遇合三、止合三、臻合三、山合三、江開二、蟹開三、梗開二、效開二。

我們觀察到，知莊組字的分類複雜，難以簡單概括規律，而且莊組蟹開二、效開二、江開二、咸開二、山開二、宕開三及知組梗開二、效開二、江開二存在部分字讀平舌部分字讀翹舌的情況。如蟹開二莊組中，"齋、寨、債、柴、豺"爲平舌，"殺、衩"爲翹舌。

熊正輝把官話區的知莊章三組聲母讀音情況分爲三種，一種是濟南型，知莊章三組聲母是合一的；一種是南京型，三等韻的莊組字和梗攝開口二等知莊組字都讀 ts 組，其他讀 tʂ 組，南京型主要分布在江淮官話區及西南官話區；還有昌徐型，今讀開口呼的字，知組二等讀 ts 組，三等讀 tʂ 組，莊組全讀 ts 組，章組止攝開口三等讀 ts 組，其他全讀 tʂ 組。昌徐型廣泛分布在其他六大官話區和晉語區。[②] 從整體地理分布看，孝感地區當屬南京型，但是《諧音摘要字母》中的知莊組聲母平翹分布遠比南京型複雜。

麻城方言韻書大致上開口知二莊組與精組洪音合併，與開口知三章對立[③]。在贛語區，知莊章精四組聲母二分是主流，音類分合的基本格局是知二、莊組與精組合流，知三、章組合流[④]。

可以説，《諧音摘要字母》裏複雜的知莊組字分布，是來自不同方言背景、

---

① 韻書只有類的區別，沒有賦予音值，從全國範圍的現代漢語方言看，章組一類的擬音有舌葉音的可能性，不能確切定爲捲舌音，但是時代比較晚近，我們暫結合孝感方言記音定爲翹舌音。

② 熊正輝.官話方言分 tsʰ ts 的類型[J].方言,1990(1).

③ 王爲民.新發現民國抄本韻書《六音便覽》與湖北麻城方言[J].漢語學報,2013(3).

④ 萬波.贛語聲母的歷史層次研究[M].北京:商務印書館,2009.

知莊組字有不同歸類地區移民融合的結果,在官話區形成了不同於濟南型、南京型、昌徐型的接觸型。

《湖北方言調查報告》孝感地區的同音字表所列平舌字涉及莊組字的有:止開三、山合二、遇開三、江開二、曾開三、流開三、遇合三、梗開二、深開三、通開三、山合三、宕開三;知組字有:梗開二。

《湖北方言調查報告》孝感方言與古音比較部分,莊組字按照內外轉分類描述爲外轉莊組字除了山攝合口讀平舌,其他翹舌,內轉除了止攝合口讀翹舌,其他平舌。知組今梗二等開口讀平舌,其他翹舌。《湖北方言調查報告》按照內外轉列莊組字的讀音,看似找到規律,實則存在幾個問題:一方面是內外轉的定義本身存在爭議,一部分人認爲是從韻圖列字角度定義的,等韻圖中,凡具有獨立莊組二等韻的字圖稱之爲"外轉"①。另一方面是,即便從內外轉分類看,與其歸納的相反的現象除了《湖北方言調查報告》列出的山攝合口、止攝合口字,還有江攝開口二等的"捉"讀平舌音,這也不合其認定的規律。江開二等莊組字,在《湖北方言調查報告》所記錄的音裏,有讀平舌的"捉",也有讀翹舌的"窻",還是存在一個攝的莊組字聲母有平舌有翹舌的情況。山開二的字在《湖北方言調查報告》裏有平翹兩讀的情況。再者,《湖北方言調查報告》同音字彙收錄單字數量 678,在有限的字數裏,難以覆蓋莊組二三等的所有攝,據此得出的規律性結論也就存在局限。比如,效開二莊組、山開二莊組、宕開三莊組、臻開三莊組、效開二知組、深開三知組《諧音摘要字母》讀平舌音的字,如"巢、櫟、盏、鏟、創、罩、郴",《湖北方言調查報告》沒有收錄。

《諧音摘要字母》與《湖北方言調查報告》均收錄的字相比,《諧音摘要字母》讀平舌,而《湖北方言調查報告》爲翹舌音的字有:齋、寨、柴、斬、濁,這些字涉及中古蟹開二莊組、咸開二莊組、江開二知組,由於具體到一個攝裏知莊組字並不多,這一變化實質影響了平翹舌字的分布範圍,讓《諧音摘要字母》時代有平翹兩讀的這些攝到《湖北方言調查報告》時蟹開二莊組、咸開二莊組、江開二知組都只有翹舌音,沒有平舌音了。《諧音摘要字母》翹舌,《湖北方言調查報告》平舌的字有:删。由於山開二莊組在《諧音摘要字母》《湖北方言調查報告》裏讀平舌、翹舌音的情況都有,因此"删"在不同時段讀音的差異並沒有影響整個攝的演變情況。

2006 年同音字彙記錄的平舌音字有:

---

① 丁沈.漢語聲韻學教程[M].武漢:武漢大學出版社,1999:164.

史 駛 使 士 仕 柿 事 侍 刷 窄 拆 册 澤 擇 捉 所 朔 債 寨 揣 柴 篩 曬 鄒 助 鋤 愁 楚 揪 梳 疏 蔬 搜 餿 斬 盞 蘸 饞 攙 鑱 産 珊 閂 争 箏 撐 森 參 生 牲 笙 甥 省 霜 孀 雙 爽 皺 崇

涉及莊組字的有：止三、遇開三、流開三、深開三、宕開三、通開三、山二、梗開二、江開二、蟹開二、咸開二。

涉及知組字的有：梗開二。

《諧音摘要字母》讀平舌音的臻開三莊組、曾開三莊組、效開二莊組、深開三知組字，在 2006 年的同音字彙裏没有找到，《諧音摘要字母》裏讀平舌音的效開二等知組字"罩"、江開二等知組字"濁、啄、琢"，在 2006 年的記音裏變翹舌音了。這樣，效開二等知組、江開二等知組在 2006 年的記音裏不再有平舌音的讀法。《諧音摘要字母》翹舌音江開二莊組的"雙"、宕開三莊組的"霜、孀"，在 2006 年的記音裏讀平舌音。江開二莊組、宕開三莊組字並没有因爲這些字的讀音變化而發生類别改變，在《諧音摘要字母》及 2006 年的記音裏，都存在部分字讀平舌音部分字讀翹舌音的現象。

郭麗認爲 21 世紀的孝感話，古知組（梗攝二等除外）、章組、莊組二等（蟹咸山梗攝除外）讀爲 tʂ 等，精組洪音、莊組三等（臻宕攝除外）讀爲 ts 等，例外字是蟹咸山攝和梗攝二等莊組字讀 tʂ，臻宕攝三等莊組字讀爲 tʂ。[1] 我們對比《諧音摘要字母》，韻書並没有莊組三等平舌字臻宕攝除外的迹象。而《諧音摘要字母》並没有梗攝二等除外一條，莊組二等蟹、咸、山還是翹舌的，三等也有翹舌的。

我們看到，由於不同時期文獻收録的文字有出入，因而影響了更加全面系統地總結演變情況。就目前可對比的信息分析，知莊組字的排放整體變化不大，略有出入，但是不同時段没有明確的演變方向，每個階段都保留知莊組字歸類背景不同的移民語言接觸而形成的接觸混雜型知莊組讀音。

章組從《諧音摘要字母》到 21 世紀，整體是翹舌一類，只有止開三去之禪"侍"[2]字，在《諧音摘要字母》裏是翹舌，到 2006 年同音字彙裏讀平舌。

5.見系細音字[3]讀同章組

---

[1] 郭麗.孝感（花園鎮）話音韻研究[D].西安：陝西師範大學碩士學位論文,2006:21.

[2] "侍"《湖北方言調查報告》未收，無法與之對比。

[3] 見系細音讀同知莊組聲母的情況大部分是合口，只有魚韻是開口。魚韻爲開口依據楊軍《韻鏡校箋》。見系細音讀同知莊組聲母的範圍不含蟹、止、宕三攝合口及通攝舒聲合口。

比如，同一聲韻拼合關係下，既有來自章組的"樞、杼、處、杵、出"，也有來自見系的"區、嫗、嶇、瞿、去"，而且這組都放在代表翹舌音的"傳、春、川"下。與章組翹舌一類聲母放同一音節的見系字依次有：

表 2-18　《諧音摘要字母》變讀捲舌的部分見系細音字

例字	中古音韻地位	例字	中古音韻地位	例字	中古音韻地位
區	遇合三平虞溪	犬	山合四上先溪	萱	山合三平元曉
嫗	遇合三平虞溪	勸	山合三去元溪	訓	臻合三去文曉
嶇	遇合三平虞溪	券	山合三去元溪	懸	山合四平先匣
瞿	遇合三平虞群	闕	山合三入月溪	絢	山合四去先曉
去	遇開三去魚溪	羣	臻合三平文群	掘	山合三入月群
曲	通合三入燭溪	靴	果合三平戈曉	訣	山合四入屑見
倔	臻合三入物群	噓	遇開三平魚曉	駒	遇合三平虞見
權	山合重三平仙群	訏	遇合三平虞曉	車	遇開三平魚見
拳	山合重三平仙群	熏	臻合三平文曉	拘	遇合三平虞見
顴	山合重三平仙群	迥	梗合四上青匣	矩	遇合三上虞見

見系細音合口在 1936 年、2006 年的記音中讀 tʂ，仍然體現了《諧音摘要字母》的這一規律。

6.《諧音摘要字母》尖團有別，《諧音摘要字母》部分二等喉牙音字聲母顎化，精組尚未顎化

江、蟹、假、效、山、咸、梗諸攝存在二等喉開音字與三四等字歸於同一音節的現象，説明這部分見系二等和三四等字合流，結合清代同時期的相關韻書，這些攝的二等見系字應該已經顎化，比如《諧音摘要字母》同一聲韻拼合關係下，見系二等的"交、郊、教、膠、絞、狡、教、校、較、覺"同 B 類的"嬌、驕、轎"、三等的"腳"同四等的"皎"放在一起；見系二等的"加、家、袈、佳、假、賈、價、嫁、架、夾、甲、胛、頰"同四等的"頰"排在一起；見系二等的"江、講、港、强、絳、降、覺"同三等的"薑、疆、僵、姜"排在一起。而見系細音已經有讀同章組的現象，説明見系細音字已經完成了從舌根音到舌面音的顎化，進而部分前移到舌尖，與章組合流。這樣，見系讀同三四等的二等喉牙音字不可能是［ki］，更可能是［ɕi］組。我們列出所有出現過的音節裏，見系二等跟三四等喉牙音排在一起，已經顎化的情況，限於篇幅，不再列同一音節下的三四等字。

表 2-19　《諧音摘要字母》已顎化的見系二等字

例字	中古音韻地位	例字	中古音韻地位	例字	中古音韻地位
降	江開二去江見	狹	咸開二入洽匣	校	效開二去肴見
下	假開二上麻匣	狎	咸開二入狎匣	較	效開二去肴見
交	效開二平肴見	轄	山開二入鎋匣	覺	效開二去肴見
加	假開二平麻見	洽	咸開二入洽匣	覺	江開二入覺見
講	江開二上江見	行	梗開二平庚匣	較	江開二入覺見
爻	效開二平肴匣	莕	梗開二上庚匣	加	假開二平麻見
淆	效開二平肴匣	幸	梗開二上耕匣	家	假開二平麻見
效	效開二去肴匣	行	梗開二上庚匣	袈	假開二平麻見
校	效開二去肴匣	杏	梗開二上庚匣	佳	假開二平佳見
孝	效開二去肴曉	閑	山開二平山匣	假	假開二上佳見
學	江開二入覺匣	衡	咸開二平銜匣	賈	假開二上佳見
降	江開二平江匣	咸	咸開二平咸匣	價	假開二去麻見
下/鰕	假開二平麻匣	莧	山開二去山匣	嫁	假開二去麻見
遐	假開二平麻匣	交	效開二平肴見	架	假開二去麻見
霞	假開二平麻匣	郊	效開二平肴見	假	假開二去麻見
夏	假開二上麻匣	教	效開二平肴見	夾	咸開二入洽見
暇	假開二去麻匣	膠	效開二平肴見	甲	咸開二入狎見
廈	假開二上麻匣	絞	效開二上肴見	胛	咸開二入狎見
罅	假開二去麻曉	攪	效開二上肴見	江	江開二平江見
嚇	假開二去麻曉	狡	效開二上肴見	港	江開二上江見
瞎	山開二入鎋曉	教	效開二去肴見	絳	江開二去江見

　　江、蟹、假、效、山、咸、梗諸攝裏也存在二等喉牙音字與一等字放在同一音節,尚未顎化的現象,如同一聲韻拼合關係內,見系二等"項、巷"與一等的"航、杭、合"排在一起。我們下邊不再一一列出同一音節裏的一等字,只舉出未顎化的二等喉牙音字。

表 2-20　《諧音摘要字母》未顎化的見系二等字

例字	中古音韻地位	例字	中古音韻地位	例字	中古音韻地位
項	江開二上江匣	掐	咸開二入洽溪	械	蟹開二去皆匣
巷	江開二去江匣	恰	咸開二入洽溪	价	蟹開二去皆見
諧	蟹開二平皆匣	敲	效開二平肴溪	屆	蟹開二去皆見
鞋	蟹開二平皆匣	窖	效開二去肴見	誡	蟹開二去皆見
蟹	蟹開二上佳匣	覺	效開二去肴見	戒	蟹開二去皆見
懈	蟹開二去佳見	酵	效開二去肴見	講	江開二上江見
邂	蟹開二去佳匣	角	江開二入覺見	港	江開二上江見
緘	咸開二平咸見	皆	蟹開二平皆見	矮	蟹開二上佳影
鹹	咸開二平咸匣	階	蟹開二平皆見	厄	梗開二入麥影
銜	咸開二平銜匣	街	蟹開二平皆見	額	梗開二入陌疑
咸	咸開二平咸匣	介	蟹開二去皆見	咬	效開二平肴影
陷	咸開二去咸匣	芥	蟹開二去皆見	拗	效開二上肴影
限	山開二上山匣	界	蟹開二去皆見	啞	假開二上麻影
莧	山開二去山匣	解	蟹開二去皆見	硬	梗開二去耕疑

　　有個別字同時存在於兩個表格中,即存在顎化與未顎化兩讀現象,如"港"
"銜""覺""講"。表明《諧音摘要字母》時代,見系字處於顎化過程中。

　　我們對比 1936 年的記音,"皆、解、界、介、戒、械、諧、鞋、蟹、硬、項、巷"諸
字從《諧音摘要字母》到《湖北方言調查報告》都沒有顎化,而"下、攪"在《諧音
摘要字母》裏顎化了,《湖北方言調查報告》字下加單樌,表明文讀顎化,白讀未
顎化,《諧音摘要字母》裏"間"在顎化與未顎化位置均有出現,《湖北方言調查
報告》爲文讀顎化,白讀未顎化。我們對比 2006 年的孝感調查記錄,發現《諧
音摘要字母》裏沒有顎化的"啞、皆、鞋、硬"諸字,在 2006 年仍然沒有顎化。
《諧音摘要字母》裏沒有顎化的"街、解、介、界、戒、械、蟹、項",2006 年白讀時
候沒有顎化。"下"在《諧音摘要字母》裏已經顎化,在 2006 年是文讀顎化,白
讀沒有顎化。例外字是"夾、挾",《諧音摘要字母》已經顎化,但是 2006 年《孝
感(花園鎮)話音韻研究》列入未顎化之列。①

　　凡是我們在對比中沒有單獨列出的字,已經跟普通話一樣顎化了,可以

————————

　　① 　我們諮詢過孝感下屬孝昌人,"夾、挾"二字讀顎化聲母音。

説,《諧音摘要字母》中出現的大量未顎化的喉牙音字,在之後的一個世紀大部分都顎化了。而且,随着時間的推移,到了 2006 年,完全没有顎化的字數量更少。《諧音摘要字母》之所以存在部分没有顎化的字,是因爲見系顎化的規律處在演變進程中,並未完成。

《諧音摘要字母》開頭有聲音辨似,列出成組的字辨別讀音,其中有這樣三組:

係(蟹開四去齊見)欣(臻開三平欣曉)軒(山開三平元曉),牙旁出,聲略濁;新(臻開三平真心)心(臻開三平侵心)先(山開四平先心),牙中出,聲略清。

今(深開重三平侵見)經(梗開四平青見)堅(山開四平先見),牙略開,牙旁出,聲略清;絶(山合三入薛從)精(梗開三平清精)尖(咸開三平鹽精),牙略合,押中出,聲略清。

奇(止開重三平支群)輕(梗開三平清溪)牽(山開四平先溪),牙略開,牙旁出;齊(蟹開四平齊從)青(梗開四平青清)千(山開四平先清),牙略合,牙正中出。

可以説,作者有意識地把見系細音字跟精系細音字區分開來。從正文的音節歸類看,《諧音摘要字母》精組三四等字也没有與見系排在一起,精組還没有出現顎化現象。到 1936 年,孝感方言不分尖團,精組細音與見系細音開口混,全讀舌面前音[1]。即從《諧音摘要字母》到《湖北方言調查報告》時期發生了從分尖團到尖團合流的系統性演變。

7.通攝合口三等舒聲喻(以)、影母字與日母開口字(除止攝)聲母相同

《諧音摘要字母》與日母開口放同一音節下的影、以母字分別是:

影母字——癰、雍、饔、壅、擁。

以母字——容、庸、鎔、蓉、湧、勇、澠、悪。

只有一個字——以母字"用",不在此列。

1936 年的調查記録把影組合口三等通攝單列爲一類,影母讀音記爲[i],喻母是[i]或[z̩],並有備注説明:喻母通攝舒聲陽平調讀[z̩],其他讀[i]。

2006 年的記音,並没有詳細規律的總結,只説"以母、影母今合口都是零聲母"。從描述上看,通攝合口以母、影母近兩百年似乎已經零聲母化了。但

---

①　趙元任等.湖北方言調查報告[M].上海:商務印書館,1948:868.

是,我們一一對比方言調查記錄裏同音字彙的列字情況,發現 1936 年的記音只能找到兩例——"容"聲母爲[ʐ]、"用"爲零聲母,等於説記音者用有限的例子就把喻母讀[ʐ]的情況限制爲陽平調。而 2006 年"庸、勇、蓉、鎔、擁、湧"諸字聲母都是[ʐ],與《孝感(花園鎮)話音韻研究》所述"以母、影母今合口都是零聲母"不符,反而實例印證了 19 世紀上半葉的讀音歸類。即除了"用"字,近兩百年,通攝合口三等舒聲喻(以)、影母字與日母開口字(除止攝)聲母相同,這一現象長期存在。1936 年調查發現,漢川、應城兩地影母、喻母没有讀[ʐ]的情況。安陸、雲夢同孝感,喻母通攝舒聲平聲讀[ʐ],其他 i,且用爲零聲母,讀[ioŋ]。《湖北方言調查報告》没有調查大悟,而根據 2014 年的調查,大悟"用"讀[ʐon¹³](鄧清,2014:17)。可以説今天作爲地級市的孝感,在 1936 年,其今天下轄的安陸、雲夢都有同《諧音摘要字母》一脈相承的現象,而其他縣略有出入。

8.泥來母洪音細音皆混

《諧音摘要字母》同一拼合關係下,既有中古泥母又有中古來母字。

表 2-21 中古泥來母字在《諧音摘要字母》裏的混讀情況表

同一拼合關係下的字	中古聲母	同一拼合關係下的字	中古聲母	同一拼合關係下的字	中古聲母
菱	來	奴	泥	犛	來
伶	來	盧	來	龍	來
盔	泥	魯	來	隆	來
令	來	弩	泥	膿	泥
吝	來	路	來	濃	泥
佞	泥	怒	泥	攏	來
另	來	六	來	隴	來
甯	泥	鹿	來	弄	來
來	來	羅	來	郎	來
萊	來	邏	來	琅	來
乃	泥	挪	泥	狼	來
奶	泥	那	泥	蜋	來
奈	泥	儺	泥	囊	泥
賴	來	儸	來	浪	來

續表

同一拼合關係下的字	中古聲母	同一拼合關係下的字	中古聲母	同一拼合關係下的字	中古聲母
癩	來	娜	泥	朗	來
耐	泥	糯	泥	郎	來
勞	來	難	泥	能	泥
鐃	泥	蘭	來	倫	來
老	來	南	泥	輪	來
瑙	泥	暖	泥	論	來
潦	來	赧	泥	淪	來
鬧	泥	覽	來	冷	來
淖	泥	亂	來	嫩	泥
澇	來	濫	來	論	來

　　1936 年孝感話泥來兩母洪細音全混。標記的聲母 n 是個變值音位,大致在洪音之前讀 n 或 l 不定,在細音之前都讀 n。[①] 2006 年亦然,泥來母一般在合口前多讀 n,細音前部分聲母 n 脫落。[②] 我們查對出泥母細音前聲母脫落爲零聲母的字有:捏、鑷、聶、拈、念,而這些字《諧音摘要字母》裏都不讀零聲母,1936 年只記載"聶"爲零聲母,"念"聲母爲 n,其餘字没找到。可以説部分泥母細音字讀零聲母是 20 世紀開始的後起現象。

三、新發掘清代韻書《諧音摘要字母》韻母系統

　　韻書《諧音摘要字母》卷端的"傳音捷訣""六音摘句便覽",實際反映了《諧音摘要字母》的韻基。[③] "傳音捷訣"説"以十五字爲總,相等之音,始能全備"。十五字爲"先、觗、聲、呵、汪、雍、巫、燒、西、鴉、些、猜、憂、支、威"。"傳音捷訣"列這十五字,及相應的六聲調的字。"六音摘句便覽"亦以這十五字爲首,每字下按聲調列字,列三組,即每個字頭下列出 18 個音節字。

　　① 　趙元任等.湖北方言調查報告[M].上海:商務印書館,1948:853,868.
　　② 　郭麗.孝感(花園鎮)話音韻研究[D].西安:陝西師範大學碩士學位論文,2006:5.
　　③ 　並不是完全現代意義上的韻基,如"先、威"二組是例外。實質是從作者角度劃分的後半部分相同的一組音節。

　　我們按照向惠門的分類並結合現代麻城方言,發現作者所列音節後半部分爲 ian、an、en、o、aŋ、oŋ、u、au、i、a、e、ai、ou、ʅ/ɿ、uei。此外,卷端的"聲音辨似"部分表達的是聲介合母,我們從中觀察到韻母"ɚ",還有韻頭"ɥ、u、i"。

　　我們考察《六音摘要便覽》的十五韻,可以看出韻類有如下特點:

1.模韻端系及魚虞韻莊組字與流攝及入聲屋沃同韻,爲[əu]

（1）端系模韻與流攝及入聲屋沃燭同韻現象

表2-22　　中古端系模韻與流攝及入聲屋沃燭韻在《諧音摘要字母》裏同韻母情況表

同一拼合關係下的例字	中古音韻地位	同一拼合關係下的例字	中古音韻地位	同一拼合關係下的例字	中古音韻地位
睹	遇合一上模端	偷	流開一平侯透	奴	遇合一平模泥
賭	遇合一上模端	頭	流開一平侯定	駑	遇合一平模泥
斗	流開一上侯端	徒	遇合一平模定	魯	遇合一上模來
抖	遇開一上侯端	途	遇合一平模定	陋	流開一去侯來
杜	遇合一上模定	屠	遇合一平模定	鷺	遇合一去模來
豆	流開一去侯定	土	遇合一上模透	怒	遇合一去模泥
妒	遇合一去模端	透	流開一去侯透	鹿	通開一入屋來
鬥	流開一去侯端	兔	遇合一去模透	錄	通合三入燭來
督	通合一入沃端	禿	通開一入屋透	陸	通開三入屋來

（2）莊組同韻現象

同一拼合關係下有來自魚韻、尤韻、模韻的字:

表2-23　《諧音摘要字母》中古莊組下魚韻、尤韻、模韻同韻母情況舉例

例字	音韻地位
初	遇開三平魚初
愁	流開三平尤崇
鋤	遇開三平魚崇
楚	遇開三上魚初

　　《湖北方言調查報告》認爲孝感話模韻端系與魚虞兩韻的莊組字讀 əu,與

流攝字混①,我們觀察,入聲没、屋、沃、燭諸韻亦同。

2.蟹、止攝合口幫組、端系、魚虞韻精系同韻

蟹攝合口一三等幫組、蟹攝合口端系及止攝合口端系字同韻,例如:

表 2-24　《諧音摘要字母》蟹攝合口一三等幫組、蟹攝合口端系及止攝合口端系同韻表

同一拼合關係下的例字	中古音韻地位	同一拼合關係下的例字	中古音韻地位	同一拼合關係下的例字	中古音韻地位
彼	止開重三上支幫	推	蟹合一平灰透	低	蟹開四平齊端
背	蟹合一去灰並	題	蟹開四平齊定	堆	蟹合一平灰端
佩	蟹合一去灰並	頹	蟹合一平灰定	帝	蟹開四去齊端
貝	蟹開一去泰幫	體	蟹開四上齊透	兑	蟹合一去泰定
狽	蟹開一去泰幫	退	蟹合一去灰透	對	蟹合一去灰端
臂	止開重四去支幫	替	蟹開四去齊透	隊	蟹合一去灰定
迷	蟹開四平齊明	批	蟹開四平齊滂	雷	蟹合一平灰來
媒	蟹合一平灰明	披	止開重三平支滂	黎	蟹開四平齊來
靡	止開重三上支明	皮	止開重三平支並	履	止開三上脂來
每	蟹合一上灰明	陪	蟹合一平灰並	李	止開三上之來
謎	蟹開四去齊明	沛	蟹開一去泰滂	你	止開三上之泥
妹	蟹合一去灰明	屁	止開重四去脂滂	内	蟹合一去灰泥
寐	止開重四去脂明	配	蟹合一去灰滂	類	止合三去脂來

《湖北方言調查報告》蟹攝一三等合口的幫組端系與止攝合口的端系字都讀i②,韻母相同的現象《諧音摘要字母》時已經存在,而且《諧音摘要字母》與"李、你"諸字同韻的尚有魚虞韻的"縷、旅、慮",臻攝入聲"律",這些字在《湖北方言調查報告》同音字表裏韻母亦爲i。我們發現,《湖北方言調查報告》裏的規律可以擴大範圍。魚、虞二韻,除了"女",端精二系爲i。

我們發現的不止這個,止攝合口支韻、遇攝開口魚韻的字也如此。

---

①　趙元任等.湖北方言調查報告[M].上海:商務印書館,1948:868.
②　趙元任等.湖北方言調查報告[M].上海:商務印書館,1948:869.

表 2-25 《諧音摘要字母》止攝合口支韻、遇攝開口魚韻同韻表

例字	音韻地位	例字	音韻地位
西	蟹開四平齊心	摧	蟹合一平灰從
隨	止合三平支邪	齊	蟹開四平齊從
洗	蟹開四上齊心	取	遇合三上虞清
序	遇開三上魚邪	粹	止合三去脂心
細	蟹開四去齊心	娶	遇合三去虞清
絮	遇開三去魚心	萃	止合三去脂從

　　上表是爲了更明確地顯示不同韻攝之間的同音關係而選取的,而每個音節下同音的字遠遠不止這些。比如,鱼虞韻讀 i 在《諧音摘要字母》裏有須、需、鬚、序、敘、緒、絮;趣、取、娶、趣。

　　可以説,魚、虞二韻的端組、精組字見組三四等,今讀成 i。魚、虞幫組還是 u。魚、虞韻見系 ʮ。

　　值得注意的是,"驛、亦"音韻地位爲梗開三入昔以,在普通話裏韻母是 i,"液"音韻地位也是梗開三入昔以,普通話裏"驛、亦"與"液"讀音不同,但是《諧音摘要字母》"驛、亦、液"列入同一音節。

　　3.果攝一二等見系字韻母相同,不存在歌韻與戈韻的開合之別

表 2-26 《諧音摘要字母》果攝一二等見系同韻母表

例字	中古音韻地位	例字	中古音韻地位	例字	中古音韻地位
呵	果開一平歌曉	歌	果開一平歌見	拖	果開一平歌透
河	果開一平歌匣	哥	果開一平歌見	駝	果開一平歌定
火	果合一上戈曉	戈	果合一平戈見	駝	果開一平歌定
賀	果開一去歌匣	果	果合一上戈見	妥	果合一上戈透
貨	果合一去戈曉	个	果開一去歌見	唾	果合一去戈透

　　《湖北方言調查字表》同音字表可以觀察出孝感話這一特徵。另有"剖(流開一上侯滂)、雹(江開二入覺並)"在"坡"下,韻母與"坡、頗"諸字相同,"剖"在《湖北方言調查字表》裏亦讀[pʰo],右下加注"侯",表示來自侯韻的特例,而"雹"《湖北方言調查字表》沒有收入。①

---

　　① 趙元任等.湖北方言調查報告[M].上海:商務印書館,1948:861.

4.深臻梗曾攝舒聲韻尾混併(梗攝是一部分與前鼻音合)

以下諸字聲韻拼合關係相同的音節,只是聲調依次有差異。

表 2-27 《諧音摘要字母》深臻曾梗攝舒聲韻尾合併表

拼合關係相同的一組字	攝名	拼合關係相同的一組字	攝名	拼合關係相同的一組字	攝名	拼合關係相同的一組字	攝名
捫	臻	登	曾	亨	梗	珍	臻
門	臻	燈	曾	恒	曾	蒸	曾
們	臻	墩	臻	莖	梗	針	深
蝱	梗	敦	臻	衡	梗	征	梗
萌	梗	等	曾	痕	臻	整	梗
猛	梗	鈍	臻	狠	臻	枕	深
蜢	梗	沌	臻	悻	梗	拯	曾
悶	臻	頓	臻	恨	臻	鄭	梗
懣	臻	凳	曾	行	梗	鎮	臻
攖	梗	兵	梗	金	深	民	臻
因	臻	賓	臻	經	梗	鳴	梗
盈	梗	冰	曾	筋	臻	名	梗
寅	臻	餅	梗	謹	臻	銘	梗
引	臻	屏	梗	憬	梗	盟	梗
尹	臻	餅	梗	近	臻	冥	梗
影	梗	並	梗	鏡	梗	閔	臻
應	曾	鬢	臻	徑	梗	皿	梗
印	臻	嬪	臻	禁	深	命	梗
奔	臻	稱	曾	拎	梗	根	臻
崩	臻	成	梗	鱗	臻	更	梗
賁	臻	臣	臻	玲	梗	羹	梗
本	臻	城	梗	淋	深	跟	臻
笨	臻	承	曾	窗	梗	梗	梗
遴	臻	沉	深	琳	深	耿	梗
賫	臻	逞	梗	領	梗	哽	梗

續表

拼合關係相同的一組字	攝名	拼合關係相同的一組字	攝名	拼合關係相同的一組字	攝名	拼合關係相同的一組字	攝名
憑	曾	新	臻	精	梗	吞	臻
平	梗	腥	梗	侵	深	騰	曾
貧	臻	循	臻	睛	梗	膣	曾
瓶	梗	尋	深	浸	深	屯	臻
屏	梗	旬	臻	盡	臻	焞	臻
頻	臻	馴	臻	進	臻	燉	臻
馮	曾	殉	臻	竣	臻	滕	曾
品	深	恂	臻	俊	臻	囤	臻
牝	臻	醒	梗	駿	臻	豚	臻
砰	梗	信	臻	浚	臻	臀	臻
聘	梗	訊	臻	畯	臻	藤	曾

曾梗攝存在部分唇音字，與通攝字排在一起，保留後鼻音韻尾。

表 2-28　《諧音摘要字母》部分曾梗攝唇音字與通攝字同韻母情況表

例字	音韻地位	例字	音韻地位	例字	音韻地位
蒙	梗開二去庚明	蓬	通開一平東並	風	通合三平東幫
矇	通開一上東明	朋	曾開一平登並	馮	曾開三平蒸並
猛	梗開二上庚明	鵬	曾開一平登並	峰	通合三平鍾滂
懵	曾開一去登明	棚	曾開一平登並、梗開二平耕/庚並	鳳	通開三去東並
孟	梗開二去庚明	捧	通合三上鍾滂	諷	通開三去東幫
夢	通開三去東明	埲	通開一上東並	俸	通合三去鍾並

《諧音摘要字母》"蒙、猛、懵、孟、朋、鵬、棚、鳳"諸曾梗攝字爲後鼻音韻尾。《湖北方言調查報告》[oŋ]韻母可以查到來自曾、梗攝的"朋、孟"。所以，深臻曾梗舒聲全收 n 尾[①]，這一結論絕對化。

5.通攝入聲明母字及模韻明母個別字讀同通攝陽聲韻

---

① 趙元任等.湖北方言調查報告[M].上海:商務印書館,1948:869.

《諧音摘要字母》"茂"注釋"此字與'母、蒙'字通",西南官話存在流攝明母字讀同通攝的現象,"茂""蒙"相通即該現象中的一例,但我們沒有在韻書裏找到更多的現象,《湖北方言調查報告》沒有相關例字。

6.端系一等古合口讀開口

以下合口字與開口處於同一音節位置。與今天的方言分類一致,讀開口。

表 2-29 《諧音摘要字母》中古端系合口開口韻母相同表

例字	音韻地位	例字	音韻地位	例字	音韻地位
掄	臻合一平魂來	疼	通合一平冬定	孿	山合一平桓來
推	蟹合一平灰透	藤	曾開一平登定	暖	山合一上桓泥
穨	蟹合一平灰定	湍	山合一平桓透	卵	山合一上桓來
退	蟹合一去灰透	團	山合一平桓定	亂	山合一去桓來
屯	臻合一平魂定	摶	山合一平桓定	崙	臻合一平魂來
豚	臻合一平魂定	鸞	山合一平桓來	兌	蟹合一去泰定
臀	臻合一平魂定	巒	山合一平桓來	對	蟹合一去灰端
端	山合一平桓端	段	山合一去桓定	隊	蟹合一去灰定
短	山合一上桓端	緞	山合一上桓定	頓	臻合一去魂端
斷	山合一上桓定	沌	臻合一平魂定	炖	臻合一上魂定
墩	臻合一平魂端	遁	臻合一去魂定	鈍	臻合一去魂定

7.精組三四等古合口讀開口

表 2-30 《諧音摘要字母》中古三四等精組字合口讀同開口一覽表

例字	音韻地位	例字	音韻地位	例字	音韻地位
循	臻合三平諄邪	選	山合三去仙心	催	蟹合一平灰清
旬	臻合三平諄邪	村	臻合一平魂清	崔	蟹合一平灰清
荀	臻合三平諄心	苴	遇合三平魚精	摧	蟹合一平灰從
詢	臻合三平諄心	咀	遇合三上虞精	取	遇合三上虞清
巡	臻合三平諄邪	罪	蟹合一上灰從	翠	止合三去脂清
馴	臻合三平諄邪	聚	遇合三上虞從	娶	遇合三去虞清
殉	臻合三去諄邪	醉	止合三去脂精	悴	止合三去脂從
恂	臻合三平諄心	竣	臻合三平諄清	粹	止合三去脂心

續表

例字	音韻地位	例字	音韻地位	例字	音韻地位
戌	臻合三入術心	俊	臻合三去諄精	萃	止合三去脂從
宣	山合三平仙心	駿	臻合三去諄精	痊	山合三平仙清
旋	山合三平仙邪	浚	臻合三去諄心	全	山合三平仙從
選	山合三上仙心	畯	臻合三去諄精	泉	山合三平仙從
漩	山合三去仙邪	趨	遇合三平虞清	筌	山合三平仙清

四、《諧音摘要字母》調類與孝感近兩百年聲調演化

《諧音摘要字母》聲調的基本特徵是平分陰陽、去分陰陽、存在入聲。從調類看，近兩百年“陰平、陽平、上聲、陰去、陽去、入聲”的聲調格局保持一致。但從具體分布看，有逐漸演化的迹象。入聲字逐漸分化，所轄字減少，入聲有分派入其他諸調的趨勢。聲調陰陽去之間也存在轉換。

(一)《諧音摘要字母》入聲音節討論

1.《諧音摘要字母》同一入聲音節中古韻尾一致的情況

同一入聲音節全爲中古-k尾排在一起的，如“芍、勺、杓、鑠、爍”，計35個音節；同一入聲音節-t尾排在一起的，如“月、曰、悅、説、鈌、热、粤、越、閱、刖、趵”諸字，共計15個音節；同一入聲音節裏只含韻尾-p的，如“押、壓、鴨”，有4個音節。

2.《諧音摘要字母》同一音節下中古入聲韻尾不一致的情況

(1)同一入聲音節有來自中古-k及-t尾的現象，如：

表2-31　《諧音摘要字母》同一入聲音節字來自中古-k、-t尾情況表

《諧音摘要字母》同一音節下的字	中古音韻地位	入聲尾
哭	通開一入屋溪	k
窟	臻合一入没溪	t
矻	臻合一入没溪	t

《諧音摘要字母》中古-k、-t尾出現在同一入聲音節的情況涉及入聲音節23個。

(2)《諧音摘要字母》同一音節裏出現來自中古-p及-t尾的情況，如：

表 2-32　《諧音摘要字母》同一入聲音節裏出現來自中古-p 及-t 尾音節情況表

《諧音摘要字母》同一音節下的字	中古音韻地位	入聲尾
發	山合三入月幫	t
伐	山合三入月並	t
垡	山合三入月並	t
閥	山合三入月並	t
乏	咸合三入乏並	p
法	咸合三入乏幫	p
髮	山合三入月幫	t
罰	山合三入月並	t

在《諧音摘要字母》裏,-t、-p 尾放同一入聲音節的情況計 17 處。

(3)《諧音摘要字母》入聲音節來自中古-p 及-k 尾,只有 1 個音節,即:

表 2-33　《諧音摘要字母》同一入聲音節來自中古-p 及-k 尾音節情況表

《諧音摘要字母》同一音節下的字	中古音韻地位	入聲尾
吸	深開重三入緝曉	p
隙	梗開三入陌溪	k
泣	深開重三入緝溪	p
翕	深開重三入緝曉	p

(4)《諧音摘要字母》同一入聲音節下的字,存在來自中古-p、-t、-k 不同韻尾的入聲字,如:

表 2-34　《諧音摘要字母》同一入聲音節來自中古-p、-t、-k 不同韻尾的入聲字情況表

《諧音摘要字母》同一音節下的字	中古音韻地位	入聲尾
入	深開三入緝日	p
鬱	臻合三入物影	t
役	梗合三入昔以	k
疫	梗合三入昔以	k
玉	通開三入燭疑	k
域	曾合三入職云	k
熨	臻合三入物影	t

-p、-t、-k 尾在《諧音摘要字母》同一音節裏出現的情況,涉及《諧音摘要字母》11 個音節。

《諧音摘要字母》入聲韻尾存在獨立及各種混同形式,可以説《諧音摘要字母》已經不存在不同入聲韻尾的音值差別。只從韻書的入聲部分觀察的研究模式不能提供足夠的信息量,確定《諧音摘要字母》的入聲是喉塞尾,還是喉塞脱落,只在聲調上歸爲一類。

3.《諧音摘要字母》中古入聲字派入非入聲調的情況

《諧音摘要字母》時中古入聲字讀非入聲調的有:

陰平聲——拉;

陽平聲——舌①;

上聲——嚼、的、撒;

陰去聲——炸、石、飾、式、憶、翼、匿、溺、易;

陽去聲——窒、踏、簿。

《諧音摘要字母》一部分入聲字派入各個聲調,並非偶然現象,我們可以進一步推知《諧音摘要字母》時入聲的喉塞尾不可能保留,入聲只是獨立成調。

我們窮盡式對比《湖北方言調查報告》中古入聲派入陽平的字,除了"舌",其他"直、值、植、十、石、舌、活、滑、急、及、食"諸字,在《諧音摘要字母》裏沒有讀陽平,仍舊爲入聲。這説明,《諧音摘要字母》入聲派入其他聲調,但沒有派入陽平的趨勢,是從《湖北方言調查報告》開始出現入聲派入陽平的趨勢的。

(二)《諧音摘要字母》之後孝感入聲字的演化

1.《湖北方言調查報告》入聲歸派情況

(1)《湖北方言調查報告》音韻特點對入聲的描述

《湖北方言調查報告》説孝感入聲獨立,自成一調,沒有喉塞尾,但全濁入聲一部分歸陽平,如"急、及、滑、食"②,這些字都出現在《諧音摘要字母》的入聲音節裏③。

(2)《湖北方言調查報告》同音字表入聲派入其他諸聲調的情況

我們窮盡式統計出同音字表裏入聲派入其他聲調的情況,相比《諧音摘要字母》,入聲新演變爲舒聲的字,用粗體表示。則 1936 年孝感入聲字派入其他

---

① 《諧音摘要字母》"舌"讀陽平、入聲的情況都存在。

② 趙元任等.湖北方言調查報告[M].上海:商務印書館,1948:869.

③ 只有"食"既出現在入聲也出現在去聲,去聲承接《廣韻》人名,如漢有酈食其。《湖北方言調查報告》所列"食"當爲飲食之食,故並不影響判斷。

聲調的實際分布爲：

《湖北方言調查報告》列入陰平聲——拉；

《湖北方言調查報告》列入陽平聲——**直**、**值**、**植**、十、石、舌、**活**、**滑**、**急**、及、**食**；

《湖北方言調查報告》列入上聲——撒；

《湖北方言調查報告》列入陰去聲——式、飾、**育**。

（3）《湖北方言調查報告》仍然讀入聲的字

這些字包括：撲、弼、匹、挖、察、啄、白、瀑、笛、秩、急、及、讀、嚼、絶、席、實、秩、擇、熟、盍、匣、的、穴、乞、迄、戌、逸、抑、憶、剎、刷、僻、恰、秩、玉、逸、霍、喝、曆、忽、鬱、役、疫、納、臘、雜、狹、挾、軋、餃、學、忒、役、疫，其餘《諧音摘要字母》出現的入聲字，《湖北方言調查報告》没有記録。

可以説，從《諧音摘要字母》到《湖北方言調查報告》，入聲字仍然保留，除了作者總結的部分入聲歸陽平，實際陽去之外的陰平、陽平、上聲、陰去諸調都有入聲派入，只是 1936 年時入聲進陽平聲的數量稍多。

2. 1996 年《孝感方言的入聲》入聲歸派情況

王求是 1996 年《孝感方言的入聲》論述孝感方言入聲没有喉塞韻尾，都讀舒聲韻母，今孝感話古入聲字大部分保留入聲調，還有一些今歸入陰平、陽平、上聲、陰去、陽去這幾個調。[1] 該文針對入聲進行描寫，所收中古入聲字比《湖北方言調查報告》數量多。

王求是列出 1996 年孝感入聲派入其他聲調的所有情況，我們相比前期《諧音摘要字母》《湖北方言調查報告》所記録的讀入聲的字，1996 年調查時新演變爲非入聲調的中古入聲字有：

1996 年讀陰平聲——戌、鞠、豁、忽、挖、黽、邈；

1996 年讀陽平聲——匹、彿、察、習、啄、白、瀑、乏、伐、閔、罰、佛、袯、奪、笛、雜、截、鑿、賊、嚼、絶、席、直、值、著、舌、實、擇、秩、十、拾、折、勺、芍、熟、盒、俠、轄、活、滑、猾、學、的、炸、核、别、稠[2]；

1996 年讀上聲——郝、給、抹；

1996 年讀陰去聲——竊、屑、輟、柵、馘、率、蟀、釋、爍、訖、乞、迄、泣、抑、炙、薩、刷、癖、僻、别、削、覆、幅、瀑、鱉、綽、洽、秩、碩、玉、逸、捋；

1996 年讀陽去聲：霍、鬱、豁、喝、軋、戳、弼、述、劃、碩、幕、勿、諾、曆、戮、

---

① 王求是. 孝感方言的入聲[J]. 方言，1996(2).

② 稠，《廣韻》直由切，非入聲字，《諧音摘要字母》放陽平，當是因全濁聲母而讀陽平，王求是列入入聲字分化裏，存疑。

兀、疫、役、欲、浴、驛、律。

3.2006 年《孝感（花園鎮）話音韻研究》新演化入聲討論

到 2006 年，《諧音摘要字母》《湖北方言調查報告》時的入聲字“木”變爲陰去聲；前期文獻記載的入聲字“蟄”“尺”，新演變爲陽去聲。

4.孝感入聲演化特徵

（1）中古入聲派入非入聲字的數量逐步增多

縱歷時來看，入聲派入其他舒聲調的字逐步增多。這一擴大過程，值得注意的是，到清中後期孝感按來源當爲同音節的字，入聲轉化爲非入聲調的速率並不一致，如：

憶、抑，《廣韻》皆爲於力切，曾開三入職影。《諧音摘要字母》“憶”爲陰去聲，“抑”爲入聲，到 1996 年，“抑”讀陰去或者又讀爲入聲。

拉，《廣韻》盧合切，咸開一入合來；邋，盧盍切，咸開一入盍來。“拉、邋”當同調，但《諧音摘要字母》《湖北方言調查報告》時“拉”爲陰平，“邋”爲入聲，到 1996 年，“拉、邋”同爲陰平聲。

（2）聲調移位——已派進非入聲調的古入聲字其後又派入其他聲調的情況

《諧音摘要字母》時已變爲非入聲調的字，後世記錄出現改派到其他聲調的情況，我們稱之爲入聲舒聲化後的聲調移位現象。

A.中古入聲字所歸舒聲調改變[①]

a.嚼，《諧音摘要字母》同一聲韻拼合關係裏有上聲、入聲兩讀，上聲意義爲“口中嚼也”，入聲注釋爲“咀嚼滋味”，1936 年爲入聲[②]，2006 年讀陽平。

b.的，《諧音摘要字母》上聲注釋爲“俗語助詞”，入聲爲“的確也”。《湖北方言調查報告》放入聲。1996 年讀陽平，又讀爲入聲。

c.炸，《諧音摘要字母》爲陰去聲，1996 年、2006 年皆爲陽平。

d.石，《諧音摘要字母》陰去聲讀同“世”，注釋爲“磚石也”，另有與“斷”同音的陰去聲，其來源非入聲。石，1936 年、2006 年皆讀陽平。[③]

e.窒，《諧音摘要字母》出現在陽去聲裏。窒，《廣韻》陟栗切，臻開三入質知。1996 年出現在陰去聲，從中古來源看陰去更合理。

---

① 1996 年“讀”爲陽平聲，《諧音摘要字母》陽去聲裏“讀”，釋義爲“成句曰句，可斷曰讀”，非“誦讀”之“讀”，“讀”在《湖北方言調查報告》中讀陽平，20 世紀採納的當爲“誦讀”之“讀”。前後來源不一致，沒有可比性，不在考慮之列。

② 趙元任等.湖北方言調查報告［M］.上海：商務印書館,1948:861.

③ 趙元任等.湖北方言調查報告［M］.上海：商務印書館,1948:859.

f.飾、式,《廣韻》皆爲賞職切,音韻地位爲曾開三入職書,《諧音摘要字母》、1936 年、1996 年的調查,"飾、式"均出現在陰去聲,2006 年"飾、式"記爲陽去聲。

g.踏,《諧音摘要字母》陽去聲、1996 年陽去,又讀爲入聲。

h.匿,《諧音摘要字母》陰去聲,1996 年陽去,又讀爲入聲。

i.溺,《諧音摘要字母》陰去聲,1996 年陽去,又讀爲入聲。

j.易,《廣韻》羊益切,梗開三入昔以,《諧音摘要字母》讀陰去聲,1996 年陽去。

B.舒聲調不變,後世記録新增入聲調

a."撒",《諧音摘要字母》讀上聲,釋義"撒手,撒潑",《湖北方言調查報告》讀上聲,"撒"的右下角還標有"入"[1],以提示演變的例外。而 1996 年下標横綫,表示"撒"除了上聲還讀爲入聲。

b."錯",《諧音摘要字母》《湖北方言調查報告》都是陰去聲,但 1996 年還有又讀爲入聲的記録。

已經派入其他聲調的入聲字,後世調類移位主要表現爲從其他聲調變陽平調、去聲陰陽之間的轉化、新增入聲又讀。

表 2-35 孝感近兩百年來入聲字分布總表

聲調	《諧音摘要字母》(19 世紀上半葉)	《湖北方言調查報告》(1936 年)	1996 年	2006 年硕士論文
陰平聲	拉	拉	拉 撲 挖[1] 戌 忽 霭	釋 忽 拉 薩(拉薩) 霭
陽平聲	舌	直 值 植 十 石 舌 活 滑	的 炸 石 讀 匹 察 啄 白 瀑 笛 秩(又陰去) 讀 嚼 絶 席 實 擇 熟 盍 匣 穴(文)雜 狹 挾 學 舌 佛 習 乏 伐 閥 罰 佛 袄 奪 截 鑿 賊 直 值 植 十 拾 折 勺 芍 盒 轄 活 滑 猾 核 別 鍘 毒	植 十 石 拾 匹 笛 習 抑 薩(菩薩)炸 匣 鍘 察 轄 狹 滑 猾 劃 白 忕 絶 穴 奪 著(著衣,睡著)學 嚼 讀 毒
上聲	的 撒	撒	撒 郝 給 抹	

① 趙元任等.湖北方言調查報告[M].上海:商務印書館,1948:861.

續表

聲調	《諧音摘要字母》(19世紀上半葉)	《湖北方言調查報告》(1936年)	1996年	2006年碩士論文
陰去聲	值 炸 石 式 飾 憶 抑 翼 尉 踏 匿 溺 易	錯 式 飾 育	錯 室 式 飾 憶 抑 翼 瀑(又陽平) 秩 乞 迄 逸 **竊** 屑 輟 柵 猷 率 蜂 **釋 爍 訖** 泣 抑 炙 薩(又陰平) **刷 癖 僻** 別 **削 覆 幅** 鼈 縛 洽 碩(又陽去) 玉 **捋** 憋 (又陰平)泄	戌 泄
陽去聲	室	尉 踏 匿 溺 易 弼 霍 喝 鬱 役(文) 疫(文) 軋 豁 軋 戳 述 劃 碩(又陰去) 幕 勿 **諾** 曆 戮 兀 **欲**(文) 浴 **驛 律**	式 飾 疫 軋 (白讀)
入聲	舌 的 嚼 戌 鞠 豁 忽 挖 黿 匹 佛 察 習 啄 白 瀑 乏 伐 閼 罰 佛 袱 奪 笛 雜 截 鑿 賊 絕 席 直 值 擇 熟 秩 十 拾 折 勺 芍 盒 核 俠 轄 活 抹 猾 學 軼 別 郝 給 蜂 窺 釋 訖 柵 猷 率 蜂 釋 爍 訖 乞 迄 抑 炙 薩 迄 泣 癖 僻 別 削 覆 幅 瀑 鼈 縛 洽 秩 碩 玉 逸 捋 霍 鬱 豁 喝 軋 戳 弼 述 劃 碩 幕 勿 諾 曆 戮 兀 疫 役 欲 浴 驛 律	撲 啄 急 席 匿 戌 刷 逸 鬱 雜 學 弼 白 及 實 的 逸 僻 霍 役 狹 式 匹 瀑 讀 擇 穴 **的** 抑 恰 喝 役 疫 挾 挖 笛 嚼 熟 乞 **憶** 秩 曆 納 軋 察 秩 絕 盍 迄 刹 玉 忽 臘 餃	錯 抑 挖 絕 實 擇 的 穴 逸 忽	實 歷 戌 役 逸 撲 瀑 幅 勿 玉 刷 憋 挖 刷 弒 核(核桃) 擇 截 喝 霍 鑿 啄 勺 率(率領)

注:①凡是有又讀爲入聲的情況我們字體加粗表示。

(三)陰陽去的討論

　　如果按照"清陰濁陽"的道理,那麼中古濁聲母去聲字當變成陽去,清聲母去聲字當變陰去。

　　《諧音摘要字母》濁聲母歸陰去聲涉及47個音節,76個字。

　　售、逝、誓、嗜、麝、乘、甚、鐏、裕、詠、韻、和、荷、駭、憾、潰、校、宙、紂、棧、叛、鞯、異、瀁、迓、訝、俸、縫、負、附、駙、婦、噴、慎、梵、緯、豢、汶、玩、鱞、並、署、曙、棍、咎、覼、競、竞、喋、腚、墜、繐、暴、謗、拌、滯、械、惠、慧、幻、羨、喂、撈、澇、悴、蓋、跳、兌、隊、締、睨、怩、逆、匿、溺、暖。

中古濁聲母去聲字、中古全濁上聲字在《諧音摘要字母》裏讀陽去聲，到1936 年、2006 年變爲陰去聲的有 50 個音節，74 個字。

誦、頌、訟、市、示、視、盛、慎、甚、藏、字、自、贈、冒、閏、願、大、鈍、讓、任、項、賀、禍、蟹、恨、旱、效、校、系、仲、乍、陣、撞、義、用、務、悟、誤、霧、佩、辨、辮、瑞、睡、臼、謬、巨、拒、具、郡、菌、部、簿、杷、伴、艾、傲、餓、硬、混、橫、患、宦、遂、隧、象、袖、像、罪、盡、糯、掉、議、膩。

中古清聲母字《諧音摘要字母》讀陽去聲的有 14 個音節，16 個字。

伺、縱、大、沌、旦、讓、懈、係、用、蔽、説、跂、卷、杷、伴、選。

中古清聲母《諧音摘要字母》讀陰去聲，到後來變讀陽去聲的有 30 個音節，43 個字。

滲、頓、擔、挂、快、筷、沼、抗、炕、慨、課、胖、盼、啞、噴、畏、鱟、寄、贅、惴、謗、簸、岡、杠、漂、聘、案、徙、髓、性、氣、契、進、蔡、菜、次、賜、刺、退、蜕、剃、對、釘。

可以説，從《諧音摘要字母》時代去聲所分陰陽就存在一部分交叉，到後世，按音理當歸陽去聲的字放到陰去聲、當歸陰去聲的字放到陽去聲，這類現象都有所增加，而且陰去放入陽去的現象增加得尤爲明顯。

到 2006 年，規律總結有陰陽去混淆的記載，實質上，幾百年前已經存在這一現象。2006 年時新派讀音部分去聲已不分陰陽，全濁上歸去聲，讀爲 35 調。[1]可以説，過去 200 年來去聲是否分陰陽處在漸變期，部分字調值不穩定。

五、《諧音摘要字母》音節表

我們附《諧音摘要字母》音節表，按照《諧音摘要字母》所體現的層級開列本表，我們把音節數寫在不計聲調，聲母韻母拼合關係相同的"次字母"位置，表述的是該次字母下有多少個聲韻拼合相同、聲調不同的有字音節，音節代表字一欄提供了《諧音摘要字母》音節結構框架，具體代表字部分我們列出《諧音摘要字母》出現的所有音節代表字及代表字後的常用同音字。《諧音摘要字母》個別音節和具體列字間的矛盾之處，依音節框架判斷取捨。（表 2-36 按逐行縱左欄到右欄的順序閱讀）

---

①　郭麗.孝感（花園鎮）話音韻研究［D］.西安：陝西師範大學碩士學位論文，2006：29.

表 2-36 《諧音摘要字母》音節表

音節數	音節代表字	代表字後的具體字	音節數	音節代表字	代表字後的具體字
4	摁				鰓
		顋腮			篩
	幟			賽	
		曬			塞
	色				塞
		瑟			虱
		嗇			穡
		廝	3	搔	
		騷		嫂	
		掃		掃	
		哨	3	抄	
		梭		唆	
		蓑		娑	
	所				瑣
	朔				索
		塑			數
		溯	5	松	
		嵩		攛	
	誦				頌
		訟		宋	
		送		速	
		夙			宿
		肅			俗
		續			粟
		縮			蓿
		帥			率
4	桑				喪

續表

音節數	音節代表字	代表字後的具體字	音節數	音節代表字	代表字後的具體字
	操				爽
		嗓		喪	
	朔		4	搜	
		蔬			疏
		梳			穌甦
		蘇		叟	
		數			撒
	素				數
		愫			嗦
		瘦			嗽
		漱		夙	
3	裟			撒	
		洒灑		刷	
		煞			薩
		霎	4	師	
		司			思
		撕			私
		絲			鷥
		斯			廝
		獅			蜥
	史				死
		使		嗣	
		柿			事
		士			仕
		寺			俟
		似			祀
		伺			飼

續表

音節數	音節代表字	代表字後的具體字	音節數	音節代表字	代表字後的具體字
		姒			食
	四				泗
		駟			肆
		使			思
		兕	3	生	
		牲			笙
		甥			森
		僧			孫
		參			飧
		猻		損	
		笋			省
		榫		遜	
		巽			滲
4	三				酸
		閂		繖傘	
		散			馓
	散				蒜
		算		色	
5	商				傷
	常				裳
		嫦			嘗
	賞				償
		晌		尚	
	灼				妁
		芍			勺
		杓			鑠
		爍	5	收	

續表

音節數	音節代表字	代表字後的具體字	音節數	音節代表字	代表字後的具體字
	首				守
		手		受	
		授			綬
		壽		獸	
		售			狩
	蜀				叔
		淑			熟
		塾			屬
		贖	4	沙	
		砂			紗
		杉		傻	
	嘎			殺	
6	詩				施
		尸			屍
	時				匙
	始				矢
		豕			屎
	市				是
		侍			氏
		示			視
	世				勢
		式			試
		逝			誓
		嗜			施
		謚			飾
		石		實	
		十			拾

續表

音節數	音節代表字	代表字後的具體字	音節數	音節代表字	代表字後的具體字
		食			䏠
		濕			失
		識			室
		釋			適
		濕			碩
6	奢				睒
	蛇				舌
		余		捨	
	射				社
	麝				赦
		舍		設	
		涉			攝
		歙	6	稍	
		燒			艄
	韶			少	
	兆				紹
		肇			邵
	少				哨
	灼		6	升	
		申			呻
		身			深
		勝			聲
		伸			陞
		昇			娠
	辰				晨
		神			乘
		繩		審	

續表

音節數	音節代表字	代表字後的具體字	音節數	音節代表字	代表字後的具體字
		沈		甚	
		盛			腎
		慎			甚
	聖				勝
		乘			甚
	失		5	山	
		杉			羶
	閃				陝
	善				鱔
	扇			涉	
		舌	3	窩	
		渦		臥	
	矮		4	而	
		兒		耳	
		爾			邇
		珥		二	
		貳			餌
	日		5	租	
		鄒			諏
		緅		祖	
		走			阻
	助				驟
	做				奏
	足				卒
		祚	5	宗	
		棕		總	
	縱				從

續表

音節數	音節代表字	代表字後的具體字	音節數	音節代表字	代表字後的具體字
	綜			足	
5	哉				栽
		災			齋
	宰				載
		崽	在		
		寨			載
	再				債
	則				仄
		窄			摘
		責			澤
		冡			賊
		擇			翟
		嘖			柞
5	遭			早	
		澡			棗
		爪			蚤
		藻	造		
		皂	躁		
		燥			罩
	作		5	矬	
	左			坐座	
	佐				挫
	作				捉
		昨			濁
		濯			齪
		啄			琢
		鑿			鐲

續表

音節數	音節代表字	代表字後的具體字	音節數	音節代表字	代表字後的具體字
5	臧			駔	
	撞				藏
		賍		葬	
	作		3	鬘	
	咱				怎
	雜		4	茲	
		資			孜
		滋			孳
		姿			咨
		雌			差
	子				仔
		紫			梓
		姊		字	
		自			己
	恣		4	爭	
		樽			尊
		曾			增
		遵		怎	
	贈			甑	
		挣			诤
		鐏	5	闎	
		攢		斬	
		盞		鏨	
		暫		贊	
		蘸		則	
6	猫			茅	
		毛			矛

續表

音節數	音節代表字	代表字後的具體字	音節數	音節代表字	代表字後的具體字
	卯			帽	
		貌			冒
		瑁		眊	
	末		4	蒙	
		曚		猛	
		懵		孟	
		夢		木	
		沐			目
		穆			牧
		没			繆
5	媽			麻	
		蔴		馬	
		螞			碼
	罵			抹	
4	埋			買	
	賣				邁
	麥				墨
		默			脈
		驀			陌
3	侔				模
		謀			眸
		矛			牟
	某				畝
		牡		茂	
3	芒				忙
	莽				蟒
	末		5	摸	

續表

音節數	音節代表字	代表字後的具體字	音節數	音節代表字	代表字後的具體字
	磨				摩
		魔		麼	
	磨			末	
		莫			寞
		幕			茉
3	母				拇
		姆		茂	
		暮			慕
		募			墓
		貿		木	
4	捫			門	
		們			萌
	猛				蜢
	悶				懣
4	瞞				蠻
		謾			饅
	滿			慢	
		幔			漫
	墨		2	愚	
	隅			女	
6	迂			虞	
		魚			餘
	余				予
	與				於于
	臾				如
	漁				萸
	儒				濡

續表

音節數	音節代表字	代表字後的具體字	音節數	音節代表字	代表字後的具體字
	雨				與
		語			乳
		呂			禹
		宇			羽
	遇				寓
		芋			御
		馭			預
		喻			愈
		諭		嫗	
		儒			裕
		淤		人	
		鬱			役
		疫			玉
		域			熨
4	狨			蕊	
	芮				銳
		睿		悅	
2	惹				喏
	偌				緣
5	云				雲
		耘			勻
		螢			榮
		營			瑩
	永				仞
		忍			允
	潤				閏
		運			孕

續表

音節數	音節代表字	代表字後的具體字	音節數	音節代表字	代表字後的具體字
		暈		詠	
		韻			熨
	入		5	淵	
		冤		元	
		園			員
		援			猿
		緣			轅
		鉛			然
		垣			燃
		丸			沿
		爰		遠	
		冉			阮
		染		願	
		院			緣
		媛			愿
		苑		怨	
	月				曰
		熱			粵
第二卷次字母			3	打	
	大			達	
		塔			答
5	當				瑺
	黨			蕩	
		踢			墙
		當			奪
5	兜			睹	
		賭			肚

續表

音節數	音節代表字	代表字後的具體字	音節數	音節代表字	代表字後的具體字
		斗			陡
		抖		杜	
		度			渡
		鍍			豆
		逗			痘
		讀		鬭	
		妒			鬥
	督		5	登	
		燈			墩
		敦		等	
	鈍				沌
	頓				凳
	德		5	丹	
		端		單	
		擔		短	
		膽			斷
	淡				蛋
		旦			段
		斷			彈
		誕			膻
	斷				旦
		擔			石
3	饒				嬈
		蕘			橈
	擾				繞
	若				弱
4	瓤			壤	

續表

音節數	音節代表字	代表字後的具體字	音節數	音節代表字	代表字後的具體字
		攘		讓	
	若		5	戎	
		茸			雍
	容				絨
		庸			蓉
	湧				擁
		勇		雍	
	朗				辱
		褥	2	柔	
		揉		肉	
3	人				壬
		仁			任
		仍			妊
	衽				稔
	認				賃
		任	4	鉤	
	侯				猴
		喉		吼	
	候				後
		后			厚
		逅	3	航	
		杭			行
	項				巷
	合		6	呵海	
	河				何
		荷			和
		禾		火	

續表

音節數	音節代表字	代表字後的具體字	音節數	音節代表字	代表字後的具體字
		伙			夥
	賀				禍
	貨				和
		荷		合	
		盒			喝
		霍			鶴
		郝			活
		壑			豁
6	咳			偕	
		諧			孩
		骸			鞋
	海				醢
		蟹		害	
		亥			懈
		邂		駭	
	黑				核
		赫			嚇
		劾	6	蒿	
		薅		豪	
		毫			嚎
		號		好	
		昊		號	
		浩			皓
	好				耗
	合		3	欹	
	哈			歌	
5	烘			洪	

續表

音節數	音節代表字	代表字後的具體字	音節數	音節代表字	代表字後的具體字
		紅			黌
		馮			鴻
	哄				轟
	闋			穀	
6	亨			恒	
		莖			衡
		痕		狠	
		悻		恨	
	行			黑	
6	鼾				憨
	寒				韓
		涵			含
		函			緘
		鹹			銜
		咸		喊	
		罕			撼
	汗			旱	
		陷		翰	
		限			莧
		悍		漢	
		憾		黑	
3	匡				眶
		筐			誆
		框		狂	
	曠				況
		壙			礦
3	誇				夸

續表

音節數	音節代表字	代表字後的具體字	音節數	音節代表字	代表字後的具體字
	胯				跨
	挂		4	窺	
		魁		葵	
		奎		揆	
	愧				喟
		潰	2	塊	
	快				筷
		劊			劇
5	枯				罟
	苦			囷	
	庫				褲
	哭				窟
2	寬			浣	
		莞	4	坤	
		昆		捆	
	困			哭	
6	梟				驍
		澆		爻	
		淆		曉	
	效				校
	孝				學
3	胸				兄
		凶			洶
	雄				熊
		芎		搐	
		旭	5	香	
		鄉		降	

續表

音節數	音節代表字	代表字後的具體字	音節數	音節代表字	代表字後的具體字
	響				响響
		餉		向	
	學		1	脅	
		協			歇
		血			挾
5	下鰕			遐	
		霞		下	
		夏			暇
		厦		罅	
		嚇		瞎	
		狹			狎
		俠			轄
		愜			洽
4	休			朽	
	臭			畜	
5	希				兮
		溪			蹊
		稀			羲
		嬉			熙
		奚			攜
		嘻		喜	
	係				系
		盼		戲	
	吸				隙
		泣	5	欣	
		馨			興
	行				形

續表

音節數	音節代表字	代表字後的具體字	音節數	音節代表字	代表字後的具體字
		刑			型
		刑		荇	
		幸			行
		杏		興	
		釁			莘
	吸		6	軒	
		掀		賢	
		嫌			弦
		閑			衍
		咸		顯	
		險		縣	
		現			莧
	獻				憲
	血		4	遮	
	者			這	
		蔗			鷓
	折				浙
		哲	5	衷	
		中			忠
		終			鍾
		舂		腫	
		冢			塚
		種			踵
	重				仲
	種				眾
		中		燭	
5	知				之

續表

音節數	音節代表字	代表字後的具體字	音節數	音節代表字	代表字後的具體字
		芝			肢
		支			梔
		脂		紙	
		止			芷
		趾			址
		祉			咫
		旨			指
	治				痔
	致				至
		志			智
		翅			製
		痣			值
		誌		質	
		職			隻
		蜘			蟄
		織			幟
		直			炙
		殖	4	周	
		週			州
		舟			洲
	肘				帚
	晝				宙
		紂			咒
	燭				竺
		築			祝
		粥			囑
		逐			妯

續表

音節數	音節代表字	代表字後的具體字	音節數	音節代表字	代表字後的具體字
		軸	5	招	
		昭			朝
	沼				找
	趙				召
	照				詔
	酌				卓
		著	5	章	
		張			彰
	掌				長
	丈				杖
		仗		漲	
		帳			悵
		障			瘴
		脹		酌	
6	渣				查
		喳		怎	
	鮓			乍	
	榨				詐
		炸		札	
		咱			匝
		軋	5	珍	
		真			蒸
		針			貞
		征			斟
		徵		整	
	枕				拯
	診				疹

續表

音節數	音節代表字	代表字後的具體字	音節數	音節代表字	代表字後的具體字
	鄭				沉
	正				政
		症			震
		振			鎮
	質		5	占	
	展				輾
	綀			戰	
		顫			占
		站			棧
	折		5	窓	
	牀			撞	
	撞			戀	
5	區				樞
		軀			嶇
	除				儲
		厨			躇
		瞿		杼	
		處			杵
	去				處
	出				曲
		屈			蛐
		倔	4	吹	
	垂				錘
	吹		5	川	
		圈		傳	
		船			權
		拳			顴

續表

音節數	音節代表字	代表字後的具體字	音節數	音節代表字	代表字後的具體字
	犬				畎
	串				勸
		券		闕	
		缺	4	春	
		椿		群	
		裙		蠢	
6	康				糠
		糠		夯	
	慷			粇	
	抗				炕
		兀		渴	
3	夵				伽
	卡			掐	
		恰	4	揩	
		開		凱	
		楷			鎧
	慨				愾
		概			咳
	克				客
4	空				悾
	孔				恐
	控				空
	扣		3	摳	
	口			扣	
		叩			蔻
5	柯				窠
		苛			科

續表

音節數	音節代表字	代表字後的具體字	音節數	音節代表字	代表字後的具體字
		稞		可	
		顆		吹	
	課			渴	
		涸			擴
		磕			壳
		濶			喝
		括	4	敲	
	考				拷
	犒				靠
		搞		渴	
4	堪				看
		龕		坎	
		砍			侃
	看				勘
		嵌			瞰
	克		3	坑	
	肯				懇
	掯		4	排	
		牌			棑
	排			派	
		拍			珀
	魄				迫
		擘	4	扒	
		琶		吧	
	帕			怕	
4	拋				泡
	跑				庖

續表

音節數	音節代表字	代表字後的具體字	音節數	音節代表字	代表字後的具體字
		炮			刨
		袍			咆
	炮				泡
	潑		4	蓬	
		硼			朋
		鵬			棚
	捧				埲
	髣				凸
6	鋪				哺
	蒲				匍
		菩			葡
	譜				普
		圃		尃	
		荸		鋪	
	撲				卜
		暴			僕
		瀑			勃
4	磅			旁	
		滂			龐
		旁			磅
	胖		5	坡	
	婆			頗	
		叵			剖
	破			潑	
		朴			雹
4	烹				膨
	彭				盆

續表

音節數	音節代表字	代表字後的具體字	音節數	音節代表字	代表字後的具體字
	凭			卜	
4	潘				拼
	盤			判	
		叛			泮
		絆			盼
		拌		魄	
6	衣				依
		醫			伊
		椅		移	
		儀			夷
		姨			怡
		遺		以	
	義			意	
		異			易
		翼			憶
		億			裔
		冀		抑	
		乙			益
		驛			液
		亦			揖
		邑			逸
6	央				秧
		鴦			殃
	揚			陽	
		洋			羊
		楊			佯
	養				瘍

149

續表

音節數	音節代表字	代表字後的具體字	音節數	音節代表字	代表字後的具體字
	樣				養
	瀁				恙
	約				樂
		岳			獄
		藥			躍
		鑰	5	耶	
		揶		爺	
	也				野
		冶		夜	
	葉				頁
		咽			謁
6	憂				優
		幽			悠
		攸			呦
	由				油
		猶			尤
	有				友
		誘			庸
	又				佑
		右			祐
		宥			柚
	幼			欲	
2	用			欲	
		浴			郁
		獄	1	捱	
		崖			巖
		涯			埃

續表

音節數	音節代表字	代表字後的具體字	音節數	音節代表字	代表字後的具體字
6	邀				腰
		么			夭
		妖		搖	
		謠			姚
		遙		舀	
	耀				曜
	要				樂
6	鴉				呀
		了			椏
	芽				牙
		衙			琊
	啞				雅
	砑			亞	
		迓			訝
	押				壓
		鴨	4	攖	
		因			殷
		要			櫻
		陰			英
		音			纓
		鸚			喑
	盈				營
		寅			贏
		淫			吟
	引				尹
		隱			蚓
		影			飲

續表

音節數	音節代表字	代表字後的具體字	音節數	音節代表字	代表字後的具體字
	應				映
		印	6	焉	
		淹			咽
		燕			烟
	言				顏
		炎			延
		閻		掩	
		眼			演
		衍		豔	
	厭				宴
		堰			燕
		饜	4	芳	
		方		房	
		防			坊
		妨			倣
		紡			訪
		彷			放
4	非				飛
		妃			霏
		扉		肥	
	菲				匪
		誹			翡
	費				肺
		廢			沸
5	豐				風
		封			瘋
		酆			蜂

續表

音節數	音節代表字	代表字後的具體字	音節數	音節代表字	代表字後的具體字
	逢				馮
		峰			鋒
		縫			烽
	鳳				奉
	諷				俸
		縫		福	
1	發				伐
		乏			法
		髮			罰
3	浮				桴
	否				缶
		阜		訃	
6	夫				敷
		膚		符	
		扶			芙
	俯				甫
		斧			腑
		腐		父	
	富				傅
		付			咐
		副			負
		附			駙
		賦			婦
		赴		服	
		袱			福
		復			幅
		腹			覆

續表

音節數	音節代表字	代表字後的具體字	音節數	音節代表字	代表字後的具體字
		佛			弗
		彿	6	分	
		紛			芬
		氛		汾	
		墳			焚
	粉			分	
	忿				噴
		憤			糞
	服		5	番	
		翻		煩	
		藩			凡
		帆			繁
	反				返
	犯				范
		飯		泛	
		坂			販
		氾			梵
3	歪			外	
	孬		5	洼	
		媧			蛙
		哇		娃	
	瓦			凹	
	挖		6	威	
	爲				微
		違			危
	偉			委	
		尾			唯

續表

音節數	音節代表字	代表字後的具體字	音節數	音節代表字	代表字後的具體字
		葦		位	
		未			味
		胃			謂
		渭			偽
		魏			衛
	畏				穢
		尉			緯
		喂		虢	
5	汪			王	
		亡			忘
	往				枉
		網		望	
		旺			忘
		妄		俞	
6	巫				惡
		污			誣
		嗚			烏
	無				吳
		蜈			毋
		亡			吾
		梧		五	
		伍			武
		侮			午
		忤			舞
	務				悟
		誤			霧
	惡			物	

續表

音節數	音節代表字	代表字後的具體字	音節數	音節代表字	代表字後的具體字
		屋			勿
		握			兀
6	温				瘟
	文				紋
		蚊			聞
	穩				吻
		刎		問	
	慍				紊
		汶			蘊
	虢		6	灣	
		彎		完	
		丸		挽	
		晚			完
	萬				曼
	玩			虢	
4	標			表	
	蔈			鰾	
5	屄			彼	
		比		被	
		避			背
		蔽			弊
		備			佩
		倍			悖
		珮			陛
		鼻		閉	
		背			貝
		狽			臂

續表

音節數	音節代表字	代表字後的具體字	音節數	音節代表字	代表字後的具體字
	必				畢
		筆			逼
		秘			璧
		碧			葷
5	兵				賓
		濱			冰
		斌		丙	
		秉			稟
		餅			屏
	病			並	
		柄			鬢
		嬪		秘	
5	鞭				邊
		篇			編
	貶				扁
		匾		辦	
		便			辮
	變				遍
	別				鼈
2	雙				霜
		孀		爽	
1	靴		5	誰	
	水			瑞	
		睡			说
	稅			说	
3	衰			帥	
		鍛			殺

續表

音節數	音節代表字	代表字後的具體字	音節數	音節代表字	代表字後的具體字
	率				帥
		蜯	1	耍	
		厦	6	舒	
		嘘			吁
		書			輸
		虚		徐	
		殊		暑	
		許			鼠
	樹				豎
	庶				戍
		恕			署
		曙		術	
		述			术
6	熏			純	
		唇		迴	
		炯		順	
	訓				舜
		瞬		術	
5	萱				喧
		閂			姍
		删		懸	
		玄			珊
	撰			絢	
		眩			汕
	説	5	珪	
		歸			規
		皈			甌

續表

音節數	音節代表字	代表字後的具體字	音節數	音節代表字	代表字後的具體字
	鬼				詭
		晷			軌
	櫃				跪
	貴				桂
		癸		國	
		蟈	3	珖	
		光			胱
	廣			穬	
4	乖			夬	
		拐			刪
	怪			國	
4	瓜			寡	
		剮			卦
	刮				括
4	姑				孤
		沽			辜
		酤		古	
		鼓		故	
		固			錮
		顧		谷	
		骨	4	肱	
	滾				袞
	棍			谷	
4	官				棺
		冠			觀
		關			鰥
	管				館

續表

音節數	音節代表字	代表字後的具體字	音節數	音節代表字	代表字後的具體字
	貫				灌
		罐			冠
	國		5	鷄	
		基			稽
		幾			羈
		肌			譏
		飢			姬
	紀				己
		幾		跂	
		技			妓
		屐			伎
	既				計
		記			寄
		季		及	
		吉			給
		急			激
		擊			乞
		汲			訖
		級			盡
		極			炭
		迄			棘
5	交				郊
		教			嬌
		驕			膠
	絞				攬
		皎			餃
		狡		轎	

160

續表

音節數	音節代表字	代表字後的具體字	音節數	音節代表字	代表字後的具體字
	教				叶
		校			較
		覺		覺	
		腳			較
4	加				家
		袈			佳
	假				賈
	價				嫁
		架			假
	夾				甲
		胛			頰
5	江				薑
		疆			僵
		姜		講	
		港		礐	
		强		絳	
		降		覺	
5	鳩			九	
		久			玖
		糾			韭
	舊				臼
		舅		究	
		救			廄
		咎		覺	
5	令				金
		衿			矜
		經			襟

續表

音節數	音節代表字	代表字後的具體字	音節數	音節代表字	代表字後的具體字
		禁			荆
		斤			涇
		京			巾
		筋		景	
		謹			槿
		憬		近	
	敬				覲
		鏡			競
		竞			勁
		徑			禁
		喋		及	
5	堅				奸
		艱			肩
		兼			間
	簡				減
		撿			檢
		繭		儉	
		件			健
	見				建
		劍			諫
		監			澗
	結				桔
		劫			揭
		竭			傑
		桀			孑
4	迷				梅
		媒			煤

續表

音節數	音節代表字	代表字後的具體字	音節數	音節代表字	代表字後的具體字
		糜			枚
		嵋			霉
		麋			楣
		彌		米	
		靡			美
		每		媚	
		謎			妹
		寐			眛
	覓				密
		蜜			秘
		糸	2	繆	
	謬		2	乜	
	滅				篾
3	苗				描
		貓			錨
	杳				眇
		邈			緲
	妙				廟
4	民				鳴
		名			銘
		明			盟
		瞑			冥
		閩			溟
	閔				皿
		黽			抿
		茗		命	
	密		4	綿	

續表

音節數	音節代表字	代表字後的具體字	音節數	音節代表字	代表字後的具體字
		眠			棉
	免				勉
		冕			娩
		沔		面	
		麵			緬
	滅		4	追	
		錐		捶	
	墜				隊
		贅			惴
		縋		厥	
		決			拙
		掘			訣
		玦	2	抓	
	苗		3	莊	
	狀			壯	
5	居				珠
		朱			誅
		株			蛛
		猪			諸
		俱			駒
		車			拘
		据		主	
		矩			煮
		舉			拄
	巨				拒
		苣			炬
		懼			具

續表

音節數	音節代表字	代表字後的具體字	音節數	音節代表字	代表字後的具體字
		住			柱
	句				鋸
		倨			蛀
		註			著
		鑄			注
		踞		菊	
		鞠			橘
		局			拘
5	君				均
		鈞			軍
		諄		麕	
	準			郡	
		窘			菌
	菊		5	專	
		鵑			捐
		顓		轉	
		卷		卷	
		傳			賺
		圈			饌
	眷				絹
		轉		厥	
5	包				苞
		胞			褒
	保				堡
		寶			飽
		葆		抱	
	報				暴

續表

音節數	音節代表字	代表字後的具體字	音節數	音節代表字	代表字後的具體字
		豹			爆
	博		5	邦	
		梆			幫
	綁				榜
		蒡		傍	
		棒			蚌
	謗				磅
	博		1	碑	
		悲			卑
		杯	4	補	
		萄		步	
		捕			部
		簿		布	
	不		4	波	
		菠			玻
	跛			播	
		簸		博	
		薄			雹
5	巴				吧
		疤			芭
		粑			扒
	把			耙	
		罷		霸	
	八				捌
		叭			拔
		跋	4	擺	
	敗			拜	

續表

音節數	音節代表字	代表字後的具體字	音節數	音節代表字	代表字後的具體字
	伯				柏
		白			帛
		北			百
3	迸				磅
	凸			不	
4	奔				崩
		賁		本	
	笨			逩	
		賁	5	班	
		搬			般
		斑		板	
		版		伴	
		畔			叛
		辦			瓣
		扮			拌
	半			伯	
5	昌			長	
		場			腸
	廠			唱	
		暢		绰	
6	抽			酬	
		稠			俦
		紬			綢
		疇			惆
	丑				醜
	軸			齅	
	束				觸

續表

音節數	音節代表字	代表字後的具體字	音節數	音節代表字	代表字後的具體字
		濁			畜
5	癡			池	
	侈				恥
		齒			弛
	滯				雉
		室		尺	
		赤			秩
		飭			斥
5	超				抄
		鈔		潮	
		朝			嘲
	炒			鈔	
	綽				勺
		撮			戳
		擢			辵
5	差				杈
	茶				查
	哆			咤	
		奼			岔
	察				插
5	充				冲
		囪			衝
	蟲				重
	寵			銃	
	束	3	硨	
		車		扯	
	徹				澈

續表

音節數	音節代表字	代表字後的具體字	音節數	音節代表字	代表字後的具體字
		撤			轍
		輒			取
5	稱				伸
	成				呈
		臣			城
		承			丞
		程			誠
		塵			沉
		陳			橙
	逞			秤	
	稱			尺	
4	纏				蟾
		單			蟬
	攤				諂
		闡			
	徹		5	流	
		留			硫
		榴			琉
		瘤			劉
		遛		柳	
	籀				餾
	溜			略	
		掠	5	攦	
	雷				離
		擂			犁
		黎			璃
		蠡			籬

續表

音節數	音節代表字	代表字後的 具體字	音節數	音節代表字	代表字後的 具體字
		漓		李	
		你			里
		理			履
		屢			縷
		醴			旅
		娌			禮
	利				麗
		淚			蜊
		俐			莉
		例			儷
		厲			礪
		吏			離
		慮			濾
		累			勵
		內			類
	律				笠
		粒			栗
		力			立
5	鉾			嘹	
		寥			鐐
		撩			聊
	了			料	
		廖		略	
4	良				糧
		梁			涼
		量			梁
	兩				倆

續表

音節數	音節代表字	代表字後的具體字	音節數	音節代表字	代表字後的具體字
	亮				諒
		炕			量
		輛		略	
4	聯				連
		鰱			蓮
		憐			廉
	臉			斂	
	列				烈
		裂			劣
		獵	5	拎	
	鱗				玲
		靈			林
		霖			淋
		伶			鈴
		齡			零
		鄰			麟
		遴			菱
		盝			臨
		凌			陵
		琳		領	
	令				吝
		佞			另
		甯		力	
4	高				羔
		膏			篙
		皋		稿	
	告				窖

續表

音節數	音節代表字	代表字後的具體字	音節數	音節代表字	代表字後的具體字
		誥			覺
		酵			郘
	各		4	歌	
		哥			戈
	果				裹
	過				個
	各				閣
		鴿			角
		合			郭
		槨			葛
		格	4	皆	
		階			街
		該		改	
		解		介	
		芥			界
		解			蓋
		械			价
		届			誡
		戒		格	
		革			隔
4	工				功
		公			恭
		攻			蚣
		弓			供
		宮			龔
		躬		拱	
	共			貢	

續表

音節數	音節代表字	代表字後的具體字	音節數	音節代表字	代表字後的具體字
		供	4	勾	
		鉤			溝
	苟				狗
		枸		覯	
		垢			構
		够			遘
	各		4	剛	
		岡			肛
		綱			鋼
	港				講
	杠			各	
4	根				更
		耕			羹
		跟			庚
		齦			莖
	梗				埂
		耿			哽
		鯁		更	
		艮			亘
	格		4	干	
		竿			杆
		甘			肝
		柑			乾
		間		敢	
		感			趕
	幹				間
		泔	4	漂	

續表

音節數	音節代表字	代表字後的具體字	音節數	音節代表字	代表字後的具體字
		飄		瓢	
	漂			票	
		漂			縹
		剽	5	批	
		披			砒
	皮				疲
		脾			琵
		陪			培
		賠			裴
		紕		秕	
		鄙			痞
		否		沛	
		屁			譬
		配			劈
	弼				匹
		匹			辟
		闢			霹
		僻	6	娉	
	憑				平
		評			萍
		瓶			貧
		屏			頻
		馮		品	
		牝		砰	
	聘				儐
	弼		4	篇	
		偏		骿	

續表

音節數	音節代表字	代表字後的具體字	音節數	音節代表字	代表字後的具體字
		便		片	
		偏			騙
	撇		3	擙	
		翁			嗡
	塕			甕	
6	摳				謳
		歐		飜	
	偶				藕
		嘔		耨	
	嘔			遏	
6	哀			挨	
		埃		矮	
		靄			欸
	艾				哎
		礙		愛	
	厄				額
6	熬			鰲	
		遨			鏖
	襖				媼
		咬		傲	
	拗				奧
		懊		遏	
1	啞		3	映	
		骯		昂	
	益		5	阿	
	鵝				娥
		峨			訛

續表

音節數	音節代表字	代表字後的具體字	音節數	音節代表字	代表字後的具體字
		𡇬			俄
		蛾		我	
	餓			惡	
		遏			愕
		閼			噩
		蕚	4	恩	
	𡓾			硬	
	扼		6	安	
		鞍			鶴
	凡			黯	
		俺		岸	
	暗				案
	厄		3	槐	
		懷			淮
	壞			獲	
		或			惑
		劃	5	花	
	華				譁
		划		畫	
		話		化	
	滑				猾
4	荒			黃	
		惶			皇
		蝗			隍
		凰			簧
	恍				謊
		晃			慌

續表

音節數	音節代表字	代表字後的具體字	音節數	音節代表字	代表字後的具體字
	旐		6	呼	
	胡				乎
		瑚			蝴
		狐			猢
		醐			壺
		糊			湖
	虎				澔
		琥		户	
		護			祜
		怙			互
	呼			忽	
		惚			囫
		核	6	灰	
		輝			揮
		麾			徽
		恢		回	
		徊			茴
	毀				賄
		悔		會	
	惠				蕙
		慧			諱
		誨			晦
		吙			穢
	獲		4	昏	
		婚			葷
	魂				横
	渾			混	

續表

音節數	音節代表字	代表字後的具體字	音節數	音節代表字	代表字後的具體字
		橫	6	歡	
		謹		還	
		桓			皖
	緩			換	
		患			宦
		莞			範
		范		喚	
		幻			焕
		痪			涣
	獲		6	些	
	斜				邪
	寫			謝	
	瀉				卸
	雪				屑
		薛			楔
		燮			褻
		紲	6	須	
		西			雖
		犀			需
		鬣			嘶
	隨				徐
	洗				璽
		徙			髓
	序				敘
		遂			緒
		隧		細	
		歲			絮

續表

音節數	音節代表字	代表字後的具體字	音節數	音節代表字	代表字後的具體字
		堉		夕	
5	鑲				箱
		相			湘
		襄		想	
	象			相	
	削		4	羞	
		修		袖	
		峀		繡	
		秀			宿
	削		4	逍	
		消			宵
		銷			蕭
		簫			瀟
		霄		小	
	笑				肖
	削		5	新	
		心			辛
		薪			星
		猩			惺
		莘			腥
	循				尋
		旬			荀
		詢			巡
		馴			殉
		恂			錫
	醒				省
	信				訊

續表

音節數	音節代表字	代表字後的具體字	音節數	音節代表字	代表字後的具體字
		姓			性
		迅		夕	
		昔			習
		惜			席
		析			錫
		戌			膝
		熄			媳
		悉			息
		隰			蟋
		襲			蜥
6	先				仙
		宣			鮮
	涎				旋
		暹		選	
	旋				選
		漩		線	
		羨		雪	
4	羌				腔
		眶			匡
		筐		強	
		疆		強	
	卻				確
		恪	3	邱	
		蚯		求	
		述			裘
		賕		卻	
2	穹				穹

續表

音節數	音節代表字	代表字後的具體字	音節數	音節代表字	代表字後的具體字
		邘		曲	
2	茄				伽
	怯				揭
6	敲				蹺
	喬				翹
		橋			僑
	巧			撒	
	竅			卻	
3	麥			卡	
	恰				掐
5	欺				期
		溪			歧
		岐			蹊
	奇				騎
		其			崎
		麒			旗
		衹			祈
		沂			淇
		祁		豈	
		杞			啟
		起		氣	
		棄			契
		器			憩
	吃		5	輕	
		卿			欽
		傾		勤	
		禽			擒

東 亞 漢 語 史 書 系

續表

音節數	音節代表字	代表字後的具體字	音節數	音節代表字	代表字後的具體字
		琴			芹
		噙			擎
	頃			慶	
		磬			罄
	吃		5	牽	
		謙			騫
	乾				虔
		黔			鉗
	遣				譴
		歉			繾
	欠				芡
	揭		5	揪	
		啾			酒
	就				僦
	爵		5	漿	
		將			蔣
		槳			獎
	像				匠
	醬				將
	爵		5	衰	
		疽			雎
		苴			蹟
	咀				嘴
		菁		罪	
		聚		祭	
		際			濟
		最			醉

續表

音節數	音節代表字	代表字後的具體字	音節數	音節代表字	代表字後的具體字
	即				疾
		積			唧
		鯽			迹
		稷			脊
		集			續
		籍			嫉
		緝			輯
5	焦				椒
		蕉		噍	
	嚼			醮	
	爵				嚼
4	嗟			姐	
	借			絶	
		節			截
		捷			接
		睫	5	精	
		侵			晶
		旌			津
		睛			浸
	井			盡	
		静			靖
		净		進	
		竣			俊
		浸			駿
		緝			晉
		浚			峻
	即		5	尖	

續表

音節數	音節代表字	代表字後的具體字	音節數	音節代表字	代表字後的具體字
		煎		剪	
	賤				踐
		漸		薦	
		荐			箭
		濺		即	
5	猜			才	
		材			財
		裁			纔
		柴			豺
	采				彩
		採			睬
		踩		蔡	
		菜		擦	
		舌	3	倉	
		蒼			滄
	藏			創	
5	初			愁	
		芻			鋤
		雛		楚	
	醋				措
		厝			腠
	族				簇
		鏃			捉
		蹴	4	操	
	曹				漕
		槽			巢
	草			造	

續表

音節數	音節代表字	代表字後的具體字	音節數	音節代表字	代表字後的具體字
		糙			噪
		操	3	慈	
	此			次	
		賜			刺
3	蔥				聰
		從			匆
	從				从
		崇			叢
	族		3	搓	
		礎			蹉
	瑳			錯	
		厝	5	參	
		餐			攙
	讒				殘
		饞			慚
	産				鏟
	篡				纂
		爨			粲
	側				測
		惻			策
		拆			冊
		仄			栅
4	村				崝
		偆			皴
		郴		存	
		曾			層
		岑			蹲

續表

音節數	音節代表字	代表字後的具體字	音節數	音節代表字	代表字後的具體字
	忖			寸	
5	叨				滔
		韜		陶	
		洮			淘
		萄		討	
	套			託	
		鐸			度
		橐			拓
		脫			托
5	湯			唐	
		塘			搪
		堂			螳
		棠			膛
		鐺		攩	
		倘			儻
	拓				擋
		燙		託	
6	通				恫
	同				茼
		銅			桐
		童			潼
		侗			瞳
		僮		統	
		桶		捅	
	痛			禿	
		突			凸
5	拖			佗	

續表

音節數	音節代表字	代表字後的具體字	音節數	音節代表字	代表字後的具體字
		駝			馱
		砣		妥	
	唾			託	
5	胎			台	
		臺			苔
	詒			泰	
		太			態
		汰		塔	
3	他			踏	
	撻				塔
		塌			榻
		獺			沓
		妲			遢
5	偷			頭	
		徒			途
		屠			涂
	土				吐
	透				逗
		兔		禿	
5	吞				焞
		燉		騰	
		滕			膯
		囤			屯
		豚			臀
		疼			藤
	佘			褪	
	禿		5	貪	

187

續表

音節數	音節代表字	代表字後的具體字	音節數	音節代表字	代表字後的具體字
		探			湍
	談				痰
		檀			彈
		壇			潭
		團			譚
		摶		坦	
		唊			忐
		燄		炭	
	忒				忑
		特			慝
5	搜			樓	
		髏			奴
		盧			蘆
		駑		魯	
		櫓			鹵
		滷			簍
		擄			弩
		努			嶁
		虜		路	
		露			漏
		陋			賂
		鷺			怒
	六				禄
		碌			錄
		戮			鹿
		陸			綠
6	轟			龍	

續表

音節數	音節代表字	代表字後的具體字	音節數	音節代表字	代表字後的具體字
		隆			臕
		儂			濃
		瓏			籠
		朧			釀
	攏				隴
		壟			寵
	弄				怒
	儂			訥	
5	襬			來	
		萊		乃	
		奶		奈	
		奈			賴
		癩			耐
		瀨			睐
		賴		勒	
		肋			仂
6	覶			羅	
		邏			蘿
		籮			鑼
		騾			挪
		那			儺
		儸		娜	
	糯			贏	
	落				
		絡			洛
		樂			烙
		駱			諾
		駱	4	郎	

續表

音節數	音節代表字	代表字後的具體字	音節數	音節代表字	代表字後的具體字
		廊			椰
		蜋			狼
		囊			琅
		浪		朗	
		椰		浪	
	落		5	拉	
	拿			那	
	那			呐	
		衲			納
		捺			臘
		臘			蠟
		邋			辣
		喇			内
5	儺			勞	
		牢			鐃
		癆			嘮
	老				璙
		惱			潦
		腦		鬧	
		淖		撈	
		潦	4	難	
		男			蘭
		瀾			瀾
		欄			攔
		藍			籃
		鸞			蠻
		楠			南

續表

音節數	音節代表字	代表字後的具體字	音節數	音節代表字	代表字後的具體字
		喃			闌
		孿		懶	
		暖			赧
		卵			覽
		攬			欖
	亂				難
		纜			濫
		亂		勒	
4	掄			能	
		倫			輪
		綸			崙
		棆			圇
		論			淪
	冷			嫩	
		論	5	鍬	
	撨				樵
		憔			瞧
	悄				愀
	俏				誚
		峭			哨
	雀				鵲
4	秋			遒	
		湫			囚
		泅			酉
	甃			鵲	
5	鎗				鏘
		蹌			戕

191

續表

音節數	音節代表字	代表字後的具體字	音節數	音節代表字	代表字後的具體字
		槍		詳	
		翔			嬙
		薔			牆
		祥			庠
	搶			譙	
		嗆		鵲	
3	且			藉	
	切				妾
		竊	5	妻	
		趨			棲
		催			崔
		摧		齊	
		臍		取	
	翠				娶
		趣			砌
		悴			粹
		猝			萃
	七				漆
		寂			刺
		戚			輯
5	青				清
		親			蜻
	情				秦
		晴		請	
		寢		蓋	
		沁		七	
5	千				阡

續表

音節數	音節代表字	代表字後的具體字	音節數	音節代表字	代表字後的具體字
		遷			簽
	潛				前
		痊			錢
		全			泉
		筌			詮
	淺			塹	
		倩			茜
	切		5	挑	
	調				條
		迢		掉	
	掉			跳	
		糶			眺
5	推				梯
	題				提
		禔			醍
		啼			蹄
		穎		體	
		涕		退	
		蛻			替
		剃		剔	
		迪			倜
		惕			踢
5	天				添
	田				甜
		填		呑	
		舔		殄	
		腆		蘸	

193

續表

音節數	音節代表字	代表字後的具體字	音節數	音節代表字	代表字後的具體字
	貼				帖
		鉄			怗
		餮	5	汀	
		聽		停	
		亭			廷
		庭			霆
		蜓			婷
	挺				艇
	聽			剔	
1	丟		4	刁	
		凋			貂
	屌			掉	
		調		弔	
		鈞	2	爹	
	揲				跌
		牒			碟
		蝶			疊
		迭			耋
		喋	5	低	
		堆		的	
		底			抵
	地				弟
		悌		帝	
		兌			對
		隊			締
		嚏			諦
	滴				的

續表

音節數	音節代表字	代表字後的具體字	音節數	音節代表字	代表字後的具體字
		嫡			笛
		狄			滌
		荻	5	丁	
		釘		鼎	
		頂		定	
		錠		釘	
		訂		滴	
5	顛				癲
		掂			巔
	點				典
	殿				電
		奠			佃
		甸			坫
	店				揲
4	嬈				嬲
		鳥			尿
	虐				誳
		瘧	4	娘	
	仰			仰	
	虐		4	㑇	
	牛			忸	
		紐			鈕
	岰		5	宜	
		倪			霓
		呢			疑
		尼			妮
	擬				誼
		蟻			餒
	議				刈

續表

音節數	音節代表字	代表字後的具體字	音節數	音節代表字	代表字後的具體字
		藝			毅
		羿			膩
		詣		睨	
		悷			逆
		匿			溺
		暱		怩	
5	拈				妍
	年				嚴
		鮎		儼	
		碾			輦
	念				彥
		啍			諺
		硯			廿
	業				聶
		鑷			捻
	捏				臬
3	凝			听	
	逆				

第四節　趙蔭棠珍藏江淮官話等韻書小結

　　本章我們所述《萬籟中聲》《切韻樞紐》《五聲反切正均》均爲官話等韻古籍，韻書個別地方流露出方言，而《諧音摘要字母》反映的音系是湖北東北部孝感一帶的地方方言，與今天的孝感話有一脈相承的關係，與武漢地區的西南官話不同，《諧音摘要字母》呈現的是江淮官話區内的具體方言點的語音。

　　《萬籟中聲》《切韻樞紐》與《五聲反切正均》及《諧音摘要字母》都具有古曾梗深三攝字併入臻攝，[-n]尾與[-ŋ]尾相混的現象，這也是江淮官話與北方官話相比，自明清至今都存在的標志性特點。《萬籟中聲》《切韻樞紐》刊於明代，時間相對略早,作者的編纂體例裏,還存在全濁聲母,聲調爲 4 個,研究者認爲濁聲母實質已經消失,認爲平聲已分出陰陽。《五聲反切正均》分陰平、陽平、上、去、入五聲。而《諧音摘要字母》有 6 個聲調,存在《五聲反切正均》已經消失了的[-ŋ]聲母。可以説,這組江淮官話地區等韻書,時間上、地域上有一定的跨度,音系上有共性也有差異。

一、《萬籟中聲》《切韻樞紐》研究小結

《萬籟中聲》《切韻樞紐》作者是安徽歙縣人,今歙縣部分歸爲江淮官話區、部分歸爲徽語區。《萬籟中聲》《切韻樞紐》保留全濁聲母,可以説有一定的對傳統韻書的繼承性、具有存古模式,但是永島的擬音已大膽地把全濁聲母去掉,而《萬籟中聲》《切韻樞紐》流露的曾梗深臻攝合併、[o]和[uo]不別等語音特徵,實質也是江淮官話的特點。故而我們把《萬籟中聲》《切韻樞紐》歸於江淮官話韻書。

《萬籟中聲》《切韻樞紐》一書大陸的《韻學古籍述要》《文字音韻訓詁知見書目》諸書並未提過。《趙蔭棠音韻學藏書臺北目睹記——兼論現存的等韻學古籍》一文引用了《臺灣師範大學普通本綫裝書目》,該目錄沒有吳元滿的音韻著作。研究過《萬籟中聲》《切韻樞紐》的臺灣地區,也並沒有發現趙蔭棠珍藏的臺師大的這個本子。是書的發掘可以爲寧忌浮先生所述的種類繁多的明代韻書新增一部韻部數量爲 108 的韻書。我們窮盡式地搜索文獻,考證《萬籟中聲》《切韻樞紐》作者吳元滿生卒年,把生卒年限範圍縮小到生年爲 1537—1544 年之間,卒年爲 1607—1613 年之間。

《萬籟中聲》《切韻樞紐》是同一作者同一年寫的韻書韻圖,而音節總數及音節代表字均存在差異,我們從這一角度探討韻書作者有意識設置或顧及讀書音之餘的無意識的語音流露對韻學著述中音節表達的影響。

二、《五聲反切正均》研究小結

《五聲反切正均》爲安徽全椒人吳烺所作。我們系統考察了吳烺的著作、生平,並考證出吳敬梓的長子吳烺在 1770 年去世,整個吳氏家族後期搬遷到廣西藤縣。這一文獻考察同時也解開了文學領域研究吳氏家族時一直存在的謎團。

我們校勘了《五聲反切正均》,並從文獻、音系兩方面梳理海內外研究《五

聲反切正均》的成果。

我們發現吳烺著述中的南京、全椒及吳語區的語音特徵跟吳烺自幼在南京、全椒居住,少年時期在吳語區遊歷都有關係,可以說作者自身尤其是青少年時期的語音環境會對韻書反映的音系產生潛在的影響,起碼具有了影響的可能性。特別是在韻書創新的明清時期,作者編寫韻書不僅是讀書音的傳承,也會體現自己的觀念認知。如果吳烺没有從前人韻書裏接觸過,身邊也没有現實的語音環境渲染,自然不大可能記錄出相關語音。這一層,過去的音系研究者没有進行詳細的文獻考察,也没有把作者的經歷跟流露的語音相聯繫,出現注重考察南京音的現象。王松木雖然提過吳烺曾在山西上任,想作爲反駁南京音説的證據之一,但是《五聲反切正均》序言作於 1763 年,而吳烺山西上任是之後的事情。

陳貴麟的結論是《五聲反切正均》的基礎方言爲江淮官話,特別是跟江淮官話下的洪巢片有關,跟泰如片、黃孝片關係較遠;其主體方言是全椒話,核心方言爲南京話。王松木認爲《五聲反切正均》韻圖同時兼容南北官話的音系特點,並摻雜吳語方言的部分特徵,並非單純記錄南京一地的語音。而且王松木是以《五聲反切正均》爲例,論述“母語與韻圖基礎音系無必然關係”。王松木的結論更多的是論述韻書的讀書音特性,這個無可非議。但需要點明的是,所有出現的全椒話、南京話、吳語的特徵,都是《五聲反切正均》作者吳烺熟知的語音,並没有太大矛盾,其語音取捨的範圍既有前人韻書的承繼,也有自身的語音感知,最終的定奪結果以書面形式呈現。

三、《諧音摘要字母》研究小結

我們從文獻、韻書音系及其後歷時演變多角度考察臺灣師範大學所藏向惠門的《諧音摘要字母》。《諧音摘要字母》反映孝感當地方言,而且與近 200 年後今天的孝感方言有一脈相承的關係。孝感方言歸屬存在爭議,我們按照李榮的觀點放在江淮官話區。

我們查找史籍對向惠門的記載,寬泛地估算,《諧音摘要字母》成書於1800—1855 年間。是書爲層次分明的等韻化韻書,没有韻圖,從體例結構上分析也不需要再設置韻圖。我們從向惠門《諧音摘要字母》的理論陳述裏又新發現普安堂韻書《同音字彙》。

《諧音摘要字母》自身的音系特點爲:聲母特點——全濁塞音、塞擦音聲母清化後,大多平聲送氣,仄聲不送氣;重唇音分化出輕唇音,非敷奉合流;曉匣母字拼介音-u-時與 f 聲母存在自由變體的關係;章組讀翹舌,知莊組接觸混合型分出兩類;見系細音字讀同章組;《諧音摘要字母》部分二等喉牙音字聲母顎化;通攝合口三等舒聲喻(以)、影母字與日母開口字(除止攝)聲母相同;泥來母洪音細音皆混。可以看出,19 世紀中葉,湖北孝感韻書已經體現了今孝感方言聲母的基本特徵。也可以觀察出,自元末明初孝感地區大規模移民 400年之後,不同音系特點的移民方言深度接觸,音系特徵迥異的地方,出現了新的交融現象,比如,全濁聲母部分仄聲字有送氣現象,知章組平翹舌的分布呈現不規則性。

到 20 世紀,聲母系統性演變有曉匣母字與唇齒音變得界限分明,從尖團音有別到尖團合流,此外,泥母細音字出現了零聲母現象且在 21 世紀表現得更加明顯,這三方面都是《諧音摘要字母》之後發生的系統性演變。《諧音摘要字母》之後孝感方言聲母漸進性演變突出表現爲見系二等顎化程度明顯加深。其他聲母系統特徵近 200 年基本保持一致。

我們觀察《諧音摘要字母》韻母類別,結合百年後的方言調查記錄,發現《諧音摘要字母》韻母特徵是模韻端系及魚虞韻莊組字與流攝及入聲屋沃同韻,爲[əu];蟹、止攝合口幫組、端系、魚虞韻精系同韻,爲[i],魚、虞幫組還是[u],魚、虞韻見系[ʮ];果攝一二等見系字韻母相同爲[o],歌韻與戈韻不存在開合之別;深臻梗(梗攝的一部分)曾攝舒聲韻尾混併;通攝入聲明母字及模韻明母個別字讀同通攝陽聲韻;端系一等古合口讀開口;精組三四等古合口讀開口;韻母這些特徵與 20 世紀初的記錄整體一致。説明早在《諧音摘要字母》時已經產生了這些語音現象。

《諧音摘要字母》平聲分陰陽,去聲分陰陽,存在入聲。從調類看,近 200年“陰平、陽平、上聲、陰去、陽去、入聲”的聲調格局保持一致。但是從具體分布看,有逐漸演化的迹象。入聲字逐漸分化,所轄字減少,入聲有分派入其他諸調的趨勢。已經派入其他聲調的入聲字,後世調類移位,主要表現爲從其他聲調變陽平調、去聲陰陽之間轉化及新增入聲又讀。從《諧音摘要字母》時代起陰去陽去就存在一部分交叉,到後世,按音理當放陽去聲的字放到陰去聲、放陰去聲的字放到陽去聲這類現象都有所增加,而且陰去放入陽去增加的數量尤爲明顯。

趙蔭棠所藏《萬籟中聲》《切韻樞紐》《五聲反切正均》《諧音摘要字母》在大陸都較少被研究提及,可以説其版本、音系都值得大陸學者研究利用。更加豐富的文獻材料,有助於我們的研究更細化、深入。

第三章　北方官話等韻書

　　這裏的北方官話等韻書含官話韻書及流露整個大北方地區某些點的方言特徵的等韻書,本章共收入《五音通韻》《等音新集》《音泔》《同音字辨》《萬韻新書》五種等韻書,我們按照時間順序列出。

第一節　《五音通韻》

一、《五音通韻》作者及成書過程、體例

　　《五音通韻》是清代的一部韻書,今存於我國臺灣師範大學"國文所"及日本慶應義塾大學圖書館。

　　《五音通韻》的作者,《臺灣師範大學普通本綫裝書目》著者録爲"童稈撰"。《慶應義塾大學言語文化研究所所藏永島榮一郎氏舊藏中國語言學(小學)資料について——解説と目録》所附永島小學類藏書目録中有"《五音通韻》十二卷,闕名撰,清初抄本"。秦曰龍①質疑,"童稚"是"從小,打小時候起"的意思,本非作者之名,不知目録編寫者爲什麼將"童稚"當成了《五音通韻》的作者編製進了該目録。我們翻閱秦曰龍撰寫論文時未曾見到的臺灣師大本《五音通韻》,其序有"僕童稈年來,嗜好韻學,專心積累","童稈"右側劃竪綫,且上字"僕"向右空出半字格,"童稈"二字顯得尤爲突出,謄録書目者蓋由此而認定作者爲"童稈"。而日藏本後人没有在"童稈"旁加竪綫。對《五音通韻》進行研究的音韻學者未指出其作者是誰。永島榮一郎《近世支那語特に北方語系統に於ける音韻史研究資料に就いて》説《五音通韻》作者不詳。趙蔭棠在《等韻源流》中亦説《五音通韻》"作者不詳"。數十年後應裕康、秦曰龍的研究

---

　　①　秦曰龍.清抄本《五音通韻》研究[D].长春:吉林大學博士學位論文,2011:10.

亦未對韻書作者有實質性探討。

　　《五音通韻》的序、凡例均未透出作者本人信息。我們通過文字較多的《五音通韻》韻書注釋部分,試分析作者的生活情況。

　　我們看到涉及麵食特別是"餅"的釋義尤多。共計出現"餅"27 處,其中"餅也"9 處、"餅屬"7 處,另外還有"餅子、切餅、麥餅、烙餅具"一類的詞。此外,還有"饊子"這一食物,如"今通名饊子,俗呼饊子"。可見,作者對麵食相對熟悉,很可能生活在北方以麵食爲主的地區。

　　《五音通韻》韻書注釋中的地名有概括的、級別高的行政區域,也有具體的、級別低的行政區域。作者必然對某一地區相對熟悉,才會知道更多的低級行政區。作者容易把他對事物的認知反映到編寫的韻書中。清代劃山海關內爲 18 個行省,省下設道、府(州)、縣。我們窮盡式地統計作者釋義中出現的清代低級行政區劃——縣(包括更低一級的鄉、邑)的分布,進而觀察作者熟悉的生活地區。

　　整部韻書共計涉及縣名 66 處。其中屬今山東、河南的地名最多。山東12 處,河南 10 處,這其中,府名提到較多的是山東兗州府,有 3 例。其他省份提及次數較多的爲四川 7 處,山西 7 處,浙江 5 處,河北 4 處。

　　我們具體羅列提到山東、河南二省區縣的注釋如下:

　　"水名,出泰山郡萊蕪縣,原山西南入濟";"鄆城,縣名,魯邑;邑名,在曹,今山東兗州府";"郯城,縣名,屬兗州府";"單父,縣名,山東單縣";"又沂水縣屬青州府,因水爲名";"縣名,兗州府";"淄川,縣名,屬濟南府";"縣名,在北海;縣名,屬東昌府"。

　　"鄉名、縣名,屬河南府";"黽池,縣名,在河南";"縣名,屬南陽府";"縣名";"鄢陵,縣名,屬開封府";"郾城,縣名,在河南";"縣名,在南陽";"沔池,縣名,屬河南府";"縣名,屬開封府"。

　　我們觀察發現,具體地名主要涉及山東西部地區,特別是兗州府,作者很可能長期生活在這一帶。

　　《五音通韻》的成書時間前賢多有推測。趙蔭棠定於康熙年間,應裕康認爲《五音通韻》韻圖不用等第,而用四呼的名稱,圖甚簡略,沒有什麼理論闡發,所以應該是潘耒《類音》之後的韻圖,是受了潘耒四呼説的影響而承用的。潘耒的《類音》作於康熙年間,因此《五音通韻》當不能早於此。

　　秦曰龍考察了韻書中的地名、官制名,分析了韻書中的避諱,再結合韻書引證《字典》、引證《聖諭廣訓》的內容,認爲《五音通韻》成書於雍正年間,且晚於雍正二年(1724 年)。

　　《五音通韻》分爲韻圖本和韻圖韻書合本。韻圖部分兩版本體例一致。

　　《五音通韻》韻圖開篇爲《五音通韻序》,之後是凡例 8 則,具體序言與凡例內容應裕康、秦曰龍均有詳細著録與評論,茲不贅述。作者隨後列十二攝:一心、二別、三光、四果、五行、六泰、七賢、八卦、九州、十位、十一道、十二支;十九字母:阿、呼、蘇、孤、枯、租、粗、都、土、盧、奴、夫、模、逋、鋪、書、如、諸、初。接下來是"五音配合所屬總訣""西江月"(以合轍押韻的形式概括全書編纂原則)"指掌定位之圖""韻目指掌之圖""寄入聲例""校唇音例",上述內容之後,是《五音通韻》韻圖部分。

　　韻圖部分以十二攝爲單位,一攝一頁,凡十二圖。

　　每圖分十九列,首行列名即爲十九字母。

　　每圖分四大部分,從上至下依次爲齊齒呼、開口呼、合口呼、撮口呼。

　　每部分含五行,每行列一聲調之例字,從上到下依次爲陰平、陽平、上聲、去聲、入聲字。

　　凡爲入聲調寄韻之字皆在字外加圈,且該韻圖右下角書"入聲寄某韻"諸字。

　　有聲無字處用〇表示。

　　韻圖中,不合拼合關係用空白表示,不再列〇。

　　《五音通韻》韻書部分體例:

　　日藏本《五音通韻》後附韻書,韻書按照十二攝順序排列,分別分布在十二卷中,每卷依照十九字母順序列字。字母下分列上平、下平、上聲、去聲、入聲的字,聲調放在圈裹突出標示。以上體例與韻圖相同。韻圖一個音節位置下對應的韻書部分會有若干用圈隔分開且標有反切的小韻,這些小韻的劃分遵從《廣韻》,標示了這些字的中古來源。諸小韻下列字頭、反切、釋義。作者在字頭的選取上還列入了部分字的"古文""本文"。作者釋義引用了大量書證材料,也會在注釋中加圈隔按語,評論韻書、字數,列出音韻門法,表明作者注音、文字方面的觀念。釋義也補充了大量俗語。

　　據我們統計,《五音通韻》韻書共列字 20 401 個,共計注釋 18 458 條。①

　　各攝字數及釋義條數如下:

表 3-1　《五音通韻》各攝字書及釋義條數統計表

韻　　攝	一心	二別	三光	四果	五行	六泰
注釋數量	1 619	805	1 277	1 312	1 939	729
字頭數量	1 869	921	1 408	1 533	2 141	800

---

　　①　我們所據日藏本《五音通韻》尚缺第十卷中的第 1～6 頁。

續表

韻　攝	七賢	八卦	九州	十位	十一逍	十二支
注釋數量	2 616	749	830	1 181	1 198	4 203
字頭數量	2 840	821	915	1 294	1 318	4 541

　　《五音通韻》徵引典籍,保存文獻材料,這其中甚至還有一部分是今天已經亡佚的書,秦曰龍博士學位論文説:"《五音通韻》徵引的書證材料不下五百種,涵經史子集各個方面。"(147 頁)除此之外,並未見具體的引證數量。我們具體統計了書證材料。《五音通韻》注釋中引用書證大多在右側加竪綫,個別漏加之處,我們補上。共計引書名篇名 628 種,計重出共有 5 670 部(篇)。引用 10 次以上的書有 69 種,我們把引用 10 次以上的引書書名、次數分別列於下:

表 3-2　《五音通韻》引用 10 次以上書名統計表

引用書名	《説文》	《論語》	《六書分類》	《廣韻》	《字林》	《爾雅》
引用次數	632	167	10	141	130	292
引用書名	《通論》	《正字通》	《中原雅音》	《正韻》	《左傳》	《山海經》
引用次數	14	23	21	54	161	24
引用書名	《莊子》	《易》	《博雅》	《類篇》	《韻會》	《管子》
引用次數	86	95	50	35	45	51
引用書名	《韻府》	《淮南子》	《六書正譌》	《楚辭》	《小爾雅》	《增韻》
引用次數	24	64	39	33	18	51
引用書名	《廣雅》	《釋文》	《五音集韻》	《字彙》	六《書統》	《篇海》
引用次數	30	24	21	41	13	10
引用書名	《韻略》	《春秋》	《公羊傳》	《周禮》	《倉頡篇》	《釋典》
引用次數	11	23	11	47	17	16
引用書名	《唐韻》	《字統》	《索隱》	《玉篇》	《中庸》	《博物志》
引用次數	63	13	13	125	43	26
引用書名	《詩》	《坤雅》	《集韻》	《孫子》	《戰國策》	《古今注》
引用次數	358	16	75	25	18	20
引用書名	《方言》	《列子》	《通俗文》	《難經》	《漢書》①	《素問》
引用次數	33	13	14	13	17	10
引用書名	《法言》	《正義》	《白虎通》	《國語》	《荀子》	《禮記》
引用次數	10	10	34	30	24	131

續表

引用書名	《大學》	《六書故》	《集成》	《孟子》	《杜甫詩》	《本草》
引用次數	28	69	12	109	39	21
引用書名	《釋名》	《書》	《史記》			
引用次數	190	324	95			

注:①直接標《漢書》的 17 處,另有《賈誼傳》15 處,《漢律例志》11 處,《漢志》22 處,《食貨志》16 處,《董仲舒传》11 處。

其中作者在按語中引用書目 27 種,共計 234 次:

表 3-3　《五音通韻》按語引用書籍篇目一覽表

書名	《廖氏韻學》	《廣韻》	《正字通》	《唐韻》	《正韻》	《説文》
引用次數	1	58	10	31	2	30
書名	《五音集韻》	《字彙》	《六書故》	《釋文》	《集成》	《篇海》
引用次數	21	30	1	2	2	2
書名	《五經文字》	《切韻指南》	《韓愈傳》	《正譌》	《唐鑑》	《海篇》
引用次數	1	1	1	1	1	1
書名	《字體辨微》	《六書正譌》	《佩觿集》	《玉篇》	《集韻》	《禮記》
引用次數	1	3	1	12	16	2
書名	《群經音辨》	《吳越春秋》	《諸家經典》			
引用次數	1	1	1			

《五音通韻》除了大量引用文獻,還有不少俗語、方言的記錄,我們一共統計了 192 例。介紹的方式眾多,我們以其開頭不同分類,內容格式有異的各舉一例:

"俗呼":俗呼彈弓;俗呼囟門謂之頁腦蓋。

"俗謂":俗謂舀;俗謂之細作;俗謂搔痒曰撋;俗謂我曰咱。

"俗曰":俗曰踡囊。

"某某地方謂":北方謂之地螻;江南人呼犁刀爲鋾。

"俗今曰":俗今曰鞋楦。

"今……":今河北人呼蚸蝪;今俗凡物相近謂之挨;今人謂賤丈夫爲漢子;今通名儌子;今俗稱人之妻曰夫人;今俗長衣曰長衫。

二、《五音通韻》著録及版本

《五音通韻》於《四庫全書總目》《四庫未收書目提要》《續修四庫全書提要》《販書偶記》《書目答問》以及今人陽海清、褚佩瑜、蘭秀英編的《文字音韻訓詁知見書目》均未見著録。

我們目前所知的相關目録文獻著録《五音通韻》的有下面這些。

《臺灣師範大學普通本綫裝書目》第 136 條：

　　　　五音通韻 一冊 童稈 撰 鈔本

《慶應義塾大学言語文化研究所所藏永島栄一郎氏旧藏中国語言学（小学）資料について——解説と目録》一文附慶應義塾大學言語文化研究所所藏永島榮一郎氏舊藏小學資料目録，目録中語二之部第二一條：

　　　　五音通韻十二卷 闕名撰 清初抄本

臺灣師範大學所藏《五音通韻》爲韻圖本，首頁序之右下角有橢圓形印章，章上有篆書"臺灣師範大學藏書"諸字，序的正下方印有索書號"555585"，右上方印有"△940496"。

日本慶應義塾大學藏本《五音通韻》共 12 卷，每卷封面印索書號，索書號放雙層邊框內，有四橫綫分四行書寫"語二 1221"[1]，日藏本前有韻圖，後附韻書。兩不同版本的《五音通韻》韻圖部分整體一致，體例皆爲《五音通韻序》、凡例、圖表等。每頁皆排 8 豎行字。

兩版本書寫字體有異，臺灣師大本字體灑脱，有連筆，慶應義塾本字迹工整。

除去連筆，用字本身的對應差異如下：

表 3-4　《五音通韻》日本及臺灣藏本用字差異表

日本藏本	㳒[1]	唇	門	屬	爲	舊	單	輕
臺灣藏本	法	唇	门	属	为	舊	单	轻

注：①序言第一書行"反切之法"兩本用字差異如上，而日本藏本，也有寫作"法"的情況，序言第四行"翻切之法始備"，兩版用字皆爲"法"。

───────────

① "语二"爲書籍分類方式，小學類音韻之屬放"語二"。

可以看出，兩個版本有古書常見的異文差別，而且，臺灣本多用簡化寫法。

日藏本全書有句讀，序言、凡例亦在停頓處加點，而臺灣本無句讀。

日藏本與臺灣本皆有抄寫者修正之處，我們對比，按在文中出現順序列修改處如下：

表 3-5　日臺藏本《五音通韻》原書修正之處對比表

日本藏本	臺灣藏本	修改對比
方	"牙"劃掉改爲"方"。	異
"風土之迴異"，補充"詞"，改爲"風土之詞迴異"。		同
"反切之關鍵也"，補充"者"，"反切之關鍵者也"。		同
"如漸字本是醮字"後皆補"精照互用門"。		同
"取字之法捷便者莫過於此"中間補"而"，改爲"取字之法捷便者而莫過於此"。		同
"若以指掌取之"	"若以指拿取之"，"拿"改爲"掌"。	異

日藏本與臺灣本做同樣修改之處 4 例，臺灣本另有兩處原寫法與日藏本不一致，後修改同日藏本原文。

我們由上述改定補充之處推論，今日本藏本先出，臺灣本乃隨後抄錄日本藏本或與日藏本一致的本子。只取韻圖部分謄錄，可謂提綱挈領。兩本抄錄完畢後，作者查驗，不妥之處做了共同修改。

在序言門法舉例部分兩本還有一差異，日藏本"士魚切，如殊字本是鋤字，正音憑切門"，臺灣本寫爲"……正音齒切門"，其實門法中的例子正是齒音的例子，做"齒切門"不誤。而日藏本韻書部分出現了 6 例"正音憑切門"，可見"正音憑切門"確爲專業術語，亦不誤，蓋二者名有差異，實指一事，故不做修訂。

韻圖部分差異爲：日藏本於第一圖右側有單魚尾，魚尾上印有"五音通韻"諸字，其後諸圖不再有，臺灣本諸圖皆無。

韻圖中縱列的十九母。臺灣本前 9 個聲母阿、呼、蘇、孤、枯、租、粗、都、土列於右半葉，盧、奴、夫、模、逋、鋪、書、如、諸、初列於左半葉；日藏本前 10 個聲母列於右半葉，即盧聲母一列在右邊。同時，日藏本只在正葉紙的左側由上而下標齊齒呼、開口呼、合口呼、撮口呼，而臺灣本於每個半葉皆在左側順次標齊齒呼、開口呼、合口呼、撮口呼。其中，日藏本第九圖沒有標四呼。

三、《五音通韻》校勘

(一)韻圖校勘

日藏本第九圖沒有標四呼,不合體例,當據臺灣本補,上半部分加"齊齒呼",下半部分加"開口呼"。

(二)韻書校勘

1.一　心攝　租母　上平聲

偊,釋義"古人",當爲"古文"。全書多處於通行楷書後附古文,釋義位置寫"古文"二字。僅一心攝就有 24 例釋義處標"古文"的情形。且"**偊**"前之"僎"有《禮記》賓主象天地也"的解釋,跟"古人"意義無關,"**偊**"即"僎"之古文。

2.五　行攝　夫母　去聲

賵,無鳳切。賵,《廣韻》《集韻》皆撫鳳切,賵賻。按:夫母下不當有用"無"作反切上字的字,實乃"撫"偏旁遺漏而誤作"無",當正爲"撫鳳切"。

3.五　行攝　逋母　上平聲

兵,必英切,"……世木"。注釋中出現"世木",且旁加豎綫表示書名,按:《五音通韻》9 處出現《世本》,且右側有直綫表示書名,《世本》是一部由先秦時期史官修撰的,主要記載上古帝王、諸侯和卿大夫家族世系傳承的史籍。只有此處書名爲"世木",而"世木"二字後的"蚩尤以金作兵"實出自《世本》一書,故"世木"當正爲"世本"。

4.六　泰攝　初母

表示聲調的圓圈內書"上下"二字,按:《五音通韻》表聲調的圈內寫上平、下平、上、去,該圈下的字"釵,初齋切",爲上平字,且隨後的音節圈內有"下平"二字,則"上下"應正爲"上平"。

5.六　泰攝　初母　入聲

入聲後有"測、惻"二字,無反切,不合體例,蓋作者疏漏,《廣韻》"測,初力切",當在頭字"測"下補"初力切"。

6.七　賢攝　孤母　去聲

建,居堰切……○健,居堰切

按:二字放在不同的圈隔下,不當有同樣的反切。建,《廣韻》居堰切,山開三去願見;健,《廣韻》渠建切,山開三去願群。且"健"後諸字"健、楗、腱、踺、鍵、件"皆爲群母字。用"居"這一見母字作反切上字不合情理,蓋受竪排版右側"建,居堰切"影響而誤抄。

7.八 卦攝 土母 入聲

○後的"闥"下無反切,不合體例,蓋爲抄寫疏漏,當據《廣韻》補"他達切"。

8.九 州攝 諸母 去聲

○呪説二字頭下未注反切,注釋開頭爲"職救也",其後是"誓也,祝也,詛也,詈也"。按:"職救也",意義不通。呪,《廣韻》職救切。蓋"切"字受後文類化而誤作"也",當正爲"職救切"。

9.十 位攝 粗母 去聲

翠,七醉切……○萃,七醉切。不同圈隔下依體例不當有相同反切。按:翠,《廣韻》七醉切;萃,《廣韻》秦醉切。蓋"萃"受右邊竪行的"七醉切"影響而同化致誤,當正爲"秦醉切"。

10.十 位攝 盧母 入聲

入聲下,頭一字"勒"無反切,不合體例,蓋抄寫疏漏。勒,《廣韻》盧則切,可據補。

11.十 位攝 連韻 入聲

入聲後,頭一字"北"無反切,有疏漏。北,《廣韻》博墨切,當據補。

12.十一 逍攝 書母 入聲

入聲下第一個字頭"杓"無反切,不合體例。杓,《廣韻》市若切,可據補注音"市若切"。

13.十二 支攝 初母 去聲

侈,充志也,奢泰也,《字林》大也。侈,《廣韻》奢也,汰也,大也。侈,《集韻》充豉切。按:從體例看,"侈"爲去聲下第一個字,注釋開頭處當標反切,而且"充志也"與後文釋義不合,"充志切"與"充豉切"音韻地位相同,"充志也"改爲"充志切"則合乎體例,亦符合被注字"侈"的音韻地位。

四、《五音通韻》研究綜述

從研究篇幅觀察,《五音通韻》研究始於趙蔭棠、永島榮一郎,興於應裕康,盛於秦曰龍。

趙蔭棠《等韻源流》沒有專門討論《五音通韻》,只在新序中説:"《五音通韻》,抄本,作者未詳,約在康熙。"永島榮一郎《近世支那語特に北方語系統に於ける音韻史研究資料に就いて》對《五音通韻》進行了幾百字的論述,介紹了獲得《五音通韻》的經過,並對《五音通韻》的版本、語音系統進行了分析,他提出了《五音通韻》更大的價值或許在於韻母的減少,即撮口韻數量減半、[ei]韻消失等觀點。永島先生初步研究了《五音通韻》的官話語音史價值。

永島榮一郎把《五音通韻》與《三教經書文字根本》比較,說諸書大體上類似,但也有相異之處。《五音通韻》把[u]、[y]韻放入支攝,與《三教經書文字根本》相似,位攝[uei]獨立也與《三教經書文字根本》相似。由此可以看到《五音通韻》與《三教經書文字根本》有非常相似之處。存在的相異之處在於各韻母的減少,即撮口呼的韻母減半,[ei]消失。

對《五音通韻》進行專題論文研究是從我國臺灣學者應裕康開始的。

應裕康研究結論如下:

《五音通韻》成書年代比趙蔭棠說的康熙時代可能更晚些,在雍正時代。

應裕康高度肯定了《五音通韻》作者的膽識與審音能力。

應裕康認爲清代在我國聲韻學史上,是一個很昌明的時代。一些大學者,如顧炎武、江永、戴震、段玉裁、王念孫,都從事聲韻學的研究。不過他們研究的方向,都在古音學。應裕康研究清代韻圖,發現韻圖的作者很少有大學者。不過,應氏並不認爲那些研究等韻的學者,沒有學問,沒有見識。相反,他說那些學者有很多分析語音很精微。等韻作者常常能突破前代把陰陽五行跟聲韻混淆的情形,在當時語音學並不發達的情況下,這是很不容易的。《五音通韻》的作者是很好的一個代表。

應裕康認爲《五音通韻》是表現當時北方官話語音系統的韻圖。

《五音通韻》分19個聲母,12個韻攝。在聲母之中,已沒有全濁聲母,韻攝之中,也没有-m韻尾。從諸多現象可以看出,《五音通韻》表現了當時北方官話的語音系統。

應裕康拿《五音通韻》與樊騰鳳《五方元音》作比較,除了樊書多了一個聲母外,其餘幾乎相同。樊氏是清順治時河北唐山人。樊氏籍貫同時也是這系列韻圖所表示的音系的一個很好的佐證。

聲母方面:《五音通韻》有書、如、諸、初四母,擬音有舌尖後音和舌葉音兩種可能。在《中原音韻》音系中,學者也有相似的困惑。應裕康認爲在《五音通韻》支攝中,開口韻母明顯表示有ï(ɿ/ ʅ)存在,因此把書系擬爲舌尖後音聲母,這也表示北方官話,無論如何,在明清之際,應該有 tʂ 系聲母及 ï 韻母了。

　　《五音通韻》的 19 個聲母中,有舌根音和舌尖前音聲母,但是沒有舌面音聲母,是否當時北方官話音系細音還沒有受到介音影響而顎化?《五音通韻》所示的確如此。不過它卷首的《指掌定位圖》下,有字母五音所屬歌訣一首,把呼蘇二母並列,牙音又把孤苦租粗四母並列,也表示這之間實有某種關係存在。

　　比較等韻 36 個字母跟《五音通韻》的 19 個聲母,《五音通韻》少了 17 個聲母之多。我們可以看到從中古到現代北方官話音系聲母演化的幾個特徵:濁音清化、非敷合流、知照合流、影喻疑乃至微母的合流。

　　應裕康還比較《中原音韻》的聲母與《五音通韻》的聲母,《中原音韻》有 21 個聲母,比《五音通韻》多兩個聲母,是跟等韻字母微母相應的 v-,和疑母相應的 ŋ-,這兩個濁聲母,《五音通韻》時已經和影、喻兩母合流,變成零聲母。

　　至於《中原音韻》時代,北方官話有無舌面前音聲母的問題,學者的意見也很有分歧,現在我們觀察《五音通韻》,就可以發現《五音通韻》的 k 系,洪細並沒有分爲兩個音位,ts 系的洪細也是如此,在這情形下,我們可以把《五音通韻》當作擬訂《中原音韻》音值的一個旁證。

　　《五音通韻》圖中列有入聲,但是應裕康認爲它是爲了"五聲方足"才這樣做的。

　　在陽聲韻方面《五音通韻》只有 4 個韻攝,即心、光、行、賢四攝。心、賢兩攝的韻尾是-n,光、行兩攝的韻尾跟中古的韻母,乃至《中原音韻》的韻母相比,沒有了-m 的韻尾,所有原來-m 韻尾的韻母,都併入了-n 韻尾的韻母(-m→-n)。

　　《五音通韻》的支攝,包括了 5 個開尾韻:ï、ɤ、i、u、y,主要元音都完全不同。將這些韻母放在一個韻攝裏,大約可以說明一點:韻圖練音跟分析語音的作用較大,純粹表叶韻的作用小,這是跟韻書不同的地方。因此個人擬音的原則雖是把同韻攝的韻母擬作同一主要元音,但有時像心攝那樣,還是沒法解決。因爲韻圖的分析,有其極限,再進一步,就要靠音標注音。

　　在大陸地區,李無未、秦曰龍對《五音通韻》進行過研究。秦曰龍發表了多篇《五音通韻》的相關文章,由於單篇文章是從博士學位論文截取的,我們直接依照博士學位論文進行總結。秦曰龍從編纂體例、語音系統、語音思想、徵引文獻考論等方面對永島榮一郎所藏《五音通韻》進行了全面研究。

　　秦曰龍先從體例、韻圖、編纂特點等方面展開敘述,詳盡介紹體例內容,依照十二韻攝韻圖的先後順序分析每幅圖的情況與特點,比較分析韻圖列字與韻書小韻首字以及韻圖韻書編製形式的差異,在等韻學史、等韻學思想史背景下,圍繞日藏本《五音通韻》韻圖與韻書配合的情況探討其編纂特點,蠡測編纂者的著作動機與思想。

秦曰龍根據文獻內部材料補正《五音通韻》的成書年代不會早於清代雍正二年,即 1724 年。

《五音通韻》語音系統及其性質是秦曰龍博文的重點所在,從聲母、韻母、聲調等幾個方面展開論證。通過檢查韻書小韻首字中古的音韻地位梳理其聲母、韻母的來源,考察聲母、韻母的分合演變;再與卷首韻圖參照,構擬其音值,列出聲母表和韻母表;根據韻書、韻圖中入聲字的安排探求聲調調類的情況。結合《五音通韻》的音系情況,對漢語語音史的重要問題如全濁聲母的清化、見組精組與舌面音的關係、韻尾的分合情況、入聲字的分布等進行了探討,也對某些不符合語音演變規律的例外情況作出了解釋。在判定《五音通韻》的語音性質時,秦曰龍將《五音通韻》其與同時代的《五方元音》《三教經書文字根本》文獻音系作共時比較,同時,與《中原音韻》、《切韻指南》、《語言自邇集》、現代漢語普通話語音系統進行歷時演變的梳理。在此基礎上,認爲《五音通韻》反映的是 18 世紀初北京官話的語音面貌。

秦曰龍對《五音通韻》批評《韻法直圖》《字彙》《正字通》等韻書、字書的注音材料作了深入分析。認爲《五音通韻》在辨析《字彙》《正字通》的注音時,依據的是《廣韻》,強調《字彙》《正字通》音切的中古來源;而批評它們使用方音土語時所持的語音立場則是當時的標準音,即 18 世紀初的北京官話。

秦曰龍對《五音通韻》中所徵引的《中原雅音》《唐韻》《字彙》《正字通》等文獻進行了考辨論析,闡發了《五音通韻》在韻書史、辭書史、漢語語言文字規範史等方面的價值。

可見,前人的研究重點在《五音通韻》音系方面,同時由於《五音通韻》韻書本身的特點,又增加了對徵引文獻的論述。但是,由於之前研究條件的限制,還沒有日本藏本與臺灣藏本結合研究的論文,自然無法闡發兩個版本的異同點。對韻圖及韻書本身的研究仍然有待拓展,比如,對《五音通韻》的作者的研究,對《五音通韻》徵引文獻的深入研究,對韻書中列"古文""本文"的研究,對韻書中舉出的俗語的研究,等等。

五、《五音通韻》語音史價值

(一)《五音通韻》反映清初官話的語音史價值

《五音通韻》的編纂不受傳統韻書、等韻學的約束,是反映實際語音的聲母系統和韻母系統的。它是明清時期一部比較典型的韻圖與韻書相配合的等韻文獻,是研究近代漢語語音尤其是明清時期漢語北方話語音的珍貴資料。高價購買《五音通韻》的永島榮一郎曾説:"該書確實是按照正確的秩序排列的,進而就每個字來進行研究的時候,或許真的值二百五十元。"

應裕康也高度推崇《五音通韻》反映時音的評價,他指出作者雖然名微,但拋棄了陰陽五行的束縛。應裕康認爲樊騰鳳《五方元音》多了一個聲母,即《五音通韻》的阿母,跟樊書的雲、蛙兩母相對應。樊書凡例的二十字母圖,雲字下是因、言、氳、元四字,蛙字下是文、晚、恩。實際上雲、蛙出現在不同的韻母前,雲母出現在齊齒、撮口兩呼之前,蛙母出現在開口、合口兩呼之前,因此,雲、蛙其實是一個音位。樊氏把它們列爲兩個聲母,乃因樊氏認爲:"五聲爲經,四排爲緯,五四二十,亦天地自然之數,豈有所強而然哉?"説穿了,還是鑽不出所謂"聲韻"跟"天地"的關係,從這一點,可見《五音通韻》高於《五方元音》之處。

《五音通韻》反映實際語音,而且是没有陰陽五行束縛的反映,這在當時是難能可貴的。

張鴻魁《明清山東韻書研究》(頁 102)介紹光緒年間的《萬韻書》時提出:"早於《萬韻書》的音韻著作,現在還没有見到只設 19 聲類的。《易通》《匯通》要多出'微'母,《等音》《韻助》要多出'微''疑'兩母。儘管它們都有'微''影(合口)'混同,'疑''影'混同的迹象。我們當然可以認爲,其作者們的方言正處在混同早期,尚未完全合併。即使如此,仍然抹殺不了《萬韻書》的創新精神。"而實際上比《萬韻書》早的抄於雍正年間的《五音通韻》已經明確列 19 個聲母,即《五音通韻》是最早明確設 19 個聲類的韻書。這樣,《五音通韻》的語音史價值更爲凸顯。

(二)《五音通韻》蘊含清代初期學者對語音歷時演變的叙述

該叙述一方面體現在韻書的設計上,另一方面體現在按語中的門法上。

《五音通韻》的韻圖部分顯示當時的官話語音,而韻書部分對應韻圖中每個音節的位置是一系列按中古來源排列的字。韻書通過圈隔及標注中古反切展現了中古時期的音韻地位。

而作者按語中的門法則直接表達了作者的語音演變意識。作者在序言中説:"門法之分,若茲之類,多有舛錯,今則率用音和,標射準的。且出語則有平上去入、喉牙舌脣齒之分;聞聲則有齊開合撮、宮角徵羽商之辨。"韻書正文共計 115 處按語加注門法,列出了今音音和切,同時引古書反切,顯現古今演變。

(三)《五音通韻》保存了已經亡佚的韻書,對漢語語音史文獻的輯佚工作功不可沒

秦曰龍統計《五音通韻》有已佚《中原雅音》材料21條。《五音通韻》對《中原雅音》的引用格式再次證明《中原雅音》是一部書,而且新增了7條之前沒有見過的《中原雅音》材料。

我們對照《廣韻》中存錄的亡佚書①,分別列表比較後人有輯佚的書與後人沒有輯佚的書在《五音通韻》中的留存情況,《廣韻》有而《五音通韻》沒有提及的佚書我們不再列出。

表 3-6　《五音通韻》與《廣韻》輯佚書籍對比表

輯佚書名	《文字志》	《字統》	《韓詩》	《春秋元命苞》	《玄中記》
《五音通韻》引用次數	1	13	2	1	1
《廣韻》引用次數	1	32	3	11	4
輯佚書名	《異字苑》	《字類》	《字詁》	《文字音義》	《新字林》
《五音通韻》引用次數	1	1	1	3	9
《廣韻》引用次數	5	4	3	20	18
輯佚書名	《倉頡篇》	《三倉》	《埤蒼》	《文字指歸》	《聲類》
《五音通韻》引用次數	17	1	9	5	5
《廣韻》引用次數	16	1	60	13	13
輯佚書名	《音譜》	《聲譜》	《韻略》	《古今字音》	《通俗文》
《五音通韻》引用次數	7	3	11	1	14
《廣韻》引用次數	14	15	6	51	17
輯佚書名	《字譜》	《河圖》	《世本》	《文字集略》	《古史考》
《五音通韻》引用次數	1	1	9	7	2
《廣韻》引用次數	1	4	54	11	12
輯佚書名	《尸子》	《字苑》	《字樣》	《蔡氏化清經》	
《五音通韻》引用次數	1	2	2	1	
《廣韻》引用次數	9	1	6	1	

---

① 熊桂芬.《廣韻》引書新考[J].語言研究,2003(1).

《五音通韻》中與《廣韻》共現的輯佚文獻總計 29 種,《五音通韻》存的輯佚文獻條目數量比《廣韻》多的有《倉頡篇》《韻略》《字苑》。

已經亡佚且沒有輯佚的文獻《五音通韻》與《廣韻》對比列表如下:

表 3-7　《五音通韻》與《廣韻》亡佚文獻對比表

亡佚書名(篇名)	《字譜》	《文字辨疑》	《仙經》	《字類》	《韻譜》	《職官要錄》
《五音通韻》引用次數	1	2	1	1	1	1
《廣韻》引用次數	1	2	1	4	1	1

從徵引數量可推知,《五音通韻》中存在《廣韻》未收的佚書條目,我們如果關注其中的韻書部分或者其他書籍中的音注部分,必然會對音韻文獻的輯佚工作起到推動作用。

(四)《五音通韻》按語中的批判是音韻學學術討論的歷史記錄,具有音韻學學術思想史的價值

《五音通韻》對舊有韻書、字書的注音部分有大量引用,這其中不乏嚴厲的批評。據秦曰龍統計,《五音通韻》共引《字彙》44 條,其中批判字音的有 17 條。用語爲“知母而不知子母俱失,韻學之大病也”“某某,不成文”。引用《正字通》文獻條目 22 條,其中有具體批判字音內容的 10 條。用語爲“廖氏善駁諸家之非,而己之切音多從臆造,惜乎! 等韻無授而背韻書,何哉”“韻學之病莫甚於此者”“何廖氏韻學如此之謬”。此外,對《廣韻》及《韻法橫圖》《韻法直圖》也有評價。作者肩負強烈的正音使命感,不畏名氣,直言不諱,大膽地作出評判,這種治學方式、治學觀念也通過韻書留傳到後世,至今,我們可以看到 300 年前作者的爭鳴,而且是振聾發聵式的,這不得不説是我們韻學史上的寶貴財富。

總之,《五音通韻》充分顧及了中古音與清代當時語音的關係,很好地展現了語言的演變,表達了清代初期學者的正音觀念,按語中也蘊含了對語音問題的討論。《五音通韻》韻書體例屬於韻部—聲類—調類,即黎錦熙所説的“諸韻各統四聲”,也是寧忌浮説的《蒙古字韻》和《中原音韻》系韻書的基本體例。

寧忌浮《漢語韻書史·明代卷》説:

　　　　明清兩代,出現許多通俗韻書、方言韻書,收錄大量俗字、方言詞語,且“俗字俗解”,極可寶貴,如《韻略易通》《韻要粗釋》《類聚音韻》《戚林八

214

音》《音韻正訛》《五方元音》等。

　　中古韻書韻字注釋的主要依據是唐代以前的典籍。唯《增修互注禮部韻略》大量採擷唐人詩文、逸事、典章制度以及宋人的論著,韻書注釋開始接近現實語言。近代韻書則多"俗字俗解",少引經據典。

　　而《五音通韻》在音系表達體例上是"諸韻各統四聲"的書,屬於有"俗字俗解"的近代韻書,卻同時兼顧了中古韻書引經據典諸特點,批判地吸收了前代與當時的韻學精華,必然有其深遠的語音史價值。

六、《五音通韻》反切一覽表

　　我們窮盡式搜集了《五音通韻》的反切,製作了反切一覽表,這些反切是具有存古性的。《五音通韻》往往用一個或多個反切表示其所處時代的一個音節,屬於《五音通韻》同一個音節內包含的不同反切的情況,作者的體例是在反切前作圈,如,字頭"因、殷"在《五音通韻》時表達同一音節,而作者用圈隔著録了不同的反切:"因,衣津切……○殷,於斤切"。現列出《五音通韻》反切表,實質上這個表格也涵蓋了日藏本《五音通韻》的音節表。下表第一縱列圈隔聲調皆依《五音通韻》原書,反切中字迹不清的地方,我們空缺。(表 3-8 按逐行從左欄到右欄的順序閱讀)

表 3-8　《五音通韻》反切一覽表

聲調、圈	字頭	反切	聲調、圈	字頭	反切
	因	衣津切	○	殷	於斤切
○	音	於金切	下平	寅	移秦切
○	銀	疑秦切	○	齗	語勤切
○	崟	移琴切	○	吟	魚琴切
上聲	引	以緊切	○	隱	於謹切
	迎	衣忍切	○	听	宜引切
○	飲	衣錦切	○	齞	牛錦切
去	印	伊晉切	○	胤	移晉切
○	隱	衣靳切	○	憖	疑靳切
○	蔭	於禁切	○	顁	于禁切
上平	恩	烏根切	下平	聖	五痕切

續表

聲調、圈	字頭	反切	聲調、圈	字頭	反切
上	穩	烏懇切	去	饖	烏恨切
○	䰟	五恨切	上平	温	烏昆切
下平	文	無焚切	上	吻脗	武粉切
○	穩	烏本切	去	問	無忿切
○	揾	烏困切		饖	五困切
上平	氲	於薰切	○	齋	於君切
下平	雲	于云切	○	筠	于倫切
上	蘊	於䡅切	○	殞	于敏切
聲調、圈	字頭	反切	○	䡅	魚䡅切
去	運	禹訓切	○	慍	於訓切
呼 上平	欣	許斤切	○	歆	許金切
上	遯	喜忍切	去	焮	許覲切
○	焮炘	香靳切	上平	哏	呵根切
下平	痕	戶痕切	上	很	胡墾切
上平	昏	呼昆切	下平	魂	戶存切
上	混	胡本切	○	總	呼本切
去	恩	胡困切	○	諢	五困切
○	惛	呼悶切	上平	熏	許氲切
去	訓	許運切	蘇 上平	新	西因切
○	心	西音切	下平	尋	席淫切
上	蕈	席寢切	去	信	息督切
	蕈	席廞切	上平	孫	蘇温切
上	損	蘇本切	去	遜	蘇困切
下平	荀	須勻切	○	旬	詳勻切
上	筍笋	思允切	去	浚	私閏切
○	殉	徐閏切	孤 上平	金	基音切
○	巾	居因切	○	斤	舉欣切
上	謹	居隱切	○	緊	居引切
○	噤	具飲切	去	禁	居蔭切

續表

聲調、圈	字頭	反切	聲調、圈	字頭	反切
○	抍	居近切	○	靳	几近切
○	近	極靳切	○	僅	具印切
○	㹃	具廑切	上平	根	古恩切
上		古懇切	去	艮	古恨切
上平	昆	古温切	上	袞	古本切
去	棍	古困切	上平	君	居薰切
○	鈞	居遵切	上	窘	巨殞切
去	郡	具運切	○	攗	居運切
	昀	九峻切	枯 上平	欽	去金切
下平	禽	奇吟切	○	勤	奇芹切
上	螼	溪錦切	○	赾	丘謹切
○	螼	去忍切	去	捦	起禁切
	麶	奇禁切	○	蟪	去刃切
上平	報	可恩切	上	懇	康很切
	肯	本苦等切	去	硍	可根切
上平	坤	苦昆切	上	綑	苦本切
去	困	苦悶切	上平	歅	去君切
下平	群	渠云切	上	稇	苦殞切
○	窘	渠殞切	租 上平	津	將因切
○	㴲	子心切	上	儘	疾引切
去	晉	即信切	○	盡	疾印切
○	浸	子沁切	上	怎	子懇切
上平	尊	租昆切	上	撙	茲損切
去	賰	子寸切	○	鱒	自悶切
十平	遵	將鈞切	去	俊	租殉切
粗 上平	親	七因切	○	侵	七心切
下平	秦	慈寅切	○	鱘	慈吟切
上	寢	七飲切	去	親	七印切
○	沁	七廕切	上平	村	此尊切

217

續表

聲調、圈	字頭	反切	聲調、圈	字頭	反切
下平	存	徂魂切	上	忖	倉本切
去	寸	倉困切	上平	逡	七均切
都 上平	敦	都昆切	上	盹	都本切
○	盾	杜損切	去	頓	都困切
○	遯	杜困切	土 上平	涒	他昆切
下平	屯	徒魂切		吨	吐穩切
去	褪	吐困切	盧 下平	鄰	力銀切
○	林	力吟切	上	嶙	良忍切
○	廩	力飲切	去	吝	力刃切
○	臨	力禁切	下平	論	魯魂切
上	碖	盧本切	去	論	盧困切
下平	倫	呂勻切	上	埨	力殞切
奴 下平	紉	女鄰切	上	抳	尼廩切
去	賃	女禁切	上平	麕	奴昆切
上	炳	奴本切	去	嫩	奴困切
夫 上平	分	府紛切	○	紛	敷紛切
下平	焚	符文切	上	粉	府吻切
○	憤	房吻切	去	糞	方問切
○	忿	芳問切	○	分	扶問切
模 下平	民	彌鄰切	上聲	泯	迷引切
○	愍	迷敏切	上平	糜	莫奔切
下平	門	莫魂切	上	悗	莫本切
去	悶	莫困切	逋 上平	賓	必因切
○	彬份	必巾切	上	臏	必引切
○	稟	筆錦切	去	殯	必印切
上平	奔	逋溫切	上	本	布穩切
去	奔	布悶切	鋪 上平	繽	匹賓切
下平	頻	毗寅切	上	品	匹飲切
○	牝	毗引切	去	木	匹印切

續表

聲調、圈	字頭	反切	聲調、圈	字頭	反切
上平	噴	鋪温切	下平	盆	蒲魂切
上	体	普本切	去	噴	普悶切
○	坌	蒲悶切	書 上平	申	失真切
○	深	式針切	○	森	所今切
○	莘	所臻切	下平	神	食鄰切
○	辰	時鄰切	○	諶	時壬切
上	哂	式忍切	○	蜃	時忍切
○	沈	式荏切		葚	食荏切
	甚	食枕切	○	瘮	疎錦切
去	慎	時刃切	○	甚	時鴆切
○	瘆	式禁切	○	滲	所禁切
下平	純	殊倫切	上	盾	殊準切
去	順	樹閏切	○	舜	舒閏切
如 下平	人	如鄰切	○	任	如林切
上	忍	而軫切	○	稔	如審切
去	刃	而振切		任	汝鴆切
下平	犉	如倫切	上	蝡	如準切
去	閏	如順切	諸 上平	真	之申切
○	珍	知申切	○	斟	職深切
	砧	知深切	○	臻	側巾切
○	簪	側森切	上	軫	章忍切
○	朕	直忍切	○	朕	直稔切
○	戡	知歛切		枕	支審切
去	震	章刃切	○	鎮	陟刃切
○	陳	直刃切	○	揕	知鴆切
	枕	之任切	○	鴆	直禁切
○	譖	側滲切		諄	朱春切
○	屯	陟春切	上	準	朱殞切
○	盾	助殞切	去	稕	之閏切

續表

聲調、圈	字頭	反切	聲調、圈	字頭	反切
初 上平	瞋	昌真切	○	獜	丑珍切
○	琛	丑針切	○	參	楚森切
下平	陳	池鄰切	○	沈	持林切
○	岑	鋤林切	上	踸	丑忍切
	踸	丑枕切	○	墋	楚枕切
去	趂	丑刃切	○	闖	丑禁切
○	讖	楚滲切	○	櫬	初覲切
○	㑊	鋤滲切	上平	春	初諄切
○	椿	丑諄切	下平	醇	鋤倫切
上	蠢	初殞切	阿 下平	邪	延斜切
上	也	以寫切	去	夜	演謝切
入	噎	烏結切	○	拽	羊列切
○	孽	魚列切	○	謁	於歇切
○	齧	五結切	○	裛	乙獵切
○	厭	衣葉切	○	曄	移獵切
○	葉	移獵切	○	腌	於業切
○	業	魚怯切	上平	肥	於靴切
入	悅説	弋穴切		㘉	於月切
○	越	于月切	○	月	魚越切
呼 入	纈	奚結切	○	歇	喜揭切
○	協	胡頰切	○	脅脇	羲劫切
上平	靴鞾	許㕢切	入	血	許悅切
○	穴	胡悅切	蘇 上平	些	息參切
下平	斜衺	習爺切	上	寫	先野切
○	虵	習野切	去	卸	先夜切
○	謝	習夜切	入	屑	西列切
○	燮	悉協切	入	雪	相絶切
○	踅	寺絶切	孤 上平	迦	肌參切
入	結	飢屑切	○	子	居別切

續表

聲調、圈	字頭	反切	聲調、圈	字頭	反切
	羯	居竭切	○	碣	及別切
○	頰	古協切	○	劫	飢脅切
入	厥	居掘切	○	訣	古絕切
枯 上平	佉	丘爹切	下平	茄	奇爺切
去	呿	企夜切	入	篋	尼業切
○	怯	起業切	○	挈	苦結切
○	朅	丘竭切	上平	舵	去靴切
下平	瘸	渠懸切	入	闕	丘曰切
○	缺	犬缺切	租 上平	嗟	津些切
上	姐	茲也切	去	借	子夜切
○	藉	自夜切	入	節	子潔切
○	截	疾潔切	○	睫	即協切
○	捷	疾協切	入	絕	疾訣切
○	蕝	子決切	粗 上平	磋	七些切
下平	査	齊斜切	上	且	七也切
去	趄	七夜切	入	切	千結切
○	妾	七葉切	入	㰁	七絕切
都 上平	爹	丁些切	上	哆	丁寫切
入	臺	弟潔切	窒	窒	丁結切
○	鰈	杜協切	○	喋	丁協切
土 入	鐵	他結切	○	貼	他協切
盧 入	列	力辥切	○	獵	力葉切
下平	臁	力瘸切	入	劣	力穴切
奴 下平	腥	乃邪切	入	涅	奴結切
	茶	奴協切		聶	尼獵切
入	吶	女劣切	模 上平	咩	彌爹切
上	哶	彌也切	入	滅	莫列切
逋 入	別	弱傑切	○	筋	筆傑切
○	龞	必涅切	○	鱉	弱結切

續表

聲調、圈	字頭	反切	聲調、圈	字頭	反切
鋪 入	擎	普噎切	書 上平	奢	詩遮切
下平	蛇	時耶切	上	捨	詩野切
去	舍	式夜切	○	射	神夜切
入	舌	食晢切	○	設	式夜切
○	攝	書涉切	○	涉	時攝切
入	説	書拙切	如 上	惹	人者切
去	偌	人夜切	入	熱	如列切
入	蒸	如劣切	朱 上平	遮	之奢切
上	者	章也切	去	蔗	之夜切
入	折	之舌切	○	轍軼	直舌切
○	魯	之牒切	○	輒	霑牒切
入	拙	朱説切	○	輟	轉説切
初 上平	車	尺遮切	上	撦	昌者切
去	趂	充夜切	入	徹	敕列切
○	鍤	丑涉切	○	謵	尺涉切
入	歠	穿拙切	○	颰	丑拙切
阿 上平	央	衣薑切	○	胦	衣江切
下平	羊	移詳切	上	養	以想切
○	鞅	衣兩切		仰	疑兩切
○	俇	衣講切	去	漾	移匠切
○	怏	於亮切	○	仰	魚白切
上平	狱	烏岡切	下平	昂	五郎切
	峱頎	五龐切	上	唉	烏郎切
	馴	五朗切	去	盎	烏浪切
○	柳	五浪切	上平	汪	烏光切
下平	王	于狂切	○	亡	武房切
上	枉	烏徃切	○	泩	烏晃切
○	徃	王倣切	○	网	武倣切
去	盱	王放切		妄	巫放切

續表

聲調、圈	字頭	反切	聲調、圈	字頭	反切
呼 上平	香	希央切	○	肛	希江切
下平	降	奚降切	上	響韻	希兩切
○	傋	虛講切	○	項	胡講切
去	向	許亮切	○	巷	胡絳切
○	慧	希絳切	上平	欣	呼剛切
下平	杭	胡郎切	上	骯	胡浪切
	酐	呼朗切	去	吭	胡浪切
上平	荒	呼光切	下平	黃	胡王切
上	慌	呼晃切	○	晃	胡廣切
去	況	呼旺切	○	攩	胡曠切
	荒	呼桄切	蘇 上平	襄	息漿切
下平	詳	似羊切	上	想	息兩切
○	象	習蔣切	去	相	息醬切
○	象	習醬切	上平	桑	息倉切
上	纇	思朗切	去	喪	思浪切
孤 上平	薑	基央切	○	江	飢腔切
上	講	古項切		繈	居仰切
去	虹	古巷切		彊	居亮切
上平	岡	古康切	○	釭	古邦切
上	魟	各朗切	去	焆	古浪切
上平	光	古汪切	上	廣	古晃切
去	桄	古曠切	○	誆	古況切
枯 上平	腔	苦江切	○	羌	溪央切
下平	強	其良切	上	勥	其兩切
去	嗛	起亮切	○	弶	其亮切
上平	康	苦剛切	下平	抗	可堂切
上	慷忼	苦朗切	去	抗	苦浪切
上平	匡	枯方切	上	搶	七養切
去	蹡蹌	七亮切	上平	倉	七剛切

續表

聲調、圈	字頭	反切	聲調、圈	字頭	反切
下平	藏	慈郎切	上	奘	徂朗切
去	蹡	七浪切	○	藏	徂浪切
都 上平	當	都湯切	上	黨	多朗切
去	當	丁浪切	土 上平	湯	土當切
下平	唐	徒郎切	○	蕩	徒黨切
去	燙	他浪切	○	宕	徒浪切
盧 下平	良	力羊切	去	亮	力讓切
下平	郎	力堂切	上	朗	盧黨切
去	浪	來宕切	奴 下平	娘	女良切
去	釀	女亮切		㘚	尼邦切
	㵼	納央切	下平	囊	奴堂切
上	㵼	尼綁切	○	曩	奴朗切
夫 上平	方	府汪切	○	芳	敷方切
下平	房	符亡切	上	倣	分罔切
○	仿	敷往切	去	放	府妄切
○	訪	敷妄切		防	符況切
模 上平	牻	莫邦切	下平	茫	莫郎切
上	㝑	孟綁切	○	莽	母黨切
去	漭	莫浪切	邦 上平	邦	博牻切
○	幫	布剛切	上	綁	布㝑切
○	榜	北朗切	去	棒	步胖切
○	謗	補曠切	○	傍	捕浪切
鋪 上平	鎊	普幫切	○		匹邦切
下平	傍	蒲忙切	○	龐	蒲逢切
上	髈	匹朗切	去	滂	普浪切
○	胖	匹棒切	書 上平	商	書央切
下平	常	市良切	上	賞	書兩切
去	上	時亮切	○	餉饟粯	式亮切
上平	霜	色莊切	○	雙	書窗切

續表

聲調、圈	字頭	反切	聲調、圈	字頭	反切
上	爽	疎罔切	去	雙	色撞切
如 下平	穰	如羊切	上	壤	如兩切
去	讓	如向切	諸 上平	章	之央切
○	張	知央切	上	掌	之兩切
○	長	知兩切	○	丈	直兩切
去	障	之亮切	○	帳	知亮切
○	丈	直亮切	上平	莊	之霜切
○	椿	竹竂切	上	奘	之爽切
去	壯	之創切	○	撞	直創切
○	戀	竹撞切	初 上平	昌	尺央切
○	悵	勑央切	下平	長	除良切
上	廠	齒兩切	○	昶	丑兩切
去	唱	尺亮切	○	悵	丑亮切
上平	窻憁	初雙切	○	創	初莊切
○	惷	丑椿切	下平	幢	除幢切
○	淙	鉏幢切	上	硤甊	初爽切
去	創	初壯切		漴	鉏撞切
	靓	丑撞切		縬	楚撞切
	髟	本必幽切		彪	本必幽切
去	慶	丘敬切	○	罄	苦定切
上平	坑阬	客庚切	上	挳	苦梗切
○	肯肎	苦等切	上平	空	枯公切
		酷攻切	○	銎	口觥切
下平	頹	狂洪切	上	孔	康董切
去	控	苦貫切	上平	穹	曲兗切
○	銎	曲邑切	○	埛	欽扃切
下平	窮窮	渠雄切	○	蛩	渠容切
○	瓊璚	渠榮切	上	綗褧	口迥切
○	惷	丘隴切	去	焪	去仲切

續表

聲調、圈	字頭	反切	聲調、圈	字頭	反切
租上平	精	咨嬰切	上	井	子郢切
○	靜	疾郢切	去	淨	疾性切
上平	增	子僧切	上	噌	子等切
去	甑	子鄧切		贈	昨亙切
上平	宗	作冬切	○	燮	租翁切
上	總	作孔切	去	粽	作弄切
○	綜	子宋切	上平	蹤	租松切
上		子悚切	去	縱	子誦切
粗 上平	清	七嬰切	○	青	倉經切
下平	情	齊盈切	上	請	七井切
去	倩	七性切	○	靘	千定切
上平	曾	七增切	下平	層	齊楞切
去	蹭	十鄧切	上平	鬆	粗翁切
下平	叢	徂紅切	○	賨	藏農切
去	鬷	粗送切	上平	從	七松切
下平	從	齊容切	上	愡	倉悚切
都上平	丁	低經切	上	頂	低醒切
去	釘	丁定切	上平	登	都增切
上	等	多肯切	去	鐙	都鄧切
○	鄧	杜贈切	上平	東	都翁切
○	冬	都宗切	上	董	都孔切
去	凍	多貢切	土上平	聽	他經切
下平	庭	提寧切	上	挺	徒頂切
○	珽	他頂切	去	聽	他定切
	廷	徒徑切	上平	鼟	他登切
下平	騰	徒層切	上平	通	土翁切
	烽	他冬切	下平	同	徒紅切
○	彤	徒農切	上	桶	吐孔切

續表

聲調、圈	字頭	反切	聲調、圈	字頭	反切
○	挏	徒總切	去	痛	他貢切
○	慟	徒弄切	盧 上平	靈	離呈切
○	陵	力承切	上	領	里郢切
去	令	力正切		另	郎定切
下平	棱	魯恒切	上	冷	力便切
去	倰	魯鄧切	下平	籠	盧紅切
上	攏	力董切	去	弄	盧貢切
下平	龍	力茸切	○	隆	力戎切
上	隴	力踵切	去	曨	魯重切
奴 下平	寧	泥亭切	○	儜	尼澄切
上	顊額	乃挺切	去	甯	乃定切
下平	能	泥縢切	上	能	奴等切
下平	農	奴彤切	○	醲	女逢切
上	繷	奴孔切	去	齈	奴凍切
夫 上平	風	夫翁切	○	封	府恭切
○	豐	敷弓切	○	峯	敷恭切
下平	馮	房同切	○	逢	符容切
上	覂泛	方寵切	○	捧	敷擁切
	奉	扶隴切	去	鳳	扶夢切
	諷	方鳳切		賵	無鳳切
	葑	敷重切	○	俸	扶重切
模 下平	明明	迷迎切	○	銘	迷靈切
上	皿	迷影切	○	茗	彌頂切
去	命	眉病切		詺	莫定切
下平	盲	木彭切	○	甍	木朋切
上	猛	莫冷切	○	懵	木肯切
去	孟	莫更切	○	懜	木鄧切
下平	蒙	莫紅切	上	懞	莫孔切

續表

聲調、圈	字頭	反切	聲調、圈	字頭	反切
去	檬	莫鳳切	逋 上平	兵	必英切
○	并	必嬰切	○	冰	筆矜切
上	丙	必影切		鞞	補頂切
○	竝並	弼頂切	去	柄	必命切
○	病	弼命切	○	凭	弼應切
上平	崩	布增切	○	繃	補耕切
上	祊	布梗切	○	琫	布檬切
去	迸	北孟切	○	崩	逋鄧切
鋪 上平	碰	披冰切	○	絣	普丁切
下平	平	皮明切	○	萍	蒲冥切
○	憑	皮陵切	去	聘	匹正切
○	評	皮命切	上平	漰	普耕切
下平	朋	蒲楞切	○	彭	蒲萌切
上	鄙	普肯切	去	磞	普孟切
○	捧	蒲孟切	下平	蓬	蒲紅切
上	捧	蒲檬切	書 上平	聲	詩征切
○	升	詩烝切	下平	繩	食陵切
○	承	署陵切	○	成	是呈切
去	聖	式正切		盛	時正切
○	勝	詩證切	○	乘	實證切
上平	生	所庚切	上	省	師猛切
去	貹	師孟切	上平	春	書衝切
下平	慵	蜀容切	上	舂	書腫切
如 上平	扔	日声切	下平	仍	如乘切
去	扔	而證切	下平	戎	如蟲切
○	茸	如容切	上	宂	如擁切
諸 上平	征	支英切	○	貞	知英切
○	蒸	支應切	○	徵	知應切

續表

聲調、圈	字頭	反切	聲調、圈	字頭	反切
上	整	支影切		聂	知影切
	拯	支庱切	去	正	之盛切
○	證	諸應切	○	鄭	直正切
上平	爭	支生切	○	朾丁	知庚切
上	盯	張梗切	去	諍	支孟切
○	倀	猪孟切	上平	中	陟弓切
○	終	職充切	○	鍾	職衝切
上	腫	之隴切		重	直隴切
	冢	知隴切	去	中	陟仲切
	種	朱用切		湩	知用切
	眾	之仲切	○	仲中	直眾切
	重	□用切	初 上平	稱	處蒸切
○	檉	丑貞切		僜	丑升切
下平	呈	池成切	○	澄	持陵切
上	逞	丑影切		庱	丑拯切
去	稱	尺應切		遉	丑鄭切
上平	琤	楚庚切	○	瞠	丑庚切
下平	橙	除彭切		傖	鋤彭切
去	掌	癥孟切	○	鋥	除更切
上平	充	昌終切	○	忡	敕中切
○	衝	尺鍾切	○	蹱	丑凶切
下平	重	池容切	○	蟲	池戎切
○	崇	鋤戎切	上	寵	丑隴切
	鶏	充隴切	去	銃	充仲切
○	衝	昌重切		蹱	丑重切
阿 上平	挨	衣皆切	下平	崖	疑□切
上	矮	衣楷切	○	騃	疑楷切
去	隘	衣懈切		隘	疑懈切

續表

聲調、圈	字頭	反切	聲調、圈	字頭	反切
上平	哀	烏開切	下平	皚	五來切
上	靄靄	烏改切		駭	五海切
去	愛	於代切	○	藹	烏蓋切
○	艾	五蓋切	○	礙	五槩切
上平	瀰	虎乖切	下平	懷	戶排切
去	壞	胡怪切	○	黊	火怪切
入	獲	胡麥切	○	劃	呼麥切
蘇上平	顋	蘇哀切	去	賽	先代切
孤上平	皆	基齋切	上	解	基矮切
去	戒	古拜切	上平	該	古哀切
上	改	古海切	去	溉	古代切
○	匃	古太切	入	格	古伯切
上平	乖	古歪切	上	拐	古買切
去	怪	古壞切	入	馘	古獲切
枯上平	揩	口皆切	上	楷	起矮切
去	勘	苦拜切	上平	開	苦哀切
上	愷	枯海切	去	慨	苦礙切
○	磕	苦蓋切	入	客	苦赫切
上平	咼喎	苦乖切	上	擓	苦買切
去	快	苦怪切	租上平	哉	子哀切
上	宰	子海切	去	再	作代切
粗上平	猜	倉哀切	下平	才	存來切
上	采	此宰切	去	菜	倉代切
○	蔡	倉帶切	都上平	獃	都哀切
上	歹	多改切	去	戴	都代切
○	帶	當蓋切	○	代	待耐切
○	大	度奈切	土上平	胎	土哀切
下平	臺	堂來切	上	嘌	他海切

續表

聲調、圈	字頭	反切	聲調、圈	字頭	反切
去	泰	他蓋切	○	態	他代切
盧 下平	來	郎才切	上	唻	力海切
	攋	力買切	去	賚睞	洛代切
○	賴	落蓋切	下平	膠	力懷切
去	酹	郎外切	奴 下平	能	奴來切
上	乃	奴海切	○	嬭妳	尼買切
去	耐	奴代切	○	奈奈	奴帶切
模 下平	埋薶貍	莫排切	上	買	莫擺切
去	賣	莫拜切	入	麥	木陌切
逋 上平	掰	補哀切	上	擺	北買切
○	罷	薄買切	去	拜	布壞切
○	稗	步派切	入	栢	布百切
○	白	步帛切	鋪 下平	排	蒲埋切
去	派	普拜切	入	拍拍	普麥切
書 上平	篩篩籭	師齋切	上	灑	所矮切
去	曬	詩賣切	○	楝	山賣切
上平	衰	式乖切	上	捽	所買切
去	帥	式賣切	入	捽	没有反切
諸 上平	齋齊	莊釵切		椑	知釵切
下平 上	扺	支買切		鉯	知買切
去	債	支派切	○	宅	直伯切
○	齰	狀白切	○	責	側革切
○	摘	陟革切	初 上下，有誤，當爲上平	釵	初齋切
下平	柴	鋤埋切	上	茝	昌海切
去	瘥	楚債切	○	瘥	鋤債切
○	蠆	丑債切	入	測	没有寫反切
○	策	楚革切	○	拆	恥摘切

續表

聲調、圈	字頭	反切	聲調、圈	字頭	反切
上平	硋	楚歪切	下平	臁	鋤懷切
上	揣	初拐切	去	嘬	楚快切
阿上平	煙烟	衣仙切	○	顰	烏問切
○	淹	衣尖切	下平	延	以然切
○	妍	疑賢切	○	顔	疑閑切
○	言	疑言切	○	炎	疑廉切
○	巖	疑銜切	上	偃	於幰切
○	演	以淺切	○	齗	魚塞切
○	眼	五柬切	○	掩	衣儉切
○	琰	以冉切	○	广	魚檢切
○	黤	乙減切	去	晏	於諫切
○	宴	伊甸切	○	堰	於建切
○	衍	延線切	○	彦	魚變切
○	鴈雁	五晏切	○	厭	於念切
○	艷	以店切	○	韽	於陷切
○	驗	魚欠切	上平	安	烏干切
○	諳	烏貪切	下平	誝	五含切
	豻犴	俄寒切	上	俺	烏感切
去	按	烏汗切	○	岸	五汗切
○	暗	烏紺切		顑	五紺切
上平	彎	烏關切	○	刓	烏歡切
下平	岏	五桓切		珳	亡凡切
○	頑	五遠切	上	綰	烏版切
○	椀塸盌	烏管切	○	晚	無反切
○	鋄	武犯切	去	腕捥	烏貫切
○	綰	烏患切	○	玩	五換切
	萲	武梵切	○	萬	無阪切
	輐	五患切	上平	淵	於涓切

續表

聲調、圈	字頭	反切	聲調、圈	字頭	反切
○	鴛	於喧切	下平	袁	雨元切
○	元	愚袁切	○	員	于權切
上	遠	于阮切	○	宛	於阮切
○	阮	五遠切	去	院寃	于眷切
	㨂	以絹切		遠	于願切
○	願	魚怨切	○	怨	於願切
呼 上平	掀	希掀切	○	嗎	許焉切
○	歔欨	虛緘切	○	馦	許兼切
○	枕	虛淹切	下平	賢	胡田切
○	閑	戶顏切	○	嫌	戶炎切
○	咸	胡嚴切	上	顯	呼典切
○	嫌	虛偃切	○	峴	胡典切
○	喊	呼減切	○	嗛	下減切
○	僩	胡簡切	○	險	虛檢切
去	獻	許建切	○	見現	甸切
○	莧	侯襇切	○	陷	戶韽切
○		許鑑切	上平	憨	火甘切
○	鼾	許干切	下平	含	胡男切
○	寒	胡難切	上	罕罕	呵散切
	旱	胡稈切		顑	呼感切
○	菡	戶感切	去	漢	呼按切
○	翰	胡按切	○	顐	呼暗切
○	憾	胡暗切	上平	歡懽	呼官切
	儇	呼關切	下平	桓	胡團切
○	還	胡頑切	上	緩	胡管切
○	晅	況晚切	○	睆	戶版切
○	澴	呼悗切	去	喚	火貫切
○	患	胡慣切	上平	喧誼	許鴛切

續表

聲調、圈	字頭	反切	聲調、圈	字頭	反切
下平	玄	胡員切	上	泫	胡犬切
去	眩	胡絹切	○	絢	許絹切
	楥	呼願切	蘇 上平	先	西煙切
○	銛	西尖切	下平	涎	夕連切
○	毿	習閏切	上	跣	蘇典切
	緣	習淺切	去	霰	西宴切
○	羨	習彥切	○	礛	先念切
上平	三	蘇甘切	○	珊	蘇干切
上	糝	桑感切	○	散	蘇罕切
去	三	蘇暫切	○	散	蘇汗切
上平	酸	蘇官切	上	匴	蘇管切
去	算笇	蘇貫切	上平	宣	須淵切
下平	旋	徐員切	上	選	須犬切
	漩	徐犬切	去	選	須絹切
○	旋	徐絹切	孤 上平	堅	居煙切
○	樫	基掀切	○	兼	基尖切
○	緘	吉監切	○	間閒	基關切
上	簡	古眼切	○	蹇	足輦切
○	件	巨展切	○	繭	吉典切
○	檢	居掩切		儉	巨險切
○	鰔	古喊切	去	諫	古晏切
	見	經電切		建	居堰切
○	兼	古念切	○	鑑鑒	古陷切
	劒劍	居欠切	上平	干	居安切
○	甘	古三切	上	稈秆	古罕切
○	感	古坎切	去	幹	古案切
○	贛	古暗切	上平	官	古歡切
○	關	姑彎切	上	管	古緩切

續表

聲調、圈	字頭	反切	聲調、圈	字頭	反切
去	貫	古玩切	○	慣貫	古患切
上平	涓	居淵切	上	卷	古轉切
	蠾	九遠切	○	畎	古泫切
去	眷睠	居倦切	○	券	具眷切
○	絹	古選切		攣	居願切
枯 上平	牽	苦堅切	○	愆	起焉切
○	鵮敥	苦緘切		謙	苦兼切
○	慳	苦間切	下平	乾	奇連切
○	鉗	其廉切	上	遣	去演切
○	歉	去點切			苦減切
去	譴	去戰切		傔	苦念切
○	欠	去劍切	上平	看	苦干切
○	龕	苦甘切	上	侃	可罕切
○	坎垰	口敢切	去	看	苦汗切
上平	寬	枯官切	上	款欵	苦管切
去		口唤切	上平	圈	驅宣切
下平	權	渠員切	上	犬	苦泫切
	綣	去遠切	去	勸	去願切
租 上平	煎	子先切	○	尖	子籤切
上	剪	子淺切		儁	字兗切
○	踐	自演切	去	箭	子賤切
○	賤	自線切	○	漸	子豔切
上平	簪	作三切	下平	俗	子含切
上	昝	了感切	○	儧	子罕切
	瓚	自罕切	去	贊	則汗切
○	暫蹔	自濫切	上平	鑽	祖官切
上	纂	作管切	去	鑽	祖筭切
上平	鐫	子宣切	上	臇	子選切

續表

聲調、圈	字頭	反切	聲調、圈	字頭	反切
粗 上平	千	蒼先切	○	僉	七尖切
下平	前	齊延切	上	淺	七演切
去	倩	倉甸切	○	塹塹	七豔切
上平	餐	七安切	○	參	七庵切
下平	殘	財寒切	○	鏨	財含切
上	慘	七感切	去	粲	蒼按切
○	診	七紺切	上平	攛	粗官切
下平	攢	徂桓切	上	憲	千短切
去	竄	粗腕切	下平	詮	此緣切
○	全	才緣切	去	焌	七絹切
都 上平	顛	都焉切	○	戡	丁兼切
上	典	多殄切	○	點	多忝切
去	殿	丁練切	○	電	杜練切
○	店	都念切	○	簟	杜念切
上平	丹	低安切	○	耽	都甘切
上	亶	多罕切	○	膽	都敢切
○	憚	杜按切	○	擔	都濫切
○	憺恢	杜濫切	上平	端	多官切
上	短	都管切	去	斷	都玩切
土 上平	天	梯煙切	○	添	他兼切
下平	田	徒年切	○	甜	徒嫌切
上	腆	他典切	○	殄	徒典切
○	忝	他點切	去	瑱	他甸切
○		他念切	上平	貪	他酣切
○	灘	他干切	下平	壇	徒難切
○	覃	徒含切	上	坦	他罕切
○	襢	徒罕切	○	毯	吐敢切
去	炭	他案切	○	探	他紺切

續表

聲調、圈	字頭	反切	聲調、圈	字頭	反切
○	醰	徒紺切	上平	湍	他官切
下平	團	徒丸切	上	疃	土緩切
去	彖	通貫切	盧 下平	連	力乾切
○	廉	力炎切	上	摙	力蹇切
○	斂	力掩切	去	練	郎甸切
○	殮	力驗切	下平	闌	力寒切
○	藍	盧含切	上	孄懶	魯罕切
○	覽	盧敢切	去	爛	力案切
○	濫	力暗切	下平	鸞	力丸切
上	卵	魯管切	去	亂	魯玩切
下平	攣	呂員切	上	臠	魯轉切
去	戀	力眷切	奴 上平	蔫	尼焉切
下平	年	泥田切	○	拈	泥甜切
○	黏	女廉切	上	撚	泥殄切
○	報	尼展切	○	淰	乃點切
去	念	奴店切	○	晛	奴甸切
	碾	女箭切	下平	難	泥壇切
○	南	泥含切	上	腩	奴感切
去	難	奴案切	上	煖煗	乃管切
○	赧	奴板切	去	偄	奴亂切
夫 上平	藩	府番切	○	翻	孚藩切
	帆	敷醃切	下平	煩	附樊切
○	凡	符凡切	上	反	府晚切
	飯	扶晚切	去	販	府萬切
○	嬎	芳萬切		飯	符萬切
○	汎泛	孚梵切	○	梵	扶泛切
模 下平	眠	迷賢切	上	緬	彌兗切
○	免	迷輦切	去	面	莫甸切

續表

聲調、圈	字頭	反切	聲調、圈	字頭	反切
下平	瞞	木盤切	○	蠻	莫還切
上	滿	莫椀切	去	縵	莫半切
○	慢	莫扮切	逋上平	邊	必煙切
	砭	必淹切	上	匾	補典切
○	貶	必奄切	去	徧	必燕切
○	卞	弼變切	○	窆	筆驗切
上平	般	北潘切	○	班	布彎切
上	板	布縮切	去	半	博慢切
	扮	晡幻切	○	瓣	步慢切
鋪上平	篇	匹邊切	下平	便	蒲眠切
上	諞	披免切	去	片	匹見切
上平	潘	普官切	○	攀	普班切
下平	盤	蒲桓切	上	坢	普滿切
○	抙	蒲滿切	去	判	普半切
○	叛	蒲半切	○	襻	普患切
書上平	羶	式焉切	○	苫	失淹切
○	衫	所監切	○	山	所間切
下平	蟾	時炎切	○	蟬	時連切
上	燃	尸展切	○	閃	失冉切
○	善	上演切	○	摻	所斬切
○	產	所簡切	去	扇	式戰切
○	善	時戰切	○	苫	時燄切
○	鈒	師懺切	○	疝	所晏切
上平	栓	數彎切	下平	遄	殊員切
去	孿孿	數患切	如下平	然	日連切
○	臡髯	如廉切	上	橪	人□切
○	冉	而奄切	去	染	而殮切
下平	摀	如船切	上	輭	如轉切

續表

聲調、圈	字頭	反切	聲調、圈	字頭	反切
去	瞁	人絹切	諸 上平	占	必淹切
○	饘	之羶切	○	詀	知衫切
	亶	陟山切	上	颩	止染切
○	展	之輦切	○	瞻	韋善切
○	斬	側減切	○	盞	之產切
去	占	支瞻切	○	戰	之膳切
○	蘸	側鑑切	○	站	陟陷切
○	賺	佇陷切	○	棧	助諫切
	綻綻	丈莧切	上平	專	朱穿切
上	轉	陟兗切		劅	朱舛切
去	轉	知釧切	○	撰	助釧切
初 上平	襜	處占切	○	脡	丑□切
○	攙	楚衫切	下平	纏	池連切
○	天	池廉切	○	讒	鋤銜切
○	虥	鋤閑切	上	諂	丑閃切
○	闡	尺展切	○	延	丑展切
○	鏟	楚簡切	去	韂	尺占切
○	硟	昌戰切	○	懺	初站切
○	鏟	初鴈切	上平	川	初專切
○	猭	丑專切	下平	船	鋤員切
○	椽	除員切	上	舛	初轉切
去	釧	尺絹切	○	篡	初患切
阿 上平	鴉	於加切	下平	牙	疑遐切
上	啞瘂	衣假切	○	雅	疑假切
去	亞	衣駕切	○	迓	疑駕切
入	鴨	衣夾切	○	軋	衣瞎切
	齾	疑鐪切	入	遏	烏薩切
○	罨	烏答切	上平	蛙	烏爪切

續表

聲調、圈	字頭	反切	聲調、圈	字頭	反切
下平	娃	五驊切	上	瓦	五寡切
○	搲	烏寡切	去	窊	五化切
	窊	烏化切	入	乞挖	烏八切
	刖	五刮切		轙襪轙	望發切
呼 上平	鰕蝦	許加切	下平	遐	胡牙切
上	閜	希啞切	○	下	胡雅切
去	罅	希駕切	○	暇	胡駕切
入	轄	胡轄切	○	瞎	希八切
○	匣	奚匣切	○	呷	呼甲切
入	歌哈	呼拉切		合	胡雜切
上平	華花	呼瓜切	下平	華	戶麻切
上	踝	胡瓦切	去	化	呼跨切
○	畫	胡卦切	入	猾	戶拔切
入	颯	思塔切	○	薩	思薩切
孤 上平	加	古鴉切	上	賈	基雅切
去	駕	居亞切	入	夾	基鴨切
○	鶛	基瞎切	入	閣	古合切
上平	瓜	古蛙切	上	寡	古瓦切
去	卦	古話切	入	刮	古乞切
枯 上平		苦加切	上	跒	乞亞切
去	搭	枯駕切	入	恰	苦夾切
○	稿	枯瞎切	入	㞏	口答切
上平	誇	枯瓜切	上	骻髁	苦瓦切
去	跨	苦化切	租 下平	咱	子挐切
上		子馬切	入	帀币	子荅切
○	雜	自答切	○	拶	子薩切
粗 入		七拉切	○	礤	七薩切
都 上	打	德馬切	去	大	德罵切

續表

聲調、圈	字頭	反切	聲調、圈	字頭	反切
入	答	得雜切	○	妲	當達切
○	達	杜剌切	土 入	榻	土納切
○	沓	徒納切	○	闥	没寫反切
盧 入	拉	力师切	○	臘	力榻切
○	剌	力達切	下平		盧華切
上	磊	力瓦切	奴 入	図	女洽切
下平	拏拏	尼麻切	上	那	尼馬切
去	那	尼罵切	入	納内	奴榻切
○	捺	泥辣切	入	豽	看不清楚反切
夫 入	法	方乏切	○	乏	房法切
○	伐	房罰切	○	髮	方伐切
模 上平	媽	木巴切	下平	麻	莫遐切
上	馬	木把切	去	罵傌	莫霸切
入	帓	莫八切	逋 上平	巴	邦葩切
上	把	補馬切	去	霸	補罵切
入	八	布矿切	○	拔	步八切
鋪 上平	葩	普巴切	下平	爬	皮麻切
上	妑	匹馬切	去	怕帊	普霸切
入	矿	普八切	書 上平	沙	師加切
上	灑	師馬切	去	廈	所嫁切
入	殺	所札切	○	嬰	師恰切
上	耍	書瓦切	去	嗄	書化切
入	刷	書刮切	如 入	髻	如滑切
諸 上平	楂	莊加切	○	奓	陟加切
上	鮓	支啞切		縿	竹啞切
去	詐	側駕切	○	奓	陟駕切
○	乍	助駕切	入	札	支殺切
	斨	陟轄切	○	鍘	助轄切

續表

聲調、圈	字頭	反切	聲調、圈	字頭	反切
○	眨	側洽切	○	劄	知鴨切
○	煠	助洽切	上平	髽	朱蛙切
上	叐	竹瓦切	入	鷓	竹刷切
初上平	叉	初鴉切	下平	查	鋤牙切
○	茶	池牙切	上	厈	鋤啞切
去	杈	齒駕切	○	詫	丑亞切
入	察	初轄切	○	奓	楚鴨切
上	爒	丑寡切		酂	除瓦切
○		丑刮切	阿 上平	憂	衣休切
下平	尤	羽求切	○	牛	語求切
上	有	云九切	○	黝	於糾切
去	幼	於謬切	○	宥	于救切
○	鼽	牛救切	上平	歐	烏鈎切
下平	齵	五樓切	上	嘔歐	烏口切
○	偶	語口切	去	漚	烏后切
呼 上平	休	希憂切	上	朽	希有切
去	齅	許救切	上平	齁	呼歐切
下平	侯	戶頭切	上	吼	呼口切
○	厚	胡口切	去	候	胡遘切
蘇 上平	脩	西秋切	下平	囚	似由切
上	滫	西有切	去	秀	息就切
○	岫	似佑切	上平	搜	蘇歐切
上	叟傁	蘇走切	去	嗽瘶	蘇奏切
孤 上平	鳩	飢憂切	上	九	舉有切
○	臼	巨九切	去	救	居祐切
○	舊	巨又切	上平	鈎	歌歐切
上	苟	古嘔切	去	姤	古候切
枯 上平	丘	去鳩切	下平	求	奇尤切

續表

聲調、圈	字頭	反切	聲調、圈	字頭	反切
上	糗	去九切	去	鮇	丘救切
上平	摳	枯歐切	上	口	苦偶切
去	寇	苦候切	粗 上平	揫揪	子修切
上	酒	子酉切	去	僦	即就切
○	就	疾幼切	上平	諏	子歐切
上	走	子口切	去	奏	子候切
粗 上平	秋	七憂切	下平	酋	齊由切
去		七溜切	上平	麻	七歐切
上	趣	倉苟切	去	湊	倉奏切
都 上平	丟	低幽切	上平	兜	德歐切
上	斗	當口切	○	亞	杜口切
去	鬥	都豆切	○	豆	杜候切
土 上平	偷	他歐切	下平	頭	徒侯切
去	透	他候切	盧 下平	雷	力求切
上	柳	力九切	去	澏	力救切
下平	樓	落侯切	上	簍	郎斗切
去	漏	盧豆切	奴 上平	妞	尼憂切
下平		尼猷切	上	紐	女九切
去	狃	女救切	下平	羺	奴頭切
上	穀	奴斗切	去	耨	奴豆切
夫 上平	呼	甫鳩切	○		敷憂切
下平	浮	扶尤切	上	缶	俯九切
○	婦	符九切	去	富	方救切
○	復	扶又切	模 下平	繆	莫由切
去	謬	靡幼切	下平	謀	莫侯切
上	某	莫斗切	去	茂	莫候切
逋 上平	彪	必幽切	上		北嘔切
鋪 下平	滮滮	皮由切	上平	抔	普溝切

續表

聲調、圈	字頭	反切	聲調、圈	字頭	反切
下平	裒	蒲侯切	上	剖	普偶切
○	部	蒲口切	○	踣仆	匹候切
○		蒲候切	書上平	收	尸周切
○	搜	疎鄒切	下平	讎讐	市流切
上	首	始有切	○	受	是酉切
○	溲	疎有切	去	狩	舒救切
○	授	時又切	○	瘦	疎縐切
如 下平	柔	而由切	上	蹂	人九切
去	蹂	人又切	諸 上平	周	支憂切
○	輈	張抽切	○	鄒	側搜切
上	帚箒	之九切	○	肘	知有切
去	呪說	職救切	○	胄	直又切
○	皺	支漱切	○	驟	助漱切
初 上平	抽	勑憂切	○	搊	楚鄒切
下平	儔	除留切	○	愁	鋤尤切
上	丑	勑有切	○	瞅	初溲切
去	臭	尺救切	○	篘	初皺切
○	煨	烏灰切	○	微	無非切
下平	圍	雨肥切	○	爲	以帷切
○	惟	以葵切	○	危	魚爲切
○	桅	五回切	上	葦	于鬼切
○		於鬼切	○	委	於詭切
○	蔿	韋委切	○	尾	無匪切
○	猥	烏賄切	○	隗	五悔切
去	尉	於胃切	○	胃	于貴切
○	魏	五貴切	○	未	無沸切
○	餧喂	烏睡切	○	位	于愧切
	僞	危睡切	○	磑	五對切

續表

聲調、圈	字頭	反切	聲調、圈	字頭	反切
○	穢	於廢切	○	衛	于歲切
○	銳	以芮切	○	懀	烏會切
○	揮	許歸切	○	麾	許規切
下平	回	户桅切	上	悔	呼猥切
○	痩	胡猥切	○	毁	許委切
○	烜	許偉切	去	誨	呼對切
○	潰	胡對切	○	卉	許貴切
○	慧	胡桂切	○	會	胡兌切
○	譓	呼會切	入	或	胡國切
○	嚖	呼或切	蘇 上平	雖	蘇透切
○	毸	蘇灰切	下平	隨	旬爲切
上	髓	蘇委切	去	崇	雖醉切
○	遂	徐醉切	○	歲	相銳切
○	彗篲	祥歲切	○	碎	蘇內切
孤 上平	規	居窺切	○	歸	居威切
○	圭	古閨切	○	傀	公灰切
上	癸	古委切		鬼	居偉切
去	貴	居胃切	○		孤僞切
○	桂	古惠切	○	儈	古外切
○	憤	古對切		劌	居衛切
入	國	古或切	枯 上平	闚	枯規切
○	盔	枯灰切	下平	睽	苦奎切
○	逵	渠爲切	上	跬	丘癸切
○	揆	求癸切	○	傀	口猥切
去	喟嘳	枯位切	○	匱	求位切
	塊	苦對切	租 上平	嗺	子雖切
上	嘴	租委切	去	醉	子翠切
	晬	子對切	○	最	子會切

續表

聲調、圈	字頭	反切	聲調、圈	字頭	反切
	蕝	子芮切	粗　上平	催	倉灰切
上	璀	七悔切	○	皐	徂賄切
去	翠	七醉切	○	脆	此芮切
○	倅	七對切	○	襊	粗最切
都上平	堆	都灰切	上		都猥切
○	鐓	杜猥切	去	對	都退切
	祋	丁會切	○	隊	杜退切
○	兑	杜會切	土上平	推	他灰切
下平	穨	徒回切	上	腿骽	土猥切
去	退	土對切	○	蜕	他兑切
盧上平	纍	力追切	下平	雷	力回切
○	蠃	力爲切	上	壘	力委切
○	礨磊礧	落猥切	去	類	力位切
○	纇	盧對切	入	勒	没有反切
奴下平	捼挼	奴回切	上	餒	奴腿切
去	内	奴對切	○	諉	女墜切
夫上平	非	夫微切	○	霏	芳非切
下平	肥	符圍切	上	匪	府尾切
○	斐	敷尾切	○	膹	浮鬼切
去	沸	方味切	○	費	芳未切
○	狒	扶味切	○	廢	方肺切
○	吠	符廢切	模下平	梅楳	模回切
○	眉	靡爲切	上	每	莫賄切
○	美	木詭切	去	昧	莫佩切
○	鄙	迷位切	入	墨	莫刻切
逋上平	杯	布灰切	○	陂	布透切
上	彼	補委切	去	背	補妹切
○	貝	補會切	○	被	步位切

續表

聲調、圈	字頭	反切	聲調、圈	字頭	反切
○	臂	必彎切	入	北	没有反切
鋪 上平	肧姴	普杯切	○	丕	普悲切
下平	裴	蒲回切	○	邳	蒲爲切
上	琣	普每切	○	蓓	蒲每切
去	配	滂佩切	○	佩	蒲昧切
○	霈	普貝切	○	彎	披寐切
書 上平	衰	所追切	下平	誰	是爲切
上	水	式軌切	去	帥	所類切
	啐	山芮切	○	睡	是僞切
○	稅	舒芮切	如 上平	痿	如吹切
上	藥	如水切	去		而瑞切
○	芮	而稅切	朱 上平	錐	職追切
○	追	陟錐切	上	捶棰	朱委切
去	惴	之瑞切	○	娷	竹恚切
○	墜	直類切	○	贅	之芮切
○	綴	陟衛切	初 上平	吹	初危切
下平	鎚	除惟切	上	揣	楚委切
去	吹	尺僞切	○	毳	楚稅切
阿 上平	腰	衣消切	○		於交切
下平	遥	移樵切	○	嶢	疑聊切
上	杳	伊鳥切	○	拗	於絞切
	鼼齩	五巧切	去	要	於笑切
○	耀	以笑切	○	航	疑竅切
○	靿衸衉	於教切	○	樂	五教切
上平	熝	烏刀切	下平	敖	五勞切
上	襖	烏老切		蓩	五老切
去	奥	烏到切	○	傲慠	五到切
呼 上平	嚻	許嬌切	○	哮	虚交切

續表

聲調、圈	字頭	反切	聲調、圈	字頭	反切
下平	肴餚	奚遙切	上	曉	希杳切
○	晶	胡了切	去	孝	呼教切
○	效	分教切	上平	蒿	呼高切
下平	豪	胡勞切	上	好	呼老切
○	浩	胡老切	去	好	乎奧切
○	號	胡奧切	蘇 上平	消	相邀切
上	小	私了切	去	笑	私妙切
上平	騷	蘇遭切	上	嫂	蘇老切
去	掃	蘇到切	孤 上平	交	基敲切
○	驕	基腰切	上	絞	古巧切
○	皎	吉了切	去	教	古孝切
○	叫嘄訆	古弔切	○	轎	及廟切
上平	高	古蒿切	上	杲	古老切
去	告	居號切	枯 上平	敲	丘交切
○	蹺蹻	丘妖切	下平	橋嶠	奇遙切
上	巧	苦絞切	去	敲	苦教切
○	趬	丘笑切	上平	尻	苦刀切
上	考	苦老切	去	犒	苦到切
租 上平	焦	即腰切	上	劋	子小切
去		即要切	上平	糟	則刀切
上	早	子老切	○	皁	昨早切
去	竈	則到切	粗 上平	鍬	七腰切
下平	樵	齊遙切	上	悄	七要切
上平	操	七刀切	下平	曹	財勞切
上	草	采老切	去	操	七到切
上平	刁	低腰切	上		都了切
去	弔	多嘯切	○	調	地要切
上平	刀	都高切	上		都老切

續表

聲調、圈	字頭	反切	聲調、圈	字頭	反切
去	到	都導切	○	道	杜到切
土 上平	挑	吐彫切	下平	迢	徒聊切
上		土了切	○	挑	徒了切
去	糶	他弔切	○	掉	徒弔切
上平	叨	土刀切	下平	陶	徒敖切
上	討	他老切	去	套	他奧切
盧 下平	聊	力遥切	上	了	盧小切
去	料	力弔切	下平	勞	盧遨切
上	老	盧考切	去	澇潦	郎到切
奴 上	鳥	泥了切	去	尿	泥要切
下平	蟯	女茅切	○	猱	奴遨切
上	腦	奴好切	去	鬧	奴豹切
○	鞹	泥到切	模 下平	苗	迷橋切
上	眇	迷了切	去	妙	迷笑切
下平	茅	莫庖切	○	毛	莫袍切
上	夘	莫飽切	去	皃貌	莫豹切
逋 上平	標	必腰切	上	表	必香切
去	鰾	必廟切	上平	包	布抛切
	褒	布蒿切	下平	匏	布茅切
上	飽	博卯切	○	寶	博老切
	抱	薄鎬切	去	報	博耗切
○	暴	薄奧切	○	豹	布貌切
○	鉋	步貌切	鋪 上平	飄	披腰切
下平	瓢	蒲遥切	上	縹	披表切
○	殍	平表切	去	票	匹妙切
上平	抛	披包切	○	槩	普蒿切
下平	庖	蒲茅切	○	袍	蒲遨切
上	跑	普卯切	去	泡	匹貌切

續表

聲調、圈	字頭	反切	聲調、圈	字頭	反切
書上平	燒	式招切	○	梢	所交切
下平	韶	市饒切	上	少	式擾切
○	稍	山爪切	去	少	失照切
○	邵	市照切	○	哨	所教切
入	杓	沒有反切	如 下平	饒	如韶切
上	擾	而了切	去	繞	人要切
入	弱	沒有反切	諸 上平	昭	止腰切
	朝	陟超切	○	嘲	陟交切
○	瞮	之梢切	上	沼	之少切
	肇	治表切	○	爪	支炒切
去	照	之少切	○	召	直少切
○	笊	側教切	○	罩	陟教切
	棹	直教切	入	斫	沒有反切
初上平	超	齒招切	○	弨	尺招切
○	抄	初交切	下平	朝	馳遙切
○	巢	鋤茅切	上	麨煑	尺㯫切
○	炒爍	初爪切	○	鈔	初教切
入	焯	沒有反切	阿 上平	衣	於希切
○	醫	於基切	○	翳	烏雞切
下平	移	移歧切	○	疑	語其切
○	倪	五齊切	○	沂	魚祈切
上	倚	於起切	○	矣	于起切
○	擬	魚起切		顗	魚豈切
○	庡	於豈切	去	意	於記切
○	異	羊吏切	○	義	魚記切
○	毅	疑既切		衣	於既切
○	詣	五計切	○	翳	於計切
○	曳	引祭切	入	一	於悉切

續表

聲調、圈	字頭	反切	聲調、圈	字頭	反切
○	乙	於筆切	○		于筆切
○	益	伊易切	○	驛	羊益切
○	億	於力切	○	溢	夷質切
○	弋	夷億切	○	逆	宜碧切
○	鷁鷁	五歷切		嶷	魚力切
	餩	愛黑切	上平	烏	哀都切
下平	無	武扶切	○	吾	五胡切
上	五	疑古切	○	隖	安古切
去	悟	五故切	○	惡	烏路切
○	務	微赴切	入	屋	烏谷切
○	沃	烏酷切	○	頠	烏没切
○	物	文術切	○	兀	五忽切
上平	淤	央居切	○	紆	於須切
下平	于	羽衢切	○	余	雲徐切
○	俞	雲臾切	○	虞	虞衢切
○	魚	語渠切	上	掀	於許切
○	傴	委羽切	○	與	余呂切
○	雨	王矩切	○	庾	以縷切
○	語	魚舉切	○	麌	虞矩切
去	飫	依鋸切		嫗	衣遇切
○	豫	雲鋸切	○	芋	羊句切
○	御	牛鋸切	○	遇	牛具切
入	鬱	於尉切	○	聿	餘律切
○	郁	於録切	○	育	余六切
○	欲	余玉切	○	玉	魚欲切
○	域	雨域切	呼 上平	希	香衣切
○	義	許羈切	下平	奚	胡齊切
上	喜	虛里切	○	豨	虛豈切

續表

聲調、圈	字頭	反切	聲調、圈	字頭	反切
○	徯	胡禮切	去	戲	香義切
○	欷	許既切	○	系	胡計切
入	吸噏	許及切	○	肐	義乙切
○	迄	許訖切	○	檄	刑激切
空	劾	胡得切	○	黑	呼刻切
○	紇	沒有反切	上平	呼	荒烏切
下平	胡	戶吳切	上	虎	火五切
○	户	侯古切	去	謢	荒故切
○	護	胡故切	入	忽	呼咄切
○	鶻	戶骨切	○	觳	呼屋切
○	斛	胡族切	○	鵠	胡沃切
	紇	下沒切	上平	虛	朽居切
○	訏	胷拘切	上	許	虛呂切
○	詡	虛羽切	去	煦	香句切
入	旭	虛曲切	○	畜慉	許竹切
○	戯	薰㽟切	○	欨	許屈切
○	洫	兄泬切	蘇 上平	西	先稽切
上	洗	先禮切	○	徙	西倚切
去	細	思計切	入	悉	西七切
○	昔	思積切	○	錫	先擊切
○	息	相即切	○	霫	先習切
○	習	似集切	○	席	祥積切
上平	思	息茲切	下平	詞	似慈切
上	死	思此切	○	似	詳□切
去	四	息自切	○	寺	祥自切
入	塞	蘇則切	上平	蘇	素姑切
去	素	蘇故切	入	速	蘇谷切
○	粟	相束切	○	俗	似足切

續表

聲調、圈	字頭	反切	聲調、圈	字頭	反切
○	窣	蘇卒切	上平	須	詢趨切
○	胥	相居切	下平	徐	似魚切
上	諝偦	私呂切	去	絮	息據切
○	敘	徐豫切	入	戌	荀恤切
孤 上平	基	居醫切	○	饑	居依切
○	雞	古奚切	上	几机	居矣切
	技妓伎忌	及起切	○	蟣幾	居豈切
去	記	九吏切	○	既	居毅切
○	芰	及器切	○	計	古詣切
○	罽	居例切	入	吉	金逸切
○	訖	巾乞切	○	戟	金尺切
○	激	擊檄切	○	殛	紀陟切
	極	及直切	○	劇	極逆切
○	急	几邑切	○	及	忌吸切
入	裓	古得切	上平	孤	攻呼切
上	古	公土切	去	故	古慕切
入	谷	古屋切	○	梏	古沃切
○	骨	古忽切	上平	居	九虛切
○	拘	舉朱切	上	舉	居許切
○	矩	俱禹切	○	秬	局呂切
○	寠寠	及禹切	去	據	居御切
○	屨	九遇切	○	懼	及遇切
○	遽	及據切	入	蘜菊	居逐切
○	革	居曲切	○	局	郡局切
○	鞠	郡竹切	○	橘	居聿切
○	鵙	古闃切		剧	九屈切
枯 上平	欺	起基切	○	谿磎	欽西切
下平	奇	渠宜切	○	旂	渠沂切

續表

聲調、圈	字頭	反切	聲調、圈	字頭	反切
上	起	丘几切	○	啟	康禮切
○	豈	去幾切	去	器	去冀切
○	氣	去既切	○	契	苦計切
○	憩	去祭切	入	乞	去訖切
○	詰	去吉切	○	隙	乞逆切
	郤	其虐切	○	燩	苦擊切
○	泣	起立切	入	刻	苦忒切
上平	枯	枯烏切	上	苦	孔五切
去	庫	苦故切	入	哭	空谷切
○	酷	苦沃切	○	窟	口咄切
上平	驅	豈拘切	○	祛	去居切
下平	衢	其于切	○	渠	強魚切
上	踽	豈雨切	○	去	羌舉切
去	去	丘據切	入	曲	去旭切
○	麯	區旭切	○	屈	區欻切
○		其屈切	○	闃	苦臭切
租上平	齎	祖西切	上	擠	子禮切
○	薺	自洗切	去	祭	子計切
○	薺	自詣切	入	即	子翼切
○	聖	資悉切	○	疾	昨悉切
○		津習切	○	集	盡習切
○	積	資昔切	○	籍	秦昔切
上平	資	津私切	上	子	資死切
去	自	疾四切	○	恣	資四切
入	則	子德切	○	賊	自德切
上平	租	宗蘇切	上	祖	宗五切
去	作	租悟切	○	胙	昨誤切
入	鏃	昨木切	○	蹙	子六切

續表

聲調、圈	字頭	反切	聲調、圈	字頭	反切
○	族	昨速切	○	卒	尊猝切
○	捽	昨猝切	上平	疽	子虛切
○	諏	子須切	上	齟	子語切
○	咀	在語切	去	沮	將預切
○	緅	子句切	○	聚	自喻切
入	卒	子橘切	○	捽	自橘切
○	足	縱欲切	粗 上平	妻	千西切
下平	齊	前倪切	上	泚	千禮切
去	砌	七計切	入	七	戚悉切
○	敧	七亦切	○	戚	七寂切
○	緝	七揖切	上平	雌	此資切
下平	慈	才詞切	上	此	此死切
	佌	此死切	去	次	七四切
入	城	七則切	上平	粗	村烏切
下平	徂	才胡切	上	麤	采古切
去	醋	千故切	入	猝	蒼没切
○	蔟	千木切	上平	蛆蟽	七居切
○	趨	七須切	上	取	七庾切
去	趣	七句切	入	焌	七律切
○	崒	慈律切	○	促	七玉切
都 上平	低	丁西切	上	邸	都禮切
○	遞	杜禮切	去	帝	丁計切
○	第	大計切		地	大季切
入	的	丁歷切	○	狄	杜霓切
入	德	多則切	上平	都	當孤切
上	覩睹	當古切	去	妒	當故切
○	杜	獨故切	入	篤	冬鵠切
○	啄	丁谷切	○	讀	杜速切

續表

聲調、圈	字頭	反切	聲調、圈	字頭	反切
○	毒	杜僕切	○	咄	丁忽切
○	突	杜忽切	土 上平	梯	土雞切
下平	題	田黎切	上	體	他禮切
去	替	他計切	入	剔	他滴切
入	忒	他得切	○	特	杜墨切
上平		他烏切	下平	徒	同吳切
上	土	他古切	去	兔	湯故切
入	禿	他谷切	○	突	他咄切
盧 下平	離	力疑切	○	黎	力倪切
上	李	良以切	○	禮	盧啟切
去	利	力地切	○	隸	郎計切
○	例	力制切	入	力	林億切
○	歷	力的切	○	栗	力質切
○	立	力泣切	入	勒	力刻切
下平	盧	落胡切	上	魯	郎古切
去	路	魯故切	入	祿	盧木切
○	六	力目切	○	錄	力籙切
○	硉崒	勒沒切	下平	驢	力魚切
○	蔞	力于切	上	呂	力舉切
○	縷	力羽切	去	慮	良據切
	屢	良遇切	入	綠	力玉切
	六	力郁切	○	律	呂聿切
奴 下平	尼	女夷切	○	泥	年倪切
上	你	乃里切	○	禰	奴禮切
去	膩	女利切		泥	奴計切
入	暱	尼質切		黰	女力切
○	怒	奴歷切		鑭	女剔切
入		奴勒切	下平	奴	乃吳切

續表

聲調、圈	字頭	反切	聲調、圈	字頭	反切
上	弩	奴古切	去	怒	奴故切
入	訥	奴没切	○	耨	奴沃切
○	朒	女六切	下平	袽	女余切
	女	尼呂切	去	女	尼據切
入	豽	女律切		偄	女足切
夫 上平	夫	方敷切	○	敷	芳膚切
下平	扶	防無切	上	府	方武切
○	撫	芳武切	○	輔	扶古切
去	付	方務切	○	赴	芳務切
○	附	符務切	入	福	方六切
○	覆	芳復切	○	伏	房復切
○	弗	分拂切	○	拂	芳弗切
○	佛	符弗切	模 下平	迷	莫兮切
○	彌	明移切	○	糜	忙皮切
上	米	莫禮切	○	弭	綿以切
去	謎	莫計切	魅彲		明吏切
入	蜜	彌畢切	○	覓	莫壁切
入	墨	莫刻切	上平	摸	莫烏切
下平	模	莫胡切	上	母	莫補切
去	募	莫故切	入	木	莫禄切
○	目	莫六切	○	没	莫突切
逋 上平	箆	必西切	○	卑	必醫切
上	比	卑以切	去	閉	必計切
○	祕	彼義切	○	備	步祕切
入	必	必密切	○	筆	彬乙切
○	邲	弼密切	○	辟	必益切
○	壁	北覓切	○	逼偪	賓逼切
入	北	必墨切	上平	逋	博孤切

續表

聲調、圈	字頭	反切	聲調、圈	字頭	反切
上	補	博古切	○	捕	步古切
去	布	博故切	○	步	薄故切
入	卜	博木切		不	邦忽切
○	勃	薄突切	鋪 上平	披	篇醫切
○	批	匹西切	下平	皮	蒲彌切
○	鼙	蒲迷切	上	披	匹倚切
○	痞	皮倚切	去	屁	匹避切
○	睥	匹詣切	入	匹	譬吉切
○	霹	普擊切	○	僻	匹戟切
○	闢	蒲積切	○	甓	蒲歷切
入	蒪葡	蒲北切	上平	鋪	普烏切
下平	蒲	蒲胡切	上	普	滂古切
去	鋪	普故切	入	撲	普屋切
○	暴	蒲獨切	○	僕	蒲毒切
○		普突切	書 上平	詩	申之切
下平	時	市離切	上	始	詩止切
○	視	善止切	○	士	神昏切
去	試	式志切	○	視	時吏切
○	示	神至切	○	世	始制切
○	誓	時制切	入	失	式質切
	實	神質切	○	釋	施隻切
○	石	裳石切	○	識	賞職切
○	寔	市職切	○	濕	深執切
○	十	是邑切	○	瑟	色櫛切
○	色	所測切	○	澀澀	色立切
上平	書	商諸切	○	疏	所□切
○	輸	式朱切	○	殊	尚朱切
上	暑	賞杵切		所	疏楚切

續表

聲調、圈	字頭	反切	聲調、圈	字頭	反切
○	紓	神杵切	○	數	所主切
○	竪	是主切	去	恕	商署切
○	數	色句切	○	樹	殊注切
○	署	常恕切	入	束	書曲切
○	蜀	市觸切		贖	神燭切
○	熟	殊逐切	○	叔	式竹切
○	縮	所六切	○	術	食律切
○	率	所律切	如 下平	而	人兒切
上	爾	人耳切	去	二	而志切
入	日	人質切	○	入	人立切
下平	如	人除切	○	儒	人于切
上	汝	人渚切	○	乳	而主切
去	茹	人恕切	○	孺	而遇切
入	肉	如六切	○	褥	戎錄切
諸 上平	知	竹詩切	○	支	章詩切
○	菑	側師切	上	徵	陟里切
○	雉	直里切	○	止	諸始切
○	滓	阻史切	去	智	知義切
○	稺稑	直利切	○	滯	直例切
○	制	征例切	○	志	支義切
○	裝	爭示切	入	質	之日切
○	窒	陟栗切	○	秩	直實切
○	直	丈食切	○	隻	之擲切
○	擲	直炙切	○	蟄	知濕切
○	蟄	直十切	○	執	朱濕切
○	櫛	阻瑟切	○	側	阻色切
○	戢	阻澀切	上平	諸	章書切
○	朱	章輸切	○	株	陟輸切

259

續表

聲調、圈	字頭	反切	聲調、圈	字頭	反切
○	萹萐	側初切	上	渚	章暑切
○	貯	陟暑切	○	佇	直吕切
○	主	之乳切	○	拄	知乳切
○	柱	直主切	○	阻	側楚切
	鉏	狀楚切	去	翥	章怒切
○	著	陟慮切	○	箸	直鋸切
○	注	之樹切	○	註	中句切
	腧	直遇切	○	詛	莊助切
○	助	狀疏切	入	燭	之蜀切
○	瘃	陟燭切	○	躅	直録切
○	逐	直熟切	○	粥	之六切
○	竺	張叔切	○		竹律切
○	术	直律切	○	黜	側律切
○	縬	側六切	初 上平	鴟	赤脂切
○	絺	丑知切	○	差	初緇切
下平	馳	陳離切	○	茬	鋤疑切
上	齒	昌里切	○	恥	敕始切
○	豕	池始切	○		初史切
去	侈	充志也，誤，當爲"充志切"	○	屎	丑利切
○	掣	尺制切	○	抶	丑例切
○	庌	初吏切	○	叱	昌栗切
○	抶	丑栗切	○	尺	昌戟切
○	敕	恥力切		痓	丑立切
○	測	初色切	○		初失切
		狀失切	○		初躄切
上平	樞	昌朱切	○	摴	丑居切
○	初	楚居切	○	犓	窻輪切

續表

聲調、圈	字頭	反切	聲調、圈	字頭	反切
下平	除	池魚切	○	厨	池愚切
○	鉏	牀魚切	○	雛	牀于切
上	杵	昌煮切	○	褚	丑吕切
○	楚	創阻切	去	處	昌據切
入	出	尺屈切	○	黜	丑律切
○	觸	尺辱切	○	㮂	丑肉切
○	柷	昌六切	○	畜	丑六切

第二節　《等音新集》

一、《等音新集》作者

(一)《等音新集》作者籍貫

《等音新集》封面右欄書"璩明甫輯編"，序言有"明甫璩先生，泫西之望民也"，弁言落款有"晉澤高邑璩萬鑑明甫氏"，前編另有"晉澤高邑璩萬鑑明甫氏識"。可知，《等音新集》作者璩萬鑑，字明甫。又《漢書·地理志》有泫氏縣，因在泫河（今名許河）旁，故名之。故治在今山西高平市。"晉澤"亦指山西。《等音新集》後編序言"吾友璩子明甫氏，高邑龍嵕山之前丁璧邨人也"。丁璧村，在今高平市河西鎮，可斷定，璩萬鑑是今高平市河西鎮丁璧村人。

(二)《等音新集》作者生卒年

《等音新集》弁言："自孩提時嘗口傳梅公馬氏之韻，審之又審，今將四十餘年矣。"落款中的"庚辰"爲乾隆二十五年（1760年），可見璩氏撰寫《等音新集》時五十上下，蓋爲1700—1710年出生，卒年必然在1760年之後。

(三)《等音新集》韻法師承

我們可以從作者自述獲得璩氏韻法師承關係：

此係邑尹習安梅公口授邑城中楊一修,修授其侄池,池授沙壁村李維槓,槓授其侄元一,一授之余。

(四)璩萬鑑交友考

璩萬鑑史籍無載,我們可以根據《等音新集》序言提供的信息作交友考。

1.璩萬鑑與武如璧

璩萬鑑與高平雙井村武如璧是好友。武如璧爲其書作序並説"余友璩子駕詣荒齋,見余以韻法訓子,即取梅公韻法而朗讀之,簡明的當,余甚欣慕"。武如璧還鼓勵璩萬鑑寫成韻書:"既知其詳,胡爲乎不成其書,公諸海内,使梅公於不死,且歌子之功於不衰哉?"

2.璩萬鑑與徐培元

徐培元述其與璩萬鑑的交往:

戊寅(1758 年)冬,先生(璩萬鑑)尊府興庵,延余於西席,而得交焉。傾蓋而談,大快余心,及講韻法而學力尤高,雖自昔李嘉紹梅誕生,不是過矣。余因以從學於先生,而先生辭受,意將秘其傳而不輕泄也。及越年己卯冬,懇之至再,方造余荒齋,口授其梅公所傳之韻並馬氏等音之呼法。

可以看出,璩萬鑑得梅公真傳,頗有學養,在當地有名望,但是,從《高平縣志》得不到璩萬鑑及其友人的資料,我們難以在《等音新集》之外再討論。反向思考,《等音新集》序言也具有瞭解陳述璩萬鑑其人其事的史料價值。

二、《等音新集》版本

《等音新集》現藏於清華大學圖書館和臺灣師範大學圖書館。清華大學圖書館目錄卡上標注"全國孤本"①。臺灣師範大學圖書館發現的《等音新集》無疑打破了清華大學圖書館所藏爲孤本的論述。臺灣師範大學《等音新集》二編二册,清璩明甫輯,清乾隆二十五年(1760 年)述聖齋主人刊本,有趙蔭棠藏書印,金鑲玉裝。是書藏於該校圖書館 8 樓綫裝書室,索書號爲 940856V.1、940856V.

---

① 邱克威在《〈等音新集〉研究》中説《等音新集》在清華大學圖書館目錄卡上標注"全國孤本"(頁 1),但是我們在清華大學圖書館書目檢索系統裏未能找到《等音新集》,故後文據邱克威的陳述介紹。

2。清華大學藏《等音新集》亦爲乾隆二十五年(1760 年)述聖齋刊本。

邱克威所述《等音新集》版式:

> 黑口,左右雙邊,半頁十行,行二十六字。前後編各序皆手書上板。《前編》卷首是武如璧、徐培元、璩萬鑑三人的三篇《序》,落款處都各鈐有三人的印章二枚,分別是"武如璧印"(白文)、"瑞玉"(朱文);"徐培元印"(白文)、"善長"(朱文);"璩萬鑑印"(白文)、"明甫"(朱文)。《後編》卷首武如璧《序》,落款處也有同樣武氏的二方印章。

《等音新集》(以下有時簡稱《新集》)編纂體例:

《新集》分前後二編,卷首分別題爲"等音新集前編""等音新集後編"。序言以下是韻法歌訣,其後便是"必讀三章"——"韻首必讀""字母必讀""全聲必讀",最後是韻圖。《新集》弁言及武、徐二人的序我們附錄於下。

武如璧《等音新集前卷叙》:

> 余不敏,嘗舌耕於高邑之雙井村,余子去病亦就學焉。余課子時藝之餘,每取誕生公韻法一一而口傳之。忽一日,余友璩子駕詣荒齋,見余以韻法訓子,即取梅公韻法而朗讀之,簡明的當,余甚欣慕,固求其書。璩子曰:梅公之韻,未有成書,不過僅延一綫於口傳耳。余曰:兄既知其詳,胡爲乎不成其書,公諸海內,使梅公於不死,且歌子之功於不衰哉?璩子敬謝不敏。余求之者再,因援筆成編,訂爲一書,雖規模大略悉出古人,而銘心不懲,復參伍錯綜,俾精者益精,密者益密,誰謂非梅公之後一人哉! 謹以是爲叙。
>
> 時乾隆二十五年,歲在庚辰夏五端陽前二日,晉澤陵邑武如璧瑞玉氏書於亦政堂。

徐培元序:

> 明甫璩先生,泫西之望氏也。戊寅(1758 年)冬,先生尊府興庵,延余於西席,而得交焉。傾蓋而談,大快余心,及講韻法而學力尤高,雖自昔李嘉紹梅誕生,不是過矣。余因以從學於先生,而先生辭受,意將秘其傳而不輕泄也。及越年己卯冬,懇之至再,方造余荒齋,口授其梅公所傳之韻並馬氏等音之呼法。余懼法煩旨秘,膚淺莫測。先生殫精數月,始成茲

集,删兹補片語,俱經手裁。較之韻法諸書,簡莫簡於此,明莫明於此矣!
始知切字有作家,豈若先生之妙法也。余爰是得韻學之簡且照,而不忘先
生删補之勞。抄謄較正,惟願學等韻者稍藉爲階云爾。

　　時乾隆二十五年(1760年),歲次庚辰仲夏之吉,古陵後學徐培元善
長氏書於亦政堂。

《等音新集》弁言:

　　文墨一道,古人考之精矣,誰敢競言製作哉?況音韻之平仄,咏詩作
賦,皆取足於此,倘毫釐不的,不惟有乖文人詩賦之體式,抑且多負古人立
教之誠心矣。況今日者,上承國家作養人才之至意,於大小場屋中,限以
六韻八韻,苟一有不的,又何以備朝廷棟梁之選哉?余不敏,自孩提時,嘗
口傳梅公馬氏之韻,審之又審,今將四十餘年矣。近緣詩賦之盛興,敢取
二子之韻,考而更訂之。試問等音出自佛書,繼此者無慮數十家,總由四
十二母約爲三十六母,三十六母約爲三十二母,其法繁,其旨秘,非留心數
閱,月弗能曉槃什。馬氏又約爲二十一母,必讀三章:一韻首,一轉全聲,
一即此二十一母也。韻首宮商角徵羽五音,每音一十三韻,縱橫讀之,可
謂簡而明矣,學者亦憚其難。今余本梅公口授之韻,列爲二十母,分喉舌
唇齒牙,倣馬氏平上去入全五聲。書三章必讀:一韻首,一轉全韻,一即此
二十母也。韻首中高清濁四音,每音十韻,而十韻之第一字則空鏗卿穹,
合口呼之則爲空,開口則爲鏗,啟口齊齒則爲卿,撮口則爲穹,下九韻之呼
法亦如之,此前卷之呼法也。至於後卷列母,一遵乎馬氏之二十一母,分
韻一遵乎梅公:韻首亦中高清濁四音,每音十韻,而十韻之第一字則公庚
經弓,合口呼之則爲公,開口則爲庚,啟口齊齒則爲經,撮口則爲弓,下九
韻之呼法亦如之。前卷後卷並有射字法,謂二人對衆隱語,能以響傳。吾
儕何事不可以告人,安用隱爲?但恒情每喜新奇,今語不待筆舌而傳,未
必不喜而競學焉,此余所以立射字法之意也。所以細加訂正,詳爲品騭,
去其繁以就於簡,闡其秘以趨於明,凡直圖橫圖以及歌訣,靡弗周到。雖
非佛書並數十家之韻,而猶是數十家之所以爲韻也。且余意初學者心思
方啟,識見未精,苟不示以簡約,一見繁秘,即有終身畏憚,而不可復入者。
余因圖成以爲後賢準的,如肯降心相從,不厭其短,不嫌其簡,沉潛反復,
恍然有得,則反切到手,一啟口即知等音,亦必一一求其脗合,從此發其才
情,何難上以華國,下以抒情?則是集也,或亦可爲進步之指南,而學韻之

小補云爾。

　　時乾隆二十五年,歲次庚辰,月在蕤賓端陽,晉澤高邑璩萬鑑明甫氏書於亦政堂。

　　《新集》分析音節使用的概念包括:字母、四呼、韻首、五聲。

　　字母即聲母,前編列二十字母,分屬五音:(喉音)溪、見、曉、一;(舌音)透、端、來、匪;(脣音)滂、幫、非、明;(齒音)清、精、心、〇;(牙音)穿、照、審、日。齒音"〇"母實際無字,是一個虛設的字母位。前編二十字母排列的特點,耿振生(1996年)已指出:"一般的韻書都把全清聲母放在同部位各母的第一位,而《新集》把次清聲母放在第一位,這也是與眾不同之處。"後編二十一字母,分屬九音:(喉音)見、溪、疑;(舌音)端、透、泥;(脣音)幫、滂、明;(齒音)精、清、心;(牙音)照、穿、審;(喉牙二合音)曉、影;(脣齒二合音)非、微;(舌喉二合音)來;(齒牙二合音)日。

　　四呼即開口呼、齊齒呼、合口呼、撮口呼,《新集》分別稱之爲:高音、清音、中音、濁音。前後二編排列順序一致,皆爲:中、高、清、濁。

　　韻首即韻類的代表字。

　　五聲即"平、上、去、入、全"五個聲調。平聲實際是陰平調,而全聲是陽平調。

　　前編韻圖按中音、高音、清音、濁音四分,各音中從第一組到第十組列十張圖,一共是四十張圖。各圖中,縱列二十字母,依次爲:溪、見、曉、一、透、端、來、匪、滂、幫、非、明、清、精、心、〇、穿、照、審、日;橫列五聲:平、上、去、入、全,璩氏稱此爲"直圖"。後編韻圖也是按中音、高音、清音、濁音四分,各音再依平、上、去、入、全,分爲五圖,一共二十圖。各圖中,橫列二十一字母,依次爲:見、溪、疑、端、透、泥、幫、滂、明、精、清、心、照、穿、審、曉、影、非、微、來、日;縱列十個韻組,璩氏稱之爲"橫圖"。前後編實質均把介音放在分圖的第一位,前編按照同介音同韻歸入同一圖,後編同介音同聲調的字合爲一圖。

　　版式、體例臺灣師範大學藏本與清華大學藏本一致。邱克威由清華本得出結論:"此書是原刻印本,而且很可能就是璩氏自己的書。"若邱克威推論成立,則同時存在兩個原刻本。

　　兩版本也存在不同之處,表現在後期收藏與文本增改上。

　　《等音新集》書分前後兩編,原分二冊,今清華藏本已合訂爲一冊,並夾一硬皮封套。前後編封頁題籤下方均有一方白文"樹德堂圖書"印章。前編第一頁與後編末一頁均有朱文印章"國立清華大學圖書館藏"。

　　臺師大本《等音新集》封面加蓋的白色紙上有"國語推行委員會"印章。

　　《等音新集前卷叙》首列空白處朱文"蔭棠夫婦趙氏藏書印"，該頁邊框上方有鉛筆書臺師大索書號"△A9408561：1"，下方有藍色印刷體"49006"。《等音新集後卷叙》首列空白處朱文"蔭棠夫婦趙氏藏書印"、陰文"趙蔭棠印"，該頁邊框上方有鉛筆書臺師大索書號"△A9408561：2"，下方有藍色印"49007"，後編末頁有朱文"臺灣師範大學藏書"印。

　　可見，後世保存的藏書家、館藏地點不同，這兩點不同通過印章集中體現，同時清華大學也已經把前後編合二爲一。

　　兩藏地的《等音新集》皆有印刷之後的增改，有朱筆有墨筆，我們對比列出改動之處：

表 3-9　臺灣及清華藏《等音新集》增改情況表

臺灣本頁碼		改動位置	清華本改動情況	臺師大本改動情況
前編	頁 10	四十韻首	朱筆畫 9 個"〇"。	均爲墨筆，且不能分辨是否爲後加。
	頁 13	二十字母分清濁歌（按：邱克威出現錯別字，"是"當作"十"。）	朱筆將"便請問梅公"中"便"字的立人旁劃去。墨筆畫 1 個"〇"。	同清華本
	頁 16	韻圖《中音第一》	墨筆畫 4 個"□"。墨筆改入聲匣母"爾"爲"傓"。	同清華本。且"爾"上用朱筆點明。
	頁 18	韻圖《中音第四》	無改動	"責"，墨筆改爲貴"。
	頁 19	韻圖《中音第八》	墨筆畫 10 個"□"。	無法辨認是否爲墨筆添加。
	頁 29	韻圖《清音第九》	墨筆在全聲匣母"膻"字右側"單"下加一橫，成爲"膻"字。	同清華本
	頁 32	韻圖《濁音第六》	朱筆將溪母旁的"●"塗去半邊。	同清華本
	頁 32	韻圖《濁音第六》	朱筆改去聲溪母"圂"字"口"內的"豕"爲"禾"，成爲"困"字。	墨筆修改，改動後同清華本。
	頁 33	韻圖《濁音第八》	墨筆將一母旁的"〇"內留白的一半填滿。	無法辨認是否爲墨筆添加。
	頁 36	《傳響射字法》	朱筆改"貼"字"占"旁的上部成"台"，遂成"貽"字。	墨筆改，改後同清華本。

續表

臺灣本頁碼		改動位置	清華本改動情況	臺師大本改動情況
后編	頁 4	晉澤高邑璩萬鑑明甫氏識	——	朱筆改"封"右側偏旁爲"卜"。
	頁 9	日第廿十母	——	"十"的横爲紅筆,按:來母已經是"第二十母",修改意圖當爲"廿一"。
	頁 11	無下平字五母	——	"有聲而有字",後一"有"字朱筆點去,墨筆右側書"無"。
	頁 11	無上平字五母	——	"有聲而有字",後一"有"字朱筆點去,墨筆右側書"無"。
	頁 12	左列	——	"排圖"二字右側加朱筆"上下",蓋爲"前後兩排上下圖徧師傳關鑰分明"。
	頁 15	中音上聲十韻圖	——	朱筆將"幫"右半邊圈塗去,朱筆將滂左半邊圈塗去。
	頁 16	中音去聲十韻圖	——	"齒音屬角音","角"字朱筆點去,右側墨筆改作"商"。
	頁 17	中音入聲十韻圖	——	"舌音屬角音","角"字朱筆點去,右側墨筆改作"徵"。
	頁 24	高音全聲十韻圖	——	"孩"左側"子"爲墨筆所加。
	頁 31	濁音平聲十韻圖	——	滂母下右一方格框劃紅圈。
	頁 32	濁音上聲十韻圖	——	"論"墨筆把原字改爲"輪"

　　清華本增改情況我們俱依邱克威《〈等音新集〉研究》附錄,邱克威題頭爲前後編的增改情況,但是我們發現其記録集中於前編。前編兩藏地的本子改動有一致的地方,而且一致的比例也大,也存在同一處朱筆墨筆顏色差異之處。值得一提的是,邱克威點明清華本還有没有改動之處——"中音第四"裏的"責"當爲"貴",臺師大本已經做過改動。

　　邱克威認爲此朱、墨筆顯係二人,而墨筆極可能就是璩萬鑑本人,若如此,則朱筆就可能是璩氏稱之"佐我考訂"的武如璧了。但是,"佐我考訂"的上下文是:

　　……至讀韻之法,須用漢音。若任鄉語,便致差錯,首音一差,後皆因之而差,不可忽也。余有友五人焉,皆口授其呼法,始而蕭三多、原介一、常亦川俱習其傳;次而徐善長亦得其訣;繼而武瑞玉佐我考訂。並書之,不忘所自,且不獨居其名云。

本段前半部分是對韻法師承關係、編書時候"廣積韻書、採取群言且參以《字彙》《篇海》"的論述,可以說"佐我考訂"的是韻法本身,並非明顯錯字訛誤的校勘。而且,武瑞玉"每取誕生公韻法……口傳之……以韻法訓子",確實已有一定的音韻功力,具備與璩氏討論審音的基礎。

而且,我們難以通過有限的字數看出朱筆墨筆是兩個人所作,也難以推說是某個人,包括藏書家也有可能是改動者,改動者不好推論。

三、《等音新集》記載著録

趙蔭棠《等韻源流》提及《等音新集》,但是趙蔭棠將《新集》作爲馬自援《等音》的一種版本,耿振生認爲顯然是錯誤的。也正因此,《等韻源流》並未對《新集》進行研究,亦未把後日流入臺灣的《等音新集》列在《等韻源流新序》書目裏。永島榮一郎大約是跟趙蔭棠切磋過,其觀念與趙蔭棠一致,認爲《等音》還有乾隆二十五年(1760 年)璩萬鑑的《等音新集》本。同時也指出梅建本跟璩萬鑑本有很大不同之處,永島榮一郎依梅建本叙述《等音》。

《清華大學圖書館善本書目》《文字音韻訓詁知見書目》與《韻學古籍述要》著録過璩氏《等音新集》。前二種書目都只注明作者、卷數、刊行年份等基本情況。《韻學古籍述要》有不到 80 字的提要:

> 清璩萬鑑編。書前有武如璧、徐培元序及作者自序。
> 卷首列有"直圖"和"橫圖",並有各種等韻歌訣。正文分前後兩編,前編列二十聲母,後編列韻母。後附有音傳響射字法。
> 有乾隆二十五年刊本。

《韻學古籍述要》目録分類,將《等音新集》收入"等韻類"大類下的"明清'時音'韻圖"小類。

值得一提的是,耿振生雖然後來寫過關於《等音新集》的第一篇專文,但是出版時間略早的《明清等韻學通論》裏沒有列《等音新集》。

四、《等音新集》研究綜述

(一)文獻研究

目前,沒有對《等音新集》文獻方面進行研究的單篇論文,在本書之前也没有指出臺師大本藏有《等音新集》、清華本非孤本的論述。

(二)音系研究

耿振生《〈等音新集〉的語音系統》是最早提出《等音新集》跟馬自援《等音》不能看成是版本差異,應該對其語音系統進行探討的觀點的。耿振生分析了《等音新集》作者成書的情況,研究了《等音新集》聲母韻母系統。

耿振生構擬的聲母系統如下:

喉音:溪 kʰ　見 k　曉 x　一 o ①
舌音:透 tʰ　端 t　來 l　匿 n
唇音:滂 pʰ　幫 p　非 f　明 m
齒音:清 tsʰ　精 ts　心 s
牙音:穿 tʂʰ　照 tʂ　審 ʂ　日 ʐ

邱克威與耿振生的擬音不同之處爲:

表 3-10　《等音新集》邱克威與耿振生擬音聲母差異對比表

穿	tʂʰ	莊組與少數知章組,配洪音
	tʃʰ	知章組,配細音
照	tʂ	莊組與少數知章組,配洪音
	tʃ	知章組,配細音
審	ʂ	莊組與少數知章組,配洪音
	ʃ	知章組,配細音
日	ʐ	配洪音,少數字
	ʒ	配細音
	ɻ	止攝三等

---

① 耿振生用 o 表示零聲母 ∅。

耿振生對非入聲韻母進行了擬音,擬音結果如下表(表 3-11):

表 3-11　耿振生《等音新集》非入聲韻母擬音表

合口呼	開口呼	齊齒呼	撮口呼
uəŋ	əŋ	iəŋ	yəŋ
uaŋ	aŋ	iaŋ	yaŋ
uau	au	iau	
uəi	əi	i	y
uəu	əu	iəu	
uən	ən	iən	yən
uan	an	ian	yan
uo	o	ʅ ɿ ɚ	
uai	ai	ie	ye
ua	a	ia	

邱克威所列韻母音值表爲:

表 3-12　邱克威《等音新集》韻母擬音表

	中	高	清	濁
第一組	uŋ	eŋ	ieŋ	yŋ
第二組	uaŋ	aŋ	iaŋ	yaŋ
第三組		ɔ ɔʔ	iɔ	
第四組	uei	ei	i iʔ	y yʔ
第五組	u uʔ	əu	iəu	
第六組	uən	ən	iən	yən
第七組	uan	an	ian	yan
第八組	o oʔ	ə	ʅ ɿ ʅʔ ɿʔ	
第九組	uai	ai	ie	ye
第十組	ua	a aʔ	ia iaʔ	

耿振生對《新集》音系性質作出討論:"《新集》所合併的《等音》韻類,都是現代漢語中已經不再能分別的韻類,這意味着《新集》音系更接近於現代普通話。璩萬鑑的審音標準是當時的實際語音,而且屬於官話音系。"同時,還補充:"明清的官話音系有共同的基礎音,而沒有一個完整的嚴格的標準音系統。我們説《等音新集》的音系是官話音系,意思是説它屬於官話音系裏的一種,而不是説它代表獨一無二的官話標準音。"

　　邱克威 2005 年碩士學位論文,進一步研究《等音新集》。《等音新集》卷首署名璩萬鑑輯編,序中璩氏自稱其韻學得自梅建。邱克威從梅建《重訂馬氏等音內外集》與《等音新集》前後編的比較,及璩氏本人的話中,證明“等音新集後編”的韻圖就是梅建從馬自援《等音》中刪訂而成的所謂“梅公之韻”,而“等音新集前編”的韻圖才是璩萬鑑與武如璧進一步考訂“梅公之韻”後的成果。由此,確定研究《新集》的語音系統應以“等音新集前編”韻圖爲對象。但是,這裏存在一個問題,從內部論證看,璩萬鑑“等音新集後編”第 4 頁論述:“余與前卷書成韻法直圖,其字從上而下也。是圖橫列,則以橫名。一直一橫,互相胭合,猶易卦然。先天後天,其圖不同,而理同也。韻法二圖蓋倣諸此,己卯涂月並書是圖,公諸同好,然猶未敢自以爲是⋯⋯”作者已經講清二者只是體例安排有差。從外部看,存在前後兩種體例不同的韻圖是明清的普遍現象,比如《音韻畫一》有兩類韻圖,第一類按韻排,第二類以聲調爲序排列。而且,同一作者的兩類編排體例不同的韻圖存在取字用字的差異,如同一作者的同一年撰的《萬籟中聲》《切韻樞紐》,前後體例不一,連聲母設置也有差別,這應該是作者音系觀念的自然流露或有意爲之,我們不因此認爲其音系來源不同。邱克威的觀點可以再商榷。

　　邱克威分析韻圖的收字情況,確定《新集》前編聲母 24 個、韻母 45 個(包括 9 個入聲韻母)。在聲母系統方面,主張牙音的穿、照、審、日四母都分成洪細兩套,其中日母的止攝三等又另爲一套。所以,與耿振生(1996 年)的研究比較,多了 5 個聲母。舌葉音的增加,是邱文與耿文聲母最大的區別。韻母系統,邱克威比耿振生(1996 年)少了 2 個舒聲韻母;同時邱克威的論文還另外構擬了 9 個入聲韻母。少的 2 個舒聲韻,1 個是第三組的合口呼、1 個是兒化韻。對於前者,邱克威通過分析《新集》唇音聲母與開合兩類韻母的組合規律,認爲這是一個強行區分出來的韻母;至於後者,其則從作者的按語及日母止攝三等的聲韻配合規律進行分析,認爲《新集》中還未產生兒化韻。在各組韻母的音值上,邱克威與耿振生(1996 年)的研究也有較大的不同,主要是邱文並未嚴格遵守《新集》韻圖的編排,給各韻組構擬共同的韻腹、韻尾,再爲其各配上開、齊、合、撮四類介音,而是具體分析韻圖所表現出來的聲韻配合的規律,與作者在歌訣及説解所透露的信息,來進行各個韻母的音值構擬。最後,入聲的問題,通過與馬自援《等音》的入聲系統進行比較,爲《新集》構擬了 8 套入聲韻組,共 9 個入聲韻母(其中舌尖元音一套共兩個韻母)。在《新集》的聲調方面,由於缺乏可供參照的材料,邱克威只能確定其爲五聲調系統,而無法進一步確定各聲調的具體調值。至於《新集》的音系性質,其同意耿振生(1996 年)的觀點,亦認爲《新集》表現的是屬於官話系統的音系。

第三節 《音泭》

一、《音泭》作者

《音泭》落款是"大興徐鑑香垞",序言開頭是"香垞先生《音泭》一編"。《音泭》作者徐鑑爲大興人,字香垞。

(一)徐鑑生平

我們集録有關徐鑑的史籍記載:

> 兄弟翰林……大興徐鑑(嘉慶),乙丑(1805年)銓,乙丑。①
> 道光二十一年辛丑,徐鑑,順天大興人,進士,三月署,五月去。②
> 岳州府督糧通判:徐鑑,順天大興進士,(道光)二十一年(1841年)署。③
> 徐銓,號藕船,大興人,嘉慶十年進士,官河南光州知州,有《藕船詩稿》。④

徐鑑與其兄弟徐銓爲同年翰林,徐鑑做過岳州府督糧通判一類的官,史籍未直接列其生卒年,但是1805年、1841年徐鑑的活動皆有史可證,我們推論徐鑑生活的年代約爲1770—1850年。

(二)徐鑑的學術影響

1.對《李氏音鑒》的影響

《李氏音鑒》書目列有"徐鑑《韻略補遺》,徐銓《音繩》"。

《李氏音鑒》卷首有"順天徐銓藕船、徐鑑香垞同叅訂"。

《李氏音鑒》卷五第二十九問《空谷傳聲論》:徐氏香垞因廷秀二十母粗細不分,兼與北音未備,故倣蘭氏體,撰"水鳥報潮平"二十母,以補廷秀之遺,則各音於是備

---

① (清)平步青.霞外攟屑:卷一[M].刻香雪崦叢書本.1917(民國六年):35.
② (清)黃宅中.(道光)寶慶府志:卷十三[M].重印本.1934(民國二十三年):1095.
③ (清)姚詩德.(光緒)巴陵縣志:卷四十九[M].岳州府四縣本.1891(光緒十七年):1673.
④ [清]陶樑.國朝畿輔詩傳:卷五十六[M].紅豆樹館刻本.1893(光緒十九年):831.

矣。敢問各家字母,並子所撰,其句可得聞乎? 對曰:可也。試擇一二錄之。

徐香坨續蘭廷秀字母詩

水鳥報潮平,秋林數點明。

黿鼉窺曲岸,鼓角混寒更。

徐藕船音繩字母詩

五更疏漏轉,按轡道途間。

客夢留殘驛,車喧出曉關。

風寒飄碧樹,日暖照青山。

鳥去天明早,長空定不還。

《李氏音鑒》卷五(臺師大本第 3 册頁 50)

近年得相切磋者……徐氏藕船,徐氏香坨……是皆精通韻學者也。至同母十一韻,香坨月南各增二,藕船一。

《李氏音鑒》多次出現徐鑑及其兄弟徐銓姓名,甚至增加的韻都是接受徐香坨的學術觀點,對徐香坨認可程度可見一斑。《李氏音鑒》作者李汝珍生活時期爲 1763—1830 年,時代應該比徐鑑略早,可以説,徐鑑的學識超越了年齡而受到長者重視。而且,我們也能從中集錄出相關信息,知道徐鑑,字香坨,徐銓,字藕船。鄭智穎所述"徐鑑,字香坨,號藕船"沒有寫明出處,而且把徐鑑弟弟的字當成徐鑑的號是錯誤的①。在《李氏音鑒》之前,必然已有徐鑑《韻略補遺》、徐銓《音繩》兩部韻學著作問世,《李氏音鑒》書目才會出現二書。而《韻略補遺》《音繩》從研究及史籍記載看,可謂新發現之韻書。徐鑑從聲母粗細角度所作《續蘭廷秀字母詩》,也可以看作是徐鑑的音韻學學術考量。

2.對《切法舉隅》的影響

《切法舉隅》一卷,周編著,本徐香坨《字泎》而成書,同治二年自跋,以上字書類。②

———————————

① 鄭智穎.《重訂司馬温公等韻圖經》與《音泎》之比較——兼論公元 17—21 世紀北京音系的演變軌迹[D].福州:福建師範大學碩士學位論文,2012:2.

② (清)汪祖綬.(光緒)青浦縣志:卷二十七[M].刻本.1878(光緒四年):1795.

文獻中有关周綸的記載:

> 周綸,字鷹垂,茂源子,隨父客京邸,頗有名。貢生,廷試第五,授國子監學正,爲王士正所知。生平以經世爲志,嘗上書巡撫湯文正斌請秋糧,官收官兌。又爲松江士民極陳浮糧之弊,言雖未盡行,時論賢之。任潢,字秋雯,居縣城南。董黃、周綸、王原,嘗主其家,爲文酒會,有《南軒唱和集》,今不傳。①
>
> 《石樓臆編》六卷,國朝周綸著。②
> 《守章日志》一卷,周綸著。③
> 《日日瑣言》,周綸著,始道光初,迄同治,載時事甚詳。④

徐香垞《音泩》之外,尚有字書《字泩》。周綸記載過道光到同治年間(1841—1875 年間)發生的事情。周綸爲國子監學正,周綸是徐鑑晚輩,有名望,有氣節,時賢稱頌,徐香垞《字泩》爲周綸所本,反襯出徐鑑受到具有學力水平的後人的敬重。

(三)徐鑑交遊考

1.與官宦往來的記錄

> 大興徐香垞太守知興化府時,有同姓名者,署永定縣興化鄉。巡檢太守調以詩云:"今仲舒同昔仲舒,名相如亦實相如。郭淮可占汾陽地,李季宜傳北海書。可有小冠能別否,竟同大諫獨何歟? 苦吟寒食飛花句,與此韓翃或是余。"⑤

巡檢太守調侃徐香垞之名,由大興徐香垞聯想到永定縣興化同姓名者,爲之賦詩。

沈學淵和徐香垞之作:

---

① (清)汪祖綬.(光緒)青浦縣志:卷十九[M].刻本.1878(光緒四年):1213.
② (清)汪祖綬.(光緒)青浦縣志:卷二十七[M].刻本.1878(光緒四年):1797.
③ (清)汪祖綬.(光緒)青浦縣志:卷二十七[M].刻本.1878(光緒四年):1799.
④ (清)汪祖綬.(光緒)青浦縣志:卷二十七[M].刻本.1878(光緒四年):1800.
⑤ (清)金武祥.粟香隨筆:粟香三筆[M].刻本.1891(光緒十七年):269.[清]謝堃.春草堂詩話:卷七(頁 47),亦載。

外簾雜咏和徐香垞太守鑑八首

嚴關兩道立須臾,白戰文章寸鐵無。官吏是誰都點檢,衣冠到先譬穿窬。偄人咄咄先肱篋,留客恩恩便解襦。獨有孝先經腹在,自家搜索不曾枯。

似聞點將錄群公,簿牒簽名大略同。逐隊笑成銜尾鼠,滿堂都是應聲蟲。同袍爭擁千行白,灌頂先叨一粒紅。料想丹墀臚唱日,喧傳姓氏五雲中。

鱗次千間抵望衡,周南張北各生成。交如柳播州難易,帖寫平原位莫爭。墮涸劇憐花片片,劃溝疑隔水盈盈。只消三寸紅泥印,不許鷗群自結盟。

肉作屏風酒作泉,經旬食譜自成編。傳餐何止三千客,下箸能銷十萬錢。豆粥蓱虀誉瑣碎,鴨闌雞柵互喧闐。我來差勝屠門嚼,許啖綏桃不羨仙。

倉椳魚鑰啟蕭晨,卷帙紛投授受親。撒手功名知幾輩,等身著作屬佗人。醇疵並蓄如收藥,遲速難憑比積薪。一種殘碑全没字,暫時也作席間珍。

門隒傳來一紙紅,青衫先已泣秋風。偶污寒具偏憎客,笑覆椷杯便惱公。聚鐵六州原有錯,補天五色竟無功。重規疊矩分明在,坦率誰教宋五同。

手蹟叢殘萬券餘,塗鴉一例付鈔胥。敧斜字腳拳朱鷺,慘澹文心換墨猪。豈有千金能改字,獨憐五體枉工書。葫蘆依樣君休哂,三卷還佗博士驢。

藤酒研來筆染黃,連篇句讀誦琅琅。細猜人日方知鴿,學寫斯干已誤麈。儘有説書憑郢客,可無讀曲顧周郎。校讎須識良工苦,日爲秋風埽葉忙。

沈學淵簡介：

沈學淵,字涵若,號夢塘,江蘇寶山人。嘉慶十五年,舉於鄉,道光七年,偕學使史致儼至閩。九年,閩中重修省志,因延分纂。學淵長於詩詞。在閩中爲閩縣知縣方履籛校刊《萬善花書室集》,又爲制府孫爾準校刊《泰雲堂集》,著有《桂留山房詩集》若干卷。①

---

① 　歐陽英.(民國)閩侯縣志:卷一〇五[M].刻本,1933(民國二十二年):1638.

2.與科舉同年交遊

題於蓮亭同年會圖

君乙丑同年二百三十三人,丙申秋會於都下者曰史荔園、朱楸堂、帥海門、何仙槎、趙秀峰、姚伯昂、特芳山、徐香垞、陳葦田、張曇村、穆鶴舫、彭春農、徐星伯、郭鶴眠及君十五人而已,春農爲之記:

東飛伯勞西飛燕,人生那得長相見。當年同看長安花,玉貌翩翩驚鬢華。把臂須當飲一石,黃金臺下塵千尺。儉歲常豐陸氏莊,龍門何故生荊棘,即今君亦魯靈光。

君座主英煦齋相國題云:

當年來謁豔門牆,今日相看各老蒼。回憶頭闈三舊侶,衰翁亦屬魯靈光。耆英會上開詞場,老夫讓此出頭地,言猶在耳君其當。二百卅人同對策,河聲半落山陽笛。金殿祥雲散幾時,姓名豈復平康憶。亦有夔龍虞喜起,夔鑠頻聞錫杖几。功成自合良弓藏,丞相甯瞋赤松子。華裾織翠金環搖,昔稱刎頸今絕交。區區聚散更何論,鴻雪迷離又誰問。面朋面友隔面忘,多君生面留縑緗。此非塵附非霧集,亦非交呂攀嵇狂。展卷相思情獨厚,滄桑萬事難回首。盛肥丁瘦兩難知,誰復山中共菘韭。承顏亦忝山林友,雅集圖中濫竽久。角藝談元又一時,後五百年誰不朽。君不見曲江春色自年年,文采風流箭絕絃。麒麟高閣還灰燼,不及君家故紙堅。①

余家又藏有乙丑同年公會圖拓本,乃於蓮亭先生所刻,分贈同譜者。首有英煦齋相題乙丑及門公會第三圖,並繫以詩曰:"昔年來謁豔門牆,今日相看各老蒼。回憶鎖闈三舊侶,衰翁亦是魯靈光。"彭春農學士爲之記,徐星伯先生書之。記云:"君臣父子夫婦,昆季以天合者也。朋友則以人合,同年之相友,又人而天者也,顧其始也。遊曲江,登鴈塔,少年意氣,但視爲可樂而未覺其可親。既而宦各一方,升沈顯晦,有通謦欬者焉,有未覿面者焉,甚有忘其姓字者焉,其同官日下相依最久者,數十人已耳。相依最久而相得甚歡者,十數人已耳。而此十數人者,又不能必其終聚此,公會圖之所由作也。吾乙丑榜中,凡二百三十三人,是科甫定即用分發例,同時得官者幾二百人,可謂盛矣。歲辛卯朱茉堂、河帥如創爲是圖,同

---

① (清)湯貽汾.琴隱園詩集:卷三十四[M].曹士虎刻本.1874(同治十三年):299.

人自外來者,以時增入。閱二載,僅十有八人。後爲趙秀峰太守重摹一通,則十有六人,列前圖者已去其二焉。兹第三圖爲蓮亭觀察作,時張曇村來作,選人增以二君,合之僅十五人。蓋視前圖,又去其三矣。嗟乎!昌黎先生傳圬者王承福云:'其操鏝入人家,一至焉,過之爲墟矣。再至三至焉,又過之爲墟矣。'由今視昔,然後知其言之慟也。雖然,國家以科目取士二百餘年,自順治丙戌到今,七十九科矣。其一榜之中入相者多僅兩三人,或且無之。頃者我鶴舫相國拜真除之,命是榜中,氣運猶蒸蒸日上焉。自今以往,調鼎鼐,膺節鉞,有相繼而起者。邦疇雖老朽,猶能執筆補撗言之闕,以紀功業之成也。諸君勉乎哉!圖中居首者爲史荔園,右行斜上爲朱茮堂河帥,次爲帥海門,次即觀察,次即何仙槎,次爲趙秀峰,次爲姚伯昂,次爲特芳山,次爲徐香坨,次爲陳韋田,次爲張曇村,次爲穆鶴舫,又其次爲余,次爲徐星伯,而殿後者郭鶴眠也。秀峰之圖,余爲記其事,用米海岳西園雅集圖例,兹故變文以書之。道光丙申二月,南昌彭邦疇記,北平徐松書。"是圖長二丈餘,高尺二寸。作園亭景物。諸人或觀書,或撫琴,或清談,或垂釣。其拓工地用深墨,樹石几榻衣物,皆用淡墨,而又分淺深,望之,居然如水墨。此石原在西湖昭慶寺壁上,杭州被兵石毀。余曾托杭人訪之,亦無知者,録之以備科甲故事。星伯先生精輿地之學,著述甚富,松文清公最重之。晚知陝西榆林府,其寄恭慎公書,甚可悲惋,云:"弟二月二十八日行抵西安,詢知北山不通車路,因於省内租得小屋數間,將眷口留住,獨攜僕從四人前進。涉川越嶺,膽戰心寒,不意垂暮之年,履此危險之境。三月二十五日,甫達榆林,通省皆稱爲著名苦缺,多有托故不到任者,然嘉其慶訟尚簡,頗堪藏拙也。"云云。余家世守之。①

　　上文論述乙丑(1805年)中舉的二百三十三人中的十五人在丙申(1836年)秋會於都下之事。十五人裏有徐鑑,亦有身居相國之位的穆鶴舫。

　　3.與儒生交流學問

　　這裏,我們主要取爲《音泲》作序者的記録:

　　　　彤既得香坨先生詩讀之矣,復承示兹編……彤既讀以自鑒,更願先生梓而廣其惠,使彼童蒙得以人人習而熟之,是亦政教之所宜及也。先生有《香坨奇胲》數種,是書本名《音胲》,今易此名,謹序。嘉慶丙子(1816年)

---

①　(清)震鈞.天咫偶聞:卷三[M].甘棠精舍刻本.1907(光緒三十三年):38.

大寒日遂寧飲杜張問彤並書。

　　香垞先生《音泲》一編，爲童蒙設也。誠宜付梓以廣其惠，杜張君先忠而言之矣。先生之視瞻焉。恐繕寫者或有魚魯，屬忠爲之校閱，因思吾蜀爲童蒙之訓者，多不及聲韻之書類，以爲自知之不知，隨口授讀，訛以傳訛，習慣自然，後雖矯變焉，而轉佶屈聱牙矣。先生政餘之暇，常不廢學，撰成茲編。不務爲晉魏以來諸家之煩重，以曲爲初學地，其習之易易，並不費累月踰時之功，願塾師之體以爲教，無負先生嘉惠盛心也。嘉慶歲次丁丑孟春廣元寶峰趙由忠序。

　　《音泲》寫成，爲音泲作序的張問彤得到徐鑑"承示茲編"，趙由忠"爲之校閱"，二人爲徐鑑學術之益友。也可以體會出徐鑑"政餘之暇，不廢學"，"累月踰時"嘉惠後學之心。

　　文獻中有關張問彤的記載：

　　　　乾隆五十七年(1792年)壬子科鄉試，解元張問彤，字受之，遂寧人。①
　　　　校判，遂寧縣生員張問彤。②
　　　　校刊，遂寧縣生員張問彤。③
　　　　張問彤，四川遂寧縣人，解元，道光十二年任。④

　　文獻中有關趙由忠的記載：

　　　　趙由忠，江西建昌府南豐縣人，舉人，乾隆十六年任(知縣)。⑤
　　　　乾隆七年壬戌金甡榜，趙由忠，南豐人，知縣。⑥
　　　　雍正七年己酉鄉試，進士。⑦

①　(清)法式善.清秘述聞:卷八[M].刻本.1799(嘉慶四年):128.
②　(清)張松孫.(乾隆)蓬溪縣志:纂修姓氏[M].刻本.1786(乾隆五十一年):25.
③　(清)張松孫.(乾隆)射洪縣志:纂修姓氏[M].刻本.1786(乾隆五十一年):30.
④　張夔典.(民國)和順縣志[M].鉛印本.1935:304.
⑤　(清)鹿學典.(光緒)浮山縣志:卷十七[M].刻本.1880(光緒六年):433.
⑥　(清)曾國藩.(光緒)江西通志:卷三十二[M].刻本.1881(光緒七年):2943.
⑦　(清)曾國藩.(光緒)江西通志:卷三十四[M].刻本.1881(光緒七年):3109.

乾隆十八年，知縣趙由忠重修文昌祠。①

趙由忠，字誨存，乾隆壬戌進士，以教習期滿，補山西文水知縣，調浮山。所至民思慕之，爲立生祠。年老乞歸，與邑人譚際聖、劉秉彝皆與修前志，子宜勳自有傳。②

雍正七年己酉鄉試，趙由忠。③

乾隆七年壬戌，金甡榜趙由忠，二甲，官至知縣，有傳。④

趙由忠，江西南豐人，舉人，乾隆六年任知縣。⑤

（四）徐鑑的著述

徐鑑的著作有《音泲》（本名《音胲》）《字泲》《香垞奇胲》《韻略補遺》。

二、《音泲》的著録及版本

《文字音韻訓詁知見書目》第 07814 條載：

《音泲》一卷，清徐鑑撰，清嘉慶二十二年刻本（科院）。⑥

《續修四庫全書》經部第 258 册有《音泲》，其版記爲“據中國科學院圖書館藏清嘉慶二十二年刻本印，原書板框高 133 毫米，寬 194 毫米”。《文字音韻訓詁知見書目》記載的《音泲》即《續修四庫全書》所收之《音泲》。

臺灣師範大學圖書館總館 8 樓綫裝書室存有《音泲》，其書有嘉慶丁丑（1817 年）趙由忠序，索書號 A940404.7。

臺師大本封面有手書索書號 A940404.7，書内首頁，白紙上方書“珍△A940404.7”，下方有藍色橢圓印章“臺灣省國語推行委員會圖書室”，字迹不夠清晰。

———————————

① （清）范啟堃.（光緒）文水縣志：卷四［M］.刻本.1883（光緒九年）：170.
② 包發鸞.（民國）南豐縣志：卷之二十［M］.鉛印本.1924（民國十三年）：1381.
③ 包發鸞.（民國）南豐縣志：卷十［M］.鉛印本.1924（民國十三年）：800.
④ 包發鸞.（民國）南豐縣志：卷九［M］.鉛印本.1924（民國十三年）：749.
⑤ 任耀先.（民國）浮山縣志：卷二十［M］.鉛印本.1935（民國二十四年）：488.
⑥ 陽海清，褚佩瑜，蘭秀英.文字音韻訓詁知見書目［M］.武漢：湖北人民出版社，2002：363.

趙由忠序頁下方有橢圓形朱文印章"臺灣師範大學藏書印",目録頁下方有朱文篆書"蔭棠夫婦趙氏藏書印"。

兩處藏地的版本相較,趙蔭棠本少若干頁。《續修四庫全書》本(以下多簡稱續四庫本)有兩篇序,第一篇落款爲"嘉慶丙子大寒日遂寧飲杜張問彤並書"的序言趙蔭棠本没有。續四庫本最後一頁内容,趙蔭棠本没有。

其他相同的内容部分,我們比對,寫刻本一致,但是續四庫本不夠清晰,經常出現筆劃斷裂的情況,尤其是第六三九頁上十八桝圖部分列字已經難以辨識。而趙蔭棠本清晰度高。除此之外,不同之處有第六四八頁,原書第三十頁左側第九欄趙蔭棠本作"以上字",而續四庫本作"以丄字"①,而且續四庫本該位置字迹清晰,不似印刷遺漏。

兩本都有右側加圈的情況,表示斷句,但是趙蔭棠本在部分字的右側加雙圈,這些字在'餘論'處皆爲例字,有"捧仍拴找跑烏跳票姐溜靴癟街瞇鼻魯兒耳二壯扛娘那媽三嗒兩遮車睬蛇惹舍這"。從雙圈的筆迹看,明顯是後人閱讀時所加。

三、《音泲》研究綜述

(一)《音泲》研究的拓荒階段

李新魁《韻學古籍述要》不載《音泲》,耿振生《明清等韻學通論》第五節"見於古今著録的部分明清等韻著作"第二十七爲徐鑑《音泲》,耿振生説見《李氏音鑒》及趙蔭棠《等韻源流》。書中分三十六韻:公穹更京昆君根斤官捐干姦高交鈎鳩欂接兹基姑拘歸而光岡姜乖該皆瓜渣家鍋哥約。聲母 19 個,與徐孝《等韻圖經》相等②。

前期,研究過《音泲》的有:永島榮一郎(《近世支那語特に北方語系統に於ける音韻史研究資料に就いて》第二十八部韻書即《音泲》)、趙蔭棠(《等韻源流》第六章明清等韻之北音系統第十七爲《音泲》)、應裕康(《清代韻圖之研究》北音系統之韻圖第十節是《音泲》)。

永島榮一郎説《音泲》,徐鑑(字香垞,河北大興人)著,卷首有趙由忠於嘉慶二十二年(1817 年)寫的序。該書以韻圖爲主,全系趙蔭棠先生的發現和介

紹。永島、趙氏都説過《李氏音鑒》曾提及徐鑑有《韻略補遺》一書,趙蔭棠説《韻略補遺》未知存亡,《音泲》蓋繼《韻略補遺》而作者,世亦罕見,偶於書肆中得之,頗自欣幸。

不過,永島説他自己也得到了一本,這個本子和趙先生的本子是兩種不同的版本。但是《音泲》永島所得本今藏於何處?我們在永島曾經任教過的慶應義塾大學言語文化研究所、東京大學東洋文化研究所都沒有找到《音泲》。

對《音泲》的體例介紹,應裕康最詳盡,他在對各章引用的同時附有對主題的提煉評介:"'五聲章'爲徐氏於聲調宗陰陽上去入五聲之説,即徐氏授初學以辨五聲之法;'切韻章'亦徐氏授蒙童以二字切韻之法;'射字章'徐氏以爲初學於切韻之外,並學射字、考擊鼓射字之法,清人等韻之作中,首見於馬氏《等音》、林氏《聲位》、李氏《音鑒》亦論及之,然多不提其起源,徐氏論其源流;'字韻章',徐氏分韻三十六,各以喉音爲字,稱爲字韻;'字母章',述徐氏三十六韻圖也。"

該書沒有特別地設定字母,不過,在"字母"項中提到:"辨脣齒牙舌喉各音法。公空翁喉音也。東通噥舌音也。○尰○脣音也。宗聰松牙音也。中充揰齒音也。烘喉音也。風輕脣音也。○○半舌半齒也。餘倣此。""字母"項以帶有[uŋ]韻母的字母爲例,不過其聲母相當於三十六字母,開列如下:

見溪影端透泥幫滂明精清心照穿審曉非來日　[k][kʰ][Ø][t][tʰ][n][p][pʰ][m][ts][tsʰ][s][tʂ][tʂʰ][ʂ][x][f][l][ʐ]

在各韻圖中,該書的聲類也是按照上面這個順序排列的,其結果是該書共有 19 個聲類。趙蔭棠還對比説,《音泲》與《五方元音》之實際,並無少殊也。

該書的韻類:以"標韻"的形式,開列了以下的韻類,據此創製了 36 個韻圖。

（韻圖略）

作爲"標韻",採用的文字都是與樹木有關係的,這一點非常有趣。在各"標韻"的上面,標示了數字的順序,没有特别地表示"標韻"間的相互關係。不過現在按照上面的排列整理爲十三列。另外,把[ʅ̩.ʅ̩]、[i]韻和[u]、[y]韻合併爲一,則變成十二列,與《三教經書文字根本》的排列相似。主要差異是:該書[ei]韻消失,增加栭[ər]韻,[ər]韻的獨立是按照實際情况來處理的,非常有意義。

趙蔭棠認爲這三十六韻,完全可以作北音的代表。"徐鑑所以分韻若是之多者,實因將四呼完全開出的緣故。其中桓,檬,柑,姦四韻,只是 ang 之四呼。"①

該書的聲調分爲五聲——陰、陽、上、去、入。入聲兼配陰聲韻和陽聲韻,但是,置於陽聲韻中的入聲字居多,不過也有僅爲入聲而設置的韻目。

此外,趙蔭棠還點出徐鑑有《續蘭廷秀字母》,認爲在《李氏音鑒》裏複而不備,未足垂爲典則。《音泲》所載俗音,甚爲可取。趙蔭棠説篇幅所限,不能備録。

應裕康依徐氏所舉,"字母中有不依古本音,而相沿已久,或另有所本者,此皆可從者也,有世俗訛讀,或南北方言,而於臨文有礙,斷不可從者",於徐氏三十六圖中分别找出,列一表。

(二)對《音泲》的深入研究階段

《續修四庫全書》1995 年收録《音泲》後,大陆、臺灣、韓國都曾有學者利用《續修四庫全書》的《音泲》進行專文研究。縱研究思路上看,一類是針對《音泲》的音系,突出其語音價值,如臺湾彭志宏的碩士學位論文《徐鑑〈音泲〉研究》、大陆周賽華的單篇論文《近代北音音韻文獻〈音泲〉述要》、韓國金恩希的《〈音泲〉音韻體系研究》;另一類是把《音泲》作爲歷時演變的一個節點,把《等韻圖經》《音泲》及現代普通話串聯起來觀察音變歷程,有金恩希的單篇論文《〈等韻圖經〉〈音泲〉普通話音韻體系比較》、大陆鄭智穎的碩士學位論文《〈重訂司馬温公等韻圖經〉與〈音泲〉之比較:兼論西元 17—21 世紀北京音系的演變軌迹》。

彭志宏的碩士學位論文《徐鑑〈音泲〉研究》除了基本的聲韻母系統研究,還設專章對《音泲·餘論》中,徐鑑記録的當時的"俗音"加以討論,探討其反映的音變,可以説也是對趙蔭棠認爲俗音有價值的研究思路的繼承與實踐。

周賽華的《近代北音音韻文獻〈音泲〉述要》(2004 年)重點突出《音泲》對

---

① 趙蔭棠.等韻源流[M].臺灣:文史哲出版社,1974:248.按:ang 當正爲 an。

近代音演變有重要價值之處,我們擇要如下:

第一,尖團合流,《圓音正考》《李氏音鑒》只是略微論述,而《音泩》以韻書的形式全面反映北京音見組精組細音字已經合流的現象。

第二,[io]→[yɛ]韻的演變,周賽華認爲韻頭先變爲撮口呼,第三十六韻爲[yo],"約"字主要元音受介音影響,音值要靠前一些,故而實際音值可能爲[yə],主要元音再受前高介音的影響,不久與[yɛ]合流,但是《音泩》時代並沒有完成,否則,第三十六韻[yo]不會與第十七韻[yɛ]對立。

第三,[ɛ]→[ə]韻的演變,"德册則"等字《音泩》在當時北京話中從[ɛ]變讀爲[o],《音韻逢源》時候變爲[ə]。

第四,[iai]→[iɛ]韻的演變,《音泩》這一音變處於變化過程中,"街"産生[iɛ]韻的讀音,"皆戒解蟹諧"諸字仍列在三十字韻楷中,爲[iai]。

第五,兒化韻,自清初《拙菴韻悟》起,文獻記載兒化韻的不多,《音泩》是其中之一。

第六,首見與北京音相同的單字音,周賽華舉出二例——妞,《集韻》《合併字學集韻》爲上聲,《音泩》列入陰平聲;瑞,《廣韻》《等韻圖經》《南北方音》(1810—1864 年)聲母都爲[ʂ],而今天的[ʐ]在《音泩》裏已經産生了。

第七,周賽華由字韻三十六檪[yo]下有"拙、濁、卓、戳、説",字韻八擒[in]下有"參、桮、磣"而認爲舌尖后聲母曾經能跟細音相拼,進而認爲《中原音韻》知莊章組擬爲一組捲舌音合理。

金恩希説《音泩》以韻圖的形式記録當時的語音,如實反映出 18 世紀末和 19 世紀初的北音。

當時,韻書正確反映實際語音有很多困難,《音泩》也難以擺脱舊有韻書體製。不同於韻書傳統的反切注音,《音泩》用等韻圖的形式,體現當時的北音體系。由於《音泩》序闡明這本書的功能是爲初學者入門而設,當時文人們很少用過,但《音泩》對要理解當時的北音體系的研究者來説是很好的參考書。

儘管徐鑑本人是"北人"並且從"北音"入手編撰韻書《音泩》,但他實際上以"北音"之外的共通要素爲基礎,想讓"北音"以外的人們也能通用。在聲母系統上將各個地區廣泛使用的語音作爲共通部分設定了字母並將之編成韻譜。韻母系統採取的方式是以"北音"爲基礎編撰後,言明與其他地區的語音差異。聲調系統除了根據"北音"反映韻譜以外,還兼顧到存在入聲的語音系統,採用陰平、陽平、上聲、去聲與入聲並列的形式,儘管讓人感到好像是五聲調體系,但是與"北音"沒有什麼關係,這樣編撰有助於更好地理解其他存在入聲的語音。

　　《音泲》作爲没有承襲傳統韻書和模倣其他韻書的典籍,可以説是徐鑑根據自己獨創的審音編撰而成韻譜的。可以將之看作是不亞於元代《中原音韻》的寶貴資料。

　　金恩希的單篇論文《〈等韻圖經〉〈音泲〉普通話音韻體系比較》是將《等韻圖經》(1606 年)、《音泲》(1817 年)兩份資料和普通話作爲比較研究對象,因爲就明代的語言發展成爲現代普通話的過程來説,在明清兩代眾多的韻書中,這兩份資料與普通話的形成存在着非常緊密的關係。文中所列舉的兩份語音資料都體現了北京話音韻體系。該論文選擇能夠洞察明代北京語音實體的資料《等韻圖經》和表現清代北京語音實際風貌的資料《音泲》,目的在於探討兩份資料與現代北京話形成過程在時代上存在的内部聯繫。眾所周知,《中原音韻》(1324 年)在北方語音的音韻體系比較中被廣泛地使用,但在與普通話的比較中,從此時期上看,時間間隔太大。因此,論文選擇了與普通話形成時間比較接近的明代《等韻圖經》和清代《音泲》作爲音韻體系的比較研究對象,對其變化形式進行探討。進一步全面系統地梳理從《音泲》至普通話形成過程中聲母、韻母、聲調等的變化特徵。

　　金恩希文章的結論是聲母方面,中古全濁聲母清化,知莊章系合併,捲舌化,中古非敷合併爲非母,中古微母變成零聲母,與影母合流,《等韻圖經》見組精組相對獨立存在,《音符》中合流,出現舌面前音;韻母方面,都整齊地反映了普通話四呼,存在兒化韻,[-m]、[-n]韻尾的字合流;聲調方面,全濁上聲變去聲,入聲差不多都消失了,形成平上去入四調體系。

　　鄭智穎的碩士學位論文《〈重訂司馬温公等韻圖經〉與〈音泲〉之比較:兼論西元 17—21 世紀北京音系的演變軌迹》,其前人成果部分論述了金恩希的一篇文章《〈音泲〉音韻體系研究》,没有論述其另一篇文章《〈等韻圖經〉〈音泲〉普通話音韻體系比較》,我們今對比,將其新增、重點論述部分作一論述。

　　第一,[ʮ]作爲[ʅ]的合口,在《等韻圖經》中還存在着,但由於與照組聲母相拼,其捲舌的特質越來越不明顯,在 19 世紀時已經與[u]合流。而作爲[u]的齊齒呼,[iu]在《等韻圖經》時已經消失,合併入[y]。

　　第二,《等韻圖經》蟹攝齊齒呼[iai]已經開始發生[iai]→[iɛ]的音變,但只是小範圍的,僅存於部分字的又音之中。到《音泲》時代則一部分仍歸[iai],另一部分已演變爲[iɛ],清代以後這種演變趨勢並没有停止,到現在北京話中除零聲母字丢失韻尾-i 爲[ia],其餘均變爲[iɛ]。

　　第三,假攝齊齒呼[ia]除了零聲母字外,其餘在《音泲》時也演變爲[iɛ],並一直延續至今。

第四，蟹攝開口[ei]、[iei]到 19 世紀合流爲[ei]，合口[uei]、[yei]合流爲[uei]，讀音與今音基本相同。

第五，效攝合口[uau]在演變過程中脱落韻頭[u]，與開口[au]合流，並延續至今。

第六，拙攝開口[ɛ]在 19 世紀一部分併入[o]，並開始根據聲母發音部位的不同發生變化，到 21 世紀，這些字在唇音聲母後仍爲[o]，但在其餘聲母後則讀爲不圓唇的[ɤ]；另一部分在 19 世紀也與[iai]、[ia]一樣併入[iɛ]，且在之後的發展中，照組聲母後的[iɛ]丢失-i-介音，並演變爲[ɤ]。拙攝合口[uɛ]則受到[ɛ]變[o]的影響，到 19 世紀完全併入[uo]。

第七，果攝開口細音[io]受到韻腹圓唇的影響，在 19 世紀時演變爲撮口呼[yo]，而到現在已經没有[yo]的讀音了。

鄭智穎的論文還總結了 17—19 世紀北京語音與明末清初官話的關係，説無論是明代的南京音還是清中期以後的北京音，都不能與官話等同。

首先，官話的主要成分是當時的讀書音，而我們所説的作爲官話基礎的方言裏夾雜着許多俗語，如《音泲》中樞韻"三"、柙韻"兩"等；其次，由於交通不便和地域局限，作者在著録韻書、韻圖的過程中或多或少會受到自身方音的影響，一部反映官話音的韻書、韻圖也不全是官話音，比如以明末北京語音爲基礎的《等韻圖經》總體上雖代表着明末北方地區官話語音，但其中的次濁聲母陰平聲"寧、喃、瑘、貓"等字却仍是作者所謂的"冀趙之音"。最后，共同語與基礎方言的演變速度不相同。共同語作爲一種跨越地域並以書面語言爲主的語音標準，其變化是緩慢且穩定的，在自然演變的過程中極少出現語音突變的情況，而基礎方言的語音由於與人民生産生活息息相關，演變速度快得多。因此，17—19 世紀的官話是作爲當時的標準共同語而存在的，雖然整體音系與北京語音大部分相同，但並不完全等同於北京音，共同語高於基礎方言。

第四節　《同音字辨》

一、《同音字辨》作者

史籍所載劉維坊：

劉維坊，字言可，號樂山，公孫莊人，讀書工篆刻，少師邑人葉包九，考六義,辨八體。中年遨遊齊魯及江南,諸巨家藏弄圖章,得參觀。道光壬寅,入都自立一齋,名文石閣。日與施曉屏、張文錦遊,前後見印譜四十餘種,會萃成編,鐫印章一千二百餘顆,曰《樂山印萃》。又刊一冊曰《印文詳解》,諸體俱備。王惠昌題其肖象云:"樂山古雅,酷好印章,遠稽博考,倍極精詳,法宗秦漢,體備義皇,卅年工力,今可傳揚。"

　　劉維坊《樂山印萃》《印文詳解》《同音字辨》。按葉氏《存古叢刻》,維坊學問淵雅,不僅以篆刻見長,生平所見印譜四十餘種。道光間刻《樂山印萃》,注注明篆文刀法,又鐫《印文詳解》,篆體之創自何人、始自何代,瞭如指掌,蓋積三十餘年之久,始克會萃成書。濰縣郭震宇極稱之,以為文三橋後繼之者,樂山一人而已。

　　滿洲音德布《印文詳解》序云:"古劇劉樂山,余故人也。遊藝圖書,曾有印萃一刻,余跋數言於卷末,茲復以《印文詳解》見示,反覆展玩,不禁心許其技之神,而折服其心之公也。六書之體,自秦漢以來,代遠年湮,學者或得其神似,或得其形似,頗不乏人,至欲備其體,詳其法,則言者既不能發前人之奧祕,又豈足為後學之津梁乎?樂山嘗以此為憾。積三十年之精力,旁搜博考,深窺其源,右史左圖,悉盡其妙,此其技已神之至矣。好古者執此為程,必有事半功倍之效,何其心又如是之公乎?是又非印萃之自為怡情而悅志者所能比也。余既羨其神技,尤諒其苦心,不揣固陋。為之序云。"①

　　由《(民國)壽光縣志》,可以獲得劉維坊的基本信息:劉維坊,字言可,號樂山,公孫莊人,按:郝新澤(2010年)斷句為"劉維坊……號樂山公,孫莊人",與我們認為的不一致,我們的判斷理由是:《同音字辨》劉維坊自序的落款是"樂山山人劉維坊自志",陰文印章書"劉維坊字言可號樂山"。而且,壽光也存在公孫莊。公孫莊以戰國時期孟子的弟子公孫丑之姓命名、"公孫丑之墓"立村,先名古賢村,後正式定名為公孫莊。劉維坊著作包括《樂山印萃》《印文詳解》《同音字辨》。

　　劉維坊遊歷的地域涉及齊魯、江南。結交的人涉及葉包九、施曉屏、張文錦。對其高度評價的人有王惠昌、郭震宇、音德布。如果結合《同音字辨·叙》,賈楨也對劉維坊極為推崇。

　　《同音字辨》自序"有名《音韻清濁鑒》者,有名《音韻輯要》者,亦有名《音韻

─────────────

① 宋憲章.(民國)壽光縣志:卷十二[M].鉛印本.1936(民國二十五年):1424.

正訛》《萬韻新書》者,皆有目而無綱,勢難採用",引用《萬韻新書》,説明 1849
年已經見到《萬韻新書》,比張鴻魁發現的光緒丁丑(1877 年)本早,也爲張鴻
魁存在更早版本的《萬韻新書》的論證提供了旁證。

　　《同音字辨·叙》作者爲賈楨,李新魁(1983 年①、1993 年②)、郝新澤(2010
年③)、劉名(2013 年④)皆認爲作者是"賈植",我們觀察落款爲"道光己酉仲冬
東海賈楨叙並書"。臺灣師範大學本序言後有陰文印章"臣賈楨印",陽文印章
"筠堂",我們查證史籍:

　　　　道光六年丙戌科書試,榜眼賈楨,字筠堂,山東黃縣人。⑤

　　賈楨的字、籍貫皆與《同音字辨·叙》合,爲我們判斷其作者爲賈楨而非賈
植提供支持。
　　賈楨的史籍記載尚有:

　　　　道光十一年辛卯恩科鄉試……貴州考官編修賈楨,字筠堂,山東黃縣
　　人,丙戌進士。⑥
　　　　道光十七年丁酉科鄉試……湖北考官侍讀賈楨,字筠堂,山東黃縣
　　人,丙戌進士。⑦
　　　　鄉會考官類五,道光二十年庚子恩科鄉試……内閣學士賈楨,字筠
　　堂,山東黃縣人,丙戌進士。⑧
　　　　道光二十三年癸卯科鄉試……江南考官工部侍郎賈楨,字筠堂,山東
　　黃縣人,丙戌進士。⑨
　　　　道光二十五年乙巳恩科會試……户部侍郎賈楨,字筠堂,山東黃縣
　　人,丙戌進士。⑩

---

①　李新魁.漢語等韻學[M].北京:中華書局,1983:246.
②　李新魁,麥耘.韻學古籍述要[M].西安:陝西人民出版社,1993:158.
③　郝新澤.《同音字辨》音系研究[D].福州:福建師範大學碩士學位論文,2010:1.
④　劉名.《同音字辨》音系研究[D].廈門:廈門大學碩士學位論文,2013:1.
⑤　(清)王家相.清秘述聞續:卷三[M].刻本.1888(光緒十四年):36.
⑥　(清)王家相.清秘述聞續:卷四[M].刻本.1888(光緒十四年):41.
⑦　(清)王家相.清秘述聞續:卷四[M].刻本.1888(光緒十四年):50.
⑧　(清)王家相.清秘述聞續:卷五[M].刻本.1888(光緒十四年):55.
⑨　(清)王家相.清秘述聞續:卷五[M].刻本.1888(光緒十四年):58.
⑩　(清)王家相.清秘述聞續:卷五[M].刻本.1888(光緒十四年):63.

道光三十年庚戌科會試……吏部尚書賈楨,字筠堂,山東黃縣人,丙戌進士。①

順天考官內閣大學士賈楨,字筠堂,山東黃縣人,丙戌進士。②

咸豐九年己未科會試……考官內閣大學士賈楨,字筠堂,山東黃縣人,丙戌進士。③

同治元年壬戌恩科鄉試,江南、浙江、陝西、四川、雲南、貴州停科。順天考官內閣大學士賈楨,字筠堂,山東黃縣人,丙戌進士。④

同治四年乙丑科會試,考官內閣大學士賈楨,字筠堂,山東黃縣人,丙戌進士。

同治六年丁卯科鄉試,山東、陝西、雲南停科。順天考官內閣大學士賈楨,字筠堂,山東黃縣人,丙戌進士。協辦大學士吏部尚書瑞常,字芝生,蒙古鑲紅旗人,壬辰進士。工部尚書單懋謙,字地山,湖北襄陽人,壬辰進士。左都御史汪元方,字嘯菴,浙江余杭人,癸巳進士。⑤

道光八年戊子科順天鄉試……編修賈楨,字筠堂,山東黃縣人,丙戌進士。

道光九年己丑科會試……編修賈楨,字筠堂,山東黃縣人,丙戌進士。⑥

道光十三年癸巳科會試……編修賈楨,字筠堂,山東黃縣人,丙戌進士。⑦

列傳一百七十七　賈楨　周祖培　朱鳳標　單懋謙

賈楨,字筠堂,山東黃縣人。父允升,乾隆六十年進士,由檢討歷官兵部侍郎。楨,道光六年,一甲二名進士,授編修。十三年,大考一等,擢侍講。十六年,入直上書房,授皇六子讀,累擢侍講學士。十九年,大考翰詹,命免試,歷少詹事、內閣學士。二十一年,遷工部侍郎,調戶部。二十七年,連擢左都御史、禮部尚書,調吏部。咸豐二年,協辦大學士。三年,疏請山東籌辦團練,從之。題孝和睿皇后神主,禮成,加太子太保,充上書

① (清)王家相.清秘述聞續:卷五[M].刻本.1888(光緒十四年):68～69.
② (清)王家相.清秘述聞續:卷六[M].刻本.1888(光緒十四年):74.
③ (清)王家相.清秘述聞續:卷六[M].刻本.1888(光緒十四年):77.
④ (清)王家相.清秘述聞續:卷七[M].刻本.1888(光緒十四年):81.
⑤ (清)王家相.清秘述聞續:卷七[M].刻本.1888(光緒十四年):85.
⑥ (清)王家相.清秘述聞續:卷十四[M].刻本.1888(光緒十四年):158.
⑦ (清)王家相.清秘述聞續:卷十四[M].刻本.1888(光緒十四年):161.

房總師傅兼管順天府尹。四年，兼翰林院掌院學士，順天府書吏范鶴等與戶部井田科銀庫書吏交結營私，以鈔票抵庫銀，楨察舉其弊，讞定譴失；察諸官有差，楨以發覺察議，拜體仁閣大學士，管理戶部。五年，兼管工部，晉武英殿大學士。六年，丁母憂，命暫開缺，給假六月，回籍治喪，假滿來京。楨疏言：“臣兄弟五人，諸昆疊故，臣幸僅存，今不能爲母守制，是臣母有子，而如無子，臣何以爲子？”力求終制。時御史鄒焌傑，亦疏請准其開缺守制，詔允之。八年服闋，以大學士銜補吏部尚書，仍充上書房總師傅。尋復授體仁閣大學士，管理兵部兼翰林院掌院學士。十年，充京城團防大臣。是年秋，英法聯軍犯京師，車駕幸熱河，命楨留守。日危坐天安門，阻外軍，不令入。及與會議，慷慨不屈。十一年，復晉武英殿大學士，以病請開缺，不許。穆宗回鑾，偕大學士周祖培，尚書沈兆霖、趙光上疏曰：“我朝從無皇太后垂簾聽政之典，前因御史董元醇條奏，特降諭旨甚明，臣等復有何異詞？惟是權不可下移，移則日替；禮不可稍渝，渝則弊生。皇上沖齡踐阼，欽奉先帝遺命，派怡親王載垣等八人，贊襄政務。兩月以來，用人行政，皆經該王大臣擬定。諭旨每日明發，均用御賞同道堂圖章，共見共聞，內外咸相欽奉。惟臣等詳慎思之，似非久遠萬全之策，不能謂日後之決無流弊。尋繹贊襄之義，乃佐助而非主持，若事無鉅細，皆由該王大臣先行定議，是名爲佐助，而實則主持。日久相沿，中外能無疑慮？爲今日計，正宜皇太后親操出治威權，庶臣工有所稟承，命令有所咨決，不居垂簾之虛名，而收聽政之實效。準法前朝，憲章近代，不難折衷至當。伏查漢和熹鄧皇后、順烈梁皇后、晉康獻褚皇后、遼睿智蕭皇后，皆以太后臨朝，史冊稱美。至如宋之章獻劉皇后，有今世任姒之稱；宣仁高太后，有女中堯舜之譽。明穆宗皇后神宗嫡母上尊號曰仁聖皇太后，穆宗貴妃神宗生母上尊號曰慈聖皇太后。惟時神宗十歲，政事皆由兩宮抉擇，命大臣施行，亦未嘗居垂簾之名也。我皇上天亶聰明，不數年即可親政。而此數年間，外而寇難未平，內而洋人偪處，何以拯時艱？何以飭法紀？端以固結人心，最爲緊要。倘大權無所專屬，以致人心惶惑，是則大可憂者。請敕下廷臣會議，皇太后召見臣工，禮節及一切辦事章程，或仍循向來軍機大臣承旨舊制，量爲變通，條列請旨，酌定以示遵守。”疏入，命廷臣集議允行。

　　同治元年，安徽降賊苗沛霖，謀分兵，一由清江，一渡潁而西，聲稱赴陝西勝保軍營助剿，實有異圖。楨上疏言：“苗沛霖窮而就撫，仍復擁兵觀望，反覆無常，所部素無紀律，倘長驅入陝，何異引狼入室？由潁趨豫，尚爲道所必經，繞道清江，則去之愈遠，意存窺伺。西犯山左，則北路門戶大開,固爲腹心之患;東犯裏下河,淮揚通海,在在可虞;請飭下勝保嚴阻。又疏言:"皖省軍情緊急,署撫臣李續宜回籍葬親,請勿拘百日定制,迅飭回任,以固疆圉。"並嘉納之。三年,《文宗實錄》《聖訓》告成,以監修勞,賜花翎。六年,楨年七十,賜壽恩禮甚渥。尋以病乞休,不許。七年,乃允致仕,食全俸,仍充團練大臣。十三年,卒。詔稱其"持躬端謹,學問優長",依大學士例賜卹,晉贈太保,入祀賢良,祠謚文端。子致恩官,至浙江布政使。①

二、《同音字辨》版本

郝新澤(2010 年,頁 1)述《同音字辨》現所見版本有二:一是中國科學院圖書館藏本,所藏爲清道光二十九年(1849 年)刻本;二是遼寧省圖書館藏本,所藏爲清同治十二年(1873 年)京師琉璃廠善成堂刊本。劉名(2013 年)承襲其觀念。

我們現已發現的《同音字辨》版本如下(序號,正題名,主要責任者,出版信息,版本類別,數量,藏館,典藏號):

(1)《同音字辨》:4 卷,(清)劉維坊輯,清咸豐元年(1857 年)文石閣,刻本,4 冊,華東師大,U02.298－6/7.674;

(2)《同音字辨》:4 卷,(清)劉維坊輯,清道光二十九年(1842 年),刻本,4 冊,吉大,經 2942K;

(3)《同音字辨》:4 卷,(清)劉維坊輯,清同治十二年(1873 年)善成堂,刻本,4 冊,吉大,經 2159K;

(4)《同音字辨》:4 卷,(清)劉維坊撰,清同治十三年(1874 年)京師善成堂,刻本,4 冊(1 函),北大,X/413.13/7224;

(5)《同音字辨》:4 卷,(清)劉維坊輯,清道光二十九年(1849 年)北京文石閣,刻本,4 冊(1 函),山大,802.298/892;

(6)《同音字辨》:4 卷,(清)劉維坊輯,清道光二十九年(1849 年),刻本,4 冊(1 函),清華,庚 140/7836。

另有臺灣師範大學"國文所"藏本

《同音字辨》4 卷,(清)劉維坊撰,清道光二十九年(1849 年)刊本,4 冊,

---

① 趙爾巽.清史稿:列傳一百七十七[M].清史館本.1938(民國二十七年):4265.

索書號 A940 763.8 V.1、A940 763.8 V.2、A940 763.8 V.3、A940 763.8 V.4。

《同音字辨》臺師大本與續四庫本版本比較：

1.封面差異

《續修四庫全書》中道光二十九年（1849 年）刻本，與臺灣師範大學藏封面欄框上方"道光二十九年初鎸"，雖然都有"道光二十九年"，實則有一定差異，爲不同版本。

臺師大本封面分三欄，中欄粗體大字"同音字辨"，"同"字上覆蓋"文石閣印"諸字，右欄上書"渤海劉維坊彙輯"，左欄下方"京師廊房頭巷文石閣藏版"，這些字不見於《續修四庫全書》影印的《同音字辨》。

臺師大本首頁序空白處有臺灣師範大學藏書印章，下方有書號"49949"。

2.序言內容的出入

序言皆爲行書，臺師大本有陰文"臣賈楨印"，陽文"筠堂"，續四庫本序無印章。續四庫本結尾有字號略小的"此卷余甚喜用，惜幼年未得善本，至今韻理模糊……琢磨，何腦力之不足用也？恐夫！……庚戌孟冬之月逸村志"，臺師大本無。

臺師大本自序落款有兩方印章，分別是陰文"劉維坊字言可號樂山"、陽文"山東省青州郡壽光邑谷縣□"（按：“縣”後尚有一字，不夠清晰），續四庫本無印章。

臺師大本無句讀，續四庫本序、自序皆有句讀。續四庫本的句讀一直到"字原"，其後的文段不再加句讀。

3.音韻理論部分的差異

"文字辨"，臺師大本"開物成物，乃畫八卦"，續四庫本作"開物成務，乃畫八卦"。

"附辨"最末一句，臺師大本爲"切字則必準矣"，續四庫本"切字則必準矣"後還有"所言上下者即是清濁"。

"學韻入門訣"臺師大本"有願學者當寫牙舌唇齒……公空翁是牙音"，續四庫本兩處"牙"皆作"喉"。

4.二本正文差異

《同音字辨》卷一韻圖部分，臺師大本"島"，續四庫本作"鵠"（頁 509 下①）。

臺師大本作"鬪"，續四庫本作"鬮"（頁 509 下）。

---

① 以下括號內頁碼皆爲續四庫本頁碼。

卷一韻書部分

姜 上聲 養韻

臺師大本"彊,其兩切,勉彊,牽彊,強同。勞,勉力也"。續四庫本"彊,其兩切,勉也,《孟子》:'彊爲善而已矣。'又與強同"(頁 510 右上)。續四庫本"彊"注釋長,無字頭"勞"及釋義。

將 入聲 藥韻

臺師大本"皭,白色"在藥韻單圈後,續四庫本"皭,白色"放在單圈前(頁 511 左上)。

張 去聲 漾韻

續四庫單圈前字頭脫落,臺師大本對應"長"字,可據補(頁 512 右上)。

張 入聲 覺韻

臺師大本"諑,訴也,王逸注《楚詞》云:'猶讀也。'",續四庫本"諑,訴也。㰌,樹枝直上貌"(頁 512 右上)。臺師大本"諑"注釋長,比續四庫本少字頭"㰌"及其注釋。

商 上聲 養韻

續四庫本"上,是掌切,登也,升也,又字分平上,又漾韻"(頁 512 左下)。臺師大本"登"字位置空白,脫文,當據續四庫本補。

香 入聲 藥韻

續四庫本"攫,遽視也,或作懭",臺師大本字頭作"懭"(頁 513 右上)。《集韻》藥韻"懭懭,驚也,一曰遽視,或作懭"。按:攫,《説文》:'抍也。'《玉篇》:'搏也。'攫,偏旁爲"扌",不當有"遽視"之義,古書亦無,續四庫本誤把"忄"作"扌",字頭"攫"當據臺師大本正作"懭"。

方 上平 陽韻 單圈下

臺師大本"祊,祭四方也"後有字頭"匚","匚"無釋義,釋義可據《説文》"受物之器"補;續四庫本無字頭"匚",該位置空白(頁 513 左上)。

央 入聲 藥韻

臺師大本字頭"蟧"的注釋爲"渠蟧,即蜉蝣,《詩》作蟝",其後緊接字頭"挈"。續四庫本"蟧,蜉蝣也",注釋字數少,字頭"蟧"後有韻目名"覺","覺"下是字頭"挈"(頁 513 右下)。蟧,《廣韻》:"渠蟧,蜉蝣蟲,朝生暮死,亦作䗀。"臺師大本注釋無誤。挈則是覺韻的字。

公 上聲 腫韻

臺師大本"鞏,居悚切",續四庫本作"鞏,居孔切"(頁 514 右上)。

公 上聲

臺師大本有韻目“迵”，續四庫本對應韻目位置空白，脫文，可據補（頁 514 右上）。

公　上聲　單圈後

臺師大本“奣，明也，又奣子橋，在崑山縣”，續四庫本“奣，明也，又奣子橋，在梗韻”（頁 514 右上），二本注釋後半部分有差異。

空　上平　東

臺師大本“崆，农袂也”，續四庫本注釋爲“衣袂也”（頁 514 右上）。崆，《廣韻》：“衣袂。”《玉篇》：“苦工切，巾也。”續四庫本注釋是也，臺師大本因形似而誤把“衣”作“农”，當據續四庫本改。

通　下平　單圈後

臺師大本“疼，痛也，又音疼”，續四庫本作“又音滕”（頁 515 左上）。

崩　上聲

臺師大本單圈後有“莑，草盛貌”，續四庫本“莑”在單圈前（頁 515 右下），二書字頭“莑”的位置不同。

崩　上聲　單圈後

臺師大本“琫，同琫”，續四庫本“埲，同埲，土起貌”（頁 515 右下），二本取字不同。

崩　入聲　圈後

臺師大本最後一個字頭爲“幞，帊也，幞頭幅中，出四角”，續四庫本無“幞”字及其注釋（頁 515 左下）。

烹　下平　東

臺師大本“韸，韸韸鼓聲。烽，烽燺，煙貌”，續四庫本“韸，韸韸鼓聲。或作幇，又皮江切”（頁 516 右上）。續四庫本“韸”注釋長，而無字頭“烽”及其注釋。

宗　上平　圈後

臺師大本“鯼，鯼魚，出海南，頭中有石，一名石首魚”，續四庫本相應位置是“諕，《廣韻》藏宗切，與悰同，樂也，一曰謀也”（頁 516 左下），二書字頭及釋義皆異。

聰　下平

臺師大本字頭“潨，水會”在韻目“冬”後，“冬”陰文，與“上平、下平、上、去”諸聲調字體同，與其他陽文韻目體例不一致，臺師大本“冬”可正爲陽文。而續四庫本“潨”在韻目“冬”前，屬於韻目“東”下的字（頁 517 右上）。《廣韻》從母東韻、冬韻下都有“潨”，從母東韻“潨”釋義爲“水會也”，從母冬韻“潨”釋義爲“小水入大水也”。

嵩 上平 庚韻

臺師大本“騂,息營切,馬赤色也。觪,角弓。娀,有娀,國名,《詩·大雅》：‘有娀方將。’”。續四庫本對應位置爲“娀,《廣韻》息弓切,《正韻》息中切,皆音嵩,有娀氏之女簡狄,帝嚳次妃,契之母也,《詩·大雅》：‘有娀方將。’”(頁 517 左上)。即續四庫本無字頭“騂、觪”,代之以字頭“娀”及比臺師大本更詳盡的注釋。

中 去聲 宋韻

臺師大本“瘲,手足凍瘡”,續四庫本相應位置爲“瘲,病也”(頁 517 右下)。

中 入聲 單圈後

臺師大本圈後第一個字是“韣,弓衣”。圈後中間位置出現“躅,躑躅,行貌”,續四庫本二字位置對調,且“躅”注釋爲“躑躅”(517 左下)。

春 入聲 屋韻

臺師大本“謖,走也”,續四庫本“謖,起也”(頁 518 右上)。謖,《廣韻》：“起也。”按：臺師大本走的寫法明顯是右邊有脫落,可據續四庫本改。

烘 入聲

臺師大本“沃韻”後是“月韻”,月韻首字字頭“忽”注釋爲“呼骨切,倏忽,疾也,輕也,微也,豪忽”。續四庫本“沃韻”“月韻”間尚有“物韻”,“物韻”下有“欻,暴起”,月韻字頭“忽”注釋爲“倏忽,疾也”(頁 518 左下)。相對於臺師大本,續四庫本增加一個物韻,其後月韻的首字字頭注釋縮短。

風 上聲 腫韻

臺師大本“奉”放在圈隔後,續四庫本圈隔處空白(頁 519 右上)。

雍 上聲 梗韻

臺師大本字頭“悳、悀、埇、踴”諸字,續四庫本不載。臺師大本字頭“潁”注釋爲“水名”,續四庫本爲“潁,水名,出潁川少室山。《正字通》入頁部,今依《説文》,入水部,凡頴潁①倣此”(頁 520 右上)。可以説,續四庫本“潁”字詳盡的注釋佔據了其他字的位置。

登 去聲 徑韻

臺師大本字頭“蹬”在單圈後,續四庫本在圈前。“蹬”字注釋臺師大本爲“蹭蹬失道,又困頓也”,續四庫本爲“蹭蹬失路”(頁 520 左下)。

登 去聲 徑韻

臺師大本單圈後首字爲“嶝”,續四庫本“嶝”在同一音節倒數第二個字頭

---

① 續四庫本“凡頴潁潁倣此”,蓋多一個“潁”字。

的位置上,即"杠"前(頁 520 左下)。

烹 入聲 陌韻

臺師大本有單圈,單圈後有"粨,糟粨,又音膊同"。續四庫本没有這部分字。續四庫本對應位置不設單圈,爲韻目職韻及職韻四個字頭"菔,蘆菔,與蔔同,俗呼蘿蔔。匐,伏地貌。踣,斃也,倒也。愎,偪也"(頁 521 左上)。

僧 上平 蒸韻

臺師大本"僧,蘇增切",續四庫本作"思增切"(頁 521 左下)。

争 上平 庚韻

臺師大本字頭"争"注釋有"又映韻",續四庫注釋無"又映韻"三字(頁 521 左下)。

争 入聲 陌韻

臺師大本"磔,裂也,裂牲曰磔,又祭風曰磔"。續四庫本"磔"注釋"裂也",後有字頭"櫛,梳也"(頁 522 右上),臺師大本無字頭"櫛,梳也"。

撑 下平 庚韻

臺師大本"傖"的反切爲"助滕切",續四庫本爲"赤滕切"(頁 522 左上)。

生 入聲 緝韻

臺師大本、續四庫本皆"澀,色力切,不滑也,語難也,味苦也",反切注音,當正爲"色力切"(頁 522 右下)。

風 下平 蒸韻

臺師大本"陾,如蒸切,眾也,《詩·大雅》:'舉之陾陾。'",續四庫本"陾,如蒸切,眾也,《詩·大雅》:'捄之陾陾。'"(頁 523 右上)。

包 去聲 號韻

臺師大本"報,博號切",續四庫本"博"字模糊,可據補(頁 524 右上)。

抛 下平 豪韻

續四庫本"毛,莫袍切",臺師大本"莫"字模糊,可據補(頁 524 右下)。

糟 去聲 號韻

臺師大本單圈後有"懆,心煩怒懆",續四庫本無。字頭"漕、鑿"臺師大本放單圈後,續四庫本放單圈前。且"鑿"字注釋臺師大本爲"穿孔也",續四庫本爲"穿孔也,又音作"(頁 524 左下),續四庫本增加又音的記載。

居 去聲 御韻

臺師大本"遽,其據切,急也,疾也,亦戰慄也,窘也,卒也",續四庫本"遽,其據切,急也,戰慄也,窘也"。其後還有字頭"詎,豈也"(頁 526 左上)。續四庫本前字"遽"注釋比臺師大本短,多出的空間增臺師大本不録的字頭"詎"及釋義。

於 上聲 單圈後

臺師大本依次有字頭“楀、萬、傴”，續四庫本爲“萬、楀”，續四庫本字頭“傴”位於單圈前，二本字頭排列位置不同。而且“楀”“傴”注釋有差異，臺師大本“楀，木名也，又姓，又音矩，音舉”，續四庫本“楀，木名也”。臺師大本“傴，傴僂曲身”，續四庫本“傴，於武切，傴僂曲身也”（頁527右下）。

卑 入聲 質韻

續四庫本“筆，書具，俗縱毛者非”，臺師大本“毛”字位置空白，當據補（頁528左下）。

披 上平 支韻

臺師大本“紕，匹夷切，紕繆，錯也，繒欲壞也”，續四庫本對應位置“紕，紕繆，錯也。鉟，刃戈也”（頁528右上）。續四庫本字頭“紕”的注釋相對短些，比臺師大本多一個字頭“鉟”及注釋。

披 下平 齊韻

“迷，莫兮切，惑也”，續四庫本注釋空白處有手寫的“迷”（頁529右下），臺師大本無。

狙 上平 魚韻

臺師大本“狙，切七迂切”，第一個“切”字於體例不合，續四庫本作“狙，坊七迂切”（頁530右上），義爲劉維坊的注音，是也，臺師大本當據續四庫本改。

初 下平

臺師大本魚韻字頭“涂，水名，又十二月爲涂月，又虞韻。儲，貯也，積畜也，又姓，羽音，河東郡，齊儲子之後。屠，休屠，匈奴王號，又姓，商音，陳留郡，亦音徒。躇，躊躇，猶豫也，又住足也，又音綽。瘯，瘕也，瘯同”，續四庫本對應位置爲“涂，水名，又虞韻。屠，休屠，匈拏。儲，貯也，積畜也。躇，躊躇，猶豫也。虞。雛，鳥子。犓，稷穰也。嫹，婦人妊娠也。厨，庖屋。蹰，踟蹰。幮，帳也。裯，牀帳”。兩本相比較，臺師大本字頭順序“涂、儲、屠、躇”，續四庫本字頭順序爲“涂、屠、儲、躇”。續四庫本魚韻後有虞韻，其下有“雛、犓、嫹、厨、蹰、幮、裯”諸字頭，臺師大本無“虞韻”諸字。臺師大本下平聲有單圈，其後有字頭“瘯”，續四庫本無（頁531上），而以上提到字在兩本所佔空間一致。

初 去聲 御韻

續四庫本“瘯，同瘯，瘕也”，臺師大本注釋作“義同下平”（頁531左上）。

初 入聲 屋韻

續四庫本“矗，初六切”（頁531左上），臺師大本“矗，初六七”，“七”當正作

“切”。

書　下平　單圈後

臺師大本“薷，義詳如韻”，續四庫本作“薷，義詳如音”（頁531右下）。

飛　去聲　未韻

臺師大本“蜚，臭蟲，汙人衣物，同蟹，見上聲”。續四庫本相應位置爲“蜚，臭蟲。䖟，扶泣切”（頁532左上）。

飛　下平

臺師大本字頭“蘆，茹蘆，《爾雅注》今之蒨，可以染紅”。屬虞韻。續四庫本“蘆，茹蘆，《爾雅注》今之蒨，可以染紅”。屬於魚韻，在虞字前（頁532左上）。續四庫本下平虞韻最後一字頭上有單圈，臺師大本無圈。

歐　上聲

續四庫本“藕，蓮花之根。傴，將吐，曲脊。熰，火煨。嘔，吐也，異平”。

臺師大本單圈後“嘔、傴、熰”，續四庫本排序爲“傴、熰、嘔”。臺師大本單圈最後一個字頭“藕”，續四庫本排在單圈前，屬有韻。臺師大“藕”注釋爲“蓮花之根，篆字，縱彳”，續四庫本爲“蓮花之根”（頁533左上）。

兜　去聲　宥韻

臺師大本“讀，太透切，經書半句爲讀，本讀堵音”，續四庫本該句後加一手寫“獨”字（頁533右下）。

灘　入聲　單圈後

臺師大本“妠，娶也”，續四庫本該位置空白，無該字頭及注釋（頁537左上）。

篸　入聲　單圈後

續四庫本空白處手書“㧖”（頁538左上），臺師大本無。

三　入聲　合韻

臺師大本“颯，蘇合切，風聲一”，續四庫“颯，蘇合切，風聲也”（頁538右下）。

沾　上聲　潛韻

臺帥大本字頭“㑲”，續四庫本作“僝”（頁538左下）。

攙　上聲　潛韻

臺師大本字頭“羼”，續四庫本作“孱”（頁539右上）。

憨　下平　寒韻

臺師大本“汗，坊胡幹切，人液也，《本草》李時珍曰：‘汗出於心，在内爲血，在外爲汗。’”，而續四庫本相應位置爲“汗，《正韻》河干切，可汗，酋長之稱，讀若克韓,又番汗,漢縣名,音盤,又去聲”。二本注釋迥異(頁 539 右下)。

剜 上平 寒韻

臺師大本“剜,坊一官切,深刻也”,續四庫本音“五官切”(頁 540 左上)。“一”中古影母字,“五”中古疑母字,清代山東劉維坊著書時影母、疑母合流,二音相同。

卷一卷末續四庫本有手寫“讐、鱸”二字(541 右上),臺師大本無。

續四庫本卷末有陽文印章(541 右上),臺師大本無。

《同音字辨》卷二開頭

臺師大本列“渤海劉維坊,字言可,號樂山,輯。大興劉玉芳,字溫其,號輼山,校”,而續四庫本卷首爲“雲門陳山嵋,字蜀峰,號雲(按:看不出其後是否缺字),北平徐沅澂,字惺宇,號秋生,同參。渤海劉維坊,字言可,號樂山,輯。長孫卓峰校字”。二書卷首印章亦不同,臺師大本印爲“臺灣師範大學藏書”“國語推行委員會”,續四庫本一枚印章爲陽文“中國科學院圖書館藏”,另一枚文字缺損(頁 541 右下)。

姑韻韻圖

續四庫本左下欄第二縱列即陽平聲列,最後一個字添入“儒”,第三列即上聲列對應去聲“助、處、術”位置,有“主、楚、署”三字,第三列最末一字爲“汝”(頁 541 左下),而以上“儒、主、楚、署、汝”諸字臺師大本均作圈無字。

輕 入聲 物韻

臺師大本“訖,居乙切,畢也,止也,了也”,續四庫本相應位置爲“訖,畢也,止也。吃,語難”(頁 543 右上),續四庫本字頭“訖”注釋縮短,增新的字頭及釋義。

鶯 上平 庚韻

臺師大本“鶯,烏京切”,續四庫本“鶯,一京切”(頁 543 右上)。

鶯 上平 庚韻

臺師大本“迎,語京切”,續四庫本“迎,魚擎切”(頁 543 左上)。

鶯 去聲 敬韻

臺師大本“迎,迓也,物來而迎之,平聲,未來往迎之,使來,去聲”,續四庫本“物來而往,迓之,則去聲”,其後有“硬,堅牢”(頁 543 左上)。

鶯 入聲 陌韻

臺師大本“襗,衣襦,又重祭名,殷曰肜,周曰襗”,續四庫本作“襗,《博雅》長襦也,又音宅,義同”。臺師大本入聲單圈後有“襗,祭名,同繹”,續四庫本無(頁 543 右下)。

丁 上聲 迥韻

“珽，玉名”，臺師大本放單圈後，續四庫本在圈前（頁 543 左下）。

聽 上平 圈後

臺師大本“桯，柱類”，該字位置在列末，續四庫本相應位置空白無字（頁 544 右上）。

聽 下平 青韻

臺師大本“亭，坊梯寧切”，續四庫本爲“亭，坊土寧切”（頁 544 左上）。

聽 上聲 迥韻

臺師大本“珽，笏也，即大圭，長二尺”，續四庫本“珽”注釋只有左側一個“也”字，右側空位，缺字。續四庫本其後尚有“娗，好貌”（頁 544 左上）。

聽 去聲

續四庫本單圈前有“廷，朝廷”，圈後“汀”注釋爲“水澄”（頁 544 左上），臺師大本無字頭“廷”，“汀”注釋略長，爲“汀瀅，水澄，異平”。

精 上聲 梗韻

臺師大本“静，夜影切”，續四庫本“静，疾影切”（頁 545 左上），“疾”從母字，在清代山東濁音清化，讀音與所放位置吻合，而臺師大本讀音有誤，當據改。

星 上平 下平

臺師大本上平聲最後一個字“猩”，續四庫本缺。而續四庫本下平聲“騂、觲”，臺師大本無。二書釋義長短亦不同，我們依次列出：臺師大本“猩，能言獸，《字典》音生”。其後下平聲裏有“餳，徐盈切，飴之稀者”。續四庫本相應位置依次是“餳，徐盈切，即稀飴。騂，馬赤色。觲，角弓”（頁 546 右上）。

聲 下平 蒸韻

臺師大本“澠，水名，《春秋釋例》：‘水出齊國臨淄縣北。’又軫銑韻”，續四庫本相應位置爲“澠，水名，又軫銑韻。憴，……（注釋模糊，只能看清‘也’字）”。臺師大本字頭“澠”注釋長，續四庫本注釋短，增字頭“憴”（頁 547 左上）。

蒸 上平

臺師大本“陾，眾也，《詩・大雅》：‘舉之陾陾。’”，續四庫本“陾，眾也，《詩・大雅》：‘捄之陾陾。’”（頁 548 右下）。

蒸 入聲 質韻

續四庫本“日，人質切，《説文》實也，太陽之精。衵，女人近身衣”（頁 548 右下），臺師大本“日，人質切，《説文》實也，太陽之精，不虧。《博雅》君象也，光明盛也”。臺師大本注釋長，續四庫本字頭“衵”臺師大本不載。

烏 去聲 遇韻

臺師大本最後三個字頭依次爲"督、悟、噁",續四庫本順序爲"悟、督、噁",且臺師大本只有"噁"在單圈後,續四庫本"悟、督、噁"皆放在單圈後(頁 549 左上)。

夫 下平 虞韻

臺師大本"鳧,野鴨;又鳧氏鐘工;又山名,在魯",續四庫本相應位置爲"鳧,野鴨。鼓,鼓聲也"(頁 551 左上),續四庫本"鳧"注釋簡略,多出字頭"鼓"。

冤 下平 元韻

臺師大本"阮,五權切,音元,俗訛軟音。又國名,《詩·大雅》:'侵阮徂共。'又姓,《廣韻》:'出陳留。'",續四庫本"阮,五權切,音元,俗訛軟音。又姓,《廣韻》:'出陳留。'"(頁 552 左下),注釋比臺師大本減省,又添字頭"榞",釋義爲"實可食"。

邊 上聲 銑韻

臺師大本"扁,悲冤切",續四庫本"扁,悲遠切"(頁 553 左上)。按:冤爲平聲字,《同音字辨》上聲位置,宜取上聲"悲遠切",臺師大本當據續四庫本改。

篇 入聲

臺師大本單圈後字頭依次爲"擽、鱳、巕、鱻",續四庫本字頭"巕"在單圈前,圈後依次是"鱳、擽、鱻",二書字頭位置不一致。其中"擽"的注釋也有差別,臺師大本作"不方正也",續四庫本作"不方"(頁 553 左下)。

筌 上平

臺師大本單圈後爲"拴,揀也。詮,蹲也,伏也",續四庫本增韻目"删",删韻有"詮,詮伏○拴,揀也"(頁 554 右上)。

喧 上平 元韻

臺師大本"塤,樂器,燒土爲之,形似稱錘,六孔,與壎通,又音熏,義同",續四庫本"塤,樂器,燒土爲之,六孔,與壎通。萱,忘憂草"(頁 554 左下)。續四庫本"塤"釋義比臺師大本短,增字頭"萱"。

喧 上平 單圈後

臺師大本"萱,忘憂草,《詩》作諼",續四庫本"藼,忘憂草,萱本字"(頁 554 左下)。

番 下平 圈後

臺師大本"圖,團圓",續四庫本"圖,團圞"(頁 555 左上)。

番 去聲 翰韻

臺師大本"亂,郎段切,理也,又兵寇也,不理也",續四庫本"亂,郎段切,理也,兵寇也"(頁 555 左上)。續四庫本隨後有單圈,臺師大本無。

巾 去聲 問韻

臺師大本"斤,中岐切,明之察也,異平",續四庫本對應位置依次列兩個字頭及釋義"斤,明察,異平。近,附也"(頁 555 右下)。

津 去聲 震韻

臺師大本"璡,同平",續四庫本作"璡,同瑨"(頁 556 左下),按:"璡"在平聲釋義爲"美石次玉,又去"。"瑨"字列在去聲,釋義爲"美石次玉"。二本釋義實質相同。

真 上聲 軫韻

臺師大本"眕,目有所限而止,又厚重也",相應位置續四庫本列兩個字頭及釋義"眕,目有所阻。紾,牛紾"(頁 557 左上)。

真韻 上聲

臺師大本寢韻後字頭依次爲"枕、煩、朕、眹",續四庫本"眹"在寢韻前,屬"軫韻",寢韻有"煩、朕、枕"諸字。二本注釋有差異之處,我們順次列出臺師大本"枕,章荏切,枕席,又沁韻。眹,目童子,又兆也",續四庫本"眹,目童子也。枕,枕席,又沁韻"(頁 557 右下)。

續四庫本"賑,給也,贍也。異上"(頁 557 右下),按:"賑"在上聲位置出現,爲"隱賑,又富也,又震韻","異上"即説明在上聲位置有異讀,臺師大本"賑,給也,贍也。異土","土"當正作"上"。

眹 去聲 震韻

臺師大本"疢,丑忍切,病也,又軫韻",續四庫本對應位置涉及兩個字頭"疢,病也。齔,毀齒"(頁 557 左下)。

身 去聲

臺師大本震韻後依次是字頭"慎、蜃、甚、伈",續四庫本在沁韻列"甚、伈",震韻列"慎、蜃"。其中,臺師大本"伈"有"時鴆切"的注音,續四庫本無(頁 558 右上)。

分 去聲 震韻

臺師大本"刃,兒震切,刀刃也,與刄別,刄音窓,傷也",續四庫木對應爲兩個字頭及釋義"刃,兒震切,刀刃也。靭,堅且柔也"(頁 558 左下),而臺師大本"靭,堅且柔也"置於單圈後。臺師大本"肕,同上",其上字爲"靭",而續四庫本"肕,同上",其上字爲"荵,隱荵菜,治有奇效,淩冬不凋"(頁 558 左下),按:《漢語大詞典》"肕同靭",臺師大本是也,續四庫本不妥。另,臺師大本"荵"的注釋爲"隱荵,草名",比續四庫本釋義簡略。

梭 上平 單圈後

臺師大本"沙,長沙,流沙,皆地名,又音沙",續四庫本"沙,長沙,流沙,皆地名,又音娑"(頁560左下)。

呵 上聲 砢韻

臺師大本"祼,未體",續四庫本"祼,赤體"(頁561左上),按:臺師大本釋義"未體"不順,宜從續四庫本改。

穹 下平 冬韻

臺師大本"邛,地名,蜀郡,有臨邛縣,又勞也,病也",續四庫本相應位置涉及兩個字頭"邛,地名,又勞也。茚,蕿莢也實(按:當爲'蕿莢實也')"(頁561右下)。

官 入聲

續四庫本"括,菝括,瑞草"(頁563右上),臺師大本無字頭"括"及釋義。臺師大本存在單圈,續四庫本對應位置出現空位。臺師大本"榔"爲單圈後第一個字頭,而續四庫本"榔"爲入聲最後一個字頭。

端 入聲

臺師大本"茋,活茋,草名,高丈許,葉似荷,一名離南",續四庫本釋義爲"活茋,葉似",按:續四庫本釋義不成句,實際是因注釋縱行兩列,續四庫本釋義以臺師大本相同的版式爲底本,在兩行中均取前兩個字,以求簡略,忽視了釋義的通順。其後,續四庫本有覺韻,列"踱、劇、澤、鐸、度"諸字頭,臺師大本無。續四庫本覺韻後"○斁,戟斁"(頁563右下),臺師大本單圈後依次爲"斁,戟斁輕重。裰,補裰破衣也。鮵,鮦之小者"。

湍 入聲 藥韻

臺師大本"魄,落魄,貧無家業,本普伯切,音拍",續四庫本"魄,落魄,貧無家業。汨,赭也"(頁563左下),續四庫本兩個字頭對應臺師大本字頭"魄"的位置。

潘 入聲 覺韻

臺師大本"騜,獸名,似馬,一角同駒。颮,颮颮眾多貌。又音雹,颮颮,物自空墜貌",續四庫本相應位置是"騜,獸名,一角。鰒,魚名。豰,小豚。颮,颮颮颮眾多貌貌"(頁564右上)。按:續四庫本注釋最後一個"貌"單獨排在另一列,之前的"颮颮眾多貌"五字排雙列,還有空間,並沒有加上其他字,卻在下一大列出現"貌"字,意義不暢通,明顯爲衍文,而續四庫本注釋的第一個"貌"出現的位置跟臺師大本一致。而且,"騜"的釋義明顯爲保留臺師大本釋義每列的前兩個字。由"騜"及"颮"的注釋可以看出,續四庫本活字印刷時以與臺師

302

大本該列相同的本子爲底本,去除其中長注釋,代之以更多的字頭。

入聲　單圈後　鑽

臺師大本"攥,毛把物",續四庫本"攥,手把物"(頁564左下),續四庫本是也,臺師大本當據改。

卷三　韻圖　規

陽平一列　臺師大本"脢",續四庫本作"梅"(頁566右下)。

燒　去聲　嘯韻

臺師大本"少,失照切",續四庫本"少,矢照切"(頁569左下)。

彪　上平　尤韻

臺師大本單圈後有"髟,髮長垂貌,又音標……",續四庫本"髟"及其釋義位置在單圈前(頁571右下)。

修　去聲

臺師大本"袖、岫"在單圈後,續四庫本在單圈前。臺師大本"鏽、鎀、銹三字皆爲鐵衣",做字頭的僅爲"鏽",續四庫本"鏽、鎀、銹"皆爲字頭(頁571左下)。

犨　下平　尤韻

臺師大本"儔,直由切",續四庫本"儔,尺由切"(頁572右上)。

汪　下平　陽韻

臺師大本"王,坊于狂切",續四庫本作"王,坊烏狂切"(頁574左下)。于爲云母字,烏爲影母字,到清末劉維坊生活的時代合流爲零聲母,二者反切注音實質相同。

舽　上平　江韻

舽,臺師大本音"薄江切",續四庫本"坡江切"(頁575左上)。

舽　下平　陽韻

傍,臺師大本"布光切",續四庫本"坡光切"(頁575左上)。

規　去聲　眞韻

臺師大本"蕢,草器,荷蕢。又音快",續四庫本對應兩個字頭"蕢,草器,荷蕢。鑽,匱也"(頁576左下)。

虧　上平　支韻

臺師大本"虧,坊去煇切",續四庫本"虧,坊枯煇切"(頁577右上)。

威　上聲　尾韻

臺師大本"葦,于鬼切,蘆葦",續四庫本相應位置對應兩個字頭"尾,首尾。葦,蘆葦"(頁577右下)。

威 上聲 霽韻

臺師大本“槽,小棺也,又同櫬,木名”,續四庫本對應字頭“槽”及“籭”,其中“槽”釋義模糊,“籭”釋義爲“竹名”(頁 577 左下)。

堆 上聲 賄韻

臺師大本“錞,徒猥切,鐏也,矛之下端,又去”,續四庫本對應位置爲兩個字頭“錞,徒猥切,鐏也。腿,膁腿”(頁 578 左上)。

推 入聲

臺師大本入聲職韻下有字頭“勒、扐、肋、阞、泐、玏、仂”,單圈後有“朸”,續四庫本入聲後空白兩列,無字(頁 578 右下)。

被 入聲

臺師大本入聲後有職韻,列字頭“北”,續四庫本入聲標志下空白(頁 578 左下)。

坏 入聲

臺師大本入聲後列陌韻,列字頭“拍”,續四庫本入聲標志下空白(頁 578 左下)。

臺師大本入聲後列陌韻及雙行小注“與卷一庚韻第九字蒙入同”,續四庫本入聲標志下只有陌韻標志(頁 579 右上)。

佳 上聲 紙韻

臺師大本“捶,坊之雷切”,續四庫本“捶,坊之累切”(頁 579 左下)。

衰 入聲

臺師大本“蟀,蟋蟀,促織也。摔,棄於地也”,續四庫本“蟀,蟋蟀,促織也。《詩·唐風》蟋蟀在堂”(頁 580 左上)。臺師大本兩個字頭對應續四庫本一個字頭位置,二本入聲“泬”前又有單圈,按照體例,每個聲調下最多一個單圈,表示不入韻的字,臺師大本入聲出現兩個單圈,不當。

灰 上聲 尾韻

“卉”在臺師大本同一列的注釋爲“草之總名,亦去聲。木作卉(按:依體例‘木’當爲‘本’,‘卉’不甚清晰,難以辨認與字頭的本質區別)”,續四庫本列注釋爲“草之總名,亦去聲”(頁 580 右下),其後留空白。二本次列繼續有注釋,注釋同。

灰 去聲 泰韻

續四庫本“濊,濊濊,罟入水聲”,臺師大本無。臺師大本單圈後“詯,膽氣滿聲,在人上也”,續四庫本亦缺(頁 580 左下)。

威 上聲 賄韻

臺師大本"礧,礧硌,大石硍。礧,山貌,又去",續四庫本對應爲"礧,礧硌。櫑,傀儡,木偶戲"(頁 581 右上)。

該 上平 灰韻

該,臺師大本注音爲"古哀切",續四庫本爲"葛哀切"(頁 581 右下)。

開 上平 賄韻

開,臺師大本注音爲"看哀切",續四庫本爲"磕哀切"(頁 581 右下)。

胎 下平 灰韻

續四庫本"苔,蘚也"(頁 582 左上),臺師大本"苔,蘚也",二本用字有別。

蛙 上平 佳韻

蛙,臺師大本"坊怒乖切",續四庫本"坊吳乖切"(頁 583 右下)。

蛙 下平 灰韻

臺師大本"徠,古來字。徂徠,山名,亦作來,又云同勑。崍,山名,中江水所出,有九折之坂"。續四庫本相應位置爲"徠,古來字。亦作來。稌,一麥二稃。崍,山名,出有。郲,地名"。臺師大本兩個字頭"徠、崍",對應續四庫本四個字頭"徠、稌、崍、郲"(頁 583 左下)。而且續四庫本"徠、崍"二字的注釋句子不暢,實質是留取與臺師大本一致雙行注釋中的前半部分,在注釋後半部分填入新字頭及釋義。

春 下平 真韻

淳,臺師大本音"常倫切",續四庫本"書倫切"(頁 585 左上)。

春 上聲 軫韻

臺師大本"盾,豎允切,干盾,兵器。又音遜"。續四庫本對應爲兩個字頭"盾,干盾,兵器。吮,舐也"(頁 585 左上)。

卷三末

續四庫本卷末有陰文印章,文字不清晰(頁 585 左下),臺師大本無。

韻圖 基 陽平列

續四庫本"兮"作大字(頁 586 左下),臺師大本列小字,且左側有圈。

昆 上平 元韻

臺師大本"鯤,北溟大魚,能化鵬",續四庫本"鯤,北溟大魚,廣數千里"(頁 587 右上)。

吞 上平 元韻

臺師大本單圈後字頭依次爲"蜳、暾、噋",續四庫本單圈前列"噋",單圈後有"暾、蜳"。臺師大本"噋"注釋爲"口氣,又車遲重聲,又下平"。續四庫本"噋"注釋爲"口氣,又下平"(頁 587 右下)。

尊 下平 真韻

遵，臺師大本音"將倫切"，續四庫本"祖文切"（頁 587 右上）。

撦 上聲 馬韻

臺師大本單圈後字頭依次爲"耍、穊、諓、碼"，續四庫本單圈前有馬韻"諓"，圈後依次是"穊、耍、碼"。其中"耍"臺師大本解釋爲"尖耍俊利也。戲也"。續四庫本釋義爲"戲也"（頁 590 左上）。

家 入聲 點韻

臺師大本"鱲，鷯鱲，梟屬，字書作鱅，魚列切"，續四庫本對應兩個字頭"鱲，鷯鱲，梟屬。矼，磯矼，小石"（頁 590 左下）。

鴉 去聲 禡韻

臺師大本"御，同迓。《詩》：'百兩御之。'"，續四庫本"御，同迓，《詩》：'百兩御之。'音玉"。"音玉"爲手寫體（頁 591 左上）。

嗟

臺師大本雙圈下空白，續四庫本有陰文"上平、下平、上、去、入"的聲調標記，且上聲下有馬韻"且，七也切，語辭，又魚韻"（頁 591 左下）。

倉 去聲 圈後

續四庫本手書"蟐，蟲名，蠅"（頁 593 左下），臺師大本無。

衣 去聲 真韻

臺師大本"貤，重次第物也，又益也，延也。異平"，續四庫本作"貤，重次第物也，又益也，延也"（頁 597 左上）。

咨 上平 圈後

臺師大本"齊，裳下緝齊，共八音"。續四庫本釋義末添手寫體"其"（頁 598 右下）。

師 去聲 真韻

臺師大本"豉，鹽漬豆"，續四庫本"豉，鹽漬豆"，後增加手書"啟"字（頁 600 右下）。

熙 去聲 真韻

臺師大本"侐，静也，寂也。又忽域切，同"。續四庫本對應兩個字頭"侐，静也。咥，笑聲"（頁 601 右上）。

熙 去聲 未韻

續四庫本"黖，黑也，又黖黖，物生貌"（頁 601 右上），臺師大本注釋"物"的位置空白。

離①去聲

續四庫本字頭"而"右側空白處手書"駬"（頁601左下），臺師大本無，手書意義蓋爲補充下平聲字頭。

妻　去聲　霽韻

臺師大本"砌，七計切，階砌也，治墻也"，續四庫本注釋末添手寫體"氣"（頁602右下），蓋爲增加直音。

牽　上平　先韻

牽，臺師大本音"苦堅切"，續四庫本音"欺堅切"（頁604右上）。

牽　下平　先韻

乾，臺師大本注音爲"坊渠言切"，續四庫本"坊欺言切"（頁604左上）。

牽　上聲　銑韻

遣，臺師大本音"去演切"，續四庫本"欺演切"（頁604左上）。

煙　下平　先韻

臺師大本"延，以然切，稅也，遠也，進也，長也，陳也，言也。亦州名，又姓"，續四庫本"延，以然切，稅也，遠也，進也，長也，陳也，言也，與延音征異"（頁604左下）。

煙　去聲　豔韻

臺師大本"噉，噉喟魚口，上見，又平上二聲同"，續四庫本"噉，噉喟，又平。壓，壓婆美女"（頁605左上）。蓋續四庫本取與臺師大本一致的底本，截取"噉"雙行注釋中每行的前兩字，再覆蓋字頭"壓"及釋義。

千　上平

續四庫本"千"的空白位置旁加手書"謙"字（頁607左上），臺師大本無，蓋因"千"後無字頭"謙"而增添。

先　上聲

臺師大本單圈後依次列字頭"洒、獮、毿、毢、疣"，續四庫本"獮、毿"列單圈前，"洒、毢、疣"依次列單圈後。其中，"毿"臺師大本注釋"理也，毛落更生，又選也，毛盛可選用"，續四庫本"理也，選也"。注釋有差異的還有臺師大本單圈前的"燹，野火"，續四庫本"燹，兵火曰燹，《說文》：'野火。'又音戲"（頁607左下）。

先　入聲　屑韻

臺師大本"渫，泥水也，散也，除去也，歇也，狎也，汙也。又音牒"。續四庫

---

①　葉心有"離"，頁面缺"離"字。

本"渫,泥水也,散也,除",只留臺師大本前一縱列的注釋,下一縱列換爲字頭"爇,燒也。䜺,同戲"(頁607左下)。

　　黇 入聲 屑韻

　　臺師大本"撤,發也,除去也,不撤薑食。又音徹,亦發也。又抽也剥也"。續四庫本對應兩個字頭及釋義:"撤,發也,除去。又音徹,亦發也。哲,智也,與喆㗊通"(頁608左上)。

　　㯕 下平 先韻

　　臺師大本"孱,弱也,見卷一于韻,攙字之内入删韻"。續四庫本對應位置爲"孱,弱也。瀍,水名,見《禹貢》"(頁608右下)。

　　羶 下平 先韻

　　襌,臺師大本"以然切",續四庫本"式然切"(頁608左下),按:臺師大本注音與該位置體現的音節不合,當據續四庫本正。

　　軒 上聲

　　臺師大本單圈後有字頭"礜,《唐韻》:'土地之堅者。'"續四庫本單圈位置做韻目名"琰",隨後字頭"嶮,許檢切,危也,難也"(頁609左上)。

　　觀察得出,二本每頁在邊框附近的字完全一致,差別存在於中間列。一類差別是劉氏注音的反切用字不同。另一類的差別是字頭下有較長注釋的地方,在另一本注釋變短,增加新的字頭及注釋。后一類現象有個別的地方長注釋後邊兩列字被新字頭遮蓋,語句不通,造成理解困難,這些改後不通的現象都出現在續四庫本裏,而臺師大本保留了長注釋的原貌。

　　存在前後字頭的順序顛倒的情況,而且往往涉及字頭在單圈前後的位置,不同本表現不一致,即對同一字是否入韻的判斷不同。

　　可以説同一年的兩本對校,仍然存在差異,兩本互相對校,有助於對古籍《同音字辨》的完善。

三、《同音字辨》研究綜述

(一)總括性研究時期

　　我們把國内的李新魁、耿振生及日本永島榮一郎對《同音字辨》的研究,列爲第一階段。

　　李新魁列出《同音字辨》聲母系統:k、kʰ、x、t、tʰ、n、l、p、pʰ、m、f、ts、tsʰ、s、

tʂ、tʂʰ、ʂ、ʐ、w 及零聲母。① 耿振生認爲《字辨》立二十字母，去除重複，只有 19 個聲母。② 永島亦認爲有 19 個聲類。③ 相比李新魁，耿振生、永島没有列 w。

李新魁列《同音字辨》二十八韻：

　　姜 公 庚 高 居 鈎 干 京 姑 涓 巾 歌 局 官 交 鳩 皆 光 規 該 鈎 裾 瓜 家 岡 根 基 堅④

耿振生説二十八韻包含 33 個韻母，比二十八韻增加乖、沙、諮、支、而。⑤ 永島列出二十八韻，説劉維坊認爲可以此爲準，供查找文字之用。不過這僅僅提供了一個標準，實際上還有一些韻部要分開。⑥

李新魁説語音系統，由於平分陰陽，全濁聲母不再保存，韻類系統也較爲簡單，很接近於當時口語的語音系統，但劉維坊聲明《同音字辨》的收字從《佩文詩韻》（"於《佩文詩韻》，一字不遺"），而注音則參用《中州音韻輯要》《經韻集字》《佩文詩韻》，所表現的，還是讀書音。⑦ 李新魁没有僅僅依據聲韻系統，而是結合作者的自述對《同音字辨》定位。《漢語等韻學》把《同音字辨》放在表現明清時代讀書音的等韻圖之下。李新魁、麥耘《韻學古籍述要》把《同音字辨》列入今韻類韻書別體下。

耿振生把一些音系屬於官話方言，但是没有獨特之處，音類按北方話較爲普遍的讀音來歸納的韻書音系稱爲普通音，《同音字辨》即是"普通音"的韻書。永島没有對音系性質的論述，只是説《字辨》普遍用於辨音識字，體現了該書的價值。

可以説，從聲母、韻母音系本身，永島已經做了相對深入的分析，而國內學者没有及時見到永島的研究，國內學者通過對韻書的分類或直接陳述，進一步闡述《同音字辨》的音系性質。

---

①　李新魁.漢語等韻學[M].北京：中華書局，1983：246.

②　耿振生.明清等韻學通論[M].北京：語文出版社，1992：200.

③　永島榮一郎.近世支那語特に北方語系統に於ける音韻史研究資料に就いて[J].言語研究，1941，9.

④　李新魁.漢語等韻學[M].北京：中華書局，1983：247.

⑤　耿振生.明清等韻學通論[M].北京：語文出版社，1992：200.

⑥　永島榮一郎.近世支那語特に北方語系統に於ける音韻史研究資料に就いて[M].言語研究，1941，9.

⑦　李新魁.漢語等韻學[M].北京：中華書局，1983：246.

(二)學位論文深化研究時期

劉維坊自序説:"標各韻之字母者,易知字之有據,於《佩文詩韻》固不遺一字;……恐音有偏僻,斟以《中州音韻輯要》。"郝新澤説他據此對比研究二韻書與《同音字辨》之關係。

劉維坊還有言:"即堯山樊公所編之《五方元音》,雖有一天二人之字母,而詳考其聲音點畫之間,猶未免有遺漏錯訛之疵;後繁水趙公就《五方元音》而增補之,改爲《剔弊元音》,按韻填字,判然分明,固爲善本;但仍以十二字母爲法,總不免有牽掣附會之處;以平上去入載在兩卷,多令人扞格不通。坊不揣固陋,忘分自矜,另輯一編,别立章程。"劉名研究對比了《五方元音》,觀察《同音字辨》的語音特點。

根據郝新澤的研究,我們把《同音字辨》(以下有時簡稱《字辨》)相對於同時期的韻書有特點的地方列出:

中古邪母幾乎全進入全清心母。[1]

精組聲母字尚未顎化,理由是精組三(四)等韻字以一等字爲反切上字;精組一等韻字以三(四)等字爲反切上字;後世舌面音有些與齒頭音互爲反切上字。[2]

《同音字辨》見組聲母雖未分化,但因韻母的影響已有變化趨勢。[3]

影云以疑微五母,已合併成零聲母,分爲兩類,一類相當於 y,一類相當於 w。[4]

比較《同音字辨》與《佩文詩韻》聲母,《同音字辨》聲母有 19 個,比《佩文詩韻》少兩個:船母、微母。《佩文詩韻》裏微單獨爲一類。[5]

《同音字辨》與《中州音韻輯要》相比,《中州音韻輯要》保留全濁聲母,《同音字辨》濁音已經清化。中古影云以疑微《同音字辨》合併,《中州音韻輯要》分爲三類。郝新澤分析,兩本韻書相差半個世紀,聲母有極大不同的原因是,"《中州》爲南曲派韻書,《字辨》爲北方韻書,二者屬於不同系統"[6]。

---

① 郝新澤.《同音字辨》音系研究[D].福州:福建師範大學碩士學位論文,2010:20.

② 郝新澤.《同音字辨》音系研究[D].福州:福建師範大學碩士學位論文,2010:20～21.

③ 郝新澤.《同音字辨》音系研究[D].福州:福建師範大學碩士學位論文,2010:31.

④ 郝新澤.《同音字辨》音系研究[D].福州:福建師範大學碩士學位論文,2010:32.

⑤ 郝新澤.《同音字辨》音系研究[D].福州:福建師範大學碩士學位論文,2010:39.

⑥ 郝新澤.《同音字辨》音系研究[D].福州:福建師範大學碩士學位論文,2010:41.

　　郝新澤把《同音字辨》聲母與普通話相比較,認爲見精組尚未顎化,顎近音日化是不同點。[①] 但是由《字辨》没有産生舌面音而推斷其較爲存古,不是當時口語音或時音的反映,是不確切的。全國産生顎化音的時間本身也是不平衡的,膠東地區産生較晚,而且當地當時是膠東方言。

　　《同音字辨》二十八韻,基本上是一韻對應現代漢語普通話一個韻母,但也有個別例外,如第三卷皆韻、第四卷瓜韻,一韻對應兩個韻母,郝新澤認爲二韻字少,所以合排於一圖;《同音字辨》唇音合口字處在向開口字轉變過程中;《同音字辨》的知照組字,由細音向洪音轉變,知三章組的演化速度慢於莊組字;純四等韻併入三等韻,純四等韻産生[i]韻頭;撮口韻已形成,《字辨》把中古的遇攝分成兩韻:第一卷居韻與第二卷姑韻,兩韻基本形成互補;喉牙音的二等開口韻字已經産生了韻頭;舌尖元音、舌面元音尚未産生;鼻音韻尾(按:指的是-m與-n的韻尾)已合併,而《中州音韻輯要》兩分;入聲韻韻尾已合併,但尚未消失。

　　聲調系統,《字辨》全濁上聲仍然列入上聲。

　　郝新澤的思路是對比作者提到的《佩文詩韻》《中州音韻輯要》二書,分析韻書間的音系關係,進而又與普通話和山東另一本壽光附近的韻書《等韻便讀》相比,認爲《字辨》與作者籍貫所在地相比,方言相似處不多,得出《同音字辨》反映清代後期共同語讀書音的結論。

　　劉名(2013 年)描寫音系時增加了對材料本身的篩選工作,先對研究材料進行考察,篩選出能夠準確表現韻書語音系統的材料,拋棄《字辨》因襲舊有切語部分。而劉氏自創的較有價值的反切在《字辨》中佔的比例不高。從總體上看,《字辨》反切只能爲《字辨》音系的研究提供一定的參考,並不能作爲研究音系的主要材料來使用。據統計,《佩文詩韻》的反切占《字辨》反切總數的 82.5％,而這其中有 61.9％是因襲《廣韻》反切,照此繫聯,濁音清化無規律。因襲的切語實質上與等韻化韻書(韻圖)反映的音系衝突。因此,劉名運用《字辨》的韻圖材料,並將韻書納入韻圖的框架,研究《字辨》的聲韻調系統。

　　劉名在與方言的結合研究上更進一層,認爲《字辨》的方言特徵主要體現在知系聲母的分合、i-介音的存去以及入聲字的歸派等幾個方面,《字辨》的一些語音特徵跟膠遼官話的特點相吻合,尤其是與山東半島東部牟平等幾個方言點高度一致,據此推測,19 世紀上半葉,膠遼官話的覆蓋範圍比現在更廣,

---

　　① 　郝新澤.《同音字辨》音系研究[D].福州:福建師範大學碩士學位論文,2010:42.

然而在毗鄰的北京官話等强勢方言的衝擊之下,這一頗具特點的方言系統正在不斷向東退却,直到今天這一過程仍在進行中①。

劉名認爲從内容體例或是音系性質上分析,《字辨》都是對《五方元音》一系韻書的又一次改訂,《字辨》作者將樊騰鳳《五方元音》與趙培梓《剔弊廣增五方元音》兩部韻書進行折中,將後者豐富的收字釋義納入前者較爲簡單的語音框架,並在此基礎上加入自己的創見。②

兩篇學位論文從不同側面研究《同音字辨》,步步深入。

第五節 《萬韻新書》

一、《萬韻新書》作者

《萬韻新書》的作者是劉振統。劉振統,字率公,山東高苑縣(今濱州市高青縣)人。光緒年間編纂的《山東通志·藝文志》載:《萬韻新書》三卷附《韻法》一卷,劉振統撰。"振統字率公,高苑人。其書有坊刻本,以'宫剛高子舉官該家傑孤金國勾吉戈'十五字爲首,而以平仄之聲近者分屬於下以便檢尋,《韻法》則歷城劉桂(字雲毓)所增,蓋爲初學切音而設也。該書原名應爲《萬韻書》,曾經多次翻刻。現存版本都是叫作《萬韻新書》。"③

二、《萬韻新書》版本與記載著録

張鴻魁先生發現了兩個版本,一個是光緒丁丑年(1877年)子雲堂版《增補萬韻新書》,另一個是光緒甲申年(1884年)鐫順和堂藏版《增補萬韻新書》。張鴻魁選用他認爲較好的子雲堂本研究《增補萬韻新書》。

我們又發現了《萬韻新書》的兩個新版本,皆館藏在今臺灣師範大學"國文所",分别是:清光緒十二年(1886年)文裕成刊本,4冊,索書號A940763.1V.1、A940763.1V.2、A940763.1V.3、A940763.1V.4;清光緒三十四年(1908年)刊本,1冊,索書號A940763.48。

① 劉名.《同音字辨》音系研究[D].厦門:厦門大學碩士學位論文,2013:93.
② 劉名.《同音字辨》音系研究[D].厦門:厦門大學碩士學位論文,2013:93.
③ 張鴻魁著.明清山東韻書研究[M].濟南:齊魯書社,2005:87.

趙蔭棠曾把書架所存,而講義未採納或後見的韻書,列一書目,書目第 14 本爲:

　　《萬韻新書》［清］劉振統

收録小學韻書類的《續修四庫全書》《四庫全書存目叢書》等系列叢書,未載録是書。

《文字音韻訓詁知見書目》不載《萬韻新書》。

三、《萬韻新書》研究綜述

(一)《萬韻新書》研究的初始階段

永島榮一郎、耿振生、李新魁、麥耘的研究篇幅相當,時間上,都屬於早期,研究思路方法有相似性,我們視爲初始階段,對比討論。

1.文獻介紹

永島 1941 年《近世支那語特に北方語系統に於ける音韻史研究資料に就いて》第十六爲《萬韻書》。從時間看,永島榮一郎先生是最早研究《萬韻書》的人。永島説《萬韻書》劉漢昇(字殿臣,山東青州府人)著。書中有雍正十一年癸丑(1733 年)自序,同年似乎也有刊刻本。永島收藏的版本附有乾隆四十三年(1778 年)劉謙光的序。[①] 耿振生説《萬韻新書》,別本題作《五音正韻萬韻圖》,書名不同而内容一致,原作者不詳,乾隆初年由歷城人劉振統、鄭尚信補訂刊行。[②] 李新魁、麥耘説《五音正韻萬韻圖》撰人不詳,清乾隆六年(1741 年),山東歷城人劉振統(字率公)爲之作序付梓,劉序把這本書稱爲《萬韻新書》;乾隆九年(1744 年),鄭尚信增補重刊,亦作一序,鄭序誤劉振統爲撰作人,並稱此書爲《萬韻書》;按此書雖名"圖",實際上是接近於韻書。張鴻魁 2001 年在《中國語文》上刊發《〈萬韻書〉述略》一文做了更詳細的論證,張先生認爲他所見版本與李新魁、麥耘所見本同,並引述了《山東通志・藝文志》的記載,認爲作者是劉振統,我們沿用張先生的觀點。

文獻論述,各家取標題不同,分別爲《萬韻書》《萬韻新書》《五音正韻萬韻

---

① 　張鴻魁.明清山東韻書研究［M］.濟南:齊魯書社,2005:87.
② 　耿振生.明清等韻學通論［M］.北京:語文出版社,1990:186.

圖》,而實質是同一系韻書,我們統稱爲《萬韻新書》。

李新魁、麥耘認爲書前所列三十六母總名、三十六母分清濁、七音分母、等字部位、字母歌等內容,無甚新意,唯"非日止四等"稍爲特異。又字母歌亦云知照、非敷、泥娘、穿徹、澄床、疑喻等可以相通。

2.音系研究

永島説《萬韻新書》依據《山東十五音》的系統。李新魁、麥耘説是書"由博返約",是一部幫助識字、提醒用字的通俗韻書。

(1)聲母系統

《萬韻新書》沒有對聲類特別説明,永島從各韻出現的字母推測,共有以下19個聲母:

見 溪 疑 端 透 泥 知 徹 審 精 清 心 幫 滂
[k] [kʰ] [Ø] [t] [tʰ] [n] [tʂ] [tʂʰ] [ʂ] [ts] [tsʰ] [s] [p] [pʰ]

明 非 曉 來 日
[m] [f] [x] [l] [ʐ]

耿振生説是書聲母比《早梅詩》二十字少一個微母,其餘相同。

(2)韻母系統

韻類方面,《萬韻書》的《字母十五韻》列舉了韻目,永島和耿振生都進行過擬音。

耿振生韻母分十五部擬音爲:

宮[əŋ] 剛[aŋ] 高[au] 子[ɿ] 舉[y] 官[an] 該[ai] 家[a] 傑[ɛ]
孤[u] 金[ən] 國[ei] 勾[au] 吉[i] 戈[o]

而永島勾韻作[ou],耿振生作[au]。

(3)聲調系統

永島説《萬韻新書》聲調共有五類。聲調的排列方法與其他的韻書不同,用一二三四五區分。一陰平、二入聲、三去聲、四上聲、五陽平,所有入聲配陰聲韻,因此,陽聲韻中不存在二,也就是陽聲韻沒有入聲。

耿振生認爲聲調分四個:陰平、陽平、上聲、去聲,入聲字分歸陽平和去聲,有些韻內在四聲之外又列一組入聲字,但其中又夾雜非入聲字,似乎作者想分辨入聲而沒能做到。李新魁、麥耘也認爲《萬韻新書》沒有入聲,原入聲字雜入陰聲韻各聲之中。

3.語音特點論述

(1)耿振生指出是書突出的方音特色爲“國”韻中的古入聲字“格克厄得特北麥則塞黑窄宅策色”等歸[ei]音，“國蟈幗”等字歸[uei]音；此外如“某”音“母”，“彼”音“被”，“津”音“遙”，也反映方言讀音。

(2)李新魁、麥耘分析《萬韻新書》的語音特點爲：

A.舌面前音聲母未出現，[ki-]組字與[tsi-]組字各自排列，不相混雜；

B.“朱諸豬珠蛛住主煮”等字在舉韻而不在姑韻，“知治直癡恥池持失世逝十蝕日”等字在吉韻而不在子韻；

C.“般班半板”等字在官韻合口類中；

D.原入聲字大部分在傑韻，讀爲[ie]或[ye]。

4.《萬韻新書》與其他韻書的關係

(1)《萬韻新書》與《韻略匯通》的關係

因爲《山東十五音》與《韻略匯通》有直接關係，永島認爲《萬韻新書》也可與《韻略匯通》相比較，可以看出《韻略匯通》的東洪韻和庚晴韻《萬韻新書》合併成爲宮韻；先全韻和山寒韻合併成爲官韻；居魚韻的[i]、[y]韻母在《萬韻新書》中已經分立，由此，減少一個韻。這一關係，李新魁、麥耘亦有論述。

(2)《萬韻新書》與《韻宗正派》《韻法直圖》的關係

李新魁、麥耘説《萬韻新書》分十五韻，每韻包含一個或多個韻母，據卷首“字韻”所列聲母代表字(依韻不同)可分析出三十五韻母。下面將此書的分韻與《韻宗正派》的三十六韻作比較：

表 3-13　《萬韻圖》與《韻宗正派》韻目對比表

《萬韻圖》	《韻宗正派》
宮韻第一	公(觥)庚京弓
剛韻第二	岡江光
高韻第三	高驕
子韻第四	[貲](未分韻但有列圖)
舉韻第五	居
官韻第六	官(關)堅(艱)幹涓
該韻第七	該皆乖
家韻第八	嘉拏瓜

315

續表

《萬韻圖》	《韻宗正派》
傑韻第九	迦
孤韻第十	姑
全韻第十一	根巾棍鈞
國韻第十二	規
勾韻第十三	鈎鳩
吉韻第十四	基
戈韻第十五	戈歌

表中，公觥合一、官關合一、堅艱合一。國韻有開合兩類，其中開口一類不能在《韻宗正派》或《韻法直圖》中找到相應的韻類，這大概是新出現的[ei]韻。

李新魁、麥耘説書後有劉氏之子劉桂雲添上的一個韻圖，全依《韻法直圖》的三十二聲母和四十四韻類，對於其父反映實際語音而作通俗韻書的本意，無疑是一個反動。不過這也可以看出《韻法直圖》對本書的影響。

(二)《萬韻新書》研究的轉折點

張鴻魁的《〈萬韻書〉述略》(2001 年)是研究《萬韻新書》的第一篇單篇論文。

張鴻魁認爲是書編寫刊布過程是：無名氏同音字表→劉振統依據時音系統分十五韻部三十四韻母十九聲母編排，並增補字形釋文寫成《萬韻書》(韻書)→鄭尚信增補若干字，復印成《增補萬韻新書》→劉桂雲抽取各音節代表字，參照《韻法直圖》，編成《新編字韻》音節表，刻成四卷的《萬韻書增直圖》，附韻書後。

《萬韻新書》版本關係爲：

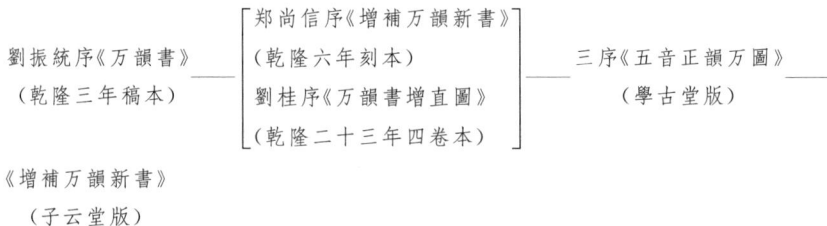

```
                    ┌ 郑尚信序《增補万韻新書》┐
                    │ (乾隆六年刻本)        │
劉振統序《万韻書》───┤                      ├───三序《五音正韻万圖》
(乾隆三年稿本)      │ 劉桂序《万韻書增直圖》 │   (學古堂版)
                    └ (乾隆二十三年四卷本) ┘

《增補万韻新書》
(子云堂版)
```

聲韻調系統研究方面，與方言的結合更緊密、具體。

張鴻魁論述十九組字的聲母依次是:見、溪、影、端、透、泥、幫、滂、明、精、清、心、曉、來、日、莊、初、生、非。這種順序透露出:第一,前九種聲母是三種一組,依次爲不送氣音、送氣音、鼻音,影母實際上包含中古疑喻影微四母的字,當時的影母可能有鼻音色彩,山東方言零聲母開口字仍多讀成[ŋ]聲母字,特別是作者家鄉(高苑即今高青縣,歷城即今濟南市歷城區)没有例外;第二,擦音聲母"心""曉"排在一起,是因爲當時已出現尖團混併現象,作者家鄉的現代方言正是尖團不分的,擦音聲母"生""非"放在一起,也是反映有混併現象,現代山東有二十多個縣市,把生母的合口呼字讀同非母(樹=付、睡=肺、順=忿);第三,"日""來"排在一起表明兩母混淆,作者家鄉的現代方言正是如此。

聲調按演變規律分别稱作平(陰平)、入(陰入)、去(去聲)、上(上聲)、陽(陽平)。這個順序在 34 種韻母、19 種聲母組合的有字音節中極少例外,可見是作者的有意安排。從現代方音看,作者家鄉一帶數縣仍保存清入獨立爲一調類(無輔音韻尾),周圍市縣清入歸陰平。應當特别指出,《萬韻書》這種調類排序,是現存韻書中所僅見的,應該是作者據當時清入分化實際作出的頗具匠心的安排。耿振聲已注意到入聲類字中雜有非入聲字,張鴻魁也注意到這一點。根據山東現代方言作進一步觀察,發現這些非入聲字包括平上去各調字(如古平聲字"須、需",古上聲字"羽、禹",古去聲字"寓"),有一個共同點:現代讀陰平。很可能《萬韻書》中的這一類字是"當時調值近似陰平的字"的聚合。有幾個韻部以"國、吉、傑"這樣的清入字命名,也透露出當時清入跟陰平的調值趨同。謹慎一點,我們仍然據原書分出一種入聲調類。

張鴻魁認爲《萬韻新書》性質是等韻化的韻書、切合實用的俗字集成、口語詞方言詞的匯聚、方言韻書。

張鴻魁的系統論述,深化了對《萬韻新書》價值的認識。此後,涉及《萬韻新書》的研究性論文增多,而且,除了音系研究,還新增利用《萬韻新書》方言俗字研究的論文,張鴻魁所認定的《萬韻新書》在各個領域的價值都得到了發揮。

(三)《萬韻新書》研究的深化階段

後續的研究是深入細化的,也是具有傳承性的。特别是張鴻魁先生的文章之後,出現了幾位山東籍學者,按照張先生所述的方向利用該文獻。在版本的選擇上,均採用張鴻魁所購兩個本子中的較好的版本——子雲堂本。文獻利用方面,張鴻魁自己利用《萬韻新書》反映的俗詞俗語,對勘《聊齋俚曲》;音系上,張樹錚《清代山東方言語音研究》第七章爲《萬韻新書》音系研究,謝維維等人,則細緻對比研究了此書。

1.文獻研究

張鴻魁(2001 年)認爲《萬韻新書》是"俗詞聚匯",對後世方言詞彙研究有資料價值。張鴻魁(2003 年)利用《萬韻新書》反映的山東本地的俗詞俗語,印證校勘《聊齋俚曲》。《聊齋俚曲》有些方言字詞缺乏必要的正確注音釋義。有證據表明,蒲松齡用韻是根據當時的山東官話"正音",有些字音可跟大致同時的韻書互相發明,故而可參考刊於乾隆初年的高苑劉振統《萬韻新書》。如:"偺"字,有人據字書注釋爲"侃"字的異體,而"偺"在俚曲中押真文韻平聲,義爲呆傻魯莽。查《萬韻新書》"金"部(三卷 1 頁下):"偺,一呆"爲陰平,可見這裏的"偺"是方言字,與"侃"無關。又如"駭"作韻脚 2 次,均讀平聲,與傳統韻書讀匣母上聲不同。《萬韻新書》"該"部(二卷 11 頁上)正作陽平,"駭,驚駭",可見讀陽平是方音特點。又如"儉"作韻脚 2 次,均讀去聲,雖然符合全濁上變去的語音規律,但現代北方方言多讀作上聲。《萬韻新書》"官"部(二卷 6 頁上)正作去聲,"儉,勤儉"。又如"鈔"作韻脚 4 次,均爲去聲,《廣韻》雖有"楚交""初教"二切,但現代方言多只有陰平一讀;《萬韻新書》"高"部(一卷 14 頁上)"鈔,鈔票",確實只有去聲一讀。①

2.音系研究

張鴻魁較前人細化研究《萬韻新書》,其貢獻在於觀察出更多的音系特徵,窮盡式列出《萬韻新書》的特殊字音,附錄列出《萬韻新書》的音節表。

新研究出的音系特徵集中表現在入聲字歸派特點上:

(1)曾梗攝入聲字讀[ei]、[uei]。今北京話中古曾攝、梗攝入聲的細音開口字讀支齊韻[i]、[i̯],洪音字則規律不整地讀成[ei]、[o]、[ɤ]、[ai],如"百白(陌)""脈(麥)""北德得勒賊墨(德)";《萬韻新書》中,曾、梗攝洪音入聲字比較整齊地全讀[ei]、[uei],即國韻,只有"白"字在該韻讀[ai],是個例外,這與今高青方言及山東大部分地區方言相同。②

(2)覺韻藥韻入聲字均讀[au]、[iau]。來自覺韻藥韻的字今北京話讀[uo]、[ye]或[au]、[iau]兩類,有的則有兩類的異讀(如"學雀削角鑿"等);《萬韻新書》覺藥韻字在高韻讀[au]、[iau]一類,比北京話整齊,如"略若弱酌岳"等均在高韻。這與今高青、桓臺方言相同,而與其西南的濟南、博山、曲阜,其東的壽光、濰坊、青島等地不同(這些地方比較整齊地讀成[uo]、[ye]),與其西北的德州、臨清等地也不同(這些地方與北京話類似,或讀[uo]、[ye]或讀[au]、[iau])。③

---

① 張鴻魁.《聊齋俚曲》格律和校勘注釋[J].蒲松齡研究,2003(2).
② 張樹錚.清代山東方言語音研究[M].濟南:山東大學出版社,2005:144.
③ 張樹錚.清代山東方言語音研究[M].濟南:山東大學出版社,2005:145.

（3）咸山攝一等開口喉牙音入聲的少數字讀[a]。今北京話古咸山攝一等開口入聲字的韻母在喉牙音後讀[ɤ]（如"葛鴿渴磕曷盍遏"等）；《萬韻新書》"割疙"在家韻（音[a]），其餘此類字在戈韻（音[ou]，"割"字另有戈韻的又讀），這種表現，與今山東東部的方言特點一致，今膠東地區咸山攝一等開口喉牙音聲母的字基本上讀[a]，往西則漸次減少，到濟南就與北京一致了。[①]

（4）通攝入聲字的讀音較少讀[u]。北京話中通攝入聲三等字的韻母今一般爲[y]或[u]，但有少數讀[ou]或[iou]，如"肉六熟粥軸妯宿（一宿）"；《萬韻新書》"肉、六（陸）"有勾韻和孤韻的異讀，可見當時這兩個字已讀[ou]，但仍有[u]異讀，"熟粥軸妯"在孤韻讀[u]（"軸妯"又有舉韻異讀[y]），"宿"在舉韻讀[y]，與北京不同，而與今方言相同。此外，"足俗肅粟蹴宿（宿舍）"等字北京讀洪[u]，而《萬韻新書》在舉韻讀細音[y]。[②]

謝維維（2008 年）認爲《萬韻新書》共計字頭 9 345 個，小韻 1 376 個，謝維維窮盡式列出所有例外現象。

我們觀察，張樹錚、謝維維二人的研究均涉及音韻拼合關係，都用幾十頁的篇幅列《萬韻新書》同音字表，聲調的來源方面張樹錚窮盡式列出入聲所有來源，而謝維維以例外來源的方式也列出所有中古不同聲調字在《萬韻新書》中的情況。謝維維研究時間靠後，前後內容重出，有重複勞動現象。

四、《萬韻新書》兩版本的差異

臺灣師範大學"國文所"藏清光緒三十四年（1908 年）刊本，左側欄列"光緒戊申孟冬石印"，中欄"萬韻新書"，右欄"崇川李聖穌題"，其中中欄字體較大。該本"戊申"年即 1908 年印，我們稱爲 1908 年本。

臺灣藏另一本邊框上方書"光緒丙戌年刻"，左欄"子聲張先生監定"，中欄大字"增補萬韻新書"，右欄"文裕成藏版"。光緒丙戌爲 1886 年，我們稱該本爲 1886 年本。

兩版本我們採用死校的方法，只列出差異和依體例兩本均有不當之處，不輕易主觀述評。

1908 年本作者叙述的音韻理論部分含句讀。

1908 年本首頁首行"萬韻新書序"，1886 年本僅書"序"。

---

①　張樹錚.清代山東方言語音研究[M].濟南：山東大學出版社,2005:145.

②　張樹錚.清代山東方言語音研究[M].濟南：山東大學出版社,2005:145.

1908 年本"像",1886 年本"象"。

1908 年本"至約而寔",1886 年本"至約而實"。

1908 年本"後人有攷稽,無從之歎焉耳",1886 年本作"後人有考稽,無從之嘆焉耳"。

1908 年本"著為《萬韻書》一部",1886 年本"著爲《萬韻書》一部"。

1908 年本"寔獲其益",1886 年本作"實獲其益"。

1886 年本"重鐫萬韻書增直圖序",對應 1908 年本"萬韻新書序"。

三十六母總名,二本皆爲"非數奉微",而隨後的三十六母分清濁列"敷","數"正爲"敷"合常理。

1886 年本作"五音正韻萬韻圖",1908 年本作"五音正韻萬韻新書",1886 年本有陽文趙蔭棠藏書印,"河南鞏縣趙蔭棠憩之氏韻略堂藏書印"

注釋裏,1886 年本全文空格,1908 年本列竪綫,表示與字頭相同的字。

宮韻第一

峒,1886 年本釋義"山洞",1908 年本"山名"。

恐,1886 年本"恐惧",1908 年本"恐懼"。

崩列,1886 年本"琫,刀賣上節",1908 年本"琫,刀賣上飾"。

孟列,1886 年本"艨,船名",1908 年本"艨,舟名"。

宗列,1886 年本"緵,魚細",1908 年本"緵,魚網"。

宗列,1886 年本"猣,三大",1908 年本"山犬"。

宗列,"縱",1886 年本釋義爲"放縱",1908 年本爲"放也"。

匆列,"蔥",1886 年本釋義爲"菜名",1908 年本爲"菜也"。

轟列,"汞",1908 年本釋爲"水銀",1886 年本文字不清,類似"水跟",當據 1908 年本正。

栠,1908 年本注釋爲"養獸具也",1886 年本爲"養獸罨也"。

稬,1886 年本注釋爲"偌也",1908 年本爲"穭也"。

饛,1886 年本注釋爲"饛鉼",1908 年本爲"饛餅",從語義分析,1886 年本當正。

冲列,銃,1886 年本注釋"火銃",1908 年本爲"銃火"。

冲列,舂,1886 年本注釋"音舊擣也",1908 年本爲"音松擣也"。

雍列,1886 年本"踊,踊踣",1908 年本"踊,踊躍"。

雍列,1886 年本"慵,賴也",1908 年本"慵,懶也"。

坑列,1886 年本"鏗,鏗將",1908 年本"鏗,鏗鏘"。

登列,1886 年本"磴,磴也",1908 年本"磴,上也"。

崢列，1886 年本"淨，淨嶸"，1908 年本"崢，崢嶸"。

崢列，圈後 1886 年本有"争油"，1908 年本有"争淨"。

浪列，1886 年本"郎，兒郎"，1908 年本"郎，兒良"。

浪列，1886 年本"瑯，瑯玉"，1908 年本"瑯，玉名"。

箱列，1886 年本"漻，形漻"，1908 年本"像，形像"。

讓列，1886 年本"瀼，露多也"，1908 年本"瀼，露華多也"。

章，1886 年本單獨起行，行前無圈，1908 年本有單圈，按：單圈表示一個新的音節，"章"前字爲"釀"，"章"字後確爲新的音節，當據 1886 年本補單圈。

章列，1886 年本"廮，廮廮"，1908 年本"廮，廮屬"。

章列，1886 年本"悵，悵惘"，1908 年本"悵，惘悵"。

光列，1886 年本"誑，誑觜"，1908 年本"誑，誑嘴"。

邦列，1886 年本"棒，棍棒"，1908 年本"棒，棒棍"。

荒列，1886 年本"凰，風凰"，1908 年本"凰，鳳凰"。

瘡列，1886 年本"撞，撞擣"，1908 年本"撞，撞擣"。

雙列，1886 年本"雙，同土"，1908 年本"雙，同上"。

雙列，1886 年本"驦，良之"，1908 年本"驦，良馬"。

高列，1886 年本"呆，出日"，1908 年本"呆，日出"，按：1886 年本字頭當據 1908 年本改。

高列，1886 年本"火高，熾盈"，1908 年本"火高，熾盛"。

聱，1886 年本重新起行，"聱"字前無圈，1908 年本"聱"字前有單圈，表示一個新的音節，1908 年本是，1886 年本當據補。

聱列，嚻，1886 年本注釋爲"自得之兒"，1908 年本爲"自得之貌"。

聱列，1886 年本"鷔，鳥名"，1908 年本"鷔，馬名"，按："鷔"從馬，1886 年本釋義當據 1908 年本改。

刀列，1886 年本"刉，旁切"，1908 年本"刉，勞心"。

包列，1886 年本"保，保王（按：該字不清晰）"，1908 年本"保，保佑"。

包列，1886 年本"苞，苞花"，1908 年本"苞，苞苴"。

抄列，1886 年本、1908 年本"繰"後皆無注釋，依體例當補。

鷸，1886 年本另起行，前有單圈，1908 年本無，承接在"交"音節後。

交列，1886 年本"覺，如覺"，1908 年本"覺，知覺"。

夭列，1886 年本"鷕，雊么"，1908 年本"鷕，雊鳴"。

夭列，1886 年本"徭，差徭"，1908 年本"徭，徭役"。

夭列，1886 年本"酨，酨沽"，1908 年本"酨，酨酒"。

挑列，1886 年本"耀，籴耀"，1908 年本"耀，耀耀"。

挑列，1886 年本"眺，眺眺"，1908 年本"眺，眺望"。

飄列，1886 年本"勡，扚劫"，1908 年本"勡，搶掠"。

鍬列，1886 年本"憔，憔視"，1908 年本"憔，憔悴"。

掠列，1886 年本"嘹，嘹亮"，1908 年本"嘹，嘹喨"。

屢列，1886 年本"屢，村屢"，1908 年本"屢，村字"。

鷥列，1886 年本"鷥，鷥鳴"，1908 年本"鷥，鷥鴞"。

鷥列，1886 年本"茨，芽茨"，1908 年本"茨，茅茨"。

鷥列，1886 年本"笥，厘笥"，1908 年本"笥，匣笥"。

思列，1886 年本"霹，火雨"，1908 年本"霹，水雨"。

思列，1886 年本"緦，緦麻"，1908 年本"緦，緦服"。

思列，1886 年本"郿，國名"，1908 年本"郿，地名"。

鯔，1908 年本 1886 年本皆釋義"名魚"，當爲"魚名"。

枝列，1886 年本"痣，痣子"，1908 年本"痣，斑痣"。

齊列，1886 年本"鷗，鷗鴞"，1908 年本"鷗，鷗鴞"。

齊列，1886 年本"穄，恭稷"，1908 年本"穄，黍稷"。

澁列，"耆"字頭前有注釋"是也"，無字頭，只有單圈表示一個新的音節，1886 年本注釋單圈之間無空白，1908 年本有空位，二本皆缺字頭。

舉韻第五

居列，1886 年本"跼，跼迹"，1908 年本"跼，跼蹐"。

居列，1886 年本"拒，抗拒"，1908 年本"拒，拒抗"。

淤列，1886 年本"豫，枕豫"，1908 年本"豫，悅豫"。

淤列，1886 年本"飫，私飲"，1908 年本"飫，私食"。

胥列，1886 年本"蕖，羊蒂菜"，1908 年本"蕖，羊蹄菜"。

朱列，1886 年本"宁，宁立"，1908 年本"宁，宁立"，按：字頭在音節"住"後，實爲今"佇"字。

樗列，1886 年本"怵，怵楊"，1908 年本"怵，怵惕"，1886 年本"楊、惕"形近而誤，當據 1908 年本改。

樗列，1886 年本"除，除主"，1908 年本"除，除去"，1886 年本蓋字形相近而誤，當據 1908 年本改。

摔列，1908 年本有字頭"穭"，1886 年本分寫作"禾魯"，按其後注釋爲"音呂，不種而自生也"，"禾魯"合爲一字是也，1886 年本當據 1908 年本改。

　　1886 年本另起一頁,有"萬韻新書"諸字,1908 年本無,二書皆另起行"官該家傑孤""官韻第六"。

　　官列,1886 年本"鰥,鰥棍",1908 年本"鰥,鰥寡"。

　　寬列,1886 年本"寬,寬澗",1908 年本"寬,寬闊"。

　　灣列,1886 年本"踠,踠豆",1908 年本"豌,豌豆"。

　　湍列,1886 年本"團,團圓",1908 年本"團,團圞"。

　　煖列,1886 年本"暖,同上",1908 年本"暖,日暖"。

　　煖列,1886 年本"頒,頒有",1908 年本"頒,頒旨"。

　　慢列,1886 年本"瞞,財瞞",1908 年本"瞞,遮瞞"。

　　慢列,1886 年本"謾,斯謾",1908 年本"謾,欺謾"。

　　酸列,1886 年本"狻,狻貌",1908 年本"狻,狻猊"。

　　歡列,1886 年本"奐,奐侖",1908 年本"奐,奐輪"。

　　番列,1886 年本"犯,干犯",1908 年本"犯,王犯"。

　　冤列,1886 年本"淵,深淵",1908 年本"淵,淵深"。

　　筌列,1908 年本"詮,美言",1886 年本"美言"合爲一字,與"詮"及其後的"佺"並列爲字頭。

　　筌列,1886 年本"佺,屋佺",1908 年本"佺,偓佺"。

　　筌列,1886 年本"喭,虫名",1908 年本"蜎,蟲名"。

　　喧列,1886 年本"玄,黑色",1908 年本"玄,黑也"。

　　喧列,1886 年本"痃,痃精",1908 年本"痃,痃病"。

　　軟列,1886 年本"堧,宮外垣",1908 年本"堧,宮外垣也"。

　　專列,1886 年本"耑,耑人",1908 年本"耑,人耑"。

　　堪,1908 年本單列前有單圈,1886 年本單獨起列,沒有圈,"堪"前一字爲"傳",是新的音節,按照全書體例,1886 年本當補圈。

　　堪列,"戡",1886 年本注釋"刀砍殺也",1908 年本"刀砍死也"。

　　安列,1886 年本"庵,矛庵",1908 年本"庵,茅庵"。

　　攤列,1886 年本"忈,忈忘",1908 年本"忈,忈忈"。

　　難列,1886 年本"楠,木名",1908 年本"楠,楠木"。

　　憨列,1886 年本"挕,挕挐",1908 年本"挕,挕挐"。

　　憨列,1886 年本"函,甲過",1908 年本"函,甲也"。

　　爛列,1886 年本"襤,襤縷",1908 年本"襤,襤褸"。

　　湛列,1886 年本、1908 年本"棧"字頭後皆無注釋。

　　湛列,1886 年本"蘸,以物碎水",1908 年本"蘸,以物研水"。

山列,1886 年本"訕,訕旁",1908 年本"訕,訕謗"。

間列,1886 年本"艱,艱若",1908 年本"艱,艱苦"。

間列,1908 年本"釰,同上","釰"上一字爲"劍,刀劍",1886 年本"釰,司日"。

間列,1886 年本"嵌,艮嵌",1908 年本"嵌,鑲嵌"。

間列,1886 年本"蹇,姓蹇",1908 年本"蹇,蹇姓"。

間列,1886 年本"蹇,蹇促",1908 年本"蹇,蹇柁"。

謙列,1886 年本"倪,衣現",1908 年本"倪,磬也"。

煙列,1886 年本"奄,國名",1908 年本"奄,國名"。

煙列,1886 年本"鷁,駕也",1908 年本"鷁,鳥也"。

煙列,1886 年本"奄,瓜奄",1908 年本"罨,罨化"。

煙列,1886 年本"簷,屋簷",1908 年本"簷,簷屋"。

煙列,1886 年本"巖,峻起",1908 年本"巖,起峻"。

顛列,1886 年本"簟,竹席",1908 年本"簟,竹蓆"。

天列,1886 年本"餂、咶,石餂(咶)",1908 年本"餂、咶,舌餂(咶)"。

天列,1886 年本"瘱,瘱病",1908 年本"瘱,病也"。

邊列,1886 年本"徧,徧音",1908 年本"徧,普徧"。

面列,1886 年本"免,除免",1908 年本"免,免除"。

面列,1886 年本"俛,俛革",1908 年本"俛,俛菫"。

尖列,1886 年本"揃,揃成",1908 年本"揃,揃滅"。

先列,1886 年本"邌,褊邌",1908 年本"邌,邌褊"。

先列,1886 年本"癬,瘡癬",1908 年本"癬,疥癬"。

杴列,1886 年本"軒,車廂",1908 年本"軒,車箱"。

杴列,1886 年本"掀,獄也",1908 年本"掀,舉也"。

杴列,1886 年本"讞,識獄",1908 年本"讞,決獄"。

戀列,1886 年本"纏,絡纏",1908 年本"纏,絡纏"。

戀列,1886 年本"璉,朗璉",1908 年本"璉,璉瑚"。

戀列,1886 年本"廉,廉湖",1908 年本"廉,廉潔"。

占列,1886 年本"儋,負苟",1908 年本"儋,負望"。

苫列,1886 年本"苫,苫屋",1908 年本"苫,苫屋",按:由同一音節下字頭"搧、氊、煽"等的讀音分析當爲"苫",且"苫屋"爲一詞,1908 年本是也,1886 年本當據改。

苫列,1886 年本"磹,次上",1908 年本"磹,次玉"。

干列,1886 年本"干,支干",1908 年本"干,干支"。

干列,1886 年本"肝,脯肝",1908 年本"肝,肺肝"。

干列,1886 年本"翰,模翰",1908 年本"翰,槙翰"。

干列,1886 年本"旰,省旰",1908 年本"旰,宵旰"。

干列,1886 年本"紆,之也",1908 年本"紆,紆也"。

干列,1886 年本"橄,攬欖",1908 年本"橄,橄欖"。

染列,1886 年本"髯,鬚髯",1908 年本"髯,髯鬚"。

該韻第七

該列,1886 年本"垓,太也",1908 年本"垓,大也"。

該列,"槩、概"1886 年本注釋爲"人概",1908 年本"大概",當據 1908 年本改。

該列,1886 年本"垓,太也",1908 年本"垓,大也"。

該列,1886 年本"髻,匄髻",1908 年本"髻,頭髻"。

該列,1886 年本"剴,坊也",1908 年本"剴,切也"。

該列,1886 年本"改,更改",1908 年本"改,更也"。

開列,"恝",1886 年本注釋"恝卦",1908 年本"恝扑"。

哀列,"愛",1886 年本注釋"思愛",1908 年本"恩愛"。

胎列,"駘",1886 年本注釋"馬劣",1908 年本"馬努"。

胎列,"抬",1886 年本注釋"抬打",1908 年本"抬扛"。

賣列,"霾",1886 年本注釋"用貌",1908 年本"雨貌"。

賣列,"覩",1886 年本注釋"覩覗",1908 年本注釋"覩視"。

哉列,1886 年本"哉,殆也,又力語",1908 年本"哉,始也,又助詞"。

哉列,1886 年本、1908 年本字頭"裁",無釋義,按照體例當補。

猜列,1886 年本"綵,綵紂",1908 年本"綵,綵繒"。

害列,1886 年本"夆,相速要害也",1908 年本"夆,相遮要害也"。

害列,1886 年本"欬,警欬",1908 年本"欬,聲欬"。

賴列,1886 年本"賚,于也",1908 年本"賚,予也"。

賴列,1886 年本"來,同來",1908 年本"來,回來"。

差列,1886 年本"蹉,蹉蹟",1908 年本"蹉,蹉蹉"。

篩列,1886 年本字頭依次是"曬、晒、晰",1908 年本依次是"曬、晒、晰"。

篩列,1886 年本"揌,鍶",1908 年本"揌,揌鑼"。

皆列,1886 年本"堦,甬路",1908 年本"堦,甬衙"。

皆列,1886 年本"蚧,蚧虫",1908 年本"蚧,蟲名"。

皆列,1886 年本"誠,警誠",1908 年本"戒,警戒"。

歪列,1886 年本"偓,不偓",1908 年本"偓,延偓"。

壞列,1886 年本"淮,水行",1908 年本"淮,水名",且 1908 年本字頭"壞"前無圈,1886 年本有,"壞"爲新的音節,1908 年本當在"壞"前補圈。

壞列,1886 年本"劃,削劃",1908 年本"劃,刮劃"。

衰列,1886 年本"率,名率",1908 年本"率,督率"。

家韻第八

家列,1886 年本"鉀,回鉀",1908 年本"鉀,鉀養"。

家列,1886 年本"駕,鴑駕",1908 年本"駕,鑾駕"。

家列,1886 年本"跲,顛踣",1908 年本"跲,顛躓"。

丫列,1886 年本"牙,嗟牙",1908 年本"牙,齒牙"。

丫列,1886 年本"雅,問雅",1908 年本"雅,閑雅"。

丫列,1886 年本"押,僉押",1908 年本"押,簽押"。

丫列,1886 年本"婢,祖母",1908 年本"婢,侍婢"。

蝦列,1886 年本"愜,悅也",1908 年本"愜,悅也"。

嘎列,1886 年本"嘎,甚么",1908 年本"嘎,甚麼"。

夯列,1886 年本"答,答豆",1908 年本"答,答頭"。

巴列,1886 年本"笆,笆磚",1908 年本"笆,笆傅"。

巴列,1886 年本"爬,未爬",1908 年本"爬,手爬"。

罵列,1886 年本"螞,螞蜡",1908 年本"螞,螞蝗"。

罵列,1886 年本罵列最末列字頭爲"蟆","蟆"在 1886 年本、1908 年本中間均出現。

喇列,1886 年本"蠟,油蠟",1908 年本"蠟,蠟油"。

扎列,1886 年本"褡,祭臈",1908 年本"褡,祭臘"。

扎列,字頭"諎"依體例當有注釋,1908 年本、1886 年本皆無。

扎列,1886 年本"薙,除草也",1908 年本"薙,除去草也"。

乂列,1886 年本"察,察訪",1908 年本"察,訪察"。

沙列,1886 年本"袈,袈裟",1908 年本"袈,架裟"。

瓜列,1886 年本"卦,卦文",1908 年本"卦,卦爻"。

宔列,1886 年本"宔,宔楼,當在前,强注此",1908 年本"宔,宔樓,當在强記於此"。

花列,樺,1886 年本注釋爲"樺皮",其後單圈又以小字注釋"油"開頭,1908 年本"樺"的注釋爲"樺油皮"。

傑韻第九

1886 年本字頭依次是"揭、傑",1908 年本字頭依次是"傑、揭"。

傑列,1886 年本"孑,特出",1908 年本"孑,特出"。

傑列,1886 年本"羯,羊名",1908 年本"羯,羊也"。

噎列,1886 年本"闑"後空位無注釋,1908 年本"闑,門闑",1886 年本當據
1908 年本補。

噎列,1886 年本"鋣,劍名",1908 年本"鋣,鋣鏌"。

噎列,1886 年本"偈,不憲也",1908 年本"偈,不慧也"。

噎列,1886 年本"鑛,鉄鑛",1908 年本"鑛,金鑛"。

爹列,1886 年本"迭,迭遞",1908 年本"迭,迭遞"。

乜列,1886 年本"也,姓",1908 年本"乜,姓乜"。按:從其後字頭"聶、躡、
涅"等的讀音分析,當取"乜"。

乜列,1886 年本"涅,染也",1908 年本"涅,槃也"。

乜列,1886 年本"鱉,魚鱉",1908 年本"鱉,鱉魚"。

乜列,1886 年本"躄,施行薛足",1908 年本"躄,施行辟足"。

節列,1886 年本字頭"接"後三字空位,注釋只有"山",蓋爲"接,接山"之
意,1908 年本"接,迎接"。

節列,1886 年本"藉,無藉",1908 年本"藉,憑藉"。

節列,1886 年本"捷,報捷",1908 年本"捷,捷報"。

切列,1908 年本"枻,姓枻",1886 年本只有注釋,字頭位置空,當據補。

些列,1908 年本"糈,米糈",1886 年本字頭"糈"後空位無注釋,當據 1908
年本補。

些列,1886 年本"緤,孫也",1908 年本"緤,絲也"。

些列,1908 年本"蝑,蟲名",1886 年本字頭位置空白,當據 1908 年本補。

些列,1886 年本"偰,人名,正弓弩之器",1886 年本注釋"人名"在前一列,
"正弓弩之器"另起列,1908 年本"偰"注釋均在同一列,順讀"名正弓弩人之
器"語義不合,蓋爲"名人,正弓弩之器",可以透露出該字所據底本與 1886 年
本一樣,皆注釋占了兩大縱列而致。

些列,1886 年本"卸,脫卸",1908 年本"卸,卸脫"。

車列,字頭"徹",1908 年本注釋爲"通也,均也",1886 年本注釋按古書順
序讀爲"通均也去也",不合,當爲"通也均也去也",蓋前四字所參照底本佔
據兩大縱列,1886 年本直接照搬過來而致。

睭列,1908 年本"射,射箭",1886 年本"射"後有跟字頭同大的"影"。

缺列,1908 年本首字"缺,缺少",1886 年本"鈌,缺少"。

孤韻第十

孤列,1886 年本"罛,器也",1908 年本"罛,罟罛"。

孤列,1886 年本"故,故甲",1908 年本"故,所以"。

孤列,1886 年本"顧,着顧",1908 年本"顧,看顧"。

孤列,1886 年本"楛,縣名",1908 年本"楛,縣楛"。

孤列,1886 年本"瞽,無目",1908 年本"瞽,無目"。

孤列,1886 年本"羖,比羊",1908 年本"羖,牝羊"。

孤列,1886 年本"羘,同上",1908 年本"羘,同羊"。

烏列,1886 年本"誣,誣同",1908 年本"誣,欺誣"。

烏列,1908 年本字頭"物"前有單圈,表示新的音節,1886 年本該位空。

烏列,"無",1886 年本注釋"有無",1908 年本注釋"無有"。

都列,"闔",1886 年本注釋爲"閨閤",1908 年本"閨閤"。

都列,"窣",1886 年本注釋爲"本貌",1908 年本"卒貌"。

都列,"稌",1886 年本注釋爲"稻稌",1908 年本"稌稻"。

都列,"纛",1886 年本注釋"纛神",1908 年本注釋"纛棋"。

莬列,"謟",1886 年本注釋"狡滑",1908 年本注釋"狡猾"。

莬列,"諸",1886 年本注釋"諸魯",1908 年本注釋"諸嚕"。

莬列,"荼",1886 年本注釋"苔菜",1908 年本注釋"苦菜"。

莬列,"塗",1886 年本注釋"塗珠",1908 年本注釋"塗抹"。

怒列,"駑",1886 年本注釋"駑駑",1908 年本注釋"駘駑"。

怒列,"呶",1886 年本注釋"讙聲",1908 年本注釋"號聲"。

不列,"餔",1886 年本"餔啜",1908 年本"餔餟"。

不列,"蹼",1886 年本"跌蹼",1908 年本"跌蹼"。

不列,"轐",1886 年本"車伏",1908 年本"車轐"。

鋪列,"醭",1886 年本"酒生白醭",1908 年本"酒生白色"。

鋪列,"誧",1886 年本"誧謀",1908 年本"謀也"。

鋪列,"蒲",1886 年本"菖蒲",1908 年本"菖蒲"。

木列,"穆",1886 年本"遠也",1908 年本"深遠"。

木列,"牡",1886 年本"音父",1908 年本"畜父"。

木列,"拇",1886 年本"足指",1908 年本"手指"。

租列,"租",1886 年本"租也",1908 年本"租課"。

租列,"徂",1886 年本"徂徂",1908 年本"徂往"。

租列，“疽”，1886 年本“雍疽”，1908 年本“癰疽”。

租列，“砠”，1886 年本“山石”，1908 年本“山名”。

租列，1886 年本字頭順序“鎀”“傂”，1908 年本“傂”“鎀”。

粗列，“泜”，1886 年本釋義“人足”，1908 年本“人名”。

蘇列，“窣”，1886 年本“穴中卒土”，1908 年本“穴中碎土”。

蘇列，“塑”，1886 年本“塑盡”，1908 年本“裝塑”。

忽列，“鶘”，1886 年本“鶘鴣猢，猢猻”，1908 年本“鶘，鳥名”，其後是“猢，猢猻”，1886 年本中“鴣”與字頭一樣大，致“鶘”無釋義，當據 1908 年本正，補充“鶘”釋義。

忽列，“鬍”，1886 年本“鬚也”，1908 年本“鬍鬚”。

禄列，“麀”，1886 年本“羊鹿”，1908 年本“麛鹿”。

初列，“礎”，1886 年本“礎石”，1908 年本“石礎”。

疎列，“梳”，1886 年本“水梳”，1908 年本“木梳”。

疎列，“蜀”，1886 年本“蜀名”，1908 年本“地名”。

疎列，“藬”，1886 年本“木藬”，1908 年本“藬木”。

疎列，1886 年本“蠋蝶薂”，1908 年本“蠋，桑蟲，薂”，1908 年本字頭“蠋”後有注釋，1886 年本接一大字字頭，與下字字頭“薂”連在一起，1886 年本誤，當據改。

夫列，“輹”，1886 年本注釋“車伏免也”，1908 年本“車輪軸也”。

夫列，“晡”，1886 年本無注釋，1908 年本注“日晡”。

夫列，“女弗”，1886 年本注釋空兩字位置，之後有“婦”，1908 年本注釋“廓婺婦”。

金韻第十一

欽列，“衾”，1886 年本注釋“夜衾”，1908 年本注釋“衣衾”。

音列，1886 年本“珵，□出（注釋前一字不清）”，1908 年本“埕，土山”。

音列，“憖”，1886 年本注釋“勉也，傷也，强也”，1908 年本注釋“勉也，强也，傷也，三解”。

音列，1886 年本字頭“壬”後無注釋，按下一字頭“壾”，1908 年本爲“壬，壬癸”。

賓列，1886 年本“柳”，1908 年本“椰”。

賓列，1886 年本“鬓，鬚鬓”，1908 年本“鬓，須鬓”。

賃列，1886 年本“賃，賃宅”，1908 年本“賃，賃宅”。

賃列，1886 年本“砇，工名；岷，岷山”，1908 年本“砇，玉名；岷，山名”。

親列,1886 年本"浸,水浸",1908 年本"浸,水名"。

親列,1886 年本字頭"寑"前有單圈,1908 年本空位無圈。

心列,1886 年本"新,新田",1908 年本"新,新舊"。

真列,1886 年本"箴,規箴",1908 年本"箴,箴規"。

真列,1886 年本"紾,卑衣",1908 年本"紾,單衣"。

嗔列,1886 年本"忱,忱悃",1908 年本"忱,忱固"。

身列,1886 年本"慎,謹慎",1908 年本"慎,詳慎"。

絪列,字頭"窨"1886 年本、1908 年本皆無注釋。

運列,1886 年本"貟,云四",1908 年本"員,官員"。

巽列,1886 年本"枸,懸鐘罄者",1908 年本"枸,懸鐘磬者"。

巽列,1886 年本"巡,巡還",1908 年本"巡,巡狩"。

巽列,1886 年本"尋,尋我",1908 年本"尋,尋找"。

衙列,1886 年本"諄,誨言重複",1908 年本"諄,誨言"。

衙列,1886 年本"肫,肫懇",1908 年本"肫,懇至"。

犉列,1886 年本"蜃,大蛤也",1908 年本"蜃,大蛤"。

思列,1886 年本"思,思愛",1908 年本"思,思爱"。

奔列,1886 年本"床,姓床",1908 年本"庲,姓庲"。

"按上下韻不合",1886 年本單行排列,1908 年本列兩行。

鉆列,1886 年本"榛,木業生貌",1908 年本"榛,木叢生貌"。

嗲列,注釋"屎也",1886 年本、1908 年本皆無字頭。

坤列,"崑",1886 年本注釋"崑出",1908 年本"崑山"。

坤列,1886 年本"困,困窮",1908 年本"困,窮困"。

坤列,1886 年本"麕,獐也",1908 年本"麕,獐也"。

坤列,1886 年本"捆,捆栓",1908 年本"捆,拴也"。

鑿列,1886 年本、1908 年本字頭"鐓、盩"後無注釋。

鑿列,"鈍"1908 年本注釋"下利",1908 年本"不利"。

熅列,字頭"穩"1886 年本前有單圈,1908 年本無。

吞列,1908 年本"軘,兵車;芚,草盛",1886 年本"軘、輼、芚,草盛"。

尊列,1886 年本"罇,舟孔",1908 年本"罇,舟名"。

村列,1886 年本"漙,水漙",1908 年本"漙,水貌"。

孫列,1886 年本字頭"笋"前空位,1908 年本有單圈。

分列,1886 年本"粉,粉白",1908 年本"粉,白粉"。

國韻第十二

國列，1908 年本"國，國家"，1886 年本"國，邾國"。

國列，1908 年本"腒，曲腳"，1886 年本"腒，曲邡"。

國列，1908 年本"宄，奸宄"，1886 年本"宄，好宄"。

虧列，1908 年本"虧，缺也"，1886 年本"虧，杜也"。

虧列，1908 年本"媿，羞媿"，1886 年本"媿，差媿"。

虧列，1908 年本"魁，魁首"，1886 年本"魁，魁言"。

虧列，1908 年本"逵，通衢"，1886 年本"逵，通獨"。

威列，1886 年本"渭，涇渭"，1908 年本"渭，涇渭"。

威列，1886 年本"葦，苫葦"，1908 年本"葦，蘆葦"。

威列，1908 年本"鮪，魚名"，1886 年本"鮪，名魚"。

威列，1886 年本"薇，名菜"，1908 年本"薇，菜名"。

威列，1886 年本字頭先"闈"後"闈"，1908 年本字頭先"闈"後"闈"。

圭列，1886 年本、1908 年本字頭"睪愙"無注釋。

圭列，1886 年本"嘴，嘴口"，1908 年本"嘴，口嘴"。

灰列，1886 年本"蹼，同上"，1908 年本"蹼，是也"。

灰列，1886 年本"畫，畫兩"，1908 年本"畫，畫繪"。

淚列，1886 年本"耒，和把"，1908 年本"耒，禾把"。

追列，1886 年本"追，追起"，1908 年本"追，追趕"。

追列，1886 年本"錐，錐北"，1908 年本"錐，錐刺"。

追列，1886 年本"統，補統"，1908 年本"統，繡統"。

摔列，1886 年本"叔，小問"，1908 年本"崇又，小門"。

非列，1886 年本"俳，俳何"，1908 年本"俳，優俳"。

非列，1908 年本"斐，文貌"，1886 年本字頭"裴"，蓋襲上字字頭"裴"而誤，注釋"文盛"。

非列，1908 年本"朏，月出"，1886 年本字頭"朏"後又一字頭"蚎"，無注釋。

厄列，1886 年本"紇，至父諱也"，1908 年本"紇，至聖父諱也"。

盂列，1886 年本"裨，裨褐"，1908 年本"裨，裨褐"。

盒列，1886 年本"蟲，閔力"，1908 年本"蟲，音被龍種"。

坯列，1908 年本字頭"坯"，1886 年本變爲注釋"土丕"。

坯列，1886 年本"胚，胚孕"，1886 年本變爲注釋"胚，胚胎"。

坯列，1886 年本"狉，狉怀"，1886 年本變爲注釋"狉，狉狉"。

麥列，1886 年本"默嘿，減默"，1908 年本"默嘿，緘默"。

麥列，1886 年本"鶱，音麥越"，1908 年本"鶱，音麥越也"。

塞列,1886 年本"濋,不通",1908 年本"濋,不通也"。

耒列,1886 年本"耒,耒報",1908 年本"耒,耒耜"。

册列,1886 年本"策,策表",1908 年本"策,策簡"。

勾韻第十三

勾列,1886 年本"磓,磓并",1908 年本"磓,甓井"。

勾列,1886 年本字頭"刣"後無注釋,1908 年本"刣,撓刣"。

漚列,1886 年本字頭"嘔"前空位,1908 年本有圈。

偷列,1886 年本"䳩,斯也",1908 年本"䳩,餅也"。

偷列,1886 年本"麩,者麥",1908 年本"麩,煮麥"。

齁列,1886 年本"埃,埃士",1908 年本"埃,埃土"。

齁列,1886 年本"緱,刀劍纏系",1908 年本"緱,刀劍纏絲"。

漏列,1886 年本"樓,臺樓",1908 年本"樓,樓臺"。

丘列,1886 年本"厹,厹子",1908 年本"厹,厹矛"。

憂列,1886 年本"呴,聲和",1908 年本"呴,和聲"。

憂列,1886 年本"幽,幽照",1908 年本"幽,幽暗"。

憂列,1886 年本"由,日由",1908 年本"由,因由"。

憂列,1886 年本"郵,郵序",1908 年本"郵,郵傳"。

憂列,1886 年本"蚨,公名",1908 年本"蚨,蟲名"。

謬列,1886 年本"扭,扭手",1908 年本"扭,手扭"。

修列,1886 年本"脩,肘也,治也",1908 年本"脩,脯也,治也"。

修列,1886 年本"滫,米泪",1908 年本"滫,米泔"。

休列,1886 年本"齅,齅曼",1908 年本"齅,鼻齅"。

休列,1886 年本"饈,饈攔",1908 年本"饈,饈爛"。

陸列,1886 年本"留,留作",1908 年本"留,留住"。

陸列,1886 年本"榴,榴木",其後又有"榴,石榴",1908 年本在同一單圈下只出現一次"榴",釋義"石榴"。

周列,字頭"輈、輖"後,1908 年本注釋"車舟",1886 年本"車舟"二字合爲一字,作字頭。

抽列,"籌",1886 年本注釋"箭籌",1908 年本"展籌"。

吉韻第十四

吉列,字頭"計"前,1908 年本有單圈,1886 年本空位無圈。

吉列,字頭"芰",1886 年本注釋"芰菓",1908 年本爲"芰荷"。

欺列,字頭"僛",1886 年本注釋"傾側",1908 年本爲"偵側"。

欺列,字頭"屹",1908 年本、1886 年本均無注釋。

欺列,1886 年本"杞,姓杞",1908 年本爲"杞,姓杞"。

欺列,1886 年本"頎,長鬼",1908 年本爲"頎,長貌"。

欺列,1886 年本"裿,好衣",1908 年本爲"裿,衣妊"。

欺列,1886 年本"旖,旖旎",1908 年本爲"旖,旖旎"。

衣列,1886 年本"矣,矣同",1908 年本"矣,已同"。

衣列,1886 年本字頭順序爲"亦""奕",1908 年本爲"奕""亦"。

衣列,1886 年本"暢,蜥暢",1908 年本"蜴,蜥蜴"。

衣列,1886 年本"肄,肄葉",1908 年本"肄,肄業"。

衣列,1886 年本"縊,華繫",1908 年本"縊,繫吊"。

衣列,1886 年本"蟻,蟻蚌",1908 年本"蟻,螞蟻"。

衣列,1886 年本"嶬,山地",1908 年本"嶬,山名"。

衣列,1886 年本"飴,貽也",1908 年本"飴,糖也"。

衣列,1886 年本"頤,領也,券也",1908 年本"頤,領也,養也"。

衣列,1886 年本"鯢,角名",1908 年本"鯢,魚名"。

衣列,"軼",1886 年本注釋"軼也,又名",1908 年本注釋"超也,又名"。

低列,1886 年本"髢,頭交",1908 年本"髢,頭髮"。

低列,1886 年本"苭,連子",1908 年本"苭,蓮子"。

低列,1886 年本字頭"笛"前無單圈,1908 年本有圈。

低列,1886 年本"荻,荻薄",1908 年本"荻,荻蘆"。

梯列,"替",1886 年本注釋位置空白,1908 年本"替代"。

梯列,"緹",1886 年本注釋"系緹",1908 年本"絲緹"。

妮列,"溺",1886 年本注釋"留溺",1908 年本"陷溺"。

妮列,"禰",1886 年本注釋"地名,名姓",1908 年本"地名,又姓"。

妮列,"必",1886 年本注釋"必足",1908 年本"必定"。

俾列,"韠",1886 年本注釋"死服蔽膝",1908 年本"下服蔽膝"。

俾列,"壁",1886 年本注釋"壁墻",1908 年本"墻壁"。

俾列,"鞞",1886 年本注釋"刀稍",1908 年本"刀鞘"。

俾列,"祕",1886 年本注釋"密祕",1908 年本"祕密"。

俾列,"貔",1886 年本注釋"孟獸",1908 年本"猛獸"。

俾列,1886 年本注釋"罼,兔們",1908 年本"罼,兔網"。

俾列,1886 年本注釋"陛,堂陛",1908 年本"陛,殿陛"。

批列,1886 年本注釋"枇,枇答",1908 年本"批,批答"。

批列，1886 年本注釋"羆，似熊之羆"，1908 年本"羆，似熊之獸"。

批列，注釋"厚也"，1886 年本字頭"龎"，1908 年本字頭"篦"。

密列，1886 年本字頭順序"蜜""密"，1908 年本字頭"密""蜜"，且 1886 年本少表示新音節的圈。

密列，1886 年本"迷，失迷"，1908 年本"迷，迷失"。

唧列，"鶺"，1886 年本注釋"鶺鴒"，1908 年本"鶺鴒"。

唧列，1886 年本字頭"祭"前無圈，1908 年本有單圈。

妻列，1886 年本"棲，棲上"，1908 年本"棲，棲止"。

妻列，1886 年本"萋，茂盛"，1908 年本"萋，草盛"。

妻列，字頭"砌"前 1886 年本無單圈，1908 年本有圈。

西列，字頭"壐"1886 年本注釋"上圭"，1908 年本"土圭"。

希列，1886 年本"蹊，山蹊"，1908 年本"蹊，山路"。

力列，1886 年本"荔，荔芰"，1908 年本"荔，荔枝"。

力列，1886 年本"癘，疾瘦"，1908 年本"癘，疾疫"。

力列，1886 年本"濿，以衣渡水"，1908 年本"濿，以衣涉水"。

力列，1886 年本"犁，牛犁"，1908 年本"犁，犁牛"。

力列，1886 年本"魖，魅魖"，1908 年本"魖，魖魅"。

力列，1886 年本"梨，菓名"，1908 年本"梨，果名"。

力列，1886 年本字頭"劙、剺"，1908 年本則爲"劙、劎、剺"。

知列，1886 年本"緻，客也"，1908 年本"緻，密也"。

痴列，1886 年本"鴟，鴟鵂"，1908 年本"鴟，鴟鴉"。

痴列，1886 年本"杝，水名"，1908 年本"杝，木名"。

痴列，"桐"在 1908 年本是字頭，1886 年本分兩字"赤""同"，與注釋混同。

失列，1886 年本"噬，卜噬；筮，嗑筮"，1908 年本"筮，卜筮；噬，噬嗑"。

覡列，1886 年本"覡，音檄，男覡"，1908 年本"覡，音檄，男巫"。

戈韻第十五

戈列，1886 年本"銛，銃銛"，1908 年本"銛，銑銛"。

戈列，1886 年本"詂，逢也"，1908 年本"詂，遲也"。

科列，1886 年本"軻，車接人；聖諱"，1908 年本"軻，車接入；亞聖諱，敬避"。

科列，1886 年本"磕，磕打"，1908 年本"磕，磕頭"。

顆列，1886 年本"渦，渦水"，1908 年本"渦，水名"。

多列，1886 年本"柮，碢柮"，1908 年本"柮，滑柮"。

波列，1886 年本"博"後空位無注釋，1908 年本"愽，廣博"。

波列，"觕"，1886 年本、1908 年本皆無注釋。

波列，"雹"，1886 年本注釋"水雹"，1908 年本"冰雹"。

莫列，1908 年本注釋"莫不"，1886 年本"不"與字頭寫法相同，"莫、不"二字皆爲字頭。

莫列，1886 年本"鄭，姓鄭"，1908 年本"鄭，姓鄭"。

莫列，1886 年本"沐，碎沐"，1908 年本"沫，碎沫"。

作列，1886 年本"酢，酳酢"，1908 年本"酢，醑酢"。

作列，1886 年本"繰，結也"，1908 年本"繰，想也"。

作列，1908 年本"毑，母也"，1886 年本字頭"毑"分寫成"母也"，且注釋爲"也母"。

搓列，1886 年本"磋，同磋"，1908 年本"磋，切磋"。

搓列，1886 年本"鎈，音嵯"，1908 年本"鎈，音嵯"。

搓列，1886 年本"差，差縒"，1908 年本"差，差绳"。

梭列，1886 年本"婆，娑婆"，1908 年本"婆，婆婆"。

攉列，1886 年本"风，火發"，1908 年本"风，火發聲"。

攉列，1886 年本"禾，曰禾"，1908 年本"禾，田禾"。

攉列，1908 年本"龢，古和"，1886 年本字頭空白，注釋有一個"生"字。

攉列，1886 年本"餄，餄餎"，1908 年本"餄，餄鉻"。

攉列，1886 年本"鶴，偓鶴"，1908 年本"鶴，仙鶴"。

戳列，1886 年本"戳，撠戳"，1908 年本"戳，掩戳"。

朔列，1886 年本"蹜，懼也，舉步促狹"，1886 年本"蹜，懼也，舉步侃狹"。

朔列，1886 年本字頭順序依次爲"縮、所（公所）、所（所以）、俟"，1908 年本爲"所、所、縮、俟"，且 1886 年本"俟"注釋"俟忽"，1908 年本注釋"忽也"。

拖列，1886 年本"柝，木柝"，1908 年本"柝，木梆"。

讀韻歌列 1886 年本單獨起頁，1908 年本順接前邊，在同一頁。讀韻歌列 1886 年本無句讀，1908 年本有。

1886 年本整個後半部分凡是重文用符號"乚"，1908 年本不用。

平上去入聲調，1886 年本外用框，1908 年本不加框。

韻圖部分 1908 年本每四字一句讀，1886 年本每八字一句讀。

平聲公列，1886 年本"鰤"對應 1908 年本"鏞"。

1908 年本去聲貢列結尾有"有音無字，以圈空之，下與上同，以乚代之，後做此"，1886 年本無這些内容，但是後本用"乚"，1908 年本全部重新書寫重複的字，不用"乚"。

入聲穀列,1886 年本"牛翟",1908 年本"翟"。

平聲岡列前,二本皆有"有音無字,以圈空之。下與上同,以匕代之,後做此"。

平聲岡列,1886 年本"帛"對應 1908 年本"昂"。

上聲皖列,1886 年本"朝"對應 1908 年本"朗"。

入聲各列,1886 年本"鍾"對應 1908 年本"鍔"。

上聲矯列,1886 年本空圈,1908 年本"擾"。

入聲吉列,1886 年本空圈,1908 年本"日"。

去聲敬列,1886 年本"情",1908 年本"性"。

韻圖平聲巾列前,1886 年本"口中本音自然",1908 年本"口內本音自然"。

上聲錦列,1886 年本"甚",1908 年本"葚"。

平聲簪列,1886 年本首字作圈,1908 年本"簪"。

去聲譖列,1886 年本"譖"對應 1908 年本空圈。

入聲骨列,1886 年本"宰"對應 1908 年本"崒"。

上聲廣列,1886 年本"浪"對應 1908 年本"朗"。

平聲江列前,1886 年本有"或風亦圉之與",1908 年本則爲"或亦風土圉之與"。

去聲貴列,1908 年本"萃",1886 年本無對應,無單圈。

平聲姑列,1886 年本"和"對應 1908 年本"租"。

去聲顧列,1908 年本"庫庫",第二個"庫"位置 1886 年本作"上",未寫爲其慣用的重文符號"匕"。

平聲貲列,1908 年本第一個音節字爲"貲",最後一個爲"兒",1886 年本皆空缺。

去聲恠列,1886 年本"夬"對應 1908 年本"快"。

平聲瓜列,1886 年本"蛙"對應 1908 年本"哇"。

上聲寡列,1886 年本"要"對應 1908 年本"耍"。

平聲挈列,1886 年本首字單圈對應 1908 年本"挈"。

平聲挈列,1886 年本"又"對應 1908 年本"义"。

平聲迦列,1908 年本最後兩個字"囉、喏"對應 1886 年本單圈。

上聲乜列,1908 年本"乜"對應 1886 年本單圈。

上聲乜列,1908 年本"旦、担、炧"分別對應 1886 年本"旦、担、炧"。

上聲乜列、去聲借列,1908 年本最後一字分別是"惹、若",對應 1886 年本皆單圈。

平聲癇列,1908 年本"月、戀"對應 1886 年本單圈。

平聲歌列，1886 年本"娑、罷"二字對應 1908 年本"婆、羅"。

上聲哿列，1886 年本"訶"對應 1908 年本"妸"。

入聲括列，1886 年本"未"對應 1908 年本"末"。

入聲厥列，1886 年本"絟"對應 1908 年本"拴"。

平聲堅列，1886 年本"由"對應 1908 年本"田"。

平聲堅列，1886 年本"鉛"對應 1908 年本"船"。

上聲繭列，1886 年本"遭"對應 1908 年本"遣"。

入聲頰列，1886 年本"請、講、講"順次對應 1908 年本"諂、攝、聶"。

去聲慣列，1886 年本"方"對應 1908 年本"萬"。

去聲諫列，1886 年本"淺、汕"順次對應 1908 年本"棧、訕"。

平聲甘列，1886 年本"**讇、佔**"對應 1908 年本"謟、砧"。

從入聲闔列到上聲苟列，1886 年本有，1908 年本皆無。1908 年本從去聲搆列開始，與 1886 年本一致。

去聲搆列，1886 年本"漏"後無音節，1908 年本其後有單圈。

平聲鳩列，1886 年本"浮"對應 1908 年本"浮"。

去聲救列，1886 年本"就"對應 1908 年本單圈。

音節表結束處，1908 年本有"《萬韻新書》卷終，五山後學李條宣校録"，1886 年本無。1886 年本指掌圖、切字法、傳響圖，1908 年本皆無。

第六節　趙蔭棠珍藏北方官話等韻書小結

本章我們研究了官話韻書《五音通韻》《等音新集》《音泭》《同音字辨》《萬韻新書》，這些韻書屬於大北方官話區。《同音字辨》《萬韻新書》在反映官話之外，還有一定的山東方音的流露，而《音泭》的俗音部分成爲後世探討北京音的依據。

這五部韻書均是清代的北方官話韻書，聲母除去重出，均構擬爲十九聲母，還沒有出現舌面音聲母[1]，n/l 有明顯區別，微母已經消失，疑母字均爲零聲母，存在獨立日母字[ʐ]，有的韻書已經標注了兒化現象。

從韻書的體例設置看，這些清代北方官話韻書聲調皆爲五類——陰平、陽

---

[1]　《音泭》一書研究者有分歧，永島、耿振生沒有構擬舌面音，周賽華認爲尖團已經合流。

平、上聲、去聲、入聲。

韻母有體現方音特徵的地方，如《萬韻新書》"國、蟈、幗"等字歸[uei]音。

我們對《五音通韻》進行了更細緻的文獻研究，統計出《五音通韻》共計引書名篇名628種，含重出有5670種（篇）。版本上，我們對比日藏本與臺灣藏本《五音通韻》，認爲今存日本藏本先出，臺灣本爲隨後抄録日本藏本。臺灣本只取韻圖部分謄録，兩本抄録完畢後，作者查驗，不妥之處作了共同修改。

前賢對《五音通韻》的研究多集中在音系方面，我們對前人研究作了全面的總結梳理，而古書的校勘工作也不可缺少，我們對《五音通韻》進行過校勘，並發掘其語音史價值。我們發現《五音通韻》比張鴻魁認爲的較早設置十九母的《萬韻書》更早地出現了十九母。我們窮盡式地搜集注釋裏提到的亡佚韻書，這樣，不僅僅是《五音通韻》音系所反映的語音價值，其韻書史價值也值得關注。

我們發現趙蔭棠珍藏的今臺灣師範大學藏本《等音新集》與清華大學藏本底本一致，後人增補部分，略有出入，值得一提的是，邱克威點明清華本沒有改動之處——中音第四裏的"責"當爲"貴"，臺師大本已經做過改動。

《音泲》作者徐鑑，字香垞，其兄徐銓，字藕船，皆爲音韻學者，我們用史料證明鄭智穎碩士學位論文所述徐鑑字藕船有誤。通過文獻考察，我們發現徐鑑對《李氏音鑒》《切法舉隅》都产生過學術影響，可以説徐鑑的學識得到認可，受到推崇。交遊方面，徐鑑有與官宦往來、與科舉同年交遊、與儒生張問彤及趙由忠交流學問的記載。

我們對比臺灣藏本與《續修四庫全書》經部第258册的《音泲》，趙蔭棠本少若干頁。續四庫本有兩篇序，第一篇落款爲"嘉慶丙子大寒日遂寧飲杜張問彤並書"的序言趙蔭棠本沒有。續四庫本最後一頁内容，趙蔭棠本沒有。其他内容相同部分，續四庫本不夠清晰，經常出現筆劃斷裂的情況，尤其是第六三九頁上十八柳圖部分列字已經難以辨識。而趙蔭棠本清晰度高。除此，不同之處有第六四八頁，原書第三十頁左側第九欄趙蔭棠本作"以上字"，而續修四庫本作"以上字"，而且續四庫本該位置字迹清晰，不似印刷遺漏。

《同音字辨》作者劉維坊，字言可，號樂山，公孫莊人。我們由韻書的印章及實際地名證據證明郝新澤（2010年）的"劉維坊，號樂山公，孫莊人"斷句有誤。

我們分析《同音字辨》序言，推知1849年劉維坊已經見到《萬韻新書》，比張鴻魁發現的光緒丁丑（1877年）本《萬韻新書》早，也爲張鴻魁存在更早版本的《萬韻新書》的論證提供了依據。我們從《同音字辨》的内部證據及史料所載的外部證據重新考出《同音字辨·叙》作者爲賈楨，並非之前研究者認爲的

“賈植”。版本上，我們總結出《同音字辨》目前至少有 8 個版本，遠非之前論述的兩個版本。

這五部韻書的音系研究，前賢已多有涉獵，我們系統梳理總結海內外的研究成果，以期對官話音的研究有所助益。我們對文獻的開掘，一方面是爲了做好文獻的基礎工作，另一方面，也可以從韻書本身的體例樣式、作者的生平考察，觀察出音系與文獻的關聯。我們發現，像《同音字辨》這樣具有傳承性的反映讀書音的韻書，收字多，注釋長，而傾向時音的韻書往往相反。也可以説不僅僅是音系，文字、注釋同樣在傳承。作者如果有官宦經歷，或者在等韻書理論部分説明其音系的師承關係，往往會有官話音的意識，比如《音泲》標明俗音，説明作者有意識地注意區別正俗，而《等音新集》作者點明師承來源，並沒有在音系裏透露其家鄉所在地的山西話。

《五音通韻》反映的是 18 世紀初官話的語音面貌，《音泲》以韻圖的形式記錄當時的語音，如實反映出 18 世紀末和 19 世紀初的北音，如果按照時間串聯，再結合其他史料，會對語音史的研究有所助益。

第四章　西南官話等韻古籍

第一節　《音韻畫一》

　　我國大陸地區整體研究或記載明清音韻文獻的《明清等韻學通論》《韻學古籍述要》《明清官話音系》《文字音韻訓詁知見書目》及我國臺灣地區應裕康的《清代韻圖之研究》、王松木的《擬音之外——明清韻圖之設計理念與音學思想》均未提到《音韻畫一》，日本永島榮一郎《近世支那語特に北方語系統に於ける音韻史研究資料に就いて》分析了 40 部明清音韻書籍，亦未論及清代韻圖《音韻畫一》。《四庫全書》系各叢書尚未收楊志體的《音韻畫一》。而我們在臺灣師範大學發現了清末抄本《音韻畫一》。

一、《音韻畫一》簡介

（一）《音韻畫一》作者、著録及成書時間

　　《音韻畫一》系今我國臺灣師範大學圖書館所藏綫裝書目，索書號A940 633.456，一册。《音韻畫一》自序後附"射洪楊志體具卿稿"，意即《音韻畫一》作者字志體，名具卿，籍貫爲射洪。"射洪"乃四川潼川府管轄之縣，地處四川盆地中部。縣志載楊志體乃同治三年（1864 年）甲子帶補辛酉科舉人①。

　　趙蔭棠在《等韻源流新序》裏把書架所存而講義未採納及後見的書列一書目，目録中有"《音韻畫一》清（射洪）楊志體"②，可見，趙蔭棠把《音韻畫一》歸爲清代文獻。馮蒸（1996 年）《趙蔭棠音韻學藏書臺北目睹記——兼論現存的

---

① 何向東、習光輝、党元正.羅用顯校注.新修潼川府志校注［M］.成都：巴蜀書社，2007:496.

② 趙蔭棠.等韻源流［M］.上海：商務印書館，1957:12.

等韻學古籍》列趙蔭棠舊藏音韻學書籍目録，書目第 127 條爲"《音韻畫一》不分卷一册，楊志體稿，郭裕德書，民國三十四年味藏堂刊本"①。馮蒸（2013 年）又在《論趙蔭棠音韻學藏書的文獻學價值和音韻價值》裏把《音韻畫一》列入民國影印本、民國石印本一欄，相關簡介與馮蒸 1996 年的文章相同。經查閱，臺灣師範大學圖書館藏書目録的確與馮蒸所録一致。馮蒸論證過趙蔭棠的音韻學藏書整批流落到了臺灣師範大學圖書館。爲何趙氏的藏書《音韻畫一》到了臺師大會出現時間由"清"到"民國"的變化？蓋因《音韻畫一》年份記載爲"甲申年識"，其前並未書帝王年號而致。周賽華（2013 年）叙述："《音韻畫一》最有可能爲 1884 年。"②而我們在地方志中發現楊志體中舉年爲 1864 年，這爲《音韻畫一》的"甲申年識"實指 1884 年提供了新的文獻支持。

(二)《音韻畫一》的研究情況

我們發現收藏有《音韻畫一》的臺師大圖書館把著録年代定爲"民國"，蓋由此而導致相對繁盛的明清等韻學研究忽略了《音韻畫一》。目前，只有周賽華《清代幾種巴蜀方言韻書述要》用 1 100 字的篇幅對《音韻畫一》的聲、韻進行了構擬，歸納了聲母特點。周賽華認爲："楊氏把入聲字分爲三十六宮，給所有的韻部都配上入聲，這就是所謂的音韻畫一。楊氏這個得意的'畫一'，把入聲韻搞得支離破碎，毫無規律。"但是，我們發現，楊氏是推翻了舊有字母模式，借入聲字本身的聲母③表述其語音系統裏的聲母，並非周賽華所理解的"給所有韻部都配上入聲……把入聲韻搞得支離破碎"。《音韻畫一》實乃富有語音價值的一部創新型韻學著作。因此，我們有必要對《音韻畫一》的文獻價值及音系價值進行全面系統的論述。

(三)《音韻畫一》的體例

《音韻畫一》全書版式爲四周雙邊、黑魚尾。

《音韻畫一》封面分左中右三欄，中間一欄爲書名"音韻畫式"，右欄有"甲申年識，乙酉、丙戌重訂"諸字，其中"申"字中間部分模糊。左欄靠下書"味菜

---

① 馮蒸.趙蔭棠音韻學藏書臺北目睹記——兼論現存的等韻學古籍[J].漢字文化，1996(4).第 127 條。按：臺灣師範大學圖書館檢索目録及馮蒸引述皆爲"味藏堂刊本"，而臺灣師範大學藏本《音韻畫一》封面記載爲"味菜堂藏版"，且《音韻畫一》其他位置也沒有看到"味藏堂"諸字，實爲圖書館抄録有誤，而馮蒸沿襲其誤。

② 周賽華.清代幾種巴蜀方言韻書述要[J].長江學術，2013(2).

③ 楊志體按入聲字之聲母能否與 i 介音相拼，再分類。

堂藏版”。

首頁序之右下角有兩方橢圓形印章,紅字印爲“臺灣師範大學藏書”,藍字印爲兩個不同大小的橢圓印章嵌套在一起,小圓內寫“國語推行委員會”,大小圈之間形成環狀空間,其上下分別書“臺灣省”“圖書室”。頁面邊欄外下方有序號“55479”。

《音韻畫一》全書分爲音韻理論與韻圖兩大部分。

1.音韻理論部分

楊志體在《音韻畫一》裏用了諸多篇目闡發其音韻理論,從前到後依次爲序、“字”、“聲音”、“轉移”、“通同”、“七聲”、“開合口呼四音五音”、“韻序”、“序義”、“半音”、“音筌”、“反切”、“標射”、“敲拍傳聲”、“聲出臟腑”、“辨疑”、“識本音”、“辨正音”、“去浮音”、“分鄉談”、“生字熟解”、“雙聲疊韻”、“異體同音”、“分韻”、“總說”、“跋”。

我們按照作者論述的主旨,集中呈現楊志體的音學觀念。

(1)音韻理論之韻學思想的闡發

古來韻書韻圖的作者,往往於客觀語音描述之餘,展露其對語音的哲學思考,楊志體的哲學觀念集中表現在對“畫一”的命名上。

“字”:“音有盡而字無盡也……凡十二韻之字,各入其宮,無一毫差錯,雖有音無字,按入聲呼之,即出庶幾畫一之法也。愚曰以音廓字,何漏之有?”

“異體同音”:“天下文字有三,下行、左行、右行是也,三者字不同而音則一……舉風雷金石鳥獸蟲魚四夷鬼怪,凡有聲而人能言者,無不於轉音備之,則謂之定於一也,可謂之盡於一亦可。”

“總說”:“字起一畫,是生兩聲,兩聲生四聲,四聲分七聲,七聲定三十六音,三十六音轉十二韻,各歸其宮,宮合而寂……一畫象太極也。”

楊志體用太極作比,認爲音有盡,可以囊括爲一。作者對語音的崇敬之情,也喚起我們對語音重要價值的思考。

(2)音韻理論之語音變化的觀念

“轉移”:“不但同時異地,語有轉移,即同地異時而語音亦變。”

楊志體觀察到的歷時與共時的語音差異爲:“如夏曰歲,商曰祀……古語燕謂之乙,虹謂之鸞,芭蕉曰膊苴,白角曰杯狡,侍寢曰上清,戲弄曰奚落,山戎曰薰鬻,又曰獫狁,烈山氏又作屬山氏、連山氏,方言嚶嚶咿呀各異,梵語南拏盧羅迭出,皆轉音也。俗語主人稱老板即老伯也,呼父與叔爲巴……燕秦呼咱即自,吳儂即奴即郎,粵東老舉即老妓,北部相公即像姑……”

(3)音韻理論之音韻術語的新界定

楊志體質疑部分傳統概念,或爲傳統術語賦予新的内涵,或爲同一内涵的定義換上更貼切的概念名稱。

A.開合口

"開合口呼四音五音":"合口不能出聲,何謂合口呼? 蓋呼時必口一閉而字始出,以氣衝唇出,音即唇音也。三十三字惟'卜不木別薛滅'六字爲合口呼,餘皆開口,轉韻皆然,無一韻全開全合之理,猶是字母何以忽開忽合乎? 等韻列'彭、皮'於開門,試張口説'盆'得否?"楊志體又附雙行小字:"開口不能説閉字,閉口不能説開字。"楊志體質疑傳統術語之定義,把合口呼定義爲唇音字,取嘴唇閉合之義。

B.陰陽平

"七聲":"舊謂二平聲爲陽陰平,陽字繫陰平,陰字繫陽平聲。義相反,名實不符。或謂上下平。不如隨其呼而名之,先出口爲先平,後出口爲後平。"

作者對"陰陽平"的理解出現了"陽字繫陰平,陰字繫陽平聲"的矛盾情況,就重新命名出"先平""後平"。我們觀察韻圖"轉音"標有"先平""後平"的部分,標"先平"的今稱爲陰平字,標"後平"的今稱爲陽平字。

C.新立入聲字爲宮名代替三十六字母

"字":"西域以三十六字爲母,總一切音,今審音之間,有不合良由、字母不全、呼音恍惚。愚誠不識字母,不知字之所從出。"楊志體對三十六字母提出疑問,進而闡發自己的主張:"微悟字之所同,入蓋字合。四聲有若干平聲,即有若干上去聲,而無不同歸於入,是入聲爲字之宮明矣。以入聲爲宮,可以括全韻轉音,循環橫竪,無阻於其入,而知其出,何必另立字母乎?"作者提出以入聲爲宮,代替字母。

"雙聲疊韻":"愚謂宜以雙入爲雙聲,乃當。"亦可證入聲字在《音韻畫一》裏充當了字母的角色。

入聲字,我們過去從歷時角度觀察,韻尾存在變化。而楊志體從共時層面考慮,入聲字的聲母部分自然是恒定的,入聲恒定也成了作者貫穿始終的脈絡,如"音筌":"聲音有一定之則,不容稍混,入聲是也。"又如"識本音":"不背入聲可以已。"

楊志體於韻圖前列"三十六宮","三十六宮"有 33 個漢字,其後是 3 個小圈,三小圈表示有"三音無字"。33 個有字之宮如下:

入、卜、兀、六、不、木、出、合、各、竹、托、沃、作、叔、壳、旭、足、弗、局、曲、促、俗、朔、約、略、篤、雀、惡、別、的、惕、辟、滅。

　　楊志體於"三十六宮"下附小字"一律不轉,一個不重","轉移"中說:"轉者出韻不出宮","不轉"即這 33 個入聲字語音固定;"一個不重"則要從"聲介合母"的角度去理解,同一聲母,凡是存在後跟介音 i 的情況,作者就把聲母與介音 i 相拼、聲母不與介音 i 相拼分成兩組,自然出現了 33 個字,這樣也合乎作者說的"一個不重"。

　　"互證字母"表,列出了三十六字母與作者所列入聲宮名之間的對應關係①我們據此製作了表 4-1。

表 4-1　《音韻畫一》之"互證字母"表擬音及其與三十六字母對應關係

不	卜	別	滅	弗	勿	
p	p^h	pi	mi	f	w①	
幫	滂	並	明	非、敷、奉	微	
篤	托	的	惡	竹	出	叔
t	t^h	ti	ɳi	tʂ	tʂ^h	ʂ
端	透	定	疑、泥、娘	知、照、狀	穿、徹、澄	禪、審
局	曲	足	雀	促	俗	
tɕi	tɕ^hi	ts	tɕi	ts^h	s	
見、郡	溪	精	清	從	心、邪	
約	旭	六②	人			
j	ɕi	l	z			
影、喻	曉、匣	來	日			

注:①《四川鹽亭等六縣市方言音系調查研究》認爲射洪聲母有[w]、[j],並且解釋説[w]濁近音,實際是雙唇濁擦音[β],只與元音韻母[u]構成音節,[j]爲舌面中濁擦音。這些字母在《四川方言調查報告》同音字表裏統作零聲母。我們結合整部《音韻畫一》以[u]開頭的零聲母與以[i]開頭的零聲母是不同的系統,而且與其他聲母歸類並列,就把"勿"擬爲[w],"約"擬爲[j]。

②射洪方言調查的同音字表收字有限,沒有收錄"六",只有與"六"中古音韻地位相同的"陸",我們諮詢到今天説四川官話的人,"六"不跟介音 i 相拼讀。錢曾怡主編的《漢語官話方言研究》第 519 頁説:"西南官話西蜀片,六讀'lu',且在西南官話絕大部分地區都不讀成細音字。"

――――――――――

　　① 楊志體之"邦""狀""郡"對應三十六字母的"幫""床""群",雖然書寫存在差異,但代表聲母一致。

　　周賽華認爲楊氏所列"互證字母""其中有幾母重複"。我們認爲,如果把介音歸入韻母中,宮名純粹指稱聲母的話,是有三處重複。但是我們依照楊志體《音韻畫一》的意圖考量,凡三十六字母在當時能讀成含有 i 介音的字母的,①楊志體就選取其所列三十六宮裏同樣有 i 介音的入聲字與之對應,而宮名爲聲母與 i 介音的合母,韻圖排字及後世的射洪方言調查也證實了我們的推斷,楊志體並没有重複設母。

　　2.韻圖部分

　　韻序後是楊志體《音韻畫一》的第一部韻圖,該韻圖的結構層次是韻部—字母—聲調。韻部分十二韻:一冬東、二都盧、三支齊、四微、五佳灰、六真侵、七元咸、八江陽、九麻、十蕭豪、十一歌、十二尤。其中麻韻後附"爺韻備音"表,三支齊後附"兒韻備音"及"兒字説"。每韻按照空間大小分上中下三欄列該韻部下的音節。韻部內先依照作者前述作字母的入聲宮名,依次列每一宮之陰平、陽平、上聲、去聲的音節代表字,然後爲三到五個入聲字,這些入聲字分三行,前兩行按主要元音開口度由大到小排列,最後一個字一般是前述宮名。同一宮下入聲部分有作雙排小字的情況,一列爲開口呼,一列爲合口呼,或者一列齊齒呼,一列撮口呼。入聲字隨諸宮,在十二韻中重複出現,偶爾換用聲母與介音相同的入聲字,比如,"局"換用"菊","約"換用"育","略"換用"掠"等。爲便於論述,我們把以韻爲總綱排列的音節表稱爲"韻表"。"韻表"按音節列字,無反切,無注釋。

　　《音韻畫一》後半部分爲"轉音"。"轉音"也是一個音節表,按照平聲、上聲、去聲分爲三大部分,每部分皆按上下兩欄排列。"轉音"每一部分最上一行列作者所設之聲介合母的入聲字(即宮名),入聲字放在圈內。這樣每一縱列字母及介音 i 的情況相同。同一宮名下按照前述十二韻的順序分列 12 個字。平聲部分,上欄列"先平",下欄列"後平"。上聲上下兩欄列不同宮的字,宮名分寫在頁面兩端。去聲部分體例同上聲。

　　"韻表"部分合計 1 362 個字,亦爲 1 362 個音節;"轉音"部分共計 1 132 字,即 1 132 個音節。前後兩個音節表音節數量差距爲 237 個,原因何在? 主要是作者在"韻表"部分列了"兒韻備音"和"爺韻備音"。這兩處備音除了個別字,如"遮、奢;而、爾、貳"外,其他字以小字形式寫在圈的右側,是"俗語轉音",已經在其他相應韻裏出現過了。

　　除備音外,還有"韻表"音節有字,"轉音"畫圈的 25 處;"轉音"音節有字,

---

　　①　一般是三四等字及顎化了的二等喉牙音字。

"韻表"畫圈的情況5處。這樣,音節的填字能力前後韻圖數量差别爲30。這些缺失都是聲韻拼合關係中的某個聲調的偶然缺失,同一音節其他聲調仍然存在有字音節,不影響實質的拼合關係,亦不影響我們對聲韻的考察。

二、《音韻畫一》音系及射洪百年語音演變情況

楊志體在"分鄉談"裏認爲"鄉談各處不同,兩字分之曰輕重而已",並簡要對比了蜀、吳方言的差異,認爲"平原聲多重,山國聲多輕"。他在《跋》中感歎:"所憾匏繫一隅,不得復驅車周行天下,與中外土著者言而知其正音若何,轉音若何。"楊志體説自己羈滯一方,没有廣泛地普查天下語音。而且,《音韻畫一》没有爲四方正音之目的的陳述。作者在跋裏只舉例説"四川語音清而土音多轉入"。音韻理論部分没有對更多地區語音的論述。在楊志體觀念裏,《音韻畫一》反映的是四川語音,而"四川語音"又以楊氏之"匏繫一隅"爲中心。我們没有找到史籍裏對楊氏在射洪以外其他地域的活動情況的記載。"匏繫一隅"之地爲楊志體的家鄉射洪。

從文獻分析角度,楊志體《音韻畫一》應該是清末對以射洪地區爲中心的西南官話的反映。我們全面考察《音韻畫一》的聲韻調系統,觀察其中古來源與音韻特點,並選取時限最早與最晚近的用國際音標記録的射洪方言同音字彙進行比對[①],觀察百餘年間以射洪爲中心的西南語音演變情況。

(一)《音韻畫一》聲母系統特點及其演變

1.《音韻畫一》諸宫的中古來源

表 4-2 　《音韻畫一》宫名中古來源表之一

中古聲母		《音韻畫一》宫名	不	别	卜	辟	木	滅
幫		一二等	27	1				
	三四等	止攝	3	2	1	1		
		非止攝	2(蟹、流)	4				

---

① 　我們進行了窮盡式對比,只是韻圖與同音字彙取字範圍略有差異,不可能兼顧每個字的演變情況。

續表

《音韻畫一》宮名 中古聲母		不	別	卜	辟	木	滅
滂	一二等			18	1		
	三四等			6(3個止攝字)	12		
並	平聲		2	19	5		
	仄聲	5	3	3	1		
明	一二等					48	
	三四等　蟹止攝					7	20
	其他攝					3	

　　雙唇音一組，"不""別"來自中古的幫母與並母（主要是仄聲），"卜""辟"主要來自滂母和並母平聲字，"木""滅"來自明母。"不""卜""木"裏一二等字居多，"別""辟""滅"來自三四等。我們單獨注出止攝字，是因為三支齊韻（多為止攝）裏的同音節字重複出現，"批、皮、鄒、屁"諸字更是以相同的字分別重現於"卜""辟"音節裏。

表 4-3　《音韻畫一》宮名中古來源表之二

《音韻畫一》宮名 中古聲母		篤	的	托	惕
端	一二等	27		2	
	三四等	3(全部為蟹攝開口四等)	10		
透	一二等			36	9
	三四等			3	
定	平聲			15	6
	仄聲	18	4	1	3

　　舌尖中音"篤""的"來自中古端母、定母仄聲，"托""惕"多來自中古透母、定母平聲。"篤""托"多來自一二等韻，"的""惕"多來自三四等。而"篤""托"韻裏的三等字都是三支齊裏與"的""惕"重出的音節，重出音節有用字亦相同的情況，如"低、梯、體、替"。

表 4-4 《音韻畫一》宮名中古來源表之三

中古聲母		竹	出	作	足	促	雀	朔	俗
知		8							
澈			10						
澄		5	10						
莊		7		3					
初			6			7			
崇			1			4	1		
生			1					6	
章		24		4					
昌			17						
船			1						
書									
禪									
精	一等			24			2		
	三四等			5(4個是止攝三等)	22				
清	一等					23	16	1	
	三四等				2	4(均爲止攝三等字)			
從	一等			6		6			
	三四等			1(止攝)	7	1	12		
心	一等							9	24
	三四等							28	2
邪						1		3	13

　　"竹""出""朔"是來自知、莊、章組，"足""雀""俗""作""促"主要來自精組，其中"足""雀""俗"的精組字多爲三四等，而"作""促"的精組字多爲一等。

表 4-5　《音韻畫一》宮名中古來源表之四

《音韻畫一》宮名 中古聲母		各	局	壳	曲	旭	弗	合
見	一等	26						
	二等	8	17	2	1	2		
	三、四等	5(止攝通攝合口三等)	27					
溪	一等			23				
	二等			5	2	1		
	三、四等			4	23			
群	平聲			1	13			
	仄聲	1	6					
曉	一二等						9	15
	三四等					16	4(止攝)	
匣	平聲					8	9	13
	仄聲	2				9	7	13
非敷奉							38	1

　　"各""局"主要來自見母及並母仄聲字。"壳""曲"主要來自溪母及並母平聲字。"旭""合"主要來自曉匣母,而"弗"來自脣齒音及曉匣母。"各""壳""合"多爲一二等,"局""曲""旭"多爲三四等。"局""曲"二等字也占了一定數量,爲部分二等字顎化的反映。

表 4-6　《音韻畫一》宮名中古來源表之五

《音韻畫一》宮名 中古聲母			恶	沃	兀	約	六	略	入
疑	開口	一二等			9	3(2個假攝,1個山攝)			
		三四等	8			4			
	合口				10	3			
微					12				

續表

《音韻畫一》宮名 中古聲母			恶	沃	兀	約	六	略	入
泥	一二等						17		
	三四等		11						
來	一二等		1				42	26	
	三四等								
日									29
影	開口	一二等		16		2(假攝)			
		三四等				15			
	合口				14				
喻三					2	10			
喻四						20			1
溪				1					
群				1					

我們觀察,"六"母字來自一二等的泥母;"略"來自中古三四等開口來母字;"恶"主要來自三四等疑母(止開三、曾開三、臻開三、咸開三、宕開三、流開三)、開口三四等泥母;"沃"來自開口一二等影母、開口一二等疑母字;"兀"來自合口影母(只有止攝是三等,其他都是一二等)、微母、合口疑母;"約"來自二三四等開口影母字(其中只有假攝的影母字是二等)、喻母、疑母。

2.《音韻畫一》聲母特點

(1)聲母清濁的討論——全濁聲母清化

A."韻表"和"轉音"相對應的同音音節下有清聲母字與濁聲母字換用的情況,説明清音濁音無別。如:

表 4-7 《音韻畫一》全濁聲母清化表之一

"韻表"	音韻地位	"轉音"	音韻地位
棟	通開一去東端	洞	通開一去東定
恟	通合三平鍾曉	尰	通合三上鍾禪
做	遇合一去模精	胙	遇合一去模從
四	止開三去脂心	似	止開三上之邪

續表

"韻表"	音韻地位	"轉音"	音韻地位
既	止開三去微見	忌	止開三去之群
醉	止合三去脂精	罪	蟹合一上灰從
勃	臻合一入没並	卜	通開一入屋幫
對	蟹合一去灰端	兑	蟹合一去泰定
獨	通開一入屋定	篤	通開一入沃端
學	江開二入覺匣	旭	通開三入燭曉
坌	臻合一去魂並	噴	臻合一去魂滂
近	臻開三上欣群;臻開三去欣群	竟	梗開三去庚見
忿	臻合三去文滂	憤	臻合三上文並
鄧	曾開一去登定	頓	臻合一去魂端
綫	山開三去仙心	羡	山開三去仙邪
捍	山開二上删匣;山開一去寒匣	幹	山開一去寒見
烜	山合三上元曉	泫	山合四上先匣
善	山開三上仙禪	扇	山開三去仙書
犯	咸合三上凡並	泛	咸合三去凡滂
賤	山開三去仙從	薦	山開四去先精
變	山開重三去仙幫	辨	山開重三上仙並
漢	山開一去寒曉	汗	山開一去寒匣
族	通開一入屋從	促	通合三入燭清
夙	通開三入屋心	俗	通開三入燭邪
傍	宕開一去唐並	謗	宕開一去唐幫
楂	假開二平麻崇	渣	假開二平麻莊
肅	通開三入屋心	俗	通開三入燭邪
覺	江開二入覺見	局	通合三入燭群
效	效開二去肴匣	孝	效開二去肴曉
照	效開三去宵章	召	效開三去宵澄、效開三去宵禪
濯	江開二入覺澄	出	臻合三入術昌
道	效開一上豪定	到	效開一去豪端

351

續表

"韻表"	音韻地位	"轉音"	音韻地位
讀	通開一入屋定	篤	通開一入沃端
敵	梗開四入錫定	的	梗開四入錫端
坐	果合一上戈從	佐	果開一去歌精
貨	果合一去戈曉	賀	果開一去歌匣
腠	流開一去侯清	驟	流開三去尤崇
救	流開三去尤見	咎	流開三上尤群
紂	流開三上尤澄	咒	流三去開尤章

　　B."韻表"同一韻部同字母下,一組僅有聲調區別的同音節字存在有清有濁的現象,亦證明清濁不再對立。我們列舉一冬東韻部中的例子如下:

表4-8　《音韻畫一》全濁聲母清化表之二

例字	音韻地位	在《音韻畫一》中的位置		
怱	通開一平東清	先平	促	一冬東
從	通合三平鍾從	後平	促	一冬東
公	通開一平東見	先平	各	一冬東
拱	通合三上鍾見	上聲	各	一冬東
共	通合三去鍾群	去聲	各	一冬東
風	通開三平東幫	先平	弗	一冬東
馮	曾開三平蒸並	後平	弗	一冬東
諷	通開三去東幫	上聲	弗	一冬東
奉	通合三上鍾並	去聲	弗	一冬東
蓬	通開一平東並	先平	卜	一冬東
蓬	通開一平東並	後平	卜	一冬東
捧	通合三上鍾滂	上聲	卜	一冬東
菶	通開一去東並	去聲	卜	一冬東
松	通合三平鍾邪	先平	朔	一冬東
竦	通合三上鍾心	上聲	朔	一冬東
送	通開一東去心	去聲	朔	一冬東

續表

例字	音韻地位	在《音韻畫一》中的位置		
通	通開一平東透	先平	托	一冬東
同	通開一平東定	後平	托	一冬東
統	通合一上東透	上聲	托	一冬東
痛	通開一去東透	去聲	托	一冬東
冲	通合三平鍾昌	先平	出	一冬東
蟲	通開三平東澄	後平	出	一冬東
寵	通合三上鍾徹	上聲	出	一冬東
惷	通合三去鍾徹	去聲	出	一冬東
凶	通合三平鍾曉	先平	旭	一冬東
雄	通開三平東云	後平	旭	一冬東
恟	通合三平鍾曉	上聲	旭	一冬東

我們從"韻表"與"轉音"相應的同音節代表字及同一宮的中古來源有清濁不同的聲母分析,中古的全濁聲母跟清聲母字已混併,按照漢語歷史發展的大勢,只能是濁音清化。

(2)發音方法之送氣與否

A.全濁平聲字變爲送氣清音。

《音韻畫一》中的全濁平聲字大部分跟中古次清聲母同列,即全濁平聲字變爲送氣音,但還有4個全濁平聲字變爲不送氣音:

表4-9　《音韻畫一》中古全濁平聲字變讀不送氣音表

《音韻畫一》音節代表字	音韻地位	在《音韻畫一》中的位置		
笓	蟹開四平齊並	三支齊	別	"韻表"
芘	止開重四平脂並	三支齊	別	"轉音"
楂	假開二平麻崇	九麻	竹	"韻表"
臍	蟹開四平齊從	三支齊	足	"韻表"

這樣,從整體看,全濁平聲字是送氣的,不送氣爲個別現象。

B.全濁仄聲字多數變爲不送氣清聲母。

全濁仄聲字在《音韻畫一》裏讀不送氣的塞音塞擦音聲母有62個,讀送氣音的有24個。

中古全濁仄聲字《音韻畫一》讀送氣音，且普通話亦讀送氣聲母的有：

表 4-10　中古全濁仄聲字《音韻畫一》與普通話皆讀爲送氣清聲母情況表

例字	中古音韻地位	在《音韻畫一》的位置		
桻	通開一去東並	去聲	卜	一冬東
挺	梗開四上青定	上聲	貼	六真侵
艇	梗開四上青定	去聲	惕	六真侵
特	咸開一入德定	"托"宮的入聲字		
否	止開重三上脂並	"一平兩入"部分		
沓	咸開一入合定	"托"宮的入聲字		
泡	效開二去肴並	去聲	仆	十蕭豪

中古全濁聲母仄聲字在《音韻畫一》裏讀送氣聲母，而普通話爲不送氣音的有：

表 4-11　中古全濁聲母仄聲字在《音韻畫一》裏讀送氣聲母，而普通話爲不送氣音情況表

例字	中古音韻地位	《音韻畫一》中的位置		
掉	效開四上蕭定	上聲	踢	十蕭豪
跺	假合二上麻匣	上聲	渴	九麻
濯	江開二入覺澄	五佳灰的字母，等同於"出"		
奪	山合一入末定	十蕭豪的字母，等同於"托"		
杼	遇開三上魚澄	上聲	出	二都盧
軸	通開三入屋澄	八江陽的字母，等同於"出"		
族	通開一入屋從	五佳灰的字母，等同於"促"		
滯	蟹開三去祭澄	去聲	出	三支齊
驟	流開三去尤崇	去聲	促	十二尤
宅	梗開二入陌澄	"促"宮的入聲字		
拔	山合三入月並	"卜"宮的入聲字		
勃	臻合一入没並	五佳灰相當於"卜"的入聲字		
澤	梗開二入陌澄	五佳灰"族"中的入聲字		
擇	梗開二入陌澄	八江陽"蔟"中的入聲字		
慎	臻開三去真禪	去聲	出	六真侵
坌	臻合一去魂並	去聲	卜	六真侵
轍	山開三入薛澄	五佳灰"濯"的入聲字		

　　射洪地區後世方言調查記錄的同音字彙只是部分涵蓋了《音韻畫一》音節表的字,仍能觀察到 1946 年當時 22 歲發音人"特、澤、滯"諸字讀送氣音;2009年當時 71 歲的發音人"族、擇"二字讀送氣音。這説明送氣音的讀法《音韻畫一》時已有,並且後世保留。

　　另一方面,《音韻畫一》裏有些讀送氣音聲母的字,在 20 世紀 40 年代的調查報告裏讀成了不送氣音聲母,如"拔、奪"。

　　説明射洪地區全濁仄聲存在變讀送氣音的情況,而且這些送氣音有逐漸減少、變讀不送氣音的趨勢。

　　C.部分全清聲母字讀送氣音聲母。

　　中古全清聲母字《音韻畫一》列入送氣聲母,且普通話今亦讀送氣聲母的有:

表 4-12　中古全清聲母字在《音韻畫一》及普通話裏皆讀爲送氣聲母一覽表

例字	中古音韻地位	在《音韻畫一》的位置		
譜	遇合一上模幫	上聲	卜	二都盧
愧	止合重三去脂見	去聲	哭	四微
襁	宕開三上陽見	上聲	怯	八江陽
雀	宕開三入藥精	作爲三十六宮的宮名		
蹙	通開三入屋精	十蕭豪的字母,同宮名"促"		
挫	果合一去戈精	去聲	託	十一歌
括	山合一入末見	"哭"宮的入聲字		

　　中古全清聲母字《音韻畫一》列入送氣聲母,而普通話讀不送氣聲母的有:

表 4-13　中古全清聲母字《音韻畫一》列入送氣聲母,而普通話讀不送氣聲母情況表

例字	中古音韻地位	《音韻畫一》中的位置		
鄙	止重三開上脂幫	上聲	卜	三支齊
抖	流開一上侯端	上聲	托	十二尤
概	蟹開一去咍見	去聲	哭	五佳灰
咤	假開二去麻知	去聲	出	九麻
浸	深開三平侵清	去聲	雀	六真侵
卜	通開一入屋幫	三十六宮宮名		
輒	咸開三入葉知	《雙入二十四宮》裏與"出"相應的入聲字		
躧	蟹開二上佳生	上聲	濯	五佳灰

還有部分普通話不送氣而《音韻畫一》讀送氣音的字，可能是與普通話所沿用之中古音韻地位不同而導致的，如：

表 4-14　普通話不送氣而《音韻畫一》讀送氣音且原因待定情況表

例字	中古音韻地位	《音韻畫一》中的位置		
濺	山開三去仙精；山開四去先精	去聲	雀	七元咸
造	效開一去豪清；效開一上豪從	去聲	蹙	十蕭豪

其中，"概、造、卜"在《音韻畫一》裏送氣，在之後的方言調查裏讀不送氣音。而"必"在《音韻畫一》裏不送氣，但是在 20 世紀 40 年代的調查報告裏讀送氣音聲母，到 21 世紀又讀不送氣音聲母，屬於個例。

在《音韻畫一》的理論部分，"入聲再合"裏有"出竹通、足雀通、託篤通、別辟通、作促通、卜不通"，介紹了送氣與不送氣的區別，如"大、道、爐、妾、爵、度、錚、側兩讀"，"遁、蒲不分"，但這些兩讀字沒有在韻圖裏以送氣不送氣對立的形式同時出現，比如"大""道"在韻圖裏列入不送氣音。在 20 世紀 40 年代的方言調查報告裏"大""道""度"都是不送氣音。很可能"入聲再合"部分的兩屬是送氣與不送氣同時存在的過渡階段的顯示，兩讀情況後來減少。

從總體看，《音韻畫一》的全濁聲母平聲字送氣，而仄聲只能説大部分讀不送氣，還有相當一部分讀送氣音聲母。而且，還有一批全清聲母字讀送氣音。《音韻畫一》時期的聲母送氣與不送氣存在一定的不規則性。

《射洪縣志》説："舊志載各處俱有楚民新集，惟射邑從無招新民之例。今則楚陝閩粵之人，佃地耕種，視爲樂土，漸集漸多，四鄉場鎮客戶與土著幾糸半矣。"[①]一般來説，語音演變具有系統性，射洪地區的送氣音的複雜來源很可能與"楚陝閩粵"移民"幾糸半"有關。

(3)《音韻畫一》裏-u爲主要元音或介音時唇齒音聲母與曉匣母混用

A.-u爲主要元音時，存在曉匣母字和唇齒音字互換的情況。如二都盧韻，弗母"夫、敷、乎、府、父"，乎母"呼、胡、甫、虎、互、沍"皆存在曉匣母字和唇齒音字混用的情況，但是這種混用規模較小，弗母所列 5 個字裏只有一個來自曉匣母的字，乎母所列 6 個字裏也只有一個來自唇齒音。

B.除了都盧韻，合母下全部列開口曉匣母的字；弗母存在開合口相對的音節，合口位置全部是來自曉匣母的字，開口位置只有一例填"罅"，爲曉母字，其

①　何向東，習光輝，党元正，羅用顯校注.新修潼川府志校注[M].成都:巴蜀書社，2007:71～72.

餘都是開口位置用唇齒音字。去除個例,從整體着眼,u作介音時,存在曉匣母與唇齒音混用的情況。

1946年的射洪方言調查報告説,曉匣兩母只在遇攝合口一等u韻前讀f,其他各組仍讀x[①],而2009年的調查報告裏邊射洪地區曉匣母字全部爲f[②]。由此,可以看到從清末至今100多年間曉匣母的演變情況。清末韻圖《音韻畫一》裏主元音u前的f/h個別混用、介音u前f/h混用,而100年後f/h混同,皆讀作f。

(4)牙喉音字部分顎化

楊志體在屬於音韻理論的"轉移"裏説:"一字兩音,同義異宫,如江(岡、姜)、更(庚、今)、間(干、奸)、交(高、驕)悉數難終與相合之音。"我們分析如下:

表4-15　《音韻畫一》的"轉移"部分出現的見系顎化前後兩讀情況表

例字	音韻地位	讀音1	音韻地位	讀音2	音韻地位
江	江開二平江見	岡	宕開一平唐見	姜	宕開三平陽見
更	梗開二平庚見	庚	梗開二平庚見	今	深開重三平侵見
間	山開二平山見	干	山開一平寒見	奸	山開二平删見
交	效開二平肴見	高	效開一平豪見	驕	效開重三平宵見

存在兩讀現象,表明二等喉牙音字處於顎化過程中。

我們在《音韻畫一》韻圖部分同樣觀察到了顎化的現象。從兩個韻圖同音節字的對比看,二等韻的字與三四等韻的字同音:

表4-16　《音韻畫一》韻圖部分二等與三四等喉牙音排在一起的顎化現象之一

"韻表"	音韻地位	"轉音"	音韻地位
江	江開二平江見	姜	宕開三平陽見
皎	效開四上蕭見	絞	效開二上肴見
叫	效開四去蕭見	教	效開二去肴見

---

①　楊時逢:《四川方言調查報告》,"中央研究院"歷史語言研究所,1984:799。《四川方言調查報告》介音-u曉匣母沒有與唇齒音合流,而清末《音韻畫一》裏已經合流了,從清末到1946年的《四川方言調查報告》裏介音-u的變化不合乎規律,存疑。原因可能跟《四川方言調查報告》選取的發音人是一個22歲的學生,並且在綿陽待過三年有關。

②　張强.四川鹽亭等六縣市方言音系調查研究[D].成都:四川師範大學碩士學位論文,2012:52.

同一韻部裏,其他發音部位往往一二等成組、三四等一個字母,但是喉牙音裏存在二等字跟三四等字排在一起,列於同一字母下的情況,表明這些二等喉牙音字也有 i 介音,存在顎化現象。我們列出二等喉牙音字如下:

表 4-17 《音韻畫一》二等與三四等喉牙音排在一起的顎化現象之二

字	音韻地位	在《音韻畫一》裏的位置		
佳	蟹開二平佳見	先平	腳	五佳灰
解	蟹開二上佳見	上聲	腳	五佳灰
介	蟹開二去皆見	去聲	腳	五佳灰
簡	山開二上山見	上聲	局	七元咸
柬	山開二上山見	上聲	局	七元咸
江	江開二平江見	先平	觔	八江陽
講	江開二上江見	上聲	觔	八江陽
降	江開二去江見	去聲	觔	八江陽
絳	江開二去江見	去聲	觔	八江陽
加	假開二平麻見	先平	局	九麻
家	假開二平麻見	先平	局	九麻
假	假開二上麻見	上聲	局	九麻
嫁	假開二去麻見	去聲	局	九麻
駕	假開二去麻見	去聲	局	九麻
交	效開二平肴見	先平	覺	十蕭豪
絞	效開二上肴見	上聲	局	十蕭豪
教	效開二去肴見	去聲	局	十蕭豪
諧	蟹開二平皆匣	後平	學	五佳灰
蟹	蟹開二上皆匣	上聲	學	五佳灰
懈	蟹開二去佳見	去聲	學	五佳灰
幸	梗開二上耕匣	去聲	旭	六真侵
蝦	假開二平麻匣	先平	旭	九麻
霞	假開二平麻匣	後平	旭	九麻
遐	假開二平麻匣	後平	旭	九麻
下	假開二上/去麻匣	上聲	旭	九麻

續表

字	音韻地位	在《音韻畫一》裏的位置		
夏	假開二上/去麻匣	去聲	旭	九麻
下	假開二上麻匣、 假開二去麻匣	去聲	旭	九麻
巧	效開二上肴溪	上聲	屈	十蕭豪
眼	山開二上山疑	上聲	約	七元咸
鴉	假開二平麻影	先平	約	九麻
牙	假開二平麻疑	後平	約	九麻
雅	假開二上麻疑	上聲	約	九麻
也	假開三上麻以	上聲	約	九麻
亞	假開二去麻影	去聲	約	九麻

韻圖裏還有跟一等放在一起的二等喉牙音字，爲沒有顎化的音節：

表 4-18 《音韻畫一》未顎化的二等喉牙音字

例字	音韻地位	在《音韻畫一》裏的位置		
耿	梗開二上耕見	上聲	各	六真侵
亨	梗開二平庚曉	先平	合	六真侵
衡	梗開二平庚匣	後平	合	六真侵
崖	蟹開二平佳疑	後平	沃	五佳灰
矮	蟹開二上佳影	上聲	沃	五佳灰
坳	效開二平肴影	先平	鍔	十蕭豪
講	江開二上江見	上聲	骨	八江陽
鞋	蟹開二平佳匣	後平	活	五佳灰之

我們窮盡式對比 20 世紀 40 年代的方言調查報告，以上《音韻畫一》所列字顎化的有"江、佳、介、講、假、佳、巧、眼、牙、鴉、諧、幸、蝦"；存在顎化與未顎化兩讀的有"解、下、鞋"①；未顎化的是"崖、矮"。21 世紀的調查報告結論與之

---

① "解、下"在《音韻畫一》韻圖裏只出現在顎化位置，在 1946 年的調查報告裏"解、下"二字兩讀。蓋因韻圖體例，韻圖只列音節代表字，未顎化的讀音可能爲同音節字所替代，不再體現。

相同。

可見,近百年來喉牙音顎化程度整體與《音韻畫一》相同,顎化進程緩慢加深。如"講"在《音韻畫一》韻圖裏同時存在於顎化與非顎化的音節,表現爲兩讀,至 20 世紀 40 年代徹底完成顎化。

《音韻畫一》精組字未見顎化。《音韻畫一》時期尖音和團音有別,而 1946 年時射洪地區尖團音已經合流,古精組細音與見系細音相混[1]。

(5)《音韻畫一》聲母分平翹舌

由互證字母及我們對韻圖的分析統計,"竹""出""朔"來自中古知、莊、章組,"足""雀""俗""作""促"來自中古精組,在 20 世紀 40 年代的射洪方言調查報告裏中古知、莊、章、精組全部讀作舌尖前音。而楊志體說:"三十六宮,一個不轉,一個不重。"這就是說,三十六宮中的"竹、出、朔"一組與"足、雀、俗、作、促"一組必然有區別。參照同在四川西南官話區的其他方言點還有平翹舌之分,我們認爲《音韻畫一》的"竹""出""朔"爲舌尖後音,"足""雀""俗""作""促"爲舌尖前音。從語音演變看,《音韻畫一》時知、莊、章合流,後世,知、莊、章、精組字已完全合流,不再分平翹舌。

(6)一二等泥母字混入來母

《音韻畫一》字母"六"裏有一二等泥母字也有來母字,而且泥母一二等不在其他字母裏出現,即一二等泥母字與來母字合流。20 世紀 40 年代的記音亦爲一二等泥母合入來母,其他情況泥母不與來母合流。這樣,泥母一二等自清末已合入來母,其後百年繼續保持泥母洪音與來母相混,演化層級並未加深。

(二)《音韻畫一》韻母系統特點及演化

1.《音韻畫一》韻部中古來源

《音韻畫一》韻部中古來源比較整齊,我們用表格表述如下:

表 4-19 《音韻畫一》韻部中古來源表

中古來源	《音韻畫一》韻部
通攝	一冬東
遇攝	二都盧
止攝開口	三支齊

---

① 楊時逢.四川方言調查報告[M]."中央研究院"歷史語言研究所,1984:808.

續表

中古來源	《音韻畫一》韻部
止攝合口	四微
蟹攝	五佳灰
梗、臻、深、曾攝	六真侵
山、咸攝	七元咸
宕、江攝	八江陽
假攝	九麻
效攝	十蕭豪
果攝	十一歌
流攝	十二尤

2.韻母特點

(1)臻攝合口一等舌齒音字讀開口

A.臻攝合口一等舌齒音字皆在韻圖同一字母列字的右半部分出現,出現的位置多爲開口呼,如:

表 4-20　《音韻畫一》臻攝合口一等舌齒音字讀開口情況表之一

例字	音韻地位	《音韻畫一》裏的位置		
村	臻合一平魂清	先平	促	六真侵
存	臻合一平魂從	後平	促	六真侵
忖	臻合一上魂清	上聲	促	六真侵
寸	臻合一去魂清	去聲	促	六真侵

B.這些字兩圖對比時有臻攝合口一等與開口字同音的情況。

表 4-21　《音韻畫一》臻攝合口一等舌齒音字讀開口情況表之二

"韻表"例字	音韻地位	"轉音"例字	音韻地位	《音韻畫一》裏的位置		
能	曾開一平登泥	倫	臻合三平諄來	後平	六	六真侵

C.音節相同只有聲調有差異的一組字應當開合一致,本書却同時列臻攝合口一等及其他開口字。

表 4-22 《音韻書一》臻攝合口一等舌齒音字讀開口情況表之三

例字	音韻地位	《音韻畫一》裏的位置		
掄	臻合一平魂來	先平	六	六真侵
能	曾開一平登泥	後平	六	六真侵
冷	梗開二上庚來	上聲	六	六真侵
嫩	臻合一去魂泥	去聲	六	六真侵
論	臻合一去魂來	去聲	六	六真侵
吞	臻開一平痕透	先平	托	六真侵
滕	曾開一平登定	後平	托	六真侵
謄	曾開一平登定	後平	托	六真侵
盾	臻合一上魂端	上聲	托	六真侵

綜合上述,可推知臻攝合口一等舌齒音字在《音韻畫一》裏爲開口呼。

(2)蟹攝合口一等、止攝合口三等舒聲來母字仍讀合口

表 4-23 《音韻畫一》蟹攝合口一等、止攝合口三等舒聲來母字仍讀合口情況表

例字	音韻地位	《音韻畫一》裏的位置		
雷	蟹合一平灰來	後平	律	五佳灰
耒	蟹合一上灰來	上聲	律	五佳灰
累	止合三上支來	上聲	律	五佳灰
內	蟹合一去灰泥	去聲	律	五佳灰

"雷、累、內"位於左側合口位置上,與開口字"捼、來、乃、奈"對應出現,蟹攝合口一等、止攝合口三等舒聲與普通話的演變不同,仍然保留合口讀音。

(3)宕江山攝莊組字開口呼讀合口

表 4-24 《音韻畫一》宕江山攝莊組字開口呼讀合口情況表

例字	音韻地位	《音韻畫一》裏的位置		
刪	山開二平刪生	先平	勺	七元咸
撰	山合二上刪崇	上聲	勺	七元咸
疝	山開二去刪生	去聲	勺	七元咸

勺母下右側竪行小字爲"山、蟬、閃、善",乃開口字,左側"刪、撰、疝"爲合口位置,"刪、疝"中古開口字在《音韻畫一》裏作合口。

表 4-25　《音韻畫一》中古山攝莊組開口字讀合口情況表

例字	音韻地位	《音韻畫一》裏的位置		
川	山合三平仙昌	先平	出	七元咸
剶	山開三上仙莊	上聲	出	七元咸
釧	山合三去仙昌	去聲	出	七元咸

　　川、剶、釧位於左側竪列，與右側竪列攛、纏、産諸開口字相對，中古開口"剶"字放入《音韻畫一》合口位置。

　　宕江攝的字也有開口讀作合口的現象，與普通話的演變相同，判斷理由與上文一致，我們僅列例字如下：

表 4-26　《音韻畫一》中古宕江攝開口讀作合口情況表

例字	音韻地位	《音韻畫一》的位置		
莊	宕開三平陽莊	先平	啄	八江陽
雙	江開二平江生	先平	説	八江陽
爽	宕開三上陽生	上聲	説	八江陽
莊	宕開三平陽莊	先平	啄	八江陽
奘	宕開一上唐從	上聲	啄	八江陽
壯	宕開三去陽莊	去聲	啄	八江陽
瘡	宕開三平陽初	先平	軸	八江陽
牀	宕開三平陽崇	後平	軸	八江陽
磢	宕開三上陽初	上聲	軸	八江陽
創	宕開三去陽初	去聲	軸	八江陽

　　以上開合口問題 1～3 條所列諸字，我們比照 1946 年的方言調查報告，有：鮮[ɕyan]、莊[tsuaŋ]、抓[tsua]、雙[suaŋ]、莊[tsuaŋ]、能[nən]、倫[nən]、吞[tʰən]、論[nən]、冷[nən]、雷[nuei]、累[nuei]、内[nuei]、删[suan]。比照 2009 年的記音，還有：村[tsʰen]、盾[ten]、嫩[len]。這些字的音均與《音韻畫一》所列開合情況類型一致，百年來開合未出現系統性變化。

　　(4)中古的歌韻、戈韻無別

　　《音韻畫一》的"韻表"部分十一歌韻中有來自中古開口歌韻也有來自合口戈韻的字，但是每個字母下的一組字，都只排一縱列，沒有開合口對立現象。同一字母下，只有聲調對立的一組字，音節相同，即中古歌、戈韻在《音韻畫一》

裏無別。我們列出同字母裏同時存在開口歌韻與合口戈韻的情況如下：

表 4-27　《音韻畫一》中古歌戈不別情況表之一

例字	音韻地位	《音韻畫一》裏的位置		
多	果開一平歌端	先平	篤	十一歌
朵	果合一上戈端	上聲	篤	十一歌
惰	果合一上/去戈定	去聲	篤	十一歌
拖	果開一去歌透	先平	託	十一歌
陀	果開一平歌定	後平	託	十一歌
妥	果合一上戈透	上聲	託	十一歌
唾	果合一去戈透	去聲	託	十一歌
捼	果合一平戈泥	先平	六	十一歌
羅	果開一平歌來	後平	六	十一歌
蜾	果合一上戈見	上聲	六	十一歌
歌	果開一平歌見	先平	各	十一歌
果	果合一上戈見	上聲	各	十一歌
个	果開一去歌見	去聲	各	十一歌
搓	果開一平歌清	先平	促	十一歌
挫	果合一去戈精	去聲	促	十一歌
科	果合一平戈溪	先平	哭	十一歌
可	果開一上歌溪	上聲	哭	十一歌
課	果合一去戈溪	去聲	哭	十一歌
莎	果合一平戈心	先平	朔	十一歌
鎖	果合一上戈心	上聲	朔	十一歌
些	果開一去歌心	去聲	朔	十一歌
左	果開一上歌精	上聲	作	十一歌
坐	果合一上戈從	去聲	作	十一歌
阿	果開一平歌影	先平	兀	十一歌
臥	果合一去戈疑	去聲	兀	十一歌
呵	果開一平歌曉	先平	合	十一歌

續表

例字	音韻地位	《音韻畫一》裏的位置		
何	果開一平歌匣	後平	合	十一歌
火	果合一上戈曉	上聲	合	十一歌
貨	果合一去戈曉	去聲	合	十一歌

"韻表"跟"轉音"同音節位置,換用中古來源不同的韻,亦證明"歌""戈"韻合併,如:

表 4-28　《音韻畫一》中古歌戈不別情況表之二

"韻表"	音韻地位	"轉音"	音韻地位
歌	果開一平歌見	戈	果合一平戈見
坐	果合一上戈從	佐	果開一去歌精
貨	果合一去戈曉	賀	果開一去歌匣

我們從"韻表"本身及兩音節表同音字對比兩方面,都能分析出歌韻與戈韻已經合併。而 20 世紀 40 年代的方言調查同音字彙裏記載了多、拖、妥、羅、歌、果、科、可、課、左、坐、臥、何、火、貨諸字,其韻母皆爲元音[o]。我們對比 21 世紀的果攝歌、戈韻字,發現只有"課"的韻母爲[ə],其他爲[o]。這說明自清末《音韻畫一》時起,歌戈韻已經合流,近世受到普通話影響,出現個別反例。

(5)存在捲舌韻母及兒化韻

《音韻畫一》設立兒韻備音,"而、爾、貳"爲捲舌韻母,而其他字皆列在圈隔一側,以小字形式出現,如"壳"下"寬、塊","六"下"南、那",皆爲主要元音相同或相近,兒化後去掉韻尾,放在同一縱列。楊志體分析兒韻說:"有音無字,皆俗語轉音。"反映了兒韻多用於口語。這說明,射洪地區在清末已經有兒化韻存在了。1946 年,由於當時捲舌音已經消失,止攝開口日母字不讀捲舌音韻母,爲自成音節的[l],仍與其他日母字[z]相區別。說明止攝開口日母字在射洪地區從清末至今一直自成一類,只是讀音發生以類相從的變化。而兒化韻現象屬於語流音變,在方言調查裏沒有記載。

(6)流攝(和通攝入聲)的部分明母字有舌根鼻音韻尾

《音韻畫一》"如盟兄說某兄之類是移音也"。"盟"乃後鼻音韻尾字,"某"是以[u]結尾的流攝字,存在"移音"現象說明作韻尾的[ŋ]與[u]有混用的現象。而音節表裏第十二尤韻字都來自流攝,一冬東韻的字都來自有後鼻音韻尾的"通、梗、曾"諸攝,音節表裏並沒有出現韻尾混用的現象。

　　20 世紀 40 年代調查報告裏出現流攝字(主要是明母字)讀後鼻音韻尾的現象,如:謀[moŋ]、茂[moŋ]、否[foŋ]、某[moŋ],"蒙、萌、謀"與"孟、夢、茂"分別在相同的音節裏。21 世紀方言調查顯示:"某、畝、謀、否、皺"均以後鼻音結尾。

　　可以説,《音韻畫一》出現了流攝韻尾[u]與[ŋ]混用的萌芽,其後射洪方言裏流攝字讀後鼻音韻尾的現象已經成爲一條規律。

　　(7)-m/-n 尾合併

　　對比"韻表"與"轉音",可以發現同一音節的字或來自山攝,或來自咸攝,説明山咸攝的字不別義,已經合流。

表 4-29　《音韻畫一》中古山咸攝合併表

"韻表"	中古音韻地位	"轉音"	中古音韻地位
建	山開三去元見	劍	咸開三去嚴見
占	咸開三去鹽章	戰	山開三去仙章
産	山開二上山生	諂	咸開三上鹽徹
覽	咸開一上談來	嬾	山開一上寒來
岸	山開一去寒疑	暗	咸開一去覃影
典	山開四上先端	點	咸開四上添端
寒	山開一平寒匣	含	咸開一平覃匣

　　在同一韻圖同一韻裏既有來自山攝的字,又有來自咸攝的字,如"韻表"七元咸中有山攝字 127 個:先、跣、線、鮮、旋、選、漩、千、前、淺、濺、泉、干、捍、官、管、貫、堅、簡、建、涓、捲、卷、專、轉、篆、煙、言、眼、燕、淵、源、遠、怨、然、堧、軟、賢、現、宣、玄、烜、絢、山、蟬、善、删、撰、疝、虔、遣、圈、權、犬、歡、纏、産、川、剗、釧、坦、歟、湍、團、彖、丹、旦、端、短、段、歉、還、緩、宦、番、反、鸞、卵、亂、粲、攢、篹、鑽、纂、鑽、纖、散、酸、算、剪、賤、看、寬、欸、年、安、岸、彎、完、挽、玩、天、田、連、顛、典、旬、眠、免、面、邊、變、偏、便、騙、蠻、滿、慢、寒、罕、漢、班、板、半、潘、盤、泮。咸攝字 38 個:敢、黏、斬、占、髯、染、險、閃、謙、欠、攙、懺、貪、談、胆、凡、犯、南、覽、濫、參、讒、慘、簪、蹇、三、尖、堪、坎、拈、儼、念、歔、忝、臉、斂、貶、酣。

　　而且,咸攝字全部出現在元咸韻裏,不在其他韻裏出現。

　　這樣,我們由前後兩韻圖同一音節裏的字可以用山攝字也可以用咸攝字,同一元咸韻部裏既出現-n 尾的山攝字又有-m 尾的咸攝字,可以説咸攝韻尾已經完全與山攝合併了。

"韻表"六真侵裏有深攝字 11 個：品、林、心、尋、沁、今、審、甚、吟、怎、浸。臻韻字 78 個：盆、坌、奔、本、笨、捫、門、悶、泯、狠、恨、溫、文、刎、問、恩、隼、旬、狗、筍、近、君、郡、根、艮、袞、棍、欣、熏、申、辰、純、瞬、順、因、引、云、運、人、忍、刃、閏、勤、羣、坤、渾、悃、困、臣、慎、春、蠢、真、振、諄、準、昏、渾、混、分、汾、粉、忿、津、逡、俊、秦、村、存、忖、寸、掄、嫩、吞、盾、紉、听、峚。

而"韻表"真侵之外的其他韻裏不見臻、深攝字，可以説臻深攝字已經合流爲一個韻。

可見，山咸攝合爲一韻、臻深攝合爲一韻，即中古的-m 尾與-n 尾合併，由近代語音演變整體趨勢看，只能是-m 尾消失，讀同-n 尾。之後的方言調查記錄亦只出現-n 尾，不存在-m 尾的情況。

(8) 曾、梗攝後鼻音與前鼻音韻尾合併

從"韻表"與"轉音"的同音節替換字，可以觀察到曾、梗攝這類後鼻音結尾的韻攝與臻攝通用的情況：

表 4-30　《音韻畫一》曾、梗攝後鼻音與前鼻音韻尾一覽表

"韻表"	中古音韻地位	"轉音"	中古音韻地位
奔	臻合一平魂幫	崩	曾開一平登幫
丙	梗開三上庚幫	稟	深開重三上侵幫
泯	臻開重四上真明	茗	梗開四上青明
領	梗開三上清來	廩	侵開三上侵來
隼	臻合三上諄心	醒	梗開四上青心
筍	臻合三上諄心	省	梗開三上清心
景	梗開三上庚見	緊	臻開重四上真見
近	臻開三上/去欣群	竟	梗開三去庚見
熏	臻合三平文曉	兄	梗合三平庚曉
申	臻開三平真書	升	曾開三平蒸書
映	梗開三去庚影	印	臻開重四去真影
秦	臻開三平真從	晴	梗開三平清從
鄧	曾開一去登定	頓	臻合一去魂端
能	曾開一平登泥	倫	臻合三平諄來

"韻表"六真侵韻裏有梗攝字 41 個:膨、平、聘、兵、丙、並、明、命、亨、領、另、廳、廷、挺、聽、丁、頂、定、硬、性、生、景、耿、形、悻、幸、映、永、卿、磬、傾、頃、硜、逞、正、橫、井、淨、爭、青、請。曾攝字 11 個:恒、肱、肯、稱、贈、能、登、等、鄧、滕、凝。真侵韻還有前鼻音韻尾的字,説明前後鼻音在真侵韻裏混併。而主元音開口度較低的一冬東、八江陽韻皆爲後鼻音,没有出現前後鼻音混用情形,説明前後鼻音只在深、臻、曾、梗攝主元音爲高元音([i]/[e])時混併。其後的方言調查記載仍然是深、臻、曾、梗攝後鼻音韻尾相混,没有擴大到其他攝。

聲調方面,《音韻畫一》平分陰陽,保留入聲,射洪聲調五分現象在清末已經存在,至今仍然保留。

第二節　趙蔭棠珍藏西南官話等韻書小結

我們的研究,是從發掘有價值的文獻這一角度認識到《音韻畫一》的價值的;當落實到文獻的語音價值時,我們觀察到韻書《音韻畫一》可以爲我們展現出西南官話岷赤小片在清末的語音狀況。西南官話岷赤片四周多山,由於地理阻隔,語音特點不同於其他西南官話區,比如岷赤片至今都有入聲存在。

清末這個階段,已經有大批傳教士的官話文獻,跟西南官話有關的如 1869 年的《西語譯漢入門》、1869 年的《中國俗語》、1873 年的《西漢同文法》、1900 年的《西蜀方言》①等等,但是我們發現傳教士在中國内陸活動範圍局限在成都這樣的大都市,罕能找到傳教士對山區小城的語音記録,無論認爲《西蜀方言》是反映成都方言還是四川官話,傳教士足迹難以到達語音特點與其他西南官話區差異極大的岷赤小片,更不易寫出體現岷赤片方言的著作,因而我們的本土韻書《音韻畫一》自然體現出不可替代的重要價值。

可以説,傳教士文獻分布面有一定局限,而本土韻書,特別是到了清末,像楊志體這樣自身受傳統韻書觀念束縛少,一生鮮有外出經歷的人,其所著韻書體現出的語音區域色彩明顯,《音韻畫一》清楚地體現出在當時的射洪已經存在兒化,還有流攝(和通攝入聲)的部分明母字讀舌根鼻音韻尾這一具有小片特徵的現象。《音韻畫一》泥來母混併、前後鼻音不分、歌戈無別這些特點明顯具有西南官話的特徵,其後的射洪方言調查記録也與《音韻畫一》有一脈相承的關係。

---

① 莊初升,陽蓉.傳教士西南官話文獻的羅馬字拼音方案[J].文化遺産,2014(2).

　　《音韻畫一》一書設置獨到,楊志體用兩大部分表現語音——理論部分和韻圖部分。理論部分既有語音觀念也有例證,這些例證有力補充了音節表的不足。因爲音節表一個音節只用一個代表字表示,會盡量避免重出。這樣,一字兩讀的情況作者多在理論部分進行描述,比如送氣不送氣情況同時存在的兩讀字、顎化前後的兩讀現象;而音節表裏選取的音節代表字必然具有典型性,難以反映語音演變中的萌芽現象,作者就在語音理論部分進行説明,如流攝字韻尾-u 讀成後鼻音的現象。語音理論部分闡述作者的語音觀念,補充介紹了語音現象,體現了語音演化的動態過程,而不僅僅是演變結果。兩韻圖一個以韻爲綱,一個以聲爲綱,給我們提供了多樣視角,前後韻圖對比得到的中古來源不同的同音節字,爲我們研究《音韻畫一》的語音特點提供了確鑿的證據。可以説,《音韻畫一》具有韻書編纂史與語音史的雙重意義。

第五章　結語

　　我們站在東亞珍藏明清等韻文獻挖掘這一大背景下，在前賢研究的基礎上，充分利用漢字文化圈資源，廣泛搜集明清韻書韻圖，發現臺灣珍藏的趙蔭棠先生昔日藏書是明清等韻文獻的一座寶庫。我們從文獻版本價值入手，選取趙蔭棠珍藏的十種明清官話等韻書展開研究，這十部書的作者地域涉及四川、湖北、安徽、北京、山東等地區，地理範圍廣闊。我們結合等韻書反映的音系性質，按照官話區分片歸類，把等韻書分爲北方官話、江淮官話、西南官話三大類。

　　這些等韻書存在共性特徵：每一個方言區都能找到一部韻書有兒化韻的記錄，如《音泲》《諧音摘要字母》《音韻畫一》，説明清時全國官話區已普遍存在兒化現象；這些官話韻書事實上已經全部完成了濁音清化、非敷奉合流、-m 尾消失、平分陰陽這些語音演變。

　　相比近年來的漢語教科書、傳教士編寫的字典等一系列可以用於明清語音研究的材料，韻書韻圖是傳統的，但至今都有其不可替代的價值。如果從考察語音史視角看，可以綜合利用，而不是崇洋媚外，過分抬高域外人士所撰書籍的價值。外國人需要來到目的地，深入研究，並且有一定的語言敏感性和關注度，才能出現某地方言的記錄，而且如果是以教科書或者字典的形式出版，其本身也要求應用面廣，適合跟大多數中國人交流，這樣，最終造成域外學者所著的跟語音相關的書反映的官話，往往反映大城市的方言，或流露出某城市方言，難以涉獵有方言獨特性、對外相對封閉的小地方。本書所錄湖北澴川的《諧音摘要字母》、四川射洪《音韻畫一》都是研究本區片方言重要的史料，臨近的其他區片方言點（比如湖北武漢、四川成都）歷史上傳教士語料再多，都無法取代其價值。

　　趙蔭棠之後，等韻學研究日益發展，我們根據前人已經完成的情況，新進行的研究如下：

　　音系方面，我們主要研究了《諧音摘要字母》《音韻畫一》的音系，並探討了同一作者吳元滿同年出版的《萬籟中聲》與《切韻樞紐》之音系差異及其原因。

　　《音韻畫一》泥來母混併、前後鼻音不分、歌戈無別這些特點，明顯具有西南官話的特徵。其後的射洪方言調查記錄,也與《音韻畫一》有一脈相承的關係,是對射洪地區清末方言的真實記錄。

《音韻畫一》一書的體例設置獨到,楊志體用兩大部分表現語音——理論部分和韻圖部分。理論部分既有語音觀念也有例證,這些例證有力補充了音節表的不足。因爲音節表一個音節只用一個代表字表示,會盡量避免重出。這樣,一字兩讀的情況作者就多在理論部分描述,比如送氣不送氣情況同時存在的兩讀字、顎化前後的兩讀現象;而音節表裏選取的音節代表字必然具有典型性,難以反映語音演變中的萌芽現象,作者就在語音理論部分進行說明,如流攝字韻尾-u 讀成後鼻音的現象。語音理論部分闡述作者的語音觀念,補充介紹了語音現象,體現了語音演化的動態過程,而不僅僅是演變結果。兩韻圖一個以韻爲綱,一個以聲爲綱,給我們提供了多樣視角,前後韻圖對比得到的中古來源不同的同音節字,爲我們研究《音韻畫一》的語音特點提供了確鑿的證據。

《諧音摘要字母》的聲母特點——全濁塞音、塞擦音聲母清化後,大多平聲送氣,仄聲不送氣;重唇音分化出輕唇音,非敷奉合流;曉匣母字拼介音-u-時與 f 聲母是自由變體的關係;知莊章組二分,章組讀翹舌,知莊組接觸混合型分出兩類;見系細音字讀同章組;《諧音摘要字母》部分二等喉牙音字聲母顎化;通攝合口三等舒聲喻(以)、影母字與日母開口字(除止攝)聲母相同;泥來母洪音細音皆混。可以看出,19 世紀中葉,湖北孝感韻書已經體現了孝感今日方言聲母的基本特徵。也可以觀察出,自元末明初孝感地區經歷了大規模的移民活動 400 年之後,不同音系特點的移民方言深度接觸,音系特徵迥異的地方,出現了新的交融現象,比如,全濁聲母保留有部分仄聲的送氣現象,知章組平翹舌的交替分布呈現不規則性。

到 20 世紀,曉匣母字與唇齒音變得界限分明,從尖團音有別到尖團合流,此外,泥母細音字出現了零聲母現象,在 21 世紀表現得更加明顯,這三方面都是《諧音摘要字母》之後發生的系統性演變。《諧音摘要字母》之後,孝感方言聲母漸進性演變突出表現爲見系二等顎化程度明顯加深。其他聲系特徵近 200 年基本保持一致。

韻母特點是模韻端系及魚虞韻莊組字與流攝及入聲屋沃同韻,蟹、止攝合口幫組、端系、魚虞韻精系同韻,果攝一二等見系字不存在開合之別,深臻曾梗攝舒聲韻尾混併,通攝入聲明母字及模韻明母個別字讀同通攝陽聲韻,端系一等古合口讀開口,精組三四等古合口讀開口。

《諧音摘要字母》聲調分爲陰平、陽平、上聲、陰去、陽去、入聲六類。當時,入聲已經不保留喉塞尾,入聲只是獨立成調,並且已經有部分派入其他聲調,其中派入陰去聲的數量稍多,而之後的 200 年,入聲派入其他聲調字數日多,而且,派入陽平聲成爲主流。《諧音摘要字母》陰陽去已開始混淆,之後混淆數量有所增加,到現在,孝感新派已經不別陰陽去聲。

《萬籟中聲》與《切韻樞紐》的音節數分別爲 1 905、1 777 個,《切韻樞紐》音節代表字採用了韻書首字的音節數是 1 543 個,《切韻樞紐》採用了韻書首字下小字的音節數爲 42 個,即《切韻樞紐》共有 1 585 個音節代表字爲韻書首字及其俗字,占《切韻樞紐》音節總數的 89.2%。《切韻樞紐》音節代表字取《萬籟中聲》同音節其他代表字的情況爲 146 例,《切韻樞紐》的音節代表字全部來自《萬籟中聲》同音節下的字共 1 731 個,佔《切韻樞紐》音節總數的 97.4%。這說明二書有共同的語音基礎,但同一作者同年出版的韻書韻圖,音節數量尚有差異,其具體差異何在? 爲何存在差異,我們對此進行探討。

《萬籟中聲》與《切韻樞紐》之音系差別存在韻書有韻圖無、韻圖有韻書無,以及韻書韻圖音節代表字錯位三類。即便是同一作者同一時期的韻書韻圖,也没有呈現完全一致的音系。究其原因,爲作者吳元滿的有意爲之與無意識流露。有意爲之乃人爲增減字母、附字,及韻圖作爲音節表,講求表格的系統齊整的心理;而無意識的語音流露,是作者體現當時語音與繼承傳統韻書之間矛盾的反映,想把已經混同的音强行分開,自然有難度,甚至會出現模棱兩可之現象——吳元滿難以定奪的音位,會出現韻書韻圖分別放在不同音節下的錯位現象,或者因此增加新的音節。

對已進行過系統音系研究的韻書,我們梳理其研究成果。自開始重視近代等韻學以來,研究者由總括性收集韻書,到具體深入地介紹每一本書,有“總—分”的趨勢。2000 年後,即便是綜合研究多部韻書的論著,每一部書的論述也比過去深入,篇幅長。等韻學研究向着深入方向發展。

研究者對方言的吸收、重視日漸增强。一個表現爲有些現象永島時期僅泛泛認爲是方音現象,後世具體落實到某一種方音上;再一個表現是,原本定性爲反映普通音的韻書,變爲對應某一具體方言研究;而對應一地方言特徵的韻書被發現包含多地方言特點,《五聲反切正均》即經歷了這樣的研究過程。而有些現象難以對應作者家鄉現今的方言,經過對周邊地域的考證,發現周邊地區存在這些方言現象,比如《同音字辨》反映出的當時的膠遼官話勢力範圍更廣。

研究思路上,從考察韻書作者所在地的方言,到質疑固化式地用方言跟韻書對應。

從國別看,世界範圍内的明清等韻學研究主要集中在漢字文化圈内的中、日、韓,而研究論文數量最多的還是中國的大陸地區、臺灣地區。近年來,大陸地區具有個性特徵的一點是會有專節討論語音性質。而不同國別看待事物的態度也有別,比如,韓國趙紀貞認爲明清韻書韻圖多樣化,是跟舊的體制破壞新的體制没有形成有關係,國内寧忌浮先生更多强調的是明代韻書作者的創新精神。

從明清等韻學研究發展史的角度看,可以用"同源異流"來形容海内外明清漢語等韻學的研究。同源是説趙蔭棠先生師承錢玄同先生,而後發揚光大,趙先生深入研究明清等韻的同時,也成爲影響等韻研究的重要創始人。在20世紀30年代,趙蔭棠跟日本學者永島榮一郎,二人共同買書,深入交流,永島很多書是從趙先生那裏看到的,後來永島的文章也經常提到趙蔭棠,可以説,接觸性影響是必然的。

《等韻源流》曾在臺灣刊出,早期的應裕康、林平和文章都引用《等韻源流》一書,如今臺灣論文的綜述也往往從趙蔭棠的文章開始論述。

同源並非僅僅是趙蔭棠的直接影響,外國留學生特別是韓國留學生在臺灣、大陸做明清等韻學的研究,回國之後也成爲一支重要的研究力量。源源不斷地學習交流促成了今天漢字文化圈内明清等韻學的繁榮。韓國有金薰鎬、蔡瑛純等來過大陸、臺灣留學的學者,回國後繼續研究明清語音。但是同一源頭,依然流動着差異。日本自永島榮一郎之後,明清等韻學的研究並不興盛。而我國臺灣地區,明清等韻學的後續發展起步早於大陸,不管是綜合性研究還是單篇學位論文,在時間上都比較早,大陸由於歷史原因,出現過斷層。但是到了21世紀,從研究數量上分析,大陸已經佔據了顯著優勢。臺灣的文章數量日益減少,具體表現在《聲韻論叢》從第九輯的852頁,減少到第十七輯的224頁(頁數減少也因爲出版改爲半年刊),而且由於稿件不夠,第十八輯較長時間未出版。

文獻角度:趙蔭棠先生舊藏的本子是用趙蔭棠淵博的專業知識篩選過的善本,跟今天的新發現的版本或者"四庫"系的版本對照,自會有所創獲。不同版本對照,可以補充單一版本的不足,如《等音新集》,我們既從版本上發掘出與清華本一致的研究者所述的原刊本,又發現該刊本經後人勘正增改,比清華本更爲完善。而且,發現即便是同一年編訂的韻書,實質内容也有差異,如《同音字辨》,續四庫本與臺師大本存在諸多不同,而且,續四庫本改動原版而造成的錯訛之處,臺灣本多能還原,可爲校勘提供重要證據。《萬韻新書》,1886年本字體多簡寫,1886年本錯訛較1908年本略多,1908年本後出而略精。臺師大藏本的發掘也説明《萬韻新書》到20世紀初還在出版,其影響力可見一斑。通過日臺兩地《五音通韻》的對照研究,發現臺灣的韻圖本《五音通韻》實質是韻圖韻書合刊的日藏本或與日藏本一致的版本的抄録版，略晚出。可以説，版本的發掘對勘爲我們深入研究提供了保證。

通過文獻調查，韻書成書時間更爲明確，如《音韻畫一》我們推知臺灣師範大學所録"民國"有誤，當爲 1884 年；再如《諧音摘要字母》臺灣師範大學圖書館館藏目録附帶"？"，表明年代未知，我們推算成書時間爲 1800—1855 年間。

韻書裏又包含新發現的韻書，比如《諧音摘要字母》所論普安堂《同音字彙》。

我們對作者的認識更爲全面，推算出吳元滿的生年在 1537—1544 年之間，卒年在 1607—1613 年之間；查找到吳烺全家搬遷到廣西的證據，得知吳烺有長子吳斯坮，長孫吳盛鈵，新推斷出吳烺的卒年是 1770 年。

竺家寧開列出趙蔭棠《等韻源流》、應裕康《清代韻圖之研究》的北音系統韻書之後，説這些是最有價值的近代音材料，因爲它們反映了當時的實際語音。①

王松木對音韻學研究重視反映實際語音的現象給予反思，認爲應該回歸到作者當時創作韻書的語境。可是，有一點是肯定的，我們的研究已經從現代語音學角度，把韻書跟方音緊密結合，並時常在作者籍貫能否代表所著韻書音系性質這類問題上産生爭議，究竟哪類韻書更側重反映本地方音，哪類韻書方音色彩弱，被研究者稱爲讀書音、官話音？

我們從文獻角度調查作者的生平，發現作者個人的經歷與韻書反映時音的程度有密切關係。有明顯師承關係、史籍記載多、有仕途經歷、著作多影響廣、遊歷地區廣、交遊廣泛且多與官場顯貴來往的作者所著韻書官話成分重，相反，難以查到史籍記載、没有顯赫的科場、官場經歷、遊歷地域多限制在自己家鄉的作者所著韻書反映的方言性重，即便作者自己要記録通達天下之音，也不得不承認難以做到。比如，《音韻畫一》作者感歎"所憾匏繫一隅，不得復驅車周行天下，與中外土著言而知其正音"，認爲所記只能是四川語音。可以説，是作者的整個認知範圍，決定了以書面形式表達出來的音系的性質。

從韻書的特徵看，他人作序、序言多引前人著作、點明韻書師承、有反切、字頭數在 15 000 以上、收録注釋繁雜這些表面特徵傾向表達的是讀書音性質的韻書，即便具有其方音色彩，往往是部分透露，需要研究者離析出疊置的音系。而韻書序言僅爲作者自序、引用前人著作少、字數在 5 000 左右、韻書注釋簡潔（以組詞爲主）、具有作者新創的體例或理論的，往往是傾向於體現方音

---

① 竺家寧.五十年來的中國語言學研究［M］.臺北：臺灣學生書局，2006：38.

的韻書。

以上特徵的描述,是總體分析,也是顯性特徵的概括,不排除在個別特點上存在非顯性特徵。

韻書作爲古籍的一部分,跟其他古籍在傳承文化的同時一樣具有其天然和人爲的局限性。一是易散佚亡失。我國古籍先秦已不少,經過代代累積,本應更加豐富。然而經過歷代天災人禍特別是毀滅性戰爭,已百不存一。二是受讀者取捨影響,大量書籍閒置、塵封和終版,形成流傳少於庫藏的局面。三是久不再版的書籍,因終版而被遺忘,記憶書少於流傳書。這三種情況無論哪一種都會造成文化文獻傳承的受阻乃至中斷。而且,隨着現代化進程的推進,古籍的閱讀範圍受知識爆炸和網絡資訊的擠壓,特別是經濟社會非需求性的侵襲而愈來愈小,被自然淘汰的愈來愈多,長此以往,令人擔憂。本次調查,臺灣師範大學館藏目錄有記載的《空谷傳聲》在管理人員交接時就已經不存在了。而《淵若韻辨》自永島奠基性研究之後,至今難以找到藏地,也就出現了永島之後難見學者再研究的情況。中華文化不能單靠典籍自然傳承,而是迫切需要加強傳承體系建設。這個傳承體系建設的基礎性工作就是古籍整理研究。古籍整理研究既承擔着建設中華文化文獻傳承體系的歷史重任,又承擔着發掘文獻內涵的精神元素以助推文獻傳播活力的使命。沒有古籍整理研究,古文獻不僅難以有效接續、保存和利用,也難以賦予死的文獻以新的生命力。古籍整理研究是建設中華優秀文化傳承體系的基礎,也是弘揚優秀傳統文化、建設中國特色社會主義新文化的基礎,其價值之獨特、意義之重大,不言自明。我們搜集的明清等韻書也是爲古籍整理保存、文化建設盡一份力。

當然,古籍整理不是爲整理而整理,古籍研究不是爲研究而研究,而是要通過收集、整理、還原,實現文獻的再現與保護;發掘文獻內涵的現代性,實現古籍的接受轉換,增强典籍的傳承價值和受眾範圍;從而使古籍整理研究承擔接續過去、滋養現在、開創未來的歷史使命。

應當説,近年來我們在等韻古籍整理研究領域取得一定進展。但是,離我們期待的優秀傳統文化興盛的局面還有很長的路要走。特別是在開掘漢籍這一世界古籍擁有量最多的文化寶庫時,要利用"域外之眼",注重開掘"漢字文化圈"的材料,特別是像趙蔭棠先生藏書這樣經過學者專業整理收集過的古書,其版本價值尤其值得重視。"轉換則活"是構建文化傳承體系的一條法則。而這正是古籍整理研究,乃至文化傳承弘揚必須牢牢把握的基本原則。唯有如此,傳統文化才能在現代社會大放異彩,文化興盛也才能大有希望。

附録 1　東亞珍藏明清等韻文獻版本收藏表

　　我國傳統的韻書韻圖作爲古籍的一部分,也傳到東亞國家和地區。我們通過網絡查詢、圖書館紙本古籍目録、研究性論文所述等多個渠道,搜集東亞珍藏明清等韻文獻,同時對比《續修四庫全書》《四庫全書存目叢書》等所刊等韻書籍版本、我國大陸地區《文字音韻訓詁知見書目》一類古籍目録及能夠進行檢索查詢的幾大圖書館的古籍目録,查找我國大陸地區至今罕見的等韻古籍及古籍版本,查找内容也涉及東亞國家和地區因受我國影響而翻刻以及倣製的韻書韻圖。我們客觀列出目前查到的信息,个别作者、刊年等信息未知,暫付闕如。依據目前搜集到的材料分析,符合我們研究範圍的文獻如下所列(按地域排):

　　《三韻通考》3 卷 1 册,(清)謝有輝、陳培脈,文化四年(1807 年)大阪松村九兵衛刊本,日本國立國會圖書館、东洋大學圖書館、東洋文庫藏。

　　《三韻通考》2 册,(清)謝有輝、陳培脈,明治十三年(1880 年)刊本,东京中嶋清兵衛銅刻,日本國立國會圖書館藏。

　　《三韻通考》1 册,(清)謝有輝、陳培脈,印記:"方達,東京書籍館明治五年文部省創立,明治九年交換。"日本國立國會圖書館藏。

　　《增補三韻通考》1 册,(清)謝有輝、陳培脈,印記:"岡田希雄藏書,雀羅草堂,寂寞居,陸軍豫科士官學校圖書印。"日本國立國會圖書館藏。

　　《發音録》1 卷,(明)張位,元文五年(1740 年)江都須原屋新兵衛刊本,印記:"貯春楼。"日本國立國會圖書館藏。

　　《古今韻會舉要小補》卷 1～5,7～30,30 册(合 15 册),(明)方日升撰,(明)李維禎校,正保五年(1648 年)京都村上平樂寺刊本,日本國立國會圖書館藏。

　　《正音提要》3 卷,(清)高静亭,咸豐八年(1858 年)刊本,連元閣藏版,日本國立國會圖書館藏。

　　《正音提要》4 卷,(清)高静亭,咸豐十年(1860 年)刊本,右文堂學華齋藏版,日本國立國會圖書館藏。

《續添洪武正韻》2 卷,日本山氣文庫藏。

《中州音韻》,(明)王文璧,日本内閣文庫藏①。

《磨光韻鏡》上下,[日]文雄,天明七年(1787 年)大阪心齋橋順慶町柏原屋清右衛門刊本,早稻田大學圖書館藏。

《經世正音》,崔錫鼎,京都大學藏。

《書文音義便考私編》,(明)李登,萬曆乙酉(1585 年)自序,萬曆丁亥(1587 年)刊本,慶應義塾大學斯道文庫藏②。

《音韻逢源》4 卷,(清)裕恩,道光二十年(1840 年)刊本,東京大學東洋文化研究所藏。

《新纂五方元音全書》,(清)樊騰鳳著,(清)年希堯增補,康熙四十九年(1710 年)刊本,京都大學人文科學研究所藏。

《銅板五方元音大全》,(清)樊騰鳳著,(清)年希堯增補,康熙四十九年(1710 年)刊本,文盛堂藏版,東洋文庫藏。

《新纂五方元音全書》,(清)樊騰鳳著,(清)年希堯增補,雍正五年(1727 年)刊本,善成堂藏版,東京大學文學部漢籍室藏。

《新纂五方元音全書》,(清)樊騰鳳著,(清)年希堯增補,雍正五年(1727 年)刊本,文興堂藏版,東京大學東洋文化研究所藏。

《中原音韻》2 册,(元)周德清撰,(明)王文璧增注,(明)葉以震校,明萬曆二十九年(1601 年)刊序,金鑲玉裝,慶應義塾大學斯道文庫藏。

《五音通韻》12 卷,清初抄本,慶應義塾大學斯道文庫藏。

《四聲通解》卷上下 1 册,[朝鮮]崔世珍,韓國古典叢書刊行委員會編輯影印大堤閣刊本,1974 年,奎章閣圖書館藏。

《四聲通解》2 卷 2 册,[朝鮮]崔世珍,光海君六年(1614 年)刊本,奎章閣圖書館藏。

《四聲通解》2 卷 2 册,[朝鮮]崔世珍,孝宗七年(1656 年)刊本,奎章閣圖書館藏。

《三韻補遺》5 卷 2 册,[朝鮮]朴斗世,肅宗二十八年(1702 年)刊本,奎章閣圖書館藏。

《三韻補遺》5 卷 2 册,[朝鮮]朴斗世,肅宗年間(1674 — 1720 年)刊本,印記:"權晚,莞尚,花山世家。"奎章閣圖書館藏。

----

① 徐德寶说日本内閣文庫本最好。

② 同年刊本慶應義塾大學斯道文庫本有序,故宫本没有序。

《三韻補遺》2 册，［朝鮮］朴斗世，印記："震旦學會，想白文庫。"奎章閣圖書館藏。

《三韻補遺》，［朝鮮］朴斗世，精神文化研究院藏。

《三韻聲彙》卷上 1 册，［朝鮮］洪启禧，英祖二十七年（1751 年）序，奎章閣圖書館藏。

《三韻聲彙》2 卷，補 1 卷，合 3 册，［朝鮮］洪启禧，刊記："辛未季夏芸閣開板。"奎章閣圖書館藏。

《三韻聲彙》2 卷，補 1 卷，合 3 册，［朝鮮］洪启禧，刊記："己丑季秋完營開板。"奎章閣圖書館藏。

《三韻聲彙》，［朝鮮］洪启禧，精神文化研究院藏。

《三韻通考・增補三韻通考》，奎章閣韓國學研究院編，屬"奎章閣資料叢書：語學篇：11"，奎章閣韓國學研究院出版，2012 年。

《三韻通考》，奎章閣圖書館藏。

《三韻通考》增補本，韓國梨花女子大學藏。

《增補三韻通考》，金濟謙等編，奎章閣圖書館藏。

《增補三韻通考》，精神文化研究院藏。

《增補三韻通考》，澗松文庫藏。

《三合便覽》12 卷 12 册，（清）富俊，乾隆五十七年（1792 年）刊本，奎章閣圖書館、延世大學、高麗大學藏。

《御定奎章全韻》，朝鮮正祖御定，奎章閣編，正祖二十年（1796 年）、正祖二十四年（1800 年）、高宗元年（1864 年）、高宗十七年（1880 年）刊本，奎章閣圖書館藏。

《正音通釋》，卷頭書名"華東正音通釋考"，［朝鮮］朴性源，英祖二十三年（1747 年）、正祖十一年（1787 年）刊本，奎章閣圖書館藏。

《正音通釋》，［朝鮮］朴性源，光武五年（1901 年）刊本，奎章閣圖書館藏。

《華東正音通釋韻考》2 卷 1 册，［朝鮮］朴性源，表題紙："辛丑（1781 年）新刊正音通釋内閣藏版。"正祖十一年（1787 年）刊本，奎章閣圖書館藏。

《華東叶音通釋》，［朝鮮］朴性源著，［朝鮮］朴致永書，正祖十二年（1788 年）刊本，奎章閣圖書館藏。

《新纂五方元音全書》，（清）樊騰鳳著，（清）年希堯增補，光緒三年（1877 年）刊本，文盛堂藏版，奎章閣图书馆藏。

《玉彙韻考》，（清）李景羽纂輯，沈鼎祖刊書，精神文化研究院藏。

《題韻直音篇》5 册，（明）章黼，印記："侍講院，春坊，帝室圖書之章。"清刊本,奎章閣圖書館藏。

《韻解訓民正音韻圖》,崇田大學中央圖書館藏。

《玉彙韻考》,李景羽編,哲宗八年(1857 年)刊本,奎章閣圖書館藏。

《洪武正韻譯訓》16 卷 8 冊,[朝鮮]申叔舟、成三問,高丽大學刊印,高麗大學中央圖書館藏。

《洪武正韻》,(明)宋濂等編,英祖四十六年(1770 年)序,刊記:"上之二十八年壬申因筵臣達白命校書館翻刻。"奎章閣圖書館藏。

《韻學驪珠》2 卷 2 冊,(清)沈乘麐,光緒十八年(1892 年)華亭顧文善齋刊本,扉頁題:"重刊韻學驪珠。"香港中文大學圖書館藏。

《篇韻貫珠集》1 卷,(明)真空,明萬曆己丑十七年(1589 年)晉安芝山開元寺刊本,"國立中央圖書館"藏。

《五先堂字學元元》10 卷 7 冊,(明)袁子讓,明萬曆丁酉(1597 年)郴陽袁氏原刊本,"國立中央圖書館"藏。

《萬籟中聲・切韻樞紐・四聲韻母》,各 1 卷,(明)吳元滿,明萬曆間原刊本,"國立中央圖書館"藏。

《奎章全韻》,朝鮮正祖御定,奎章閣編,清乾隆五十九年(1794 年)朝鮮内閣刊本,臺北故宮博物院藏。

《等韻新集》2 編 2 冊,(清)璩明甫,清乾隆二十五年(1760 年)述聖齋主人刊本,臺灣師範大學圖書館藏。

《五方元音》2 卷 2 冊,(清)樊騰鳳,寶旭齋刊本,臺灣師範大學"國文所"藏。

《磨光韻鏡》不分卷 8 冊,[日]文雄,文化四年(1807 年)楓樹屋刊本,臺灣師範大學圖書館藏。

《磨光韻鏡》,封面題籤:"大全磨光韻鏡。"[日]文雄,天明八年戊申(1788 年)十一月大阪心齋橋通北久太郎町河内屋喜兵衛、心齋橋通南久寶寺町伊丹屋善兵衛購版,臺灣大學圖書館藏。

《磨光韻鏡》2 卷,[日]文雄,天明七年(1787 年)刊訓點本,臺灣大學圖書館藏。

《磨光韻鏡後篇》2 卷 2 冊,[日]文雄,江戸後期刊本,臺灣大學圖書館藏,圖書館目録附注:"大阪前川善兵衛安永二年版の求皮後印。"

《音韻斷磨光韻鏡弁正》2 卷 1 冊,[日]泰山蔚,寬政十一年(1799 年)刊本,臺灣大學圖書館藏,圖書館目録附注:"京都菊屋源兵衛全一肆。"

《五音通韻》1 冊,清鈔本,臺灣師範大學"國文所"藏。

《萬韻新書》不分卷 1 册,(清)劉振統,光緒三十四年(1908 年)刊本,臺灣師範大學"國文所"藏。

《增補萬韻新書》4 册,(清)劉振統,清光緒十二年(1886 年)文裕成刊本,臺灣師範大學"國文所"藏。

《萬韻書例》不分卷 1 册,(清)劉殿臣,清乾隆四十三年(1778 年)劉謙光刊本,臺灣師範大學"國文所"藏。

《聲律發蒙》1 册,(明)蘭茂,乾隆六年(1741 年)刊本,臺灣師範大學"國文所"藏。

《音泲》1 册,(清)徐鑑,清嘉慶二十二年(1817 年)趙由忠序,臺灣師範大學圖書館藏。

《等韻精要》1 册,(清)賈存仁,清乾隆四十年(1775 年)河東賈氏家塾刊本影抄本,臺灣師範大學圖書館藏。

《等音新集》2 册,(清)璩萬鑑,乾隆二十五年(1760 年)刊本,金鑲玉裝,書中有趙蔭棠藏書印,臺灣師範大學圖書館藏,圖書館目錄附注:"述聖齋主人稿。"

《重訂司馬溫公等韻圖經合併字學篇韻便覽》1 册,(明)徐孝撰,(明)張元善校刊,影印本,臺灣師範大學圖書館藏。

《洪武正韻》16 卷,(明)樂韶鳳等,洪武八年(1375 年)刊本,(臺北)世界書局影印。

《杉亭集·五聲反切正均》1 册,(清)吳烺,清乾隆昭陽協洽(癸未年,1763 年)程名世序刊本,印記:"徐乃昌藏書印。"臺灣師範大學圖書館藏。

《悉曇經傳》,(明)趙宦光,臺北市新文豐 1999 年版,臺灣大學圖書館藏。

《八矢注字圖説》1 卷,(清)顧陳垿,書中有趙蔭棠先生藏書印,抄本,臺灣師範大學圖書館藏。

《元聲韻學大成》4 卷 4 册,(明)濮陽淶,明萬曆六年(1578 年)序刊本,卷端:"廣德真庵濮陽淶調叶。"臺灣師範大學圖書館藏。

《音韻畫一》1 册,(清)楊志體稿,郭裕德書,味藏堂刊本,臺灣師範大學圖書館藏。

《音韻清濁鑒》3 卷 2 册,(清)王祚禎,臺灣師範大學圖書館藏。

《諧音摘要字母》6 卷 2 册,(清)向惠門輯,臺灣師範大學圖書館藏,圖書館目錄附注:"版心題名'諧音摘要',卷端題名'字母諧音摘要便覽'。"

《太古元音》4 卷 2 册,(清)是奎,抄本,臺灣師範大學圖書館藏。

《漢吳音圖》6 册 1 函,[日]太田全齋著,濱野知三郎編校,大正四年(1915 年)東京六合館出版,臺灣大學圖書館藏。

附録 2　明清漢語官話等韻文獻研究目録

我們在研究過程中搜集到的海内外對明清漢語等韻文獻的研究性論文、論著(时间截至 2015 年初,含學位論文)整理如下:

B.《辨音纂要》

李無未.《辨音纂要》所傳《中原雅音》[J].中國語言學報,2003(11).

邸宏香.明抄本《辨音纂要》唇音考[J].哈爾濱師範大學社會科學學報,2012(4).

B.《本韻一得》

林金枝.《本韻一得》音系的研究[D].臺南:成功大學碩士學位論文,1995.

應裕康.《本韻一得》聲母韻母之音值[C]//第十一屆臺灣聲韻學研討會論文,嘉義:中正大學,1992.

C.《重編廣韻》

曾進民.《重編廣韻》的聲母系統[C]//第二十屆臺灣聲韻學學術研討會論文集,臺南:成功大學,2002.

C.《重訂司馬温公等韻圖經》

陸志韋.記徐孝《重訂司馬温公等韻圖經》[J].燕京學報,1947(2).

郭力.《重訂司馬温公等韻圖經》體例辨析[J].古漢語研究,1993(4).

鄭智穎.《重訂司馬温公等韻圖經》與《音泲》之比較[D].福州:福建師範大學碩士學位論文,2012.

吕昭明.論《重訂司馬温公等韻圖經》的聲母構擬及其相關問題[J].言語文化研究,2013,32(3).

劉英璉.《重訂司馬温公等韻圖經》研究[D].高雄:高雄師範大學碩士學位論文,1987.

D.《等韻一得》

曹祝兵.勞乃宣《等韻一得》研究[D].廈门:廈門大學博士學位論文,2011.

許詩英.《等韻一得》研究[J].燕大文學年報,1939,5.

鄭巧梅.《等韻一得》音系研究[D].福州:福建師範大學碩士學位論文,

2009.

　　朴允河.勞乃宣《等韻一得》研究[D].臺北:臺灣師範大學碩士學位論文,1980.

　　姚榮松.勞乃宣的審音論[C]//第二屆國際暨第十屆臺灣聲韻學學術研討會論文集,高雄:臺灣中山大學,1992.

　　D.《等音新集》

　　耿振生.《等音新集》的語音系統[J].語言研究(增刊),1996.

　　邱克威.《等音新集》研究[D].北京:北京大學碩士學位論文,2005.

　　D.《等韻便讀》

　　李智裕.《等韻便讀》研究[D].长春:吉林大學碩士學位論文,2007.

　　D.《大藏字母九音等韻》

　　李鍾九.《大藏字母九音等韻》音系研究[D].高雄:高雄師範大學碩士學位論文,1992.

　　竺家寧.《大藏字母九經等韻》之韻母異讀[C]//中國音韻學國際學術研討會論文,天津,1994.

　　竺家寧.《大藏字母九經等韻》的特殊異讀[C]//第12屆臺灣聲韻學研討會論文,新竹:臺灣清華大學,1994.

　　D.《等音》

　　池挺欽.《等音》版本研究——兼析《等音》中的重出字[J].湖北經濟學院學報(人文社會科學版),2007(9).

　　張金發.論《馬氏等音》知照組聲母以及日母的特點[J].漳州師範學院學報(哲學社會科學版),2011(4).

　　張金發.《馬氏等音》的語言大環境及其創作意圖[J].漳州職業技術學院學報,2009(2).

　　應裕康.論馬氏《等音》及林氏《聲位》[J].人文學報,1972(2).

　　劉一正.馬自援《等音》音系研究[D].高雄:高雄師範大學碩士學位論文,1990.

　　D.《等韻圖經》

　　葉焌光.《等韻圖經》音系之文讀音[J].集美大學學報(哲學社會科學版),2009(4).

　　周賽華.重論《等韻圖經》止攝合口照組字韻母的擬音[J].古漢語研究,2010(1).

　　D.《等韻學》

范文鳳.《等韻學》音系研究[D].厦門:厦門大學碩士學位論文,2007.

孫宜志.許惠《等韻學》反映的語音現象及其性質[J].古漢語研究,2008(3).

D.《等韻輯略》

黃映卿.龐大坤《等韻輯略》研究[D].臺北:臺灣師範大學碩士學位論文,1997.

宋建華.《等韻輯略》研究[D].臺北:中國文化大學碩士學位論文,1984.

王芳彦.《五均論》研究[D].臺北:臺灣師範大學碩士學位論文,1971.

D.《等韻精要》

余躍龍.《等韻精要》音系基礎再論——從入聲韻歸併看《等韻精要》的音系基礎[J].山西大學學報(哲學社會科學版),2013(4).

余躍龍.《等韻精要》研究[D].太原:山西大學博士學位論文,2010.

張輝.《等韻精要》研究[D].長春:吉林大學碩士學位論文,2007.

鄒湘梅.《等韻精要》音系研究[D].厦門:厦門大學碩士學位論文,2007.

宋珉映.《等韻精要》音系研究[D].臺南:成功大學碩士學位論文,1994.

竺家寧.《等韻精要》與晉方言[C]//首屆晉方言國際學術研討會論文集.太原:山西高校聯合出版社,1995.

G.《古今韻表新編》

曹爽.《古今韻表新編》編撰研究[D].長春:吉林大學碩士學位論文,2008.

G.《古今中外音韻通例》

陳貴麟.韻圖與方言——清代胡垣《古今中外音韻通例》音系之研究[M].沛革企業,1996.

雷恩海,方環海.論《古今中外音韻通例》的聲調系統[J].蘭州:西北師範大學學報,1998(5).

方環海.《古今中外音韻通例》與十九世紀的江淮官話音系——兼論該韻書對漢語官話語音史研究的價值[J].徐州師範大學學報,1998(3).

方環海.論《古今中外音韻通例》的反切特點[J].中國學研究,1998(2).

方環海、張有智.《古今中外音韻通例》的體制與性質[J].辭書研究,1999(1).

方環海.《古今中外音韻通例》聲系的幾個問題[J].語言研究,2005(2).

陳貴麟.《古今中外音韻通例》總譜十五圖研究[J].中國文學研究,1993(7).

陳貴麟.《古今中外音韻通例》所反映的官話音系[D].高雄:高雄師範大學

"國文研究所"碩士學位論文,1989.

H.《合併字學篇韻便覽》

曹正義.革新韻書《合併字學集韻》述要[J].文史哲,1987(5).

耿軍.《合併字學篇韻便覽》聲母系統的幾個問題[J].成都大學學報(社會科學版),2011(3).

耿軍,羅志春.《合併字學篇韻便覽》的語音性質[J].西華大學學報(哲學社會科學版),2010(6).

耿軍,羅志春.《合併字學篇韻便覽》的作者及版本問題[J].樂山師範學院學報,2010(10).

周賽華.中古入聲在《合併字學篇韻便覽》中消變情況之分析[J].湖北大學學報(哲學社會科學版),2005(3).

曲曉雲.合併字學篇韻便覽[J].中國語文學論集,2009,54.

H.《合併字學集篇》

張銀龍.《合併字學集篇》反切研究[D].長春:吉林大學碩士學位論文,2006.

呂昭明.《合併字學集篇》一字多音現象研究[D].嘉義:中正大學碩士學位論文,2002.

H.《皇極圖韻》

蔡明芬.陳藎謨《皇極圖韻》音系研究[D].臺南:成功大學碩士學位論文,2011.

彭于緧.陳藎謨音學思想之研究——以《皇極圖韻》和《元音統韻》爲主[D].高雄:高雄師範大學碩士學位論文,2012.

H.《黃鐘通韻》

陳雪竹.《黃鐘通韻》聲母簡析[J].內蒙古大學學報(人文社會科學版),2002(5).

陳喬.《黃鐘通韻》韻圖研究[D].長春:吉林大學博士學位論文,2001.

王爲民,張楚.《黃鐘通韻》韻圖的構造原理與音系解析[J].語言科學,2012(2).

鄒德文,汪銀鋒.論《黃鐘通韻》的潛在音系性質[J].廣東技術師範學院學報,2006(2).

鄒德文,馮煒.《黃鐘通韻》《音韻逢源》的東北方言語音特徵[J].佳木斯大學社會科學學報,2008(6).

應裕康.試論《黃鐘通韻》聲母韻母之音值[C]//"中央"圖書館臺灣分館建

館七十八年紀念論文集,臺北:"中央"出版社,1993.

應裕康.清代一本滿人的等韻圖《黄鐘通韻》[Z].第一届清代學術研討會論文,高雄:臺灣中山大學,1993.

H.《洪武正韻》

鄧强.《韻會定正》的韻類特點——兼與《古今韻會舉要》和《洪武正韻》比較[J].西南交通大學學報(社會科學版),2010(5).

童琴.《洪武正韻》數字化過程中異體字的處理[J].湖北第二師範學院學報,2010(6).

童琴.《洪武正韻》所反映的濁音清化現象[J].語言研究,2009(1).

童琴.《洪武正韻》小韻校勘劄記[J].鹽城工學院學報(社會科學版),2008(3).

黄亮.《洪武正韻》遇冷探因[J].名作欣賞,2011(35).

黄學堂.《洪武正韻》二十聲母説[J].中國語文,1999,378.

高龍奎.《洪武正韻》的研究回顧及前瞻[J].臨沂師範學院學報,2007(2).

王進安.論《韻學集成》與《洪武正韻》對"舊韻"的傳承[J].古籍整理研究學刊,2010(6).

王寶紅.《洪武正韻》研究[D].西安:陝西師範大學碩士學位論文,2001.

葉寶奎.《洪武正韻》與明清官話音系[J].廈門大學學報,1994(1).

張竹梅.也談《洪武正韻》與"胡藍黨案"[J].語言研究,2010(2).

崔玲愛.《洪武正韻》研究[D].臺北:臺灣大學博士學位論文,1975.

應裕康.《洪武正韻》聲母音值之擬定[J].中華學苑.

玄幸子.《洪武正韻》韻圖序論[J].新潟大學人文科學研究,2000,102.

J.《交泰韻》

李秀娟.《交泰韻》音系研究[D].廈門:廈門大學碩士學位論文,2003.

張偉娥.論《交泰韻》的語音性質[J].青島師範大學學報,2003(2).

白秀紅.從《交泰韻》看吕坤之宫商觀[J].河南教育學院學報(哲學社會科學版),2003(4).

望月真澄.《交泰韻》について——音韻表[J].金澤大學文學部論集(文學科),1988,8.

望月真澄.《交泰韻》について[J].金澤大學文學部論集(文學科),1989,9.

佐佐木猛.《交泰韻》の研究·序説[J].均社論叢,1983,14.

張偉娥.論《交泰韻》的入聲[J].邢臺職業技術學院學報,2002(1).

趙恩梃.吕坤《交泰韻》研究[D].臺北:臺灣師範大學碩士學位論文,1998.

趙恩梃(조은정).《交泰韻》韻母와中古韻母의比較[J].中國語文論叢,2000,19.

K.《康熙字典字母切韻要法》

吳聖雄.《康熙字典字母切韻要法》探索[D].臺北:臺灣師範大學碩士學位論文,1985.

L.《類音》

孫俊濤.明三種韻書比較研究[D].福州:福建師範大學碩士學位論文,2007.

羅燦裕.《類音》研究[D].臺北:臺灣師範大學碩士學位論文,1996.

李岳儒.潘耒《類音》與吳江方言的比較研究[D].臺北:臺灣師範大學碩士學位論文,1999.

向慧芳.潘耒《類音》研究[D].臺北:東吳大學碩士學位論文,1998.

L.《李氏音鑒》

陳雪竹.《李氏音鑒》音系中"博盤滿粉"四母字的介音[J].語言教學與研究,2008(3).

方環海.透視分離法與近代漢語語音研究——兼評《李氏音鑒音系研究》的方法論價值[J].古漢語研究,2002(1).

俞敏.李汝珍《音鑒》裏的入聲字[J].北京師大學報,1983(4).

葉焭光.《李氏音鑒》北京音的文白異讀:也談《李氏音鑒》音系的性質[J].古漢語研究,2010(4).

趙蔭棠.《李氏音鑒》的周圍[J].國語周刊,1932,55~56.

陳盈如.《李氏音鑒》中"三十三問"研究[D].嘉義:中正大學碩士學位論文,1992.

陳盈如.論嘉慶本《李氏音鑒》及相關之版本問題[J].聲韻論叢,1996,5.

羅潤基.《李氏音鑒》研究[D].臺北:臺灣師範大學碩士學位論文,1991.

M.《明顯四聲等韻圖》

鄭鎮栲.《明顯四聲等韻圖》與漢字現代韓音之比較[D].臺北:政治大學碩士學位論文,1991.

謝雲飛.《明顯四聲等韻圖》之研究[C]//慶祝高郵高仲華先生六秩誕辰論文集[C].臺北:臺灣師範大學中國文學研究所,1968.

N.《南北方音》

胡豫潔.《南北方音》北音(北京音)的入聲歸調初探[J].漢字文化,2013(2).

Q.《七音譜》

寧忌浮.《七音韻》考索[J].語言研究(增刊),1996.

李新魁.讀張祥晉的《七音譜》[J].(山東語言學會)語海新探,1984,1.

Q.《切韻聲原》

陳聖怡.《切韻聲原》"十二統"音系研究[D].高雄:臺灣中山大學碩士學位論文,2005.

黄學堂.方以智《切韻聲原》研究[D].高雄:高雄師範大學碩士學位論文,1998.

Q.《切韻樞紐》

陳欣儀.《切韻樞紐》研究[D].臺北:政治大學碩士學位論文,2002.

王涵,小松嵐.元明北京官話[J].北陸大學紀要,2008,23.

Q.《切韻考》

熊桂芬.李鄴《切韻考》音系解析[J].長江學術,2011(4).

Q.《青郊雜著》

陳潔.《青郊雜著》音系研究[D].厦门:厦門大學碩士學位論文,2005.

陳潔.論《青郊雜著》的入聲[J].鄖陽師範高等專科學校學報,2012(2).

耿振生.《青郊雜著》作者籍貫考[J].中國語文,1987(2).

高龙奎.《青郊雜著》聲母研究[J].重慶交通大學學報(社會科學版),2010(1).

李秀珍.《青郊雜著》[D].臺北:中國文化大學碩士學位論文,1996.

Q.《切字捷要》

李軍.《切字捷要》所反映的明代"漢音"[J].古漢語研究,2011(2).

S.《山門新語》

李柏翰.《山門新語》音韻研究[J].中國語言文字研究輯刊,2014,8(17).

竺家寧.論《山門新語》音系及濁上歸去[J].語言研究(增刊),1998.

竺家寧.《山門新語》姬璣韻中所反映的方言成分與類化音變[C]//李新魁教授紀念文集.北京:中華書局,1998.

竺家寧.《山門新語》庚經韻所反映的語音變化[C]//第五届近代中國學術研討會論文集,桃園:"中央大學"中國文學系所,1999.

竺家寧.《山門新語》所反映的入聲演化[C]//第二届國際清代學術研討會論文集,高雄:臺灣中山大學,1999.

S.《聲調四譜圖説》

牛貴琥.《聲調四譜圖説》簡評[J].山西大學學報(哲學社會科學版),

1996(1).

S.《書文音義便考私編》

葉寶奎.試論《書文音義便考私編》音系的性質[J].古漢語研究,2001(3).

張濤,李登.《書文音義便考私編》音系研究[D].北京:北京大學碩士學位論文,2002.

權淑榮.《書文音義便考私編》音系研究[D].臺北:臺灣大學碩士學位論文,1999.

S.《四聲均和表》

蔡幸憫.《四聲均和表》研究[D].臺北:臺灣師範大學碩士學位論文,1997.

S.《聲音文字通》

丁治民,趙謙.《聲音文字通》卷數及性質考辨[J].浙江大學學報(人文社會科學版),2008(1).

T.《同文備考》

丁鋒.《同文備考》音系(中國語版)[M].中國書店,2001.

T.《同音字辨》

郝新澤.《同音字辨》音系研究[D].福州:福建師範大學碩士學位論文,2010.

劉名.《同音字辨》音系研究[D].廈門:廈門大學碩士學位論文,2013.

T.《太和正音譜》

劉蔭柏,朱權.《太和正音譜》淺探[J].河北師範學院學報(社會科學版),1997(3).

周維培.《太和正音譜》成書考論[J].南京大學學報,1990(4).

洛地.《太和正音譜》著作年代疑[J].江西社會科學,1989(2).

T.《同音略解》

余頌輝,陳立中.清代江淮官話抄本韻書《同音略解》所體現的方音性質[J].麗水學院學報,2014(6).

W.《五音通韻》

李無未,秦曰龍.《五音通韻》的音系擬訂問題[J].陝西師範大學學報(哲學社會科學版),2009(3).

秦曰龍,李曄.《五音通韻》編纂特點述論[J].古漢語研究,2012(2).

秦曰龍.《五音通韻》所見《字彙》芻議[J].東疆學刊,2011(1).

秦曰龍,李曄.清抄本《五音通韻》的語音意識[J].復旦學報(社會科學版),2012(2).

秦曰龍.清抄本《五音通韻》研究[D].长春:吉林大學博士學位論文,2011.

秦曰龍.日藏珍本《五音通韻》所見《中原雅音》[J].佳木斯大學社會科學學報,2008(6).

應裕康.抄本韻圖《五音通韻》所反應的清初北方語音[J]."國立"編譯館館刊,1993,22(2).

應裕康.試論《五音通韻》之體例及聲母韻母之音值[C]//第二屆國際暨第十屆臺灣聲韻學學術研討會論文集,高雄:臺灣中山大學,1992.

W.《五方元音》

陸志韋.記《五方元音》[J].燕京學報,1948(34).

王平.小學派韻書之後殿──《五方元音》[J].辭書研究,1996(5).

張建坤.從《五方元音》到子弟書韻母系統的演變[J].廣東廣播電視大學學報,2002(4).

汪銀峰.也談《五方元音》六韻三母下兩套小韻對立[J].古漢語研究,2010(1).

汪銀峰.從《元韻譜》《五方元音》韻圖結構看兩者之間的關係[J].漢字文化,2010(6).

汪銀峰.再論《五方元音》入聲的性質[J].遼寧大學學報(哲學社會科學版),2010(2).

蔡麗華.《青郊雜著》與《五方元音》聲母之比較[J].安徽文學(下半月),2008(6).

李靖.《青郊雜著》與《五方元音》研究現狀簡評及展望[J].安徽文學(下半月),2008(7).

王平.《五方元音》音系研究[D].厦門:厦門大學碩士學位論文,1988.

李清桓.《五方元音》音系研究[D].武汉:武漢大學博士學位論文,2003.

石俊浩.《五方元音》研究[D].臺北:中國文化大學碩士學位論文,1993.

林慶勛.論《五方元音》年氏本與樊氏原本的音韻差異[J].高雄師大學報,1992(2).

林慶勛.從編排特點論《五方元音》的音韻現象[J].高雄師大學報,1990(1).

宋韻珊.《剔弊增廣分韻五方元音》音系研究[D].高雄:高雄師範大學博士學位論文,1998.

宋韻珊.《剔弊增弊五方元音》的聲母系統[J].聲韻論叢,1999,8.

W.《五先堂字學元元》

劉曉英,袁子讓.《五先堂字學元元》音韻學思想研究[J].湖南工業大學學報(社會科學版),2008(3).

張玉來.明人袁子讓的音韻學[J].中南大學學報(社會科學版),2012(1).

W.《萬韻書》

張鴻魁.《萬韻書》的音類[C]//中國音韻學會第十一屆學術討論會、漢語音韻學第六屆國際學術研討會論文集[C].香港:香港文化教育出版社有限公司,2002.

張鴻魁.《萬韻書》述略[J].中國語文,2001(6).

W.《五聲反切正均》

孫華先,吳烺.《五聲反切正均》的二十縱音[J].揚州教育學院學報,2000(4).

孫華先,吳烺.《五聲反切正均》音系小考[C]//中國音韻學會第十一屆學術討論會、漢語音韻學第六屆國際學術研討會論文集[C].香港:香港文化教育出版社有限公司,2000.

陳貴麟.《杉亭集·五聲反切正韻》音系與江淮官話洪巢片之關聯[J].中國文學研究,1995(9).

耿振生.明清等韻學通論[M].北京:語文出版社,1992.

應裕康.清代韻圖之研究.臺北:弘道文化事業公司,1972.

李新魁.漢語等韻學[M].北京:中華書局,1983.

李新魁,麥耘.韻學古籍述要[M].陝西人民出版社,1993.

陳貴麟.《杉亭集·五聲反切正均》音系探賾[J].語言研究(增刊),1994.

陳貴麟.《杉亭集·五聲反切正均》與江淮官話洪巢片之關聯[J].中國文學研究,1995(9).

孫華先,吳烺.《五聲反切正均》的二十縱音[J].揚州教育學院學報,2000(4).

孫華先,吳烺.《五聲反切正韻》的韻母系統[J].淮陰師範學院學報,2000(6).

孫俊濤.《五聲反切正均》與清初下江官話[C]//漢語方言國際學術研討會暨全国漢語方言學會第16屆年會論文集.福州,2011.

王松木.韻圖的理解與詮釋——吳烺《五聲反切正均》新詮[J].漢學研究,2005(2).

X.《新定考正音韻大全》

岩田憲幸.《新定考正音韻大全》淺析[C]//中國音韻學會第十一屆學術討

論會、漢語音韻學第六屆國際學術研討會論文集[C].香港：香港文化教育出版社有限公司,2000.

X.《諧聲韻學》

林慶勛.《諧聲韻學》的幾個問題[J].聲韻論叢,1994,2.

詹滿福.《諧聲韻學稿》音系研究[D].高雄：高雄師範大學"國文研究所"碩士學位論文,1989.

X.《西儒耳目資》

王松木.《西儒耳目資》所反映的明末官話音系[D].嘉義：中正大學碩士學位論文,1994.

藤堂明保.官話の成立過程から見た西儒耳目資[J].東方學,1952.

X.《新韻譜》

周有光.劉獻廷和他的《新韻譜》[C]//語言論文集,商務印書館,1985.

Y.《韻史》

顧黔.何萱《韻史》及其音韻學思想研究[J].南京大學學報,1996(4).

Y.《韻籟》

馮志白.《韻籟》作者考辨[J].(南開大學中文系)語言研究論叢,1988,5.

竺家寧.《韻籟》聲母演變的類化現象[J].語言學論叢,2004,29.

黄凱筠.《韻籟》的音韻探討[D].高雄：臺灣中山大學碩士學位論文,2005.

Y.《音韻逢源》

高曉虹.《音韻逢源》的陰聲韻母[J].古漢語研究,1999(4).

岩田憲幸.《音韻逢源》の音系──現代北京語音との比較(上)[J].近畿大學教養部研究紀要,1988,19.

楊亦鳴、王爲民.《圓音正考》與《音韻逢源》所記尖團音分合之比較研究[J].中國語文,2003(2).

王爲民,楊亦鳴.《音韻逢源》氏畢胃三母的性質[J].民族語文,2004(4).

讚井唯允.音韻逢源と等音[J].人文學報(東京都立大學人文學部),1979,14.

鄭永玉.《音韻逢源》音系之研究[D].臺北：東吳大學碩士學位論文,1996.

Y.《韻法直圖》

李軍.論《韻法直圖》的語音性質[J].中國語文,2009(1).

李軍.《切字捷要》的編撰及其與《韻法直圖》的關係[J].古漢語研究,2010(2).

丁文豔.《韻法直圖》中的知莊章[J].安徽文學(下半月),2009(4).

李軍.再論《韻法直圖》呼名的來源與混呼的性質[J].廣西師範大學學報(哲學社會科學版),2011(5).

宋韻珊.《韻法直圖》與《韻法橫圖》音系研究[D].高雄:高雄師範大學碩士學位論文,1993.

宋韻珊.《韻法直圖》的聲母系統[C]//中正大學中文研究所語言學專題研究室.中國語言學論文集,高雄:高雄復文書局,1993.

鄭榮芝.《韻法直圖》與《韻法橫圖》研究[D].高雄:臺灣中山大學博士學位論文,2009.

Y.《韻解》

權宅龍,申景濬《韻解》考[D].臺北:臺灣師範大學碩士學位論文,1984.

Y.《音韻須知》

陳寧.《音韻須知》音系研究[J].漢語學習,2013(2).

Y.《韻切指歸》

李軍.再論《韻切指歸》的傳承關係及其語音性質[J].語言科學,2013(3).

Y.《元韻譜》

汪銀峰.《元韻譜》研究[D].長春:吉林大學碩士學位論文,2004.

汪銀峰.從《元韻譜》《五方元音》韻圖結構看兩者之間的關係[J].漢字文化,2010(6).

汪銀峰,姚曉娟.《元韻譜》版本考[J].文化學刊,2009(1).

汪銀峰.《元韻譜》聲母系統的若干問題[J].佳木斯大學社會科學學報,2008(6).

汪銀峰.《元韻譜》微母來源考[J].東疆學刊,2007(1).

張新.《元韻譜》入聲字文白異讀探析[J].湖南醫科大學學報(社會科學版),2010(2).

張新.論古知莊章三組聲母在《元韻譜》裏的讀音分合[J].重慶交通大學學報(社會科學版),2008(6).

張新.《元韻譜》韻部研究[J].貴州工業大學學報(社會科學版),2008(1).

林協成.《元韻譜》音論研究[D].臺北:中國文化大學碩士學位論文,2002.

廉載雄.喬中和《元韻譜》研究[D].臺北:政治大學碩士學位論文,2001.

Y.《音韻正訛》

洪梅.《音韻正訛》入聲韻研究[J].莆田學院學報,2010(1).

Y.《韻會定正》

丁治民,趙金文.從《韻會定正》論《洪武正韻》的得失——兼論明太祖"中原雅音"的性質[J].語言科學,2009(6).

鄧强.《韻會定正》聲類考[J].安慶師範學院學報(社會科學版),2009(2).

鄧强,朱福妹.從《韻會定正》看元末明初通語韻母的幾項發展[J].語言研究,2011(4).

Y.《音韻輯要》

高龍奎.《音韻輯要》中的南北音差別[J].語言科學,2007(4).

Y.《音聲紀元》

婁育.《音聲紀元》的版本叙説——兼談研究簡況與研究價值[J].中國文化研究,2007(4).

婁育.《音聲紀元》研究[D].長春:吉林大學碩士學位論文,2006.

張鴻魁.《十五音》與《韻略新抄》的傳承關係[J].古漢語研究,2007(2).

趙蔭棠.《音聲紀元》述要(吳繼仕)[N].(南京)中央日報(文史 21 期),1937-4-25.

李昱穎.《音聲紀元》音系研究[D].臺北:臺灣師範大學碩士學位論文,2001.

Y.《元聲韻學大成》

路建彩.《元聲韻學大成》與明代吳語[D].济南:山東師範大學碩士學位論文,2000.

路建彩,張會傑.論《元聲韻學大成》的語音性質[J].邢臺職業技術學院學報,2002(2).

路建彩.淺析《元聲韻學大成》知莊章組聲母的演變[J].邢臺職業技術學院學報,2007(4).

鄒德文.《元聲韻學大成》研究[D].長春:吉林大學碩士學位論文,2004.

鄒德文.《元聲韻學大成》聲調研究[J].延吉:延邊大學學報(社會科學版),2005(3).

鄒德文.論《元聲韻學大成》濁聲母清化問題[J].北方論叢,2006(4).

鄒德文.《元聲韻學大成》版本及研究狀況考[J].古籍整理研究學刊,2005(6).

吳蕙君.《元聲韻學大成》音系研究[D].臺北:世新大學碩士學位論文,2009.

Y.《韻通》

王思齊.《韻通》研究[D].長春:吉林大學碩士學位論文,2013.

莊雅智.《韻通》音系研究[D].高雄:臺灣中山大學碩士學位論文,2008.

Y.《音韻清濁鑒》

王嬌.《音韻清濁鑒》音系研究[D].福州:福建師範大學碩士學位論文,2010.

Y.《韻法橫圖》

盧紅紅.《韻法橫圖》音系研究[D].蘇州:蘇州大學碩士學位論文,2009.

Y.《韻表》

王豔華.明代葉秉敬《韻表》音系研究[D].北京:首都師範大學博士學位論文,2008.

王世中.葉秉敬《韻表》研究[D].臺北:中國文化大學碩士學位論文,1998.

張玉來.明人葉秉敬的音韻學研究[J].煙臺:煙臺大學學報(哲學社會科學版),2011(4).

Y.《音韻日月燈》

楊雪麗.《音韻日月燈》研究[D].南京:南京大學博士學位論文,2005.

辛彩鳳.《音韻日月燈》研究[D].杭州:浙江大學博士學位論文,2012.

穆虹嵐.《同文鐸》音系研究[D].臺南:成功大學碩士學位論文,2003.

吳聖雄.《同文鐸》所反映的近代漢語北方官話音[J].臺灣師範大學"國文"學報,1986(15).

Y.《韻略易通》

方國瑜,蘭廷秀.《韻略易通·跋》[J].雲南旅平學會會刊,1932(7).

蘇石.蘭茂評傳[M].雲南人民出版社,1997.

蘇石.蘭茂研究述評[J].雲南社科動態,1992(3).

萬揆一.蘭茂《聲律發蒙》和《韻略易通》[J].雲南師範大學學報,1980(2).

群一.雲南明代兩部《韻略易通》比較研究[J].昆明師專學報,1985(1).

群一.蘭茂評傳綫索[J].昆明師專學報,1985(2).

群一.《韻略易通》價值辨[J].昆明師專學報,1987(2).

群一.關於蘭茂和本悟《韻略易通》的三個問題——與慧生先生商榷[J].昆明師專學報,1990(1).

群一.《韻略易通》聲、韻、調配合規律[J].昆明師專學報,1990(4).

群一.明代蘭茂《韻略易通》中的雲南方言詞彙[J].玉溪師範學院學報,1991(2).

王宏凱.明代蘭茂《韻略易通》中的雲南方言詞彙[J].文獻,1987(4).

張玉來.《韻略易通》的三個善本考論[J].古籍整理研究學刊,1997(3).

張玉來.《韻略易通》的音系性質問題[J].徐州師範大學學報,1997(2).

李兆同.雲南方言的形成[J].思想戰綫,1999(1).

韋紹翔.蘭茂《韻略易通》述略[J].楚雄師範學院學報,2004(2).

徐春燕.博學多才的一代宗師——蘭茂[J].中國中醫藥現代遠程教育,2006(5).

葉寶奎.也談本悟《韻略易通》的重×韻[J].古漢語研究,1999(2).

張克梅.論蘭茂在雲南歷史文化中的地位及影響[D].昆明:雲南師範大學碩士學位論文,2006.

趙錦華,譚雲華.蘭茂《韻略易通》聲調研究[J].玉溪師範學院學報,2009(9).

趙錦華,譚雲華.蘭茂《韻略易通》聲母系統研究——蘭茂《韻略易通》聲母系統與中原漢語[J].玉溪師範學院學報,2010(5).

趙錦華.蘭茂《韻略易通》入聲配收的啟示[J].玉溪師範學院學報,2010(9).

羅江文,趙錦華.《韻略易通》版本考辨[J].楚雄師範學院學報,2010(2).

陸志偉.記藍茂《韻略易通》[J].燕京學報,1947,32.

趙蔭棠.關於《韻略易通》[J].禮俗,1931,6,7(合刊).

詹秀慧.《韻略易通》研究[J].淡江學報,1973(3).

吳傑儒.蘭茂《韻略易通》之聲母系統[J].屏東商專學報,1995(3).

劉德智.《韻略易通》中的入聲字與《廣韻》中的入聲字的比較研究[D].臺北:臺灣大學碩士學位論文,1968.

楊美美.《韻略易通》研究[D].高雄:高雄師範大學碩士學位論文,1987.

Y.《音韻集成》

李子君.《音韻集成》研究[D].長春:吉林大學碩士學位論文,1999.

李子君.《音韻集成》對《韻略匯通》的影響[J].中國語文,2003(3).

李子君.論《音韻集成》對中古入聲韻的分併[J].古籍整理研究學刊,2003(3).

高龍奎.論《音韻集成》的音系基礎[J].德州學院學報,2004(3).

Y.《韻略匯通》

陸志韋.記畢拱宸《韻略匯通》[J].燕京學報,1947(33).

李子君.《音韻集成》對《韻略匯通》的影響[J].中國語文,2003(3).

周美慧.《韻略易通》與《韻略匯通》音系比較——兼論明代官話的演變與傳承[D].嘉義:中正大學碩士學位論文,1999.

Y.《韻學集成》

龍晦.《韻學集成》與《中原雅音》[J].中國語文,1979(2).

楊耐思.《韻學集成》所傳《中原雅音》[J].中國語文,1987(4).

高龍奎.《韻學集成》中的喻母和疑母[J].濟寧師範專科學校學報,2004(2).

王進安.《韻學集成》與《直音篇》比較[J].福建師範大學學報(哲學社會科學版),2005(4).

讚井唯允.《韻學集成》所傳中原雅音考辨——與冀伏先生商榷[J].人文學報(東京都立大學人文學部),1981,156.

辻本春彥.《韻學集成》與《中原雅音》[C]//木村英一博士頌壽紀念事業會.中國哲學史的展望與摸索.創文社,1976.

高龍奎.《韻學集成》音系初探[D].济南:山東師範大學碩士學位論文,2001.

王進安.《韻學集成》對《古今韻會舉要》的傳承[J].福建師範大學學報(哲學社會科學版),2007(6).

Y.《音泭》

周賽華.近代北音音韻文獻《音泭》述要[J].古漢語研究,2004(3).

鄭智穎.《重訂司馬溫公等韻圖經》與《音泭》之比較[D].福州:福建師範大學碩士學位論文,2012.

彭志宏.徐鑑《音泭》研究[D].臺南:成功大學碩士學位論文,2001.

金恩希.《等韻圖經》·《音泭》·普通話의 音韻體系比較[J].중국학연구회 중국학연구,2008,43.

Y.《圓音正考》

楊亦鳴,王爲民.《圓音正考》與《音韻逢源》所記尖團音分合之比較研究[J].中國語文,2003(2).

馮蒸.《圓音正考》定本與校勘記[C]//刘利民,周建设.語言:第一卷.首都師範大學出版社,2000.

馮蒸.《圓音正考》及其相關諸問題[C]//古漢語研究論文集.北京出版社,1984.

史震己,史冬梅.《〈圓音正考〉注說》指瑕[J].語言研究,2011(4).

王爲民,張楚.《圓音正考》索解[J].南京社會科學,2007(8).

林慶勛.刻本《圓音正考》所反映的音韻現象[J].聲韻論叢,1991,3.

郭忠賢.《圓音正考》研究[D].臺南:成功大學碩士學位論文,2001.

Z.《正音咀華》

石崎博志.《正音咀華》音韻體系の二重性[J].中國語學,1997,224.

葉寶奎.也談《正音咀華》音系[J].語言研究(增刊),1996.

羅偉豪.評《正音咀華》兼論一百五十年前的廣州話[J].語言研究(增刊),1994.

朴奇淑.《正音咀華》音系研究[D].高雄:高雄師範大學碩士學位論文,1992.

岩田憲幸.論《正音咀華》音系[C]//第二屆國際暨第十屆臺灣聲韻學學術研討會論文集.高雄:臺灣中山大學,1992.

陳瓊琪.《正音咀華》研究[D].高雄:臺灣中山大學碩士學位論文,1999.

Z.《正音切韻指掌》

馮蒸.關於《正音切韻指掌》的幾個問題[J].漢字文化,1990(1).

馮蒸.《正音切韻指掌》再探[C]//漢字漢語學術研討會論文集.長春:吉林教育出版社,1991.

岩田憲幸.音韻資料をあつかうことのむずかしさ——《正音切韻指掌》を例にして[C]//高田時雄編.明清時代の音韻學.京都大學人文科學研究所,2001.

Z.《字母切韻要法》

耿振生.《字母切韻要法》再辨[D].北京:北京大學碩士學位論文,1985.

耿振生.《字母切韻要法》再辨[J].語言學論叢,1992,17.

李晉生.沈寵綏與明代北曲字音[J].學習與思考,1984(1).

董忠司.沈寵綏的語音分析説[J].聲韻論叢,1994,2.

董忠司.明代沈寵綏語音分析觀的幾項考察[J].孔孟學報,1991,61.

董忠司.明末沈寵綏《中原音韻》十九韻讀音,"國科會"獎助論文,1991.

董忠司.沈寵綏及其音節分析法[J]."國教"世紀,1989,24(6).

Z.《拙菴韻悟》

趙蔭棠.清初審音家趙紹箕及其貢獻[J].輔仁學志,1932,3(2).

李静惠.《拙菴韻悟》之音系研究[D].臺北县:淡江大學碩士學位論文,1994.

李静惠.《拙菴韻悟》音韻"顎化"商榷[J].文學集,1994(4).

李静惠.試探《拙菴韻悟》之圓形音類符號[J].聲韻論叢,1997,6.

楊慧娥.《拙菴韻悟》研究[D].臺中:逢甲大學學位論文,1995.

應裕康.清初抄本韻圖《拙菴韻悟》研究[J].高雄師範大學學報,1993(4).

張金帥.《拙菴韻悟》音系研究[D].厦门:厦門大學碩士學位論文,2005.

劉薇.《拙菴韻悟》研究[D].長春:吉林大學碩士學位論文,2005.

劉薇.《拙菴韻悟》音理釋義[J].科教文匯,2009(3).

劉薇.《拙菴韻悟》韻圖的編纂特點[J].科教文匯,2006(9).

周賽華.讀《拙菴韻悟》劄記[C]//中國音韻學——中國音韻學研究會南京研討會論文集.南京:南京大學出版社,2008.

Z.《字學集要》

容菊.《字學集要》音系研究[D].福州:福建師範大學碩士學位論文,2009.

Z.《正音捃言》

唐作藩.《正音捃言》的韻母系統[J].中國語文,1980(1).

Z.《正音通俗表》

葉寶奎.淺談潘逢禧的語音觀念[J].廈門廣播電視大學學報,2001(1).

王燕卿.《正音通俗表》研究[D].臺北:中國文化大學碩士學位論文,1998.

H.《華東正音通釋韻考》

邊瀅雨.《華東正音通釋韻考》研究[D].臺北:政治大學碩士學位論文,1989.

邊瀅雨.《華東正音通釋韻考》之華音聲母與王力"歷代語音"之比較[J].韓國學報,11.

金仁經.《華東正音通釋韻考》研究[D].臺北:臺灣師範大學博士學位論文,1984.

H.《洪武正韻譯訓》

玄幸子.《洪武正韻譯訓》二等開口牙喉音に見られる拗音化(口蓋化)について[C].//高田時雄編.明清時代の音韻學.京都大學人文科學研究所,2001.

權榮華.《洪武正韻譯訓》之正音與俗音研究[D].臺北:東吳大學碩士學位論文,1992.

K.《奎章全韻》

金恩柱.《奎章全韻》"華音"之研究[D].高雄:高雄師範大學碩士學位論文,1993.

郭雅玲.《增補彙音》音系研究[D].高雄:高雄師範大學碩士學位論文,1996.

M.《磨光韻鏡》

林炯陽.《磨光韻鏡》在漢語音韻研究上的價值[J].東吳文史學報,1988(6).

林慶勛.論《磨光韻鏡》的特殊歸字[J].高雄師院學報,1986(14).

中澤信幸."磨光韻鏡"と"磨光韻鏡字庫"[J].國語學,2004(1).

S.《四聲通解》

孫建元.《四聲通解》漢字音中雙寫字母的音值——兼論《老朴諺解》"申音"雙寫字母之音值[J].語言研究(增刊),1996.

花登正宏.《四聲通解》所引古今韻會考[J].東北大學文學部研究年報,1991,4.

李德春.《四聲通解》今俗音初探[J].民族語文,1988(5).

孫建元,裴宰奭.《四聲通解》"今俗音"的聲調系統[C]//中國音韻學研究會第十一屆學術討論會、漢語音韻學第六屆國際學術研討會論文集.香港:香港文化教育出版有限公司,2000.

劉教蘭.《四聲通解》之研究[D].臺北:政治大學碩士學位論文,1990.

耿振生.明清等韻學通論[M].北京:語文出版社,1992.

李新魁.韻學古籍述要[M].西安:陝西人民出版社,1993.

葉寶奎.明清官話音系[M].廈门:廈門大學出版社,2001.

尤寅靈.近代音研究方向與述評——以博士學位論文爲例[J].安徽文學(下半月),2011(5).

尤寅靈.二十多年來有關近代音研究(碩士學位論文綜述)[J].福建論壇(人文社會科學版),2010(S1).

黃薇.明清官話的標準音研究述評[J].兵團教育學院學報,2011(3).

任娟.明代書目著録之小學類韻書的變化[J].綿陽師範學院學報,2011(12).

劉静.近代以來漢語介音系統研究[D].福州:福建師範大學碩士學位論文,2008.

永島榮一郎.近世支那語特に北方語系統に於ける音韻史研究資料に就いて[J].言語研究,1941,9.

佐藤昭.清末民國初期の官話方言の音韻——歐文の字典資料を對象として(1),(2)[J].北九州大學外國語學部紀要,1988,64;1989,67.

배은한.韻書方言"入"字 音韻變化過程－결과보고서,한국연구재단(NRF)연구성과물,2009.

丁邦新.十七世紀以來北方官話之演變[C]//近代中國區域史研討會論文集.臺北:"中央研究院"近代史研究所,1986.

王松木.明代等韻之類型及其開展[D].嘉義:中正大學博士學位論文,2000.

王松木.擬音之外:明清韻圖之設計理念及音學思想[M].高雄:復文圖書, 2008.

黄俊泰.滿文對音規則及其所反映的清初北音音系[J].臺灣師範大學"國文"學報,1987(16).

蔡瑛純.從朝鮮對譯資料考近代漢語音韻之變遷[D].臺北:臺灣師範大學博士學位論文,1986.

應裕康.清代韻圖之研究[D].臺北:政治大學博士學位論文,1972.

奥村佳代子.長崎通事の唐話觀——日本人のための唐話との比較において[J].アジア文化交流研究,2007,2.

村上嘉英.通俗韻書に見られる中國人の〔ビン〕南語研究[J].日本文化, 1967,46.

太田齋.韻書と等韻圖[M].神户外國語大學,2013.

大塚秀明.明清資料における官話という言葉について[J].言語文化論集,1996,42.

大友信一.韻書の系譜[J].岡山大學法文學部學術紀要,1978,39.

岩田憲幸.明清官話音韻史の基礎的研究[R].文部省科學研究費補助金報告書,龍谷大學,1994—1995.

岩田憲幸.清代後期の官話音[C]//高田時雄編.中國語史の資料と方法. 京都大學人文科學研究所,1994.

荒屋豊.明·清代下江官話の末裔としての雲南方言:緒論[J].杏林大學外國語學部紀要,1999,11.

辜玉茹.中近世における日本人編纂の韻書の研究:和漢·漢和聯句の韻書を中心に[D].日本:聖德大學博士學位論文,2005.

中澤信幸.中近世日本における韻書受容の研究[M].東京:おうふう, 2013.

小倉肇.韻書について(1)[J].弘前大學教育學部紀要,1991,66.

小倉肇.韻書について(2)[J].弘前大學教育學部紀要,1992,67.

湯澤質幸.唐音の研究[D].日本:筑波大學博士學位論文,1991.

金薰鎬(김훈호).近代音漢語音韻學研究方法——近代韻書研究方法의事例[J].동북아 문화연구,2011,27.

李英月(이영월).漢語等韻學與訓民正音 28 字母軆系的音韻性質——以創制動機和創制目的爲中心[J].中國語文論譯叢刊,2010,27.

李秉觀(이병관).現代中國音韻學研究概況[J].중국어문학논집제,1996,8.

附録 3　趙蔭棠先生年表

　　新版《等韻源流》附録有耿振生所作學術年表,我們發現其學術年表爲趙蔭棠音韻學方面的記録,今進一步搜索其他相關記録,包括趙蔭棠的文學理論、小説等,是爲補充。

1893 年(清光緒十九年)

趙蔭棠出生,字憩之,河南省鞏縣人。

1914 年

至 1919 年,就讀於河南第一師範學校。

1919 年

在河南省任小學、中學教員。

1923 年

《評〈飛鳥集〉》刊於《文學周報》,第 79 期。

1924 年

8 月,考取北京大學研究生國學門研究生。

1925 年

與魏姓同學合辦《微波》。

5 月 6 日,署名"蔭棠"文章《那幾個女學生真該死》刊於《京報・婦女周刊》第 21 期。

5 月 13 日,署名"趙蔭棠"文章《謠言的魔力》刊於《京報・婦女周刊》第 22 期。

5 月 6 日,《魯迅日記》有"得趙蔭棠信"。

5 月 29 日,《魯迅日記》有"晚趙蔭棠來"。

7 月 14 日,《魯迅日記》有"得趙蔭棠信"。

1926 年

1 月 8 日,《魯迅日記》有"遇張目寒,托其寄蔭棠稿費二"。

1 月 21 日,《魯迅日記》有"得趙蔭棠信"。

6 月 9 日,《魯迅日記》有"上午趙蔭棠、沈孜研來"。

9 月,在河南中州大學任教。

1927 年

至天津中日中學任教。

《詩人與讀眾》刊於《晨報副鐫》1927 第 67 期。（頁 33～38）。

1928 年

先後在孔德中學、孔德學院任教。

與徐玉諾合辦《明天》，與盧隱合辦《華嚴》，參編河北《民國日報》周刊《鴞》。

6 月，翻譯著作《風格與表現》出版，書名由沈兼士先生題寫，王君異作封面，内有 6 月 7 日作者自序。《風格與表現》收《詩人與通曉》（敦可瓦特）、《文藝與時變》（桑戴克）、《新的批評》（司賓葛恩）、《論現代的英國批評及現世英法文藝的關係》（小泉八雲）、《浪漫的與古典的文藝及其與風格上的關係》（小泉八雲）、《風格論》（柏奈特）、《文藝與政論》（小泉八雲）、《在法蘭西的德操》（法郎士）、《文藝的起頭》（小泉八雲）、《歷史的謬見》（法郎士）諸文，華嚴書店出版，共 193 頁。

1929 年

《性教育的示兒編》，〔美〕桑格夫人著，趙蔭棠譯，北新書局出版，共 64 頁。

書名原文：*What Every Boy and Girl Should Know*，以故事形式向兒童進行生命和生育的知識教育，共分 8 章。

1930 年

12 月 17 日、18 日，《箓斐軒詞韻時代考》發表於《北平晨報·學園》。

1931 年

在北京師範大學研究院歷史科學門任研究員，兼中法大學國文系講師。

1 月 16 日，《關於中原音韻與中州音韻》刊於《北平晨報·學園》。

4 月 1 日，《箓斐軒詞林要韻的作者》刊於《北平晨報·學園》。

《康熙字典字母切韻要法考證》刊於《中央研究院歷史語言研究所集刊》第 3 本第 1 份。

6 月 19 日，《康熙字典字母切韻要法考證後記》刊於《北平晨報·學園》。

7 月 28 日，《關於中州音韻》刊於《北平晨報·學園》。

《關於韻略易通》刊於《禮俗》第 6～7 期合刊。

1932 年

9 月，至北京大學、輔仁大學等校任講師，講授"金元以來之北音研究""等韻學"等課程，至 1939 年。

1 月 7 日，《中州音韻源流考》刊於《北平晨報·學園》。

3 月 4 日，《中州音韻各版本的關係與發生的次序》刊於《北平晨報·學園》。

《諧聲韻學跋》刊於《中法大學月刊》第 1 卷第 3 期。

《始得瓊林雅韻校讀記》刊於《中法大學月刊》第 1 卷第 4 期。

《中原音韻的ㄐㄑㄒ》刊於《中法大學月刊》第 2 卷第 2 期。

《字學元元述評》刊於《中法大學月刊》第 2 卷第 2 期。

6 月 25 日,《中原音韻研究小序》刊於《世界日報·國語周刊》第 40 期。

《中原音韻研究》(上卷)刊於《北京大學國學季刊》第 3 卷第 3 期。

9 月 21—23 日,《重訂司馬温公等韻圖經述》刊於《北平晨報·學園》。

10 月 8 日,《李氏音鑒的周圍》刊於《世界日報·國語周刊》。

《清初審音家趙紹箕及其貢獻》刊於《輔仁學志》第 3 卷第 2 期。

1933 年

《讀葉秉敬韻表札記》刊於《中法大學月刊》第 2 卷第 3、4 期合刊。

1934 年

《切韻指掌圖撰述年代考》刊於《輔仁學志》第 4 卷第 2 期。

1935 年

4 月 19、20 日,《唐武玄之韻銓麟爪》刊於《北平晨報·藝圃》。

5 月 4 日,《關於"没的"》刊於《世界日報·國語周刊》。

1936 年

2 月,《中原音韻研究》由商務印書館出版,同年再版。

8 月 24 日,《等韻學講稿序》刊於《北平晨報·學園》。

11 月 5 日、12 月 10 日,《明清等韻之存濁系統》連載於天津《益世報·讀書周刊》第 73、78 期。

1937 年

轉教輔仁大學,至 1939 年。

1 月 14、21、28 日,2 月 4 日,《明清等韻之存濁系統》(續)連載於天津《益世報·讀書周刊》第 83、84、85、86 期。

1 月 31 日,《嘯歌之興替與音理的解釋》刊於《中央日報·文史》。

4 月 25 日,《音聲紀元述要》刊於《中央日報·文史》。

6 月,《明清等韻之北音系統》刊於《輔仁學志》第 6 卷第 1、2 期合刊。

1939 年

8 月,在偽北京大學任教授,至 1945 年 8 月。

1940 年

《守温韻學殘卷後記》刊於《中國公論》第 2 卷第 6 期。

最後一期的《朔風》刊發《讀買藏》。

1941 年

《等韻源流》(非賣品)出版。

1943 年

1 月,《大藏字母九音等韻跋》刊於《中國留日同學會季刊》第 3 號。

1944 年

1 月,《國民雜志》第 4 卷第 1 期刊登《古城文學家介紹之六:趙蔭棠先生略記》,同時刊登其大幅照片與手迹。

9 月 24 日,趙蔭棠被選爲華北作家協會執行委員會委員、古典文學部門主任委員。

10 月 29 日,《回憶魯迅》刊於《中華周報》第 1 卷第 6 期。

《等韻源流後記》刊於《中國學報》第 1 卷第 2 期。

《宋瓷碗》(故事)刊於《文學集刊》1944 年第 2 期。

是年,趙蔭棠去過上海。

《賣書記》刊於《文藝世紀》1944 年第 2 期。

短篇小説集《父與子》,1944 年由新民印書館出版,共 165 頁。收《一支香煙》《沙李》《父與子》《理學先生》《王森者流》等小説 20 篇。

1945 年

《我倒戒了一天酒》,刊於《和平鐘》1945 年第 1 期。

6 月 1 日,長篇小説《影》由華北作家協會作爲"華北文藝叢書之九"出版,共 228 頁,初印 5 000 册。續篇《蹤》寫好,但是抗戰勝利没有再刊發。

1946 年

1 月,任張家口農專教員、民眾教育館館長、人民政府教育處編審課課員、中共中央宣傳部教育研究室研究員等職。

1949 年

8 月,任北京師大附中教員。

1950 年

8 月,任河北師範學院教授。

1953 年

8 月,任西北師範學院教授。

1956 年

2 月,修訂《〈中原音韻〉研究》,由商務印書館再版。

夏季,寫成《興人之歌——〈魏風·伐檀〉和〈秦風·蒹葭〉與〈黄鳥〉的對比》

1957 年

《等韻源流》由商務印書館出版。

《“周頌臣工”篇發微》刊於《文學遺産》1957 年第 A4 期。署名憩之。

1959 年

6 月,《〈邶風・新臺〉簡釋》寫成。

1963 年

3 月,《〈邶風・新臺〉簡釋》整理。

1969 年

返回原籍河南鞏縣。

1970 年

因病去世。

遺稿《〈邶風・新臺〉簡釋》由馬志文整理,刊於《西北師大學報》(社會科學版)1980 年第 1 期。

《漫談〈詩經・伐檀〉的教學》刊於《甘肅師大學報》(哲學社會科學版)1981 年第 1 期。

參考文獻

【古籍】

[1](宋)陳彭年.鉅宋廣韻[M].上海:上海古籍出版社,2000.

[2](宋)丁度.宋刻集韻[M].北京:中華書局,2005.

[3](宋)司馬光.切韻指掌圖[M]//文淵閣四庫全書.臺北:臺灣商務印書館,1986.

[4](宋)無名氏.四聲全形等子[M]//文淵閣四庫全書.臺北:臺灣商務印書館,1986.

[5](宋)鄭樵.通志:七音略[M]//文淵閣四庫全書.臺北:臺灣商務印書館,1986.

[6](元)劉鑒.經史正音切韻指南[M]//文淵閣四庫全書.臺北:臺灣商務印書館,1986.

[7](明)徐孝.合併字學篇韻便覽[M]//四庫全書存目叢書.濟南:齊魯書社,1997.

[8](明)朱謀㙔.續書史會要[M]//文淵閣四庫全書.臺北:臺灣商務印書館,1986.

[9](明)朱謀㙔.六書正義:序[M]//四庫全書存目叢書.濟南:齊魯書社,1997.

[10](明)吳元滿.萬籟中聲[M].萬曆壬午(1582年)田藝衡序,明萬曆間白綿紙刊本.

[11](明)吳元滿.切韻樞紐[M].萬曆壬午(1582年)吳元滿自序,明萬曆間白綿紙刊本.

[12](清)曾國藩.(光緒)江西通志[M].刻本.1881(光緒七年).

[13](清)陳澧.切韻考[M].北京:中國書店,1984.

[14](清)法式善.清秘述聞[M].刻本.1799(嘉慶四年).

[15](清)范啟堃.(光緒)文水縣志[M].刻本.1883(光緒九年).

[16](清)方中履.古今釋疑[M].楊霖刻本.1679(康熙十八年).

[17](清)胡垣.古今中外音韻通例[M]//四庫未收書輯刊.北京:北京出版社,2000.

[18](清)華長忠.韻籟[M]//續修四庫全書.上海:上海古籍出版社,2002.

[19](清)皇朝通志:七音略[M]//文淵閣四庫全書.臺北:臺灣商務印書館,1986.

[20](清)黄宅中.(道光)寶慶府志[M].重印本.1944(民國二十三年).

[21](清)黄虞稷.千頃堂書目[M]//文淵閣四庫全書.臺北:臺灣商務印書館,1986.

[22](清)嵇曾筠.(雍正)浙江通志[M]//文淵閣四庫全書.臺北:臺灣商務印書館,1986.

[23](清)嵇璜.續通志[M]//文淵閣四庫全書.臺北:臺灣務印書館,1986.

[24](清)金武祥.粟香隨筆:粟香三筆[M].刻本.1891(光緒十七年).

[25](清)璩明甫.等音新集二編[M].述聖齋主人刊本.1760(乾隆二十五年).

[26](清)康熙字典所引等韻切音指南[M]//文淵閣四庫全書.臺北:臺灣商務印書館,1986.

[27](清)康熙字典所引字母切韻要法[M]//四庫全書存目叢書.濟南:齊魯書社,1997.

[28](清)鹿學典.(光緒)浮山縣志[M].刻本.1880(光緒六年).

[29](清)沈學淵.桂留山房詩集[M].郁松年刻本.1844(道光二十四年).

[30](清)湯貽汾.琴隱園詩集[M].曹士虎刻本.1874(同治十三年).

[31](清)陶樑.國朝畿輔詩傳[M].紅豆樹館刻本.1839(道光十九年).

[32](清)汪祖綬.(光緒)青浦縣志[M].刻本.1878(光緒四年).

[33](清)王家相.清秘述聞續[M].刻本.1888(光緒十四年).

[34](清)王檢心.(道光)重修儀徵縣志[M].刻本.1890(光緒十六年).

[35](清)徐鑑.音泲[M]//續修四庫全書.上海:上海古籍出版社,2002.

[36](清)徐鑑.音泲[M].刻本.1817(嘉慶二十二年).

[37](清)向惠門.諧音摘要字母[M].刻本.

[38](清)吳坤修.(光緒)重修安徽通志[M].刻本.1878(光緒四年).

[39](清)吳烺.五聲反切正均[M]//續修四庫全書.上海:上海古籍出版社,2002.

[40](清)吳烺.五聲反切正均[M].昭陽協洽程名世序刊本.1763(乾隆癸

未年).

　　[41](清)姚詩德.(光緒)巴陵縣志[M].岳州府四縣本.1891(光緒十七年).

　　[42](清)楊志體.音韻畫一[M].味藏堂刊本,1945(民國三十四年).

　　[43](清)欽定同文韻統[M]//文淵閣四庫全書.臺北:臺灣商務印書館,1986.

　　[44](清)永瑢.四庫全書總目[M].武英殿刻本.1789(乾隆五十四年).

　　[45](清)章學誠.(嘉慶)湖北通志檢存稿[M].劉氏嘉業堂刻章氏遺書本.1922(民國十一年).

　　[46](清)張培仁.(同治)平江縣志[M].刻本.1874(同治十三年)

　　[47](清)張松孫.(乾隆)蓬溪縣志[M].刻本.1786(乾隆五十一年).

　　[48](清)趙紹箕.拙菴韻悟[M]//續修四庫全書.上海:上海古籍出版社,2002.

　　[49](清)震鈞.天咫偶聞[M].甘棠精舍刻本.1907(光緒三十三年).

　　[50](清)劉維坊.同音字辨[M].刻本.1849(道光二十九年).

　　[51](清)劉殿臣.增補萬韻新書[M].文裕成刊本.1886(光緒十二年).

　　[52](清)劉殿臣撰.萬韻書例[M].劉謙光刊本.1778(乾隆四十三年).

　　[53](清)無名氏.五音通韻[M].鈔本.

　　[54](民國)歐陽英.(民國)閩侯縣志[M].刻本.1933(民國二十二年).

　　[55](民國)張其濬.(民國)全椒縣志[M].木活字本.1920(民國九年).

　　[56](民國)包發鸞.(民國)南豐縣志[M].鉛印本.1924(民國十三年).

　　[57](民國)任耀先.(民國)浮山縣志[M].鉛印本.1935(民國二十四年).

　　[58](民國)宋憲章.(民國)壽光縣志[M].鉛印本.1936(民國二十五年).

　　[59](民國)張夔典.(民國)和順縣志[M].鉛印本.1935(民國二十四年).

　　[60](民國)趙爾巽.清史稿[M].清史館本.1935(民國二十四年).

　　[61]孫殿起.販書偶記續編[M].上海:上海古籍出版社,1980.

　　[62]許承堯纂、石國柱修.安徽省歙縣志[M]//中國方志叢書.臺北:成文出版社有限公司,1975.

【專著】

　　[1][美]愛德華·薩丕爾.語言論[M].北京:商務印書館,2002.

　　[2]北京大學中國語言學系.漢語方音字彙[M].北京:語文出版社,2003.

　　[3]曹廣順.近代漢語助詞[M].北京:語文出版社,1995.

[4]曾運乾.音韻學講義[M].北京:中華書局,1996.

[5]陳貴麟.韻圖與方言——清代胡垣《古今中外音韻通例》音系之研究[M].臺北:沛革企業有限公司,1986.

[6]丁邦新.丁邦新語言學論文集[C].北京:商務印書館,1998.

[7]丁忱.漢語聲韻學教程[M].武漢:武漢大學出版社,1999.

[8]丁鋒.日漢琉漢對音與明清官話語音研究[C].北京:中華書局,2008.

[9]丁聲樹,李榮.古今字音對照手冊[Z].北京:中華書局,1981.

[10]丁聲樹,李榮.漢語音韻講義[M].上海:上海教育出版社,2010.

[11]董同龢.漢語音韻學[M].北京:中華書局,2001.

[12][瑞士]費爾迪南·德·索緒爾.普通語言學教程[M].北京:商務印書館,2001.

[13]高名凱,石安石.語言學概論[M].北京:中華書局,1987.

[14]高名凱.普通語言學(增訂本)[M].上海:新知識出版社,1957.

[15]高小方.中國語言文字學史料學[M].南京:南京大學出版社,1998.

[16]葛劍雄主編,曹樹基著.中國移民史[M].福州:福建人民出版社,1997.

[17]耿振生.20世紀漢語音韻學方法論[M].北京:北京大學出版社,2004.

[18]耿振生.近代官話語音研究[C].北京:語文出版社,2007.

[19]耿振生.明清等韻學通論[M].北京:語文出版社,1992.

[20]郭錫良.漢字古音手冊[Z].北京:北京大學出版社,1986.

[21]何大安.規律與方向:變遷中的音韻結構[M].北京:北京大學出版社,2004.

[22]何九盈.中國古代語言學史[M].廣州:廣東教育出版社,2000.

[23]何九盈.中國現代語言學史[M].廣州:廣東教育出版社,2000.

[24]河北省地方志編纂委員會.河北省志·地方志[M].北京:方志出版社,2005.

[25]胡安順.音韻學通論[M].北京:中華書局,2003.

[26]黃伯榮,廖序東.現代漢語(上)[M].北京:高等教育出版社,2002.

[27]宋本廣韻·永禄本韻鏡[M].南京:江蘇教育出版社,2002.

[28]蔣紹愚.近代漢語研究概要[M].北京:北京大學出版社,2005.

[29]蔣宗許.漢語詞綴研究[M].成都:巴蜀書社,2009.

[30]蔣驥騁.近代漢語音韻研究[M].長沙:湖南師範大學出版社,1997.

[31]金基石.朝鮮韻書與明清音系[M].牡丹江:黑龍江朝鮮民族出版社,2003.

[32]黎錦熙.國語運動史綱[M].長沙:商務印書館,1940.

[33]李榮.現代漢語方言大詞典:南京方言詞典[Z].南京:江蘇教育出版社,1995.

[34]李榮.音韻存稿[C].北京:商務印書館,1982.

[35]李思敬.漢語"兒[ɚ]"音史研究[M].北京:商務印書館,1986.

[36]李無未.日本漢語音韻學史[M].北京:商務印書館,2011.

[37]李無未,李紅.宋元吉安方音研究[M].北京:中華書局,2008.

[38]李無未.漢語音韻學通論[M].北京:高等教育出版社,2006.

[39]李無未.音韻文獻與音韻學史——李無未文存[C].長春:吉林文史出版社,2005.

[40]李無未.音韻學論著指要與總目[Z].北京:作家出版社,2008.

[41]李無未.東亞視閾漢語史論[M].廈門:廈門大學出版社,2014.

[42]李新魁,麥耘.韻學古籍述要[M].西安:陝西人民出版社,1993.

[43]李新魁.漢語等韻學[M].北京:中華書局,1983.

[44]李新魁.漢語音韻學[M].北京:北京出版社,1986.

[45]李新魁.韻學古籍述要[M].北京:北京出版社,1986.

[46]李新魁.《中原音韻》音系研究[M].郑州:中州書畫社,1983.

[47]李珍華,周長楫.漢字古今音表(修訂本)[M].北京:中華書局,1999.

[48]林平和.明代等韻學之研究[M].臺北:文史哲出版社,1975.

[49]林燾,耿振生.音韻學概要[M].北京:商務印書館,2004.

[50]林燾,王理嘉.語音學教程[M].北京:北京大學出版社,1992.

[51]劉富華,孫維張.索緒爾與結構主義語言學[M].長春:吉林大學出版社,2003.

[52]劉潤清.西方語言學流派[M].北京:外語教學與研究出版社,1995.

[53]魯國堯.魯國堯語言學論文集[M].南京:江蘇教育出版社,2003.

[54]魯國堯.語言學文集:考據、義理、辭章[C].上海:上海人民出版社,2008.

[55]陸志韋.陸志韋近代漢語音韻論集[C].北京:商務印書館,1988.

[56]羅常培,王均.普通語音學綱要[M].北京:商務印書館,2002.

[57]羅常培.漢語音韻學導論[M].北京:中華書局,1956.

[58]羅常培.羅常培文集:第三卷[C].濟南:山東教育出版社,2008.

[59]羅常培.羅常培語言學論文集[C].北京:商務印書館,2004.

[60]羅常培.唐五代西北方音[M].中央研究院歷史語言研究所,1933.

[61]寧忌浮.漢語韻書史:明代卷[M].上海:上海人民出版社,2009.

[62]寧忌浮.寧忌浮文集[C].長春:吉林人民出版社,2010.

[63]寧忌浮.《中原音韻》表稿[M].長春:吉林文史出版社,1985.

[64]潘文國.韻圖考[M].上海:華東師範大學出版社,1997.

[65]潘悟云.漢語歷史音韻學[M].上海:上海教育出版社,2000.

[66]邵敬敏.現代漢語通論[M].上海:上海教育出版社,2001.

[67]邵榮芬.邵榮芬語言學論文集[C].北京:商務印書館,2009.

[68]石鋒.語音格局——語音學與音系學的交匯點[M].北京:商務印書館,2008.

[69]史存直.漢語音韻學論文集[C].上海:華東師範大學出版社,1997.

[70]史存直.漢語語音史綱要[M].北京:商務印書館,1981.

[71]市川勘,小松嵐.百年華語[M].上海:上海教育出版社,2008.

[72]唐作藩.音韻學教程[M].北京:北京大學出版社,1991.

[73]萬波.贛語聲母的歷史層次研究[M].北京:商務印書館,2009.

[74]汪銀峰.明末以來内丘、堯山語音的演變研究[M].瀋陽:遼海出版社,2010.

[75]王洪君.漢語非線性音系學[M].北京:北京大學出版社,2008.

[76]王理嘉.音系學基礎[M].北京:語文出版社,1991.

[77]王力.漢語史稿[M].北京:中華書局,1980.

[78]王力.漢語音韻學[M].北京:中華書局,1980.

[79]王力.漢語語音史[M].北京:中國社會科學出版社,1985.

[80]王力.王力語言學論文集[C].北京:商務印書館,2000.

[81]王力.中國語言學史[M].太原:山西人民出版社,1981.

[82]王松木.擬音之外:明清韻圖之設計理念及音學思想[M].高雄:復文圖書,2008.

[83]邢福義.語言學概論[M].武漢:華中師範大學出版社,2002.

[84]徐通鏘.歷史語言學[M].北京:商務印書館,2001.

[85]薛鳳生.漢語音韻史十講[M].北京:華語教學出版社,1998.

[86]楊時逢.四川方言調查報告[M]."中央研究院"歷史語言研究所,1984.

[87]陽海清,褚佩瑜,蘭秀英.文字音韻訓詁知見書目[M].武漢:湖北人民

出版社,2002.

[88]楊伯峻.孟子譯注[M].北京:中華書局,2005.

[89]楊劍橋.漢語現代音韻學[M].上海:復旦大學出版社,1996.

[90]楊劍橋.《中原音韻》音位系統[M].北京:北京語言學院出版社,1990.

[91]楊耐思.近代漢語音論[C].北京:商務印書館,1997.

[92]楊耐思.中原音韻研究[M].北京:中國社會科學出版社,1981.

[93]葉寶奎.明清官話音系[M].廈門:廈門大學出版社,2001.

[94]葉寶奎.語言學概論[M].廈門:廈門大學出版社,2002.

[95]葉祥苓.蘇州方言志[M].南京:江蘇教育出版社,1988.

[96]應裕康.清代韻圖之研究[M].臺北:弘道文化事業有限公司,1972.

[97]于錦恩.民國注音字母政策史論[M].北京:中華書局,2006.

[98]余迺永.新校互注宋本廣韻(定稿本)[M].上海:上海人民出版社,2008.

[99]俞光中、植田均.近代漢語語法研究[M].上海:學林出版社,1999.

[100]袁家驊.漢語方言概要(第二版)[M].北京:語文出版社,2001.

[101]張鴻魁.明清山東韻書研究[M].濟南:齊魯書社,2005.

[102]張樹錚.清代山東方言語音研究[M].濟南:山東大學出版社,2005.

[103]張振鐸編.古籍刻工名錄[M].上海:上海書店出版社,1996.

[104]張世祿.中國音韻學史(下)[C].上海:上海書店出版社,1984.

[105]張玉來.《韻略易通》研究[M].天津:天津古籍出版社,1999.

[106]趙元任,等.湖北方言調查報告[M].上海:商務印書館,1948.

[107]趙蔭棠.等韻源流[M].臺北:文史哲出版社,1985./上海:商務印書館,1957.

[108]中國音韻學研究會.音韻學研究:第二輯[C].北京:中華書局,1986.

[109]中國音韻學研究會.音韻學研究:第三輯[C].北京:中華書局,1994.

[110]中國音韻學研究會.中國音韻學研究會南昌研討會論文集:2008[C].南昌:江西人民出版社,2010.

[111]中國音韻學研究會.中國音韻學研究會南京研討會論文集:2006[C].南京:南京大學出版社,2008.

[112]中國音韻學研究會.中國音韻學研究會汕頭研討會論文集:2004[C].北京:中華書局,2006.

[113]中國音韻學研究會.中國音韻學研究會石家莊研討會論文集:2002[C].濟南:齊魯書社,2004.

[114]周斌武.漢語音韻學史略[M].合肥:安徽教育出版社,1987.

[115]周賽華.合併字學篇韻便覽研究[M].武漢:湖北人民出版社,2005.

[116]周祖謨.《中原音韻》新論[C].北京:北京大學出版社,1991.

[117]周祖謨.問學集[M].北京:中華書局,1966.

[118]周祖謨.周祖謨語言學論文集[C].北京:商務印書館,2002.

[119]朱曉農.音韻研究[M].北京:商務印書館,2006.

[120]竺家寧.五十年來的中國語言學研究[M].臺北:臺灣學生書局,2006.

[121]Coblin,W.South.Ms.2005 Comparative Phonology of the Huang-xiao Dialects[M].臺北:"中央研究院"語言學研究所.

[122]J.J.Ohala.Phonetic linguistics[M].Academic Press.Inc.1985.

[123]Sarah Grey Thomason & Terrence Kaufman.Language Contact,Creolization,and Genetic Linguistics [M].Berkeley:University of California Press,1988.

[124] William S-Y. Wang & Chaofen Sun. The Oxford Handbook of Chinese Linguistics[M].Oxford University Press,2015.

【學位論文】

[1]卞浩宇.晚清來華西方人漢語學習與研究[D].蘇州:蘇州大學博士學位論文,2010.

[2]曹祝兵.《詞林韻釋》研究[D].長春:吉林大學碩士學位論文,2005.

[3]車慧.河北臨西方言語音調查研究[D].保定:河北大學碩士學位論文,2010.

[4]陳欣儀.《切韻樞紐》研究[D].臺北:政治大學碩士學位論文,2004.

[5]程超.廊坊冀魯官話區方言語音比較研究[D].石家莊:河北師範大學碩士學位論文,2008.

[6]郭麗.孝感(花園鎮)話音韻研究[D].西安:陝西師範大學碩士學位論文,2006.

[7]郝新澤.《同音字辨》音系研究[D].福州:福建師範大學碩士學位論文,2010.

[8]黃偉靜.河北方言的尖團音問題[D].石家莊:河北師範大學碩士學位論文,2004.

[9]李紅.《切韻指掌圖》研究[D].长春:吉林大學博士學位論文,2006.

[10]李蕊.狄考文《官話類篇》研究[D].上海:上海師範大學碩士學位論文,2010.

[11]劉静.近代以來漢語介音系統研究[D].福州:福建師範大學碩士學位論文,2008.

[12]劉名.《同音字辨》音系研究[D].廈門:廈門大學碩士學位論文,2013.

[13]劉巍.《拙庵韻悟》研究[D].長春:吉林大學碩士學位論文,2007.

[14]彭志宏.徐鑑《音泭》研究[D].臺南:成功大學碩士學位論文,2001.

[15]樸允河.勞乃宣《等韻一得》研究[D].臺北:臺灣師範大學碩士學位論文,1992.

[16]秦曰龍.清抄本《五音通韻》研究[D].長春:吉林大學博士學位論文,2011.

[17]王松木.明代等韻之類型及其開展[D].嘉義:中正大學博士學位論文,2000.

[18]王鐘一.天津市區方言的幾個語音問題研究[D].天津:天津師範大學碩士學位論文,2008.

[19]蕭應雲.明清西方傳教士的漢語學習與文化交流[D].廣州:暨南大學博士學位論文,2010.

[20]楊劍芬.蠡縣方言語音研究[D].濟南:山東大學碩士學位論文,2006.

[21]應裕康.清代韻圖之研究[D].臺北:臺灣師範大學博士學位論文,1972.

[22]張長會.漢語研究"現代化"及其與西方關係初探[D].天津:天津大學碩士學位論文,2005.

[23]張立勝.縣令·幕僚·學者·遺老——多維視角下的勞乃宣研究[D].北京:北京師範大學博士學位論文,2010.

[24]張强.四川鹽亭等六縣市方言音系調查研究[D].成都:四川師範大學碩士學位論文,2012.

[25]鄭智穎.《重訂司馬温公等韻圖經》與《音泭》之比較[D].福州:福建師範大學碩士學位論文,2012.

【單篇論文】

[1]陳保亞.音變原因、音變方向和音系協和[J].西南師範大學學報(哲學社會科學版),1989(3).

[2]曾曉渝.試論《西儒耳目資》的語音基礎及明代官話的標準音[J].西南

師範大學學報(哲學社會科學版),1991(1).

[3]陳貴麟.《杉亭集·五聲反切正均》音系探賾[J].語言研究(增刊),1994.

[4]陳貴麟.《杉亭集·五聲反切正均》音系與江淮官話洪巢片之關聯[J].中國文學研究,1995(9).

[5]陳海燕.試論歸納音位的語音標準[J].華南師範大學學報(社會科學版),2007(2).

[6]陳華斌.漢語普通話音位歸納的三點思考[J].江南大學學報(人文社會科學版),2003(2).

[7]陳淑靜.河北保定地區方言的語音特點[J].方言,1986(2).

[8]陳喆.倫敦會傳教士艾約瑟的中西語言比較研究及其影響[J].學術研究,2008(8).

[9]陳忠敏.重論文白異讀與語音層次[J].語言研究,2003(3).

[10]陳忠敏.音變研究的回顧與前瞻[J].民族語文,2008(1).

[11]丁邦新.十七世紀以來北方官話之演變[C]//近代中國區域史研討會論文集[C].臺北:"中央研究院"近代史研究所.

[12]丁治民,張茜茜.非敷合流例證[J].遵義師範學院學報,2005(3).

[13]董明.明代來華傳教士的漢語學習及其影響[J].北京師範大學學報(社會科學版),1996(6).

[14]董紹克.試論元曲的兒化音[J].中國語文,1998(3).

[15]董仲湘.年希堯增補《五方元音》不在雍正五年[J].承德民族師專學報,1988(2).

[16]方環海,張有智.《古今中外音韻通例》的體制和性質[J].辭書研究,1999(1).

[17]方環海.《古今中外音韻通例》聲系的幾個問題[J].語言研究,2005(2).

[18]方環海.《古今中外音韻通例》與十九世紀的江淮官話音系[J].徐州師範大學學報(哲學社會科學版),1999(3).

[19]方環海.國語運動與20世紀的近代音研究[J].漢字文化,2000(4).

[20]雷恩海,方環海.論《古今中外音韻通例》的聲調系統[J].西北師大學報(社會科學版),1998(5).

[21]方環海.論《古今中外音韻通例》的音系性質及其語音史地位[J].古漢語研究,1998(2).

[22]方環海.清末江淮官話音系中的聲母系統述論[J].徐州師範大學學報(哲學社會科學版),2005(3).

[23]方環海.透視分離法與近代漢語語音研究[J].古漢語研究,2002(1).

[24]馮蒸.《爾雅音圖》音注所反映的宋初非敷奉三母合流——兼論音圖微母的變化[J].雲夢學刊,1994.

[25]馮蒸.《爾雅音圖》音注所反映的宋代知莊章三組聲母演變[J].漢字文化,1994(8).

[26]馮蒸.《爾雅音圖》音注所反映的宋代濁音清化[J].語文研究,1991(2).

[27]馮蒸.趙蔭棠音韻學藏書臺北目睹記——兼論現存的等韻學古籍[J].漢字文化,1996(4).

[28]耿軍.早期傳教士的漢語語音學習[J].重慶理工大學學報(社會科學版),2011(5).

[29]耿振生.論近代書面音系研究方法[J].古漢語研究,1993(4).

[30]郭振生.漢語歷史音變過程中的同化現象[J].河南大學學報(哲學社會科學版),1986(5).

[31]郝志倫.論漢語鼻音韻尾的演變[J].西南民族學院學報(哲學社會科學版),2000(4).

[32]何大進.明末清初來的粵傳教士與西學東漸[J].廣州大學學報(社會科學版),2002(6).

[33]賀巍,錢曾怡,陳淑静.河北省北京市天津市方言的分區(稿)[J].方言,1986(4).

[34]侯耀先.洋務運動時期的留學教育[J].西北民族大學學報(哲學社會科學版),2007(5).

[35]胡從曾.論清(輕)、濁(重)[J].浙江師大學報,1991(2).

[36]許長安.盧戇章對語文現代化的貢獻[J].語文建設,1992(2).

[37]許世瑛.《等韻一得》研究[J].文學年報,1939(5).

[38]黄笑山.試論唐五代全濁聲母的"清化"[J].古漢語研究,1994(3).

[39]季永海.關於滿語語音的幾個問題[J].民族語文,2008(5).

[40]季永海.漢語兒化音的發生與發展——兼與李思敬先生商榷[J].民族語文,1999(5).

[41]蔣驥騁.《回回藥方》阿漢對音與《中原音韻》"章、知、莊"三系的讀音[J].古漢語研究,2007(1).

[42]蔣驥騁.論《中原音韻》中知照莊三系的分合[J].湖南師範大學社會科學學報,1997(6).

[43]蔣紹愚.近十年間近代漢語研究的回顧與前瞻[J].古漢語研究,1998(4).

[44]金恩希.《等韻圖經》·《音泭》·普通話의 音韻體系比較[J].The Journal of Chinese Study,2008,43.

[45]金基石.朝鮮翻譯韻書中所反映的近代語/-m/尾韻消失的年代——兼論"怎""甚"兩字的讀音[J].延邊大學學報(哲學社會科學版),1997(4).

[46]金基石.音位理論的産生、發展及其方法論的演進——音位學史論綱[J].延邊大學學報(哲學社會科學版),1991(1).

[47]金薰鎬.近代音漢語音韻學研究方法——近代韻書研究方法의事例[J].동북아 문화연구,2011,27.

[48]黎新第.20世紀中國近代音研究分期和研究觀念的發展[J].古漢語研究,2002(2).

[49]黎新第.百年來中國近代語音研究幾個問題的認識與回顧[J].重慶師範大學學報(哲學社會科學版),2003(1).

[50]黎新第.從量變看朱熹反切中的全濁清化[J].語言研究,1999(1).

[51]黎新第.對朱熹反切中的全濁清化例證的再探討[J].古漢語研究,2001(1).

[52]黎新第.近百年來的明代漢語共同語語音研究述略[J].重慶師範大學學報(哲學社會科學版),2005(5).

[53]黎新第.近百年來的清代漢語共同語語音研究述略[J].重慶師範大學學報(哲學社會科學版),2006(2).

[54]黎新第.近代漢語共同語語音的構成、演進與量化分析[J].語言研究,1995(2).

[55]黎新第.近代漢語聲母全濁清化研究述評[J].重慶師範大學學報(哲學社會科學版),2008(3).

[56]黎新第.明清官話語音及其基礎方音的定性與檢測[J].語言科學,2003(1).

[57]黎新第.明清時期的南方系官話方言及其語音特點[J].重慶師院學報(哲學社會科學版),1995(4).

[58]黎新第.南方系方言的提出及其在宋元時期的語音特點[J].重慶師院學報(哲學社會科學版),1995(1).

[59]李格非.漢語"兒詞尾"音值演變問題商榷[J].武漢大學學報,1956(1).

[60]李行杰.知莊章流變考論[J].青島師專學報,1994(2).

[61]李紅.《九經直音》中所反映的知、章、莊、精組聲母讀如/t/現象[J].延邊大學學報(社會科學版),2005(4).

[62]李喜所.兩次鴉片戰爭時期傳教士在華文化活動[J].福建論壇(人文社會科學版),2001(6).

[63]李軍.《辨字摘要》的音系特點及其歸屬[J]//民俗典籍文字研究,2009,6.

[64]李軍.蘇州方言字書《鄉音字類》簡介及同音字彙[J].語言學論叢,1993,34.

[65]李啟文.近代漢語共同語入聲字的演變[J].中國語文,1996(1).

[66]李巧蘭.近20年來關於"兒化"現象的研究述評[J].唐山學院學報,2008(1).

[67]李如龍,辛世彪.晉南、關中的"全濁送氣"與唐宋西北方音[J].中國語文,1999(3).

[68]李思敬.漢語音韻學史文獻上的兒化音記錄考[J].語文研究,1981(1).

[69]李思敬.論現代漢語普通話中兒系列字的音值和兒音綴的形態音位[J].中國語言學報,1998,3.

[70]李思敬.現代北京話的輕音和兒化音溯源——傳統音韻學和現代漢語語音研究結合舉隅[J].聲韻論叢,2000,9.

[71]李無未.南宋《示兒篇》音注的"濁音清化"問題[J].古漢語研究,1996(1).

[72]李無未.清末民初北京官話語氣詞例釋——以日本明治時期北京官話課本爲依據[J].漢語學習,2011(1).

[73]李無未.日本明治時期北京官話語音課本和工具書[J].漢語學習,2007(6).

[74]李無未,劉一夢.《萬籟中聲》及《切韻樞紐》述論[J].中國典籍與文化,2014(3).

[75]李新魁.近代漢語全濁聲母的演變[C]//李新魁自選集.郑州:大象出版社,1993.

[76]李新魁.近代漢語全濁音聲母的演變[C]//李新魁音韻學論文集.汕

頭：汕頭大學出版社,1997.

[77]李新魁.論近代漢語共同語的標準音[C]//李新魁自選集.鄭州：大象出版社,1993.

[78]李新魁.論近代漢語照系聲母的音值[C]//李新魁自選集.鄭州：大象出版社,1993.

[79]李新魁.談幾種兼表南北方音的等韻圖[J].中山大學學報,1980(3).

[80]李旭,梁磊.河北方言研究的歷史和現狀[J].南開語言學刊,2008(2).

[81]李宇明.清末文字改革家論語言統一[J].語言教學與研究,2003(1).

[82]林燾.北京話的連讀音變[J].北京大學學報,1963(6).

[83]劉景憲.論滿語元音和諧律[J].滿語研究,1995(2).

[84]劉俊一.漢語音節的三分法和四分法[J].古漢語研究,1991(3).

[85]劉新春.訓詁中的"輕重"考釋[J].西南民族大學學報(人文社會科學版),2009(4).

[86]魯國堯.《盧宗邁切韻法》述評[J].中國語文,1992(6).

[87]魯國堯.《盧宗邁切韻法》述評(續)[J].中國語文,1993(1).

[88]陸志韋.釋《中原音韻》[C]//陸志韋近代漢語音韻論集.北京：商務印書館,1988.

[89]羅常培.釋內外轉[C]//羅常培語言學論文集.北京：商務印書館,2004.

[90]羅常培.釋清濁[C]//羅常培語言學論文集.北京：商務印書館,2004.

[91]羅常培.釋重輕[C]//羅常培語言學論文集.北京：商務印書館,2004.

[92]羅常培.《中原音韻》聲類考[C]//羅常培語言學論文集.北京：商務印書館,2004.

[93]羅教論,丁銀燕.洋務運動對中國文化的影響[J].圖書與情報,2003(6).

[94]麥耘.《西儒耳目資》沒有兒化音記錄[J].語文研究,1994(4).

[95]麥耘.《韻法直圖》中二等開口字的介音[J].語言研究,1987(2).

[96]麥耘.《正音撮要》中尖團音的分合[J].古漢語研究,2000(1).

[97]麥耘.論近代漢語-m韻尾消變的時限[J].古漢語研究,1991(4).

[98]麥耘.中古莊系聲母在《中原音韻》中的地位[C]//四川大學漢語史研究所.漢語史研究輯刊：第四輯.成都：巴蜀書社,2001.

[99]寧忌浮.《七音略》考察[J].語言研究(增刊),1996.

[100]寧忌浮.試談近代漢語語音下限[J].語言研究,1987(2).

[101]裴宰奭.宋代入聲字韻尾變遷研究[J].古漢語研究,2002(4).

[102]樸允河.《等韻一得》所表現的尖團音探微[J].聲韻論叢,1997,6.

[103]曲偉新.明末傳教士的中文教學對漢語發展的影響[J].長春教育學院學報,2009(4).

[104]桑宇紅.《中原音韻》知章莊聲母研究中的幾個問題[J].語言研究,2009(3).

[105]桑宇紅.知照組聲母合一與知二莊、知三章對立——兼論《中原音韻》知章莊聲母的分合[J].語文研究,2008(3).

[106]邵榮芬.《韻法橫圖》與明末南京方音[C]//邵榮芬語言學論文集.北京:商務印書館,2009.

[107]施向東.等韻學與音位學[C]//中國音韻學研究會南京研討會論文集·2006.南京:南京大學出版社,2008.

[108]施向東.等韻學與音系學[C]//中國音韻學研究會南昌研討會論文集·2008.南昌:江西人民出版社,2010.

[109]史國東.論音位和普通話音位系統[J].巢湖學院學報(人文社會科學版),2002(2).

[110]孫廣勇.西方傳教士對清末學習日本活動的引導和反應[J].河南師範大學學報(哲學社會科學版),2007(2).

[111]孫華先.吳烺《五聲反切正均》音系小考[C]//中國音韻學會第十一屆學術討論會、漢語音韻學第六屆國際學術研討會論文集.香港:香港文化教育出版社有限公司,2000.

[112]孫華先.吳烺《五聲反切正均》的韻母系統[J].淮陰師範學院學報,2000(6).

[113]孫華先.吳烺《五聲反切正均》的二十縱音[J].揚州教育學院學報,2000(4).

[114]唐作藩.《四聲等子》研究[C]//語言文字學論文集——慶祝王力先生學術活動五十年.北京:知識出版社,1989.

[115]王洪君.層次與斷階——疊置性音變與擴散式音變的交叉與區別[J].中國語文,2010(4).

[116]王洪君.層次與演變階段——蘇州話文白異讀析層擬測三例[J].語言暨語言學,2006,7.

[117]王洪君.兼顧演變、推平和層次的漢語方言歷時關係模型[J].方言,2009(3).

[118]王洪君.文白異讀、音韻層次與歷史語言學[J].北京大學學報(哲學社會科學版),2006(2).

[119]王理嘉.從官話到國語和普通話——現代漢民族共同語的形成及發展[J].語文建設,1999(6).

[120]王理嘉.區別特徵和音位分析[J].煙臺大學學報(哲學社會科學版),1989(1).

[121]王力.漢語語音史上的條件音變[J].語言研究,1983(1).

[122]王松木.韻圖的理解與詮釋——吳烺《五聲反切正均》新詮[J].漢學研究,2005(2).

[123]王爲民,張楚.《圓音正考》所解[J].南京社會科學,2007(8).

[124]王爲民.新發現民國抄本韻書《六音便覽》與湖北麻城方言[J].漢語學報,2013(3).

[125]韋茂繁.關於語流音變幾個問題的討論[J].廣西民族學院學報(哲學社會科學版),1987(3).

[126]未遲.勞乃宣的《等韻一得》[J].語言學論叢,1957,1.

[127]翁春.漢語-m尾研究概述[J].福建論壇(人文社會科學版),2007(專刊).

[128]武曉麗,曾小鵬.音素與音位關係辨[J].河南理工大學學報(社會科學版),2010(4).

[129]夏偉.洋務運動時期西學的引進和作用[J].平原大學學報,1999(1).

[130]謝自立.二十年來蘇州方言研究綜述[J].方言,2001(4).

[131]熊桂芬.《廣韻》引書新考[J].語言研究,2003(1).

[132]熊正輝.官話方言分 tsʰ ts 的類型[J].方言,1990(1).

[133]徐復.方言溯源[C]//語言文字學從稿.南京:江蘇古籍出版社,1990.

[134]徐青.論音位系統及其歷史演變[J].湖州師專學報,1993(1).

[135]徐通鏘,王洪君.說變異——山西祁縣方言音系的特點及其對音變理論研究的啟示[J].語言研究,1986(1).

[136]薛鳳生.論音變與音位結構的關係[J].語言研究,1982(2).

[137]薛志霞.明末傳教士漢語羅馬字注音方案性質考[J].晉中學院學報,2008(4).

[138]顏峰.略論漢語方言兒化韻的歷史演變[J].語言研究,2002(特刊).

[139]嚴翼相.現代漢語的兒化韻和音節結構[J].語言研究,2006(6).

[140]楊佶.當代蘇州方言尖團音情況的初步考察[J].語言研究,2002(特刊).

[141]楊劍橋."尖團音"辨釋[J].辭書研究,1999(4).

[142]楊小衛.《集韻》《類篇》反切比較中反映的入聲消變[J].三峽大學學報(人文社會科學版),2010(1).

[143]楊信川.試論入聲的性質及其演變[J].廣西大學學報(哲學社會科學版),1997(1).

[144]楊亦鳴,王爲民.《圓音正考》與《音韻逢源》所記尖團音分合之比較研究[J].中國語文,2003(2).

[145]楊亦鳴.《李氏音鑒》的粗細理論及反切特點[J].徐州師範學院學報,1990(1).

[146]楊亦鳴.《李氏音鑒》的聲韻調特點[J].徐州師範學院學報,1991(3).

[147]楊亦鳴.《李氏音鑒》音系的性質[J].語言研究,1989(2).

[148]葉寶奎.民初國音的回顧與反思[J].廈門大學學報(哲學社會科學版),2007(5).

[149]葉寶奎.談清代漢語標準音[J].廈門大學學報(哲學社會科學版),1998(3).

[150]永島榮一郎.近世支那語特に北方語系統に於ける音韻史研究資料に就いて[J].言語研究,1941(9).

[151]于鵬翔,陸玉文.滿文字母音節音位兩相論[J].吉林師範大學學報(人文社會科學版),2003(5).

[152]俞敏.方言區際橫向聯繫[J].中國語文,1989(6).

[153]詹秀惠.《韻略易通》與《中原音韻》音位系統比較研究[C]//聲韻論叢,2001,10.

[154]張鴻魁.《聊齋俚曲》格律和校勘注釋[J].蒲松齡研究,2003(2).

[155]張鴻魁.《萬韻書》的音類[C]//中國音韻學會第十一屆學術討論會、漢語音韻學第六屆國際學術研討會論文集.香港:香港文化教育出版社有限公司,2000.

[156]張鴻魁.《萬韻書》述略[J].中國語文,2001(6).

[157]張光宇.漢語的音節結構[J]."國文"天地,1988(1).

[158]張繼平.古今聲母演變規律及其應用[J].淮陰師範學院學報,2001(6).

[159]張莉.歐洲傳教士、明清學人與漢語拼音的形成[J].中州學刊,

2010(4).

[160]張民權.吴棫《韻補》音系與早期官話語音特點（三）——《韻補》入聲韻及其音系特點討論[J].哈爾濱師範大學社會科學學報,2011(2)

[161]張衛東.《語言自邇集》譯序[J].漢字文化,2002(2).

[162]張衛東.北京音何時成爲漢語官話標準音[J].深圳大學學報(人文社會科學版),1998(4).

[163]張衛東.試論近代南方官話的形成及其地位[J].深圳大學學報(人文社會科學版),1998(3).

[164]張豔.略論洋務運動時期清廷設立新式學堂的政策[J].蘭州學刊,2010(7).

[165]張玉來.近代漢語共同語的構成特點及其發展[J].古漢語研究,2000(2).

[166]張玉來.近代漢語官話入聲的消亡過程及相關的語音性質[J].山東師大學報(社會科學版),1991(1).

[167]張玉來.元明以來韻書中的入聲問題[J].中國語文,1991(5).

[168]趙慧峰.簡析民國時期的國語運動[J].民國檔案,2001(4).

[169]趙紀貞(조기정).明·清等韻圖研究[J].中國人文科學,1991,10.

[170]趙傑.清初滿語京語重音前移及其對京腔漢語的影響[J].滿語研究,1995(1).

[171]趙傑.清代滿文的文字特色及音韻、音變特點[J].滿族研究,2011(1).

[172]趙蔭棠.賣書記[J].文藝世紀,1944(2).

[173]趙蔭棠.諧聲韻學跋[J].中法大學月刊,1932(3).

[174]趙蔭棠.字學元元述評[J].中法大學月刊,1932(4).

[175]趙元任.説清濁[J]//歷史語言研究所集刊,1959,30(下).

[176]鄭榮芝.《韻法直圖》聲母系統的幾個問題[J].汕頭大學學報(人文科學版),1999(2).

[177]芝田稔.趙蔭棠先生[J].華文國際,1948(8).

[178]周賽華.近代北音音韻文獻《音泭》述要[J].古漢語研究,2004(3).

[179]周賽華.清代幾種巴蜀方言韻書述要[J].長江學術,2013(2).

[180]周賽華.徐孝《等韻圖經》中捲舌元音之再探——兼説捲舌元音和兒化韻的關係[J].語言研究,2003(2).

[181]周賽華.中古入聲在《合併字學篇韻便覽》中消變狀況之分析[J].湖

北大學學報(哲學社會科學版),2005(3).

[182]周玉秀.古聲不分清濁説[J].西北師範大學報(社會科學版),1993(6).

[183]Ohala,J.J. The Origin of Sound Patterns in Vocal Tract Constraints [J].In:P.F.MacNeilage(ed.),The Production of Speech.New York:Springer-Verlag,1983.

致　謝

本書的写作過程要感謝很多師長，最需要感激的是我的導師李無未先生。李老師科學的命題，讓我帶着問題帶着思考廣泛讀書、查找，提升了能力；李老師寬廣的眼界給學生們打開了一扇傳統學科通向域外的視窗；在辦公室、在食堂，每每見到老師，我都能跟老師交流論文的進展，老師也把多年對明清近代音研究的積累與思考傳授於我，爲我的論文指引方向。正是有了李老師一路的關心、督促，才有了今日的書稿。

身教勝於言傳，李老師勤奮的身影，永遠鞭策着我——老師常常在清晨打破學院的寧靜，早早來辦公，老師在語言學學科諸多領域不斷有論文發表，博客也時常更新。記得李老師曾説"今年我十八"，這句話與老師日常體現出的積極的心態、旺盛的精力、進取的精神相輔相成。一想到老師，我對學業、對工作就不敢懈怠。

本書的寫作之路，也得到了其他前輩老師的幫助。葉寶奎老師、劉鎮發老師有深厚的學養，跟老師們交流，我獲益良多。我的碩士導師楊軍先生，常年樂意聽我講論文心得，我一有問題楊老師馬上幫我解答，對晚輩的學習給予支持和指導。曾昭聰、曹小雲、程志兵等諸位老師，不時從文獻上指導我，具體解答我的種種疑惑。鄧代芬老師古文學養深厚，年過六旬還爲我逐字校對古文句讀。陳永生老師幫忙潤色英文摘要，在此致謝。

書稿寫作過程中所需材料量大，很多材料藏地分散、年代久遠、難以查找，全靠圖書館老師和我的朋友幫忙。館際互借的三位老師賴壽康、楊薇、張平國早在我還不記得他們的姓氏前已經熟知我的名字。曾經，周末接到老師從館裏打來的電話。曾經，吃早餐時，遇到圖書館的老師，老師開口第一句是："你昨天借的書——"儘管，我申請的域外文獻有時要以月份爲單位等待，但是，没有因爲本館老師的懈怠而耽擱。有時候，我個人不會利用圖書館新興的查詢網絡，也一再向圖書館的老師求教，老師們不厭其煩地回答我，怎能不讓人心存感激！

本書的寫作一直得到陳靜蓉博士莫大的支持，靜蓉親自或者再托其他國家的朋友爲我在域外的網絡上一點點搜索資料,檢索出我查不到的内容。静蓉又一頁頁为我複印域外古籍,是静蓉的多次奔波,换來了我今天的研究材料。

編輯牛躍天老師校對仔細,出力甚多,在此一併感謝。

我們的校園,如此美麗,百看不厭。美不僅僅源於豔麗的花開,更來自一顆顆誠摯的心。是導師的指導、師友的支持、學校提供的良好條件,還有父母長期的付出與支持,助我完成這部著作。深深地道一聲感謝!

作者

2017 年 7 月